Denis Guth

Zur Sicherstellung der ‚Verträglichkeit' innerstädtischer Einkaufszentren

Geographische Handelsforschung

GHF 29

Herausgeber
Elmar Kulke, Peter Pez, Robert Pütz, Jürgen Rauh,
Markus Wotruba

Schriftleiterin
Alexandra Appel

Schriftenreihe des Arbeitskreises Geographische Handelsforschung in der Deutschen Gesellschaft für Geographie in Zusammenarbeit mit dem Institut für Geographie und Geologie an der Julius-Maximilians-Universität Würzburg

Denis Guth

Zur Sicherstellung der ‚Verträglichkeit' innerstädtischer Einkaufszentren

Raumbezogene Diskurs- und Kalkulationsordnungen am Beispiel der Mainzer Innenstadt

Würzburg University Press

Dissertation, Johann Wolfgang Goethe-Universität Frankfurt am Main
Fachbereich 11 (Geowissenschaften und Geographie), 2019
Gutachter: Prof. Dr. Robert Pütz, Prof. Dr. Susanne Heeg

D.30

Gefördert durch die Deutsche Forschungsgemeinschaft (DFG).
Projektnummer 374134160

Impressum

Julius-Maximilians-Universität Würzburg
Würzburg University Press
Universitätsbibliothek Würzburg
Am Hubland
D-97074 Würzburg
www.wup.uni-wuerzburg.de

Print on Demand

Titelbild: Denis Guth
Cover: Michael Buchta

ISSN 2196-5811 (print)
ISSN 2626-8906 (online)
ISBN 978-3-95826-130-3 (print)
ISBN 978-3-95826-131-0 (online)
DOI 10.25972/WUP-978-3-95826-131-0
URN urn:nbn:de:bvb:20-opus-192670

Inhaltsverzeichnis

Verzeichnis der Abbildungen

Verzeichnis der Tabellen

1 Einleitung: Innerstädtische Einkaufszentren und die Frage der ‚Verträglichkeit'

„Innenstädte sind das Herz des urbanen Lebens und der Kristallisationsraum unserer Gesellschaft. Wenn wir uns eine Stadt bildlich als eine Wohnung vorstellen, ist die Innenstadt zweifelsohne das Wohnzimmer, die gute Stube (…)", so MICHAEL EBLING (2018), Oberbürgermeister der rheinland-pfälzischen Landeshauptstadt Mainz, in einer Kolumne zur städtebaulichen Erneuerung der Mainzer Innenstadt. Dabei hat sich spätestens seit den letzten 20 Jahren in zahlreichen Städten die Auffassung durchgesetzt, dass die „gute Stube" – um in Eblings Bild zu bleiben – dringend einen Tapetenwechsel benötige, wenn man darin auch in Zukunft noch Gäste empfangen möchte. Eine wesentliche Ursache für diese Auffassung liegt in der Vielschichtigkeit des strukturellen Wandels im Einzelhandel und seinen räumlichen Implikationen begründet, die mit der Gefahr einer „funktionalen Schwächung und stadträumlichen Verarmung der traditionellen Innenstadtstandorte" (BORCHARD 2012: 17) assoziiert werden. Dieser strukturelle Wandel schließt insbesondere den Trend zu Großflächigkeit und Filialisierung bei rückläufiger Entwicklung des traditionellen, inhabergeführten Einzelhandels, Leerstände und Trading-down-Prozesse in Lagen mit rückläufiger Frequentierung, die Entstehung dezentraler Handelsagglomerationen auf der Grünen Wiese oder auch die nachlassende Anziehungskraft von Innenstadtwarenhäusern mit Ausrichtung auf das klassische Vollsortiment mit ein (BMVBS 2010: 27-30), in jüngerer Zeit in verstärktem Maße aber auch die Konkurrenz durch den wachsenden Online-Handel.[1] Die Sorge um den innerstädtischen Raum ist auch auf bundes- und landespolitischer Ebene angekommen, wie das „Weißbuch Innenstadt" (BMVBS 2011) oder auch das Städtebauförderprogramm „Aktive Stadt- und Ortsteilzentren" verdeutlichen (PESCH 2014: 56). In Anbetracht der „Leitfunktion" (BMVBS 2011: 18) des Einzelhandels für die Innenstadt bestehe daher eine zentrale Herausforderung einer integrierten Stadtentwicklungspolitik darin, „ein ökonomisch tragfähiges und vielfältiges Einzelhandelsangebot in der Innenstadt zu sichern und – wo möglich – zu stärken" (ebd.: 21). Ähnlich wie die Stadt Mainz, die im Rahmen dieser Arbeit als exemplarische Fallstudie herangezogen werden soll, richten daher viele Städte ihre Bemühungen zur Steuerung der räumlichen Entwicklung des Einzelhandels auf das Ziel, Investitionen und Ansiedlungen möglichst in die zentralen Einkaufsbereiche zu lenken (Landeshauptstadt Mainz 2005: 25 f.). Dies gilt insbesondere auch für die Ansiedlung einheitlich geplanter, entwickelter und betriebener Ein-

[1] So ist der Anteil des Onlinehandels am Einzelhandel im engeren Sinne (institutionelle Einzelhandelsformen in Deutschland einschl. ihrer Online-Umsätze und ohne Apotheken, KfZ-, Brennstoff- und Kraftstoffhandel) von 0,3 % im Jahr 2000 auf 9,5 % im Jahr 2017 angestiegen. Betrachtet man nur den Non-Food-Bereich, so lag der Anteil im Jahr 2017 bereits bei 14 % (Handelsverband Deutschland 2018: 6).

kaufszentren, deren Anzahl sich in Deutschland im Zeitraum von 1990 bis 2015 annähernd verfünffacht hat.[2] Ursprünglich für PKW-orientierte Standorte auf der Grünen Wiese konzipiert, befindet sich mittlerweile knapp jedes zweite Einkaufszentrum an innerstädtischen Standorten (BBSR 2015). Von den zwischen 2011 und 2016 eröffneten Einkaufszentren befinden sich sogar 84 Prozent in Innenstadtlage (EHI Retail Institute GmbH 2017: 190). Shopping-Center-Investments und die Diskussion um entsprechende Ansiedlungsvorhaben haben somit in den letzten Jahrzehnten die Entwicklung innerstädtischer Räume und den politisch-planerischen Diskurs zur Innenstadtentwicklung in starkem Maße mitgeprägt. Gleichzeitig ist die Bewertung solcher Projekte bereits vielfach Gegenstand planerischer und wissenschaftlicher Debatten sowie kommunalpolitischer und juristischer Auseinandersetzungen geworden, in deren Mittelpunkt die Frage nach der ‚(Innenstadt)Verträglichkeit' innerstädtischer Einkaufszentren steht. Dabei weist die Diskussion um die Verträglichkeitsfrage unterschiedliche Ebenen auf, die jedoch durchaus miteinander verschränkt sind: Zum einen die Frage nach der raumordnerischen und planungsrechtlichen ‚Verträglichkeit' im engeren Sinne, wobei die geltende Rechtsprechung eine vorwiegend ökonomische Betrachtung vornimmt. Hierbei wird die Verträglichkeitsfrage an Schwellenwerte bzgl. der Umsatzumverteilungswirkung auf zentrale Versorgungsbereiche gekoppelt, die durch gutachterliche Berechnungsmodelle prognostiziert werden (vgl. BECKMANN et al. 2008). Zum anderen wird die Verträglichkeitsfrage aber auch als Frage nach der ‚Innenstadtverträglichkeit' im Sinne einer „baukulturellen und stadtstrukturellen Verträglichkeit" (BMVBS 2011: 20) aufgeworfen.

1.1 Verschiebungen der Verträglichkeitsfrage im Kontext geplanter innerstädtischer Einkaufszentren

Die Verträglichkeitsfrage im weiteren Sinne – also die Frage, wie sich innerstädtische Einkaufszentren zum übrigen (innerstädtischen) Raum verhalten und wie dies zu bewerten ist – ist eingelassen in ein breites Spektrum komplexer Techniken der Wissensproduktion, die die Grundlage für die politisch-planerische Steuerung von Stadtentwicklungsprozessen im Zusammenhang mit der Ansiedlung innerstädtischer Einkaufszentren bilden. Dieses Spektrum umfasst gutachterliche Kaufkraftstrommodellrechnungen zur Prognose von Umsatzumverteilungswirkungen sowie weitere, z.B. verkehrsgutachterliche Untersuchen, empirische Erhebungen z.B. in Form von Passantenbefragungen, Frequenzzählungen oder Einzelhandels- und Leerstandkartierungen, aber auch Techniken der Erfassung, Aufbereitung und Visualisierung städtebaulicher, baukultureller und ortsgeschichtlicher Zusammenhänge sowie die Erarbeitung von Kriterien und

[2] Wurden im Jahr 1990 lediglich 93 Einkaufszentren mit einer Mindestverkaufsfläche von 10.000 m² in Deutschland betrieben, so stieg diese Zahl bis auf 463 Einkaufszentren im Jahr 2015. In jüngerer Zeit hat sich diese Entwicklung etwas abgeschwächt. Im Jahr 2018 betrug die Anzahl der Einkaufszenten insgesamt 479 (EHI Retail Institute GmbH 2018).

Anforderungen für eine ‚(innenstadt)verträgliche' Shopping-Center-Konzeption im Rahmen von Expert*innenrunden, Beteiligungsprozessen und Wettbewerbsverfahren.

Die bisherige wissenschaftliche Auseinandersetzung mit der Verträglichkeitsfrage im Kontext innerstädtischer Einkaufszentren ist insbesondere durch Arbeiten aus der geographischen Handelsforschung mitgeprägt worden. Hierzu liegen bereits umfangreiche synoptische Aufbereitungen des Deutschen Seminars für Städtebau und Wirtschaft (DSSW) vor, die die methodischen Herangehensweisen und die hiermit erzielten Ergebnisse der vorliegenden Einzelfall- und Vergleichsstudien einander gegenüberstellen (BECKMANN & LINNHOFF 2012; vgl. einführend auch WEIDNER & KORZER 2014; GIESECKE et al. 2017; zuletzt MONHEIM 2019). Schwerpunkt dieser Literatur ist die Operationalisierung bzw. Übersetzung der Verträglichkeitsfrage im weiteren Sinne in empirisch beobachtbare, meist quantitative Indikatoren, anhand derer dann Auswirkungen innerstädtischer Einkaufszentren erfasst und bewertet werden. Hierbei handelt es sich beispielsweise um die Entwicklung von Einzelhandelsmieten, Zentralitätskennziffern, Passantenfrequenzen oder auch Kopplungsquoten zwischen Einkaufszentrum und sonstigen innerstädtischen Einzelhandelslagen. Darüber hinaus werden zahlreiche weitere Indikatoren herangezogen, die je nach Fallkonstellation und Studiendesign variieren können (vgl. überblicksartig BECKMANN & LINNHOFF 2012: 34). Teils verfolgen diese Arbeiten einen vorwiegend deskriptiven Ansatz, teils zielen sie aber auch darauf ab, aus der empirischen Beobachtung möglichst objektive Kriterien für die politisch-planerische Praxis abzuleiten, wie die Ansiedlung innerstädtischer Einkaufszentren möglichst ‚(innenstadt)verträglich' gestaltet werden kann (z.B. JUNKER et al. 2008).

Wenngleich aus dieser Art der wissenschaftlichen Annäherung an die Frage der ‚(Innenstadt)Verträglichkeit' ein umfangreiches Wissen über Wirkungsbeziehungen zwischen innerstädtischen Einkaufszentren und sonstigen innerstädtischen Räumen hervorgehen konnte, bleiben jedoch zwei wesentliche Aspekte der Verträglichkeitsproblematik hierbei weitgehend unbeachtet:

Erstens wird die potentielle Konflikthaftigkeit der Ansiedlung innerstädtischer Einkaufszentren zwar durchaus erkannt, eine tiefergehende Auseinandersetzung mit solchen Konflikten findet jedoch nur selten statt und bleibt dann meist auf einem eher deskriptiven, wenig analytischen Niveau. Stattdessen dominiert die Vorstellung, dass es Aufgabe der geographischen Forschung sei, durch die Bereitstellung möglichst objektiver Informationen zu einer Versachlichung von Konflikten um innerstädtische Einkaufszentren beizutragen. Aus dieser Perspektive geht es dann eher darum, „den Diskurs zwischen beteiligten Akteuren zu verbessern" (BECKMANN & LINNHOFF 2012: 9). Konflikte um innerstädtische Einkaufszentren werden also eher als etwas verstanden, dass es zu überwinden gilt und in Anbetracht der Evidenz ökonomischer Partikularinteressen nicht weiter erklärungsbedürftig scheint. Dabei wäre es jedoch durchaus relevant zu untersuchen, wie sich im Zuge kommunalpolitischer Auseinandersetzung konkrete Vorstellungen davon, wie ein geplantes Einkaufszentrum ‚(innenstadt)verträglich' gemacht werden kann, überhaupt herausbilden und durchsetzen können. Die Frage, wie der Verträglichkeitsbegriff in der kommunalpolitischen und planerischen Praxis und dem hierbei aufgerufene Expert*innenwissen inhaltlich konkretisiert wird, kann von grundlegender Bedeutung für den weiteren Verlauf von Planungsprozessen und damit auch für die räumliche Entwicklung von Innenstädten sein.

Zweitens setzt jeder Versuch einer Beantwortung der Verträglichkeitsfrage – ob im allgemeinen oder bezogen auf ein konkretes Ansiedlungsvorhaben – einen grundlegenden normativen Bezugsrahmen voraus: Nur ausgehend von einer bestimmten normativen Vorstellung davon, was innerstädtische Räume überhaupt ausmacht, wie sie sich entwickeln sollen und wie diese Entwicklung politisch gesteuert werden kann, ist überhaupt eine Beurteilung möglich, ob ein Projekt mit dieser gewünschten Entwicklung ‚verträglich' ist oder nicht. „Eine Einkaufscenter-Ansiedlung berührt im Kern die Frage, was ‚Stadt' heute sein kann und vor allem in der Zukunft sein soll" (Landeshauptstadt Mainz 2011g: 2), so Jens Beutel, Vorgänger von Michael Ebling im Amt des Mainzer Oberbürgermeisters (1997-2011). Letztlich bedeutet dies aber im Umkehrschluss, dass die Verträglichkeitsfrage keine objektivierbare Frage sein kann, da jede Konzeption von ‚Verträglichkeit' eine spezifische normative Wissensordnung über den innerstädtischen Raum als ihre jeweilige Möglichkeitsbedingung voraussetzt. Anders formuliert lässt sich die These aufstellen, dass Konflikte um innerstädtische Einkaufszentren nicht nur als Aushandlungsprozesse von Einzelinteressen gelesen werden können, die sich an konkreten Kriterien der Dimensionierung und städtebaulichen Gestalt abarbeiten. Vielmehr soll im Rahmen dieser Arbeit der These nachgegangen werden, dass hierbei gänzlich unterschiedliche Logiken am Werk sind, wie innerstädtische Räume als Gegenstand politisch-planerischer Interventionen gedacht werden.

Die vorliegende Dissertation versteht sich als ein erster Versuch, in diese Forschungslücken vorzustoßen und dabei einen alternativen Zugang zur Verträglichkeitsfrage zu entwickeln. Dieser wird sich von der Suche nach (vermeintlich) objektiven Kriterien für ‚(innenstadt)verträgliche' Einkaufszentren lösen, um dadurch zu einem tieferen Verständnis der Verträglichkeitsproblematik gelangen zu können. Hierfür ist der Frage nachzugehen, wie die Verträglichkeitsfrage in der politisch-planerischen Praxis und den Kalkulationsweisen gutachterlicher Expertisen inhaltlich gefüllt wird und welche Wissensordnungen über innerstädtische Räume hierdurch wirkmächtig werden können. Eine solche Verschiebung der Verträglichkeitsfrage geht natürlich auch mit einer entsprechenden Verschiebung des konzeptionellen und methodologischen Rahmens einher: In Anlehnung an poststrukturalistische Diskurskonzepte bei MICHEL FOUCAULT (insbesondere 1981 [1969], 1991 [1970]) kann untersucht werden, wie innerstädtische Räume durch die bereits genannten Techniken der Wissensproduktion ‚lesbar' (bzw. ‚kalkulierbar') gemacht werden und welche Konzeptionen von ‚Verträglichkeit' hierdurch hervorgebracht werden. Mit Hilfe gouvernementalitätstheoretischer Konzepte (FOUCAULT 2004a, b) soll herausgearbeitet werden, wie die Sicherstellung von ‚Verträglichkeit' hierdurch als politisches Interventionsfeld strukturiert und entlang spezifischer Rationalitätsstrukturen städtischen Regierens ausgerichtet wird, und welche Machtwirkungen im Hinblick auf Planungsprozesse und die Entwicklung innerstädtischer Räume hieraus hervorgehen.

Empirisch stützt sich diese Dissertation auf eine qualitative Diskursanalyse zu einem Fallbeispiel in der Mainzer Innenstadt: Bereits in den 1990er Jahren gab es erste Überlegungen zur Ansiedlung eines innerstädtischen Einkaufszentrums an der südlichen Ludwigsstraße unter Einbezug des dortigen Karstadt-Warenhauses (ehem. Hertie) aus den 1960er Jahren (Landeshauptstadt Mainz 1998). Die Ludwigsstraße ist nicht nur einer von drei Einzelhandelsschwerpunkten der Mainzer Innenstadt, sondern zugleich auch eine bedeutende innerstädtische Achse mit wechselvoller Planungsgeschichte, die bis in napoleonische Zeit zurückreicht und insbesondere durch die Zerstörungen des Zweiten Weltkrieges geprägt worden ist (METZENDORF 2011). Ab den 1990er Jahren erfuhren zunehmend gestalterische und funktionale Defizite der Nachkriegsarchitektur politisch-planerische Aufmerksamkeit. Die im Rahmen der städtebaulichen Wettbewerbe von 1991 und 1996 erarbeiteten Konzepte kamen jedoch u.a. aufgrund der weiteren wirtschaftlichen Entwicklung des Karstadt-Warenhauskonzerns nicht zur Umsetzung (ebd.: 44). Eine Konkretisierung der Planungen für ein innerstädtisches Einkaufszentrum an der Mainzer Ludwigsstraße setzte insbesondere im Jahr 2011 mit dem Erwerb des Karstadt-Komplexes durch die ECE Projektmanagement GmbH & Co. KG ein. ECE plante die Entwicklung eines Einkaufszentrums mit mindestens 30.000 m² Verkaufsfläche sowie 80-90 Einzelhandelsbetrieben unter Einbezug von Karstadt sowie weiteren arrondierenden Liegenschaften (OBR MZ-A 23.11.2011: 5). Die Stadt Mainz führte im Zeitraum von Juni 2011 bis November 2013 hierzu einen umfangreichen Beteiligungsprozess mit insgesamt acht so genannten LudwigsstraßenForen (LuFos) durch. Hierbei fand eine teils kontroverse Auseinandersetzung mit den Planungen für ein Einkaufszentrum an der Ludwigsstraße statt und zwar insbesondere im Hinblick auf die Frage, ob bzw. wie diese in eine ‚(innenstadt)verträgliche' Form gebracht werden können (Landeshauptstadt Mainz 2012a, 2013c). Im Zuge dessen kam es bereits im Sommer 2011 zur Gründung der Bürgerinitiative Mainzer Ludwigsstraße e.V., die den Prozess seitdem kritisch begleitet (Mainzer Rheinzeitung 2011e). Im weiteren Verlauf der LudwigsstraßenForen wurden insgesamt 89 konkrete Leitlinien und Empfehlungen[3] erarbeitet, die im Oktober 2012 vom Stadtrat als Grundlage für die anschließende Verhandlungsphase beschlossen und nach Abschluss von zunächst zehn Verhandlungsrunden im Dezember 2013 im Rahmen einer positiven Grundsatzentscheidung über das Verhandlungsergebnis fortgeschrieben wurden (1722/2013).[4] Wettbewerbs- und Bebauungsplanverfahren konnten jedoch nicht wie geplant im Jahr 2014 eingeleitet werden, da ECE nicht alle benötigten Grundstücke akquirieren konnte und sich in der Folge zunehmend aus dem Projekt zurückzog. Ab dem Jahr 2015 kam es durch das Engagement eines regionalen Investors zunehmend zu Veränderungen in der Eigentumskonstellation

[3] Diese beziehen sich u.a. auf die Dimensionierung des geplanten Einkaufszentrums, aber auch auf das Nutzungskonzept, die verkehrliche Erschließung und städtebauliche Integrationskriterien (vgl. Landeshauptstadt Mainz 2012a).

[4] Letzteres trotz z.T. massiver Kritik u.a. von der Bürgerinitiative oder auch der Standesorganisationen der Architekten an einer befürchteten Aufweichung der Leitlinien zugunsten betriebswirtschaftlicher Investoreninteressen (Landeshauptstadt Mainz 2013c).

an der Ludwigsstraße, seitdem steht die Erarbeitung eines neuen städtebaulichen und handelswirtschaftlichen Konzepts zur Aufwertung der Ludwigsstraße im Fokus.[5]

Das Fallbeispiel der Auseinandersetzungen um ein mögliches Einkaufszentrum an der Mainzer Ludwigsstraße ist zur Bearbeitung der oben skizzierten Fragestellungen aufgrund der mehrjährigen intensiven Auseinandersetzung zur Frage einer ‚(innenstadt)verträglichen' Shopping-Center-Entwicklung besonders aufschlussreich: Auf Grundlage mehrerer vorliegender Einzelhandels- und Verträglichkeitsgutachten, der Dokumentation des Beteiligungsprozesses, der durch die städtischen Gremien gefassten Beschlüsse und der öffentlich zugänglichen Verhandlungsprotokolle liegt umfassendes Datenmaterial für eine diskursanalytische Auswertung mittels kodierender Verfahren (KUCKARTZ 2014) vor, das durch weiteres Material (u.a. Pressemeldungen, Positionspapiere, Stellungnahmen, Informationsmaterialien) angereichert werden konnte. Ergänzende leitfadengestützte Interviews mit Expert*innen beteiligter Akteursgruppen (u.a. städtische Politik und Verwaltung, Interessenvertretungen des Einzelhandels, Bürgerinitiative, Gutachterbüros) runden den Korpus ab. Das Fallbeispiel ermöglicht somit einen guten empirischen Zugang zu der Fragestellung, wie die Sicherstellung von ‚Verträglichkeit' im Kontext geplanter innerstädtischer Einkaufszentren als politisch-planerisches Interventionsfeld diskursiv hervorgebracht wird, welche Wissensordnungen über innerstädtische Räume dabei produktiv werden und welche Machtwirkungen im Hinblick auf den Verlauf von Stadtentwicklungsprozessen hiermit einhergehen.

1.2 Ausblick auf den Argumentationsgang der Arbeit

Der Argumentationsgang zur Vertiefung und Bearbeitung der oben beschriebenen Fragestellung entwickelt sich im weiteren Verlauf dieser Arbeit wie folgt: Zunächst wird im zweiten Kapitel nachgezeichnet, wie sich die Verträglichkeitsfrage ausgehend vom Kreuzungspunkt unterschiedlicher Entwicklungslinien (zunehmende Innenstadtorientierung bei der Entwicklung einheitlich geplanter und betriebener Einkaufszentren, Strukturwandel im Einzelhandel, Bedeutungsgewinn der planerischen Steuerung der räumlichen Einzelhandelsentwicklung) als Wissensfeld entfalten und ausdifferenzieren konnte. Im Zuge dessen wird zunächst dargestellt, wie die Verträglichkeitsproblematik durch geltende raumordnungs- und planungsrechtliche Rahmensetzungen und die hierauf bezogene Rechtsprechung juristisch gerahmt wird (Kap. 2.2.1). Hieran anschließend erfolgt eine einführende Darstellung der gutachterlichen Techniken der Verträglichkeitsprüfung, die vor dem Hintergrund des zuvor skizzierten rechtlichen Rahmens zum Tragen kommen (Kap. 2.2.2). Hierbei sollen auch Schwerpunkte und Defizite der bisherigen wissenschaftlichen Auseinandersetzung mit Einzelhandels- und Verträglichkeitsgutachten sichtbar

[5] Eine ausführliche Darstellung der hier zu einleitenden Zwecken nur sehr verkürzt wiedergegebenen Chronologie kann Kap. 5.1 entnommen werden.

werden. Abschließend legt Kapitel 2.2.3 ausführlicher dar, wie die Frage der ,(Innenstadt)Verträglichkeit' im wissenschaftlichen Diskurs der geographischen Handelsforschung und benachbarter Disziplinen verhandelt wird und welche Fragen im Zuge der Bemühungen um eine Versachlichung und Objektivierung der Verträglichkeitsproblematik hierbei tendenziell aus dem Blick geraten sind.

Das dritte Kapitel soll einen Weg aufzeigen, wie diese bislang weniger stark beachteten Aspekte der Verträglichkeitsproblematik mit Hilfe einer an FOUCAULT angelehnten, diskursanalytischen Herangehensweise konzeptionell stärker in den Blick genommen werden können. Hierfür ist zunächst der Frage nachzugehen, inwiefern Konzepte poststrukturalistischen Denkens einen veränderten Zugang zu raumbezogenen Fragestellungen ermöglichen (Kap. 3.1). In Kap. 3.2 werden diese Überlegungen dann anhand diskurs- und gouvernementalitätstheoretischer Konzepte vertieft und auf die Verträglichkeitsfrage im Kontext innerstädtischer Einkaufszentren heruntergebrochen. Ausgangspunkt ist hierbei die Überlegung, dass die Frage der ,Verträglichkeit' im Zentrum einer umfassenden Wissensproduktion steht, die als eine diskursive Formation im Sinne FOUCAULTS (1981 [1969], 1991 [1970]) untersucht werden kann. Die ,(Innenstadt)Verträglichkeit' eines Einkaufszentrums erscheint dann weniger als etwas, das objektiv gegeben ist, oder nicht. Vielmehr soll im Zuge dieser Arbeit gezeigt werden, dass sich die Planungsprozesse zur Ansiedlung innerstädtischer Einkaufszentren auf komplexe Techniken der Wissensproduktion stützen, die spezifische Diskursordnungen über den innerstädtischen Raum produzieren und damit ganz bestimmte Konzeptionen von ,Verträglichkeit' erst hervorbringen und wirksam werden lassen. Mit Bezug auf gouvernementalitätstheoretische Konzepte (FOUCAULT 2004a, b) kann dann untersucht werden, wie die Sicherstellung ,verträglicher' Shopping-Center-Entwicklungen hierdurch als politisch-planerisches Interventionsfeld strukturiert und wie Stadtentwicklungspolitik entlang spezifischer Rationalitätsstrukturen städtischen Regierens ausgerichtet wird. Kapitel 3.2.3 beschäftigt sich mit der Frage, wie die zentrale Bedeutung quantifizierender Modelle und Kalkulationsweisen für die politisch-planerische Steuerung der Verträglichkeitsproblematik im Rahmen einer diskursanalytischen Herangehensweise angemessen berücksichtigt werden kann und greift hierbei auf interdisziplinäre Arbeiten zu wirklichkeitskonstituierenden Effekten kalkulativer Techniken der Wissensproduktion zurück. Zuletzt werden die einzelnen theoretisch-konzeptionellen Stränge zusammengeführt und hieraus die zentralen Forschungsfragen für die vorliegende Arbeit formuliert (Kap. 3.4).

Das vierte Kapitel ist der Frage gewidmet, wie eine solche konzeptionelle Verschiebung der Verträglichkeitsfrage auch auf methodischer Ebene vollzogen werden kann. Im Rahmen methodologischer Vorüberlegungen soll zunächst aufgezeigt werden, inwiefern eine qualitative Diskursanalyse hierfür grundsätzlich geeignet ist (Kap. 4.1). Kapitel. 4.2 erläutert dann die Beweggründe, die zur Auswahl der Mainzer Fallstudie geführt haben. Im Anschluss hieran sollen die einzelnen Arbeitsschritte der Datenerhebung und -aufbereitung (Korpusbildung, Durchführung und Transkription leitfadengestützter Expert*inneninterviews; Kap. 4.3) sowie der Datenauswertung (Kodierung in Anlehnung an Verfahren der qualitativen Inhaltsanalyse nach KUCKARTZ 2014 und

MAYRING 2015; Kap. 4.4) plausibel begründet und nachvollziehbar dokumentiert werden.

Das fünfte Kapitel umfasst den empirisch-analytischen Teil der Arbeit, also die eigentliche Bearbeitung der zuvor inhaltlich, konzeptionell und methodologisch aufgeschlossenen Fragestellung, und gliedert sich in insgesamt vier größere Teile: Zunächst erfolgt eine Vorstellung der Fallstudie, die sich an der Chronologie des Planungs-, Beteiligungs- und Verhandlungsprozesses für ein Einkaufszentrum an der Mainzer Ludwigsstraße orientiert (Kap. 5.1). Hierdurch wird eine Einordnung der nachfolgend näher beleuchteten Strukturelemente des diskursiven Feldes ermöglicht. Kapitel 5.2 beschreibt das Spektrum an Problematisierungsmustern, dass den Diskurs über die ‚Verträglichkeit' eines Einkaufszentrums in der Mainzer Innenstadt strukturiert. Hiermit sind die unterschiedlichen diskursiven und kalkulativen Rahmungen gemeint, durch die das geplante Einkaufszentrum in einen stadtentwicklungspolitischen Zusammenhang eingeordnet wird und die das grundlegende Möglichkeitsfeld politisch-planerischer Interventionen zur Sicherstellung von ‚Verträglichkeit' abstecken. Im Mittelpunkt steht dabei die Frage, welche Wissensordnung über den innerstädtischen Raum durch diese Problematisierungsmuster etabliert wird und welche Effekte für das politische-planerische Verständnis von ‚Verträglichkeit' damit einhergehen, aber auch wo diese diskursive Ordnung partiell destabilisiert und aufgebrochen wird. Kapitel 5.3 soll anschließend aufzeigen, wie sich aus dieser diskursiven Ordnung heraus drei verschiedene Steuerungsmodi zur Sicherstellung einer ‚verträglichen' Shopping-Center-Entwicklung rekonstruieren lassen, die auf je spezifische Rationalitätsstrukturen städtischen Regierens verweisen. Diese Steuerungsmodi lassen sich in je spezifische Anforderungen an die materielle Produktion von Stadt übersetzen und sind zugleich an ein je spezifisches normatives Wissen über den innerstädtischen Raum gebunden. Kapitel 5.4 vollzieht dann einen Perspektivwechsel von der Beschreibung struktureller Elemente des Verträglichkeitsdiskurses hin zu der Frage nach den Mechanismen der Begrenzung des diskursiven Feldes, den hiermit einhergehenden Ausschlüssen und Machtwirkungen und ihrer Rolle für die Stabilisierung einer diskursiven Ordnung zur Frage der ‚Verträglichkeit'.

Abschließend dient das sechste Kapitel dazu, die zentralen Aussagen und Erkenntnisse der Arbeit in pointierter Form zu rekapitulieren. In einem Ausblick werden mögliche Implikationen für Forschung und Praxis am Schnittpunkt von Einzelhandels- und Innenstadtentwicklung diskutiert.

2 Innerstädtische Einkaufszentren und die Frage der ‚(Innenstadt)Verträglichkeit'

Vor einem regelrechten „Angriff auf die City" (BRUNE 2006) warnen Kritiker*innen im Zusammenhang mit der insbesondere ab Mitte der 1990er Jahre in Deutschland zu beobachtenden zunehmenden Verbreitung innerstädtischer Einkaufszentren. Führende Entwicklungs- und Betreibergesellschaften präsentieren sich hingegen als „Partner für die Städte" (ECE Projektmanagement GmbH. & Co. KG o.J.) und vermarkten ihre Center als Orte, die „zur Entwicklung besserer Städte beitragen" (Unibail-Rodamco-Westfield Germany GmbH 2018). So sehr die Bewertungen im Einzelnen auch auseinandergehen mögen, verweisen sie doch letztlich auf dieselben grundlegenden Fragen: Wie verhalten sich Shopping-Center zum innerstädtischen Raum? Wie ist dies aus stadtentwicklungspolitischer Sicht zu bewerten und was folgt daraus für den Umgang mit entsprechenden Ansiedlungsvorhaben? Diese Fragen sind bereits vielfach Gegenstand planerischer und wissenschaftlicher Debatten sowie kommunalpolitischer und juristischer Auseinandersetzungen zur ‚(Innenstadt)Verträglichkeit' geplanter innerstädtischer Einkaufszentren gewesen. Ausgehend von einem kurzen historischen Abriss der Entwicklung innerstädtischer Einkaufszentren in Deutschland und den damit verbundenen notwendigen Begriffsklärungen soll dieses Kapitel in die Verträglichkeitsproblematik einführen, wobei auch ein Überblick des relevanten Forschungsstandes erarbeitet wird. Die begriffliche Konstruktion der ‚(Innenstadt)Verträglichkeit' soll dabei eine Klammer bilden für eine Reihe von Aspekten, die auf unterschiedliche Weise in die Verträglichkeitsproblematik mit einfließen und diese als einen eigenständigen Wissensbereich konstituieren. Dies betrifft zunächst die geltende Gesetzgebung und Rechtsprechung zum Umgang mit großflächigen Einzelhandelsvorhaben, die eine enge juristische Rahmung der Verträglichkeitsproblematik vornehmen. Diese wiederum bildet den wesentlichen Bezugspunkt für eine gerichtsfeste gutachterliche Verträglichkeitsprüfung. Hierbei kommen spezialisierte Berechnungsverfahren und Modelle zum Einsatz, mit deren Hilfe die Auswirkungen geplanter innerstädtischer Einkaufszentren prognostiziert werden. Darüber hinaus liegen u.a. aus dem Bereich der geographischen Handelsforschung diverse vergleichende und einzelfallbezogene empirische ex-post-Analysen zu den Auswirkungen innerstädtischer Einkaufszentren vor. Die hierdurch produzierten Wissensbestände zu Fragen der ‚(Innenstadt)Verträglichkeit' innerstädtischer Einkaufszentren bilden einen wichtigen Referenzpunkt für den politisch-planerischen Umgang mit solchen Ansiedlungsvorhaben. Sie treffen hierbei vielfach auf komplexe Konstellationen unterschiedlicher Interessenlagen und Nutzungsansprüche an den innerstädtischen Raum, die von einem breiten Akteursspektrum verhandelt werden.

2.1 Zum Bedeutungsgewinn innerstädtischer Einkaufszentren in Deutschland

Während in der alltagssprachlichen Praxis teilweise sehr unterschiedliche Standorttypen und Agglomerationsformen des Einzelhandels als ‚Einkaufszentren' bezeichnet werden (GREIPL 1973: 45), bezieht sich der Begriff in Fachkreisen auf eine Agglomeration von Einzelhandels- und sonstigen Dienstleistungsbetrieben, die als einheitlicher Komplex geplant, entwickelt und betrieben wird (FALK 1973: 14). Demnach wird zwischen geplanten Einkaufszentren und gewachsenen Geschäftszentren unterschieden (GREIPL 1973: 45).[6] Dabei wird häufig Bezug genommen auf eine Definition des Urban Land Institute (1968: 62), die Einkaufszentren bzw. Shopping-Center als "group of commercial establishments planned, developed, owned and managed as a unit related in location, site and type of shops to the trade area that the unit serves" beschreibt, wobei auch die Bereitstellung eigener PKW-Stellflächen als typisches Merkmal genannt wird. Das Betriebskonzept von Einkaufszentren basiert insbesondere auf der Generierung von Wettbewerbsvorteilen durch ein einheitliches Standortmanagement – beispielsweise durch koordinierte Ladenöffnungszeiten, gemeinsame Marketingaktionen und Veranstaltungen, einheitliche Gestaltungselemente und einen optimierten Branchenmix.[7] Darüber hinaus können auch Kostenvorteile durch Skaleneffekte realisiert werden, z.B. im Facility Management (JUNKER et al. 2008: 19). Das Geschäftsmodell der Betreibergesellschaften zielt primär auf die Erwirtschaftung einer Rendite aus der Vermietung von Einzelhandels- und sonstigen Dienstleistungsflächen, wobei sich der zu entrichtende Mietzins in der Regel aus einer Basiskomponente sowie einer umsatzabhängigen Miete zusammensetzt. Sofern der Entwickler des Einkaufszentrums auch als Betreiber auftritt, kann es aus Finanzierungsgründen auch vorkommen, dass dieser das Objekt zunächst an einen Investor veräußert (z.B. an eine Lebensversicherungsgesellschaft) und dann unmittelbar wieder anmietet. In diesem Falle zielt der Betreiber darauf ab, eine Gewinnspanne aus den eigenen Mieteinnahmen und der abzuführenden Miete zu erwirtschaften (MÜLLER 1973: 114-117).

6 Abweichend hiervon fasst die Katalogkommission für die handels- und absatzwirtschaftliche Forschung beim Bundesministerium für Wirtschaft (1970: 20) unter dem Begriff des Einkaufszentrums noch geplante und gewachsene räumliche Konzentrationen von Betriebsstätten des Einzelhandels- und Dienstleitungsgewerbes zusammen. In der einschlägigen Literatur hat sich jedoch bereits früh als „Minimalkonsens" (FALK 1973: 14) durchgesetzt, dass gerade die einheitliche Planung und Verwaltung das zentrale definitorische Merkmal von Einkaufszentren darstelle. Verschiedentlich wird auch eine Mindestgröße für die Definition von Einkaufszentren herangezogen. Diese wird etwa vom BBSR (2013) und dem EHI (2018) bei 10.000 m^2 Mietfläche inkl. Nebenfläche angesetzt, wobei je nach institutionellem Kontext auch andere miet- oder verkaufsflächenbezogene Schwellenwerte Anwendung finden (vgl. hierzu CHRIST & PESCH 2013: 27).

7 Innerstädtische Einkaufszentren weisen typischerweise einen Schwerpunkt in den Bereichen Bekleidung, Schuhe, Sport sowie Elektrowaren und Nahrungs- und Genussmittel auf. Eine Abrundung des Sortiments erfolgt meist durch die Segmente Bücher, Papier-, Büro- / Schreibwaren sowie Gesundheit und Körperpflege, wobei in den letzten Jahren den Gastronomie- und Freizeitangeboten eine zunehmend wichtige Rolle im Branchenmix zukommt (GIESECKE et al. 2017: 21).

Ein Blick in die historische Entwicklung der Einkaufszentren in Deutschland (vgl. hierzu HAHN 2002: 151-153; JÜRGENS 2017) verdeutlicht, dass die Bedeutung innerstädtischer Standorte in jüngerer Zeit erheblich zugenommen hat.[8] Die ersten geplanten Einkaufszentren in Deutschland entstehen ab Mitte der 1960er Jahre nach US-amerikanischem Vorbild. Zwar eröffnet bereits 1965 mit dem Berliner Europa-Center auch das erste innerstädtische Einkaufszentrum in Deutschland, typischerweise entstehen die frühen Shopping-Center aber an verkehrsgünstig gelegenen Standorten auf der Grünen Wiese, und zwar vorrangig in den großen Verdichtungsräumen Rhein-Ruhr, Rhein-Main, Stuttgart, Nürnberg, Hamburg und Berlin (West). Sie verfügen meist über ein bis zwei Kaufhäuser als Magnetbetriebe und sind architektonisch sehr einfach gehalten (HAHN 2002: 151 f.). Ab Mitte der 1970er Jahre rücken dann in stärkerem Maße auch innerstädtische Lagen in den Fokus. Dies hat tendenziell eine etwas aufwändigere Architektur, aber auch geringere Verkaufsflächen zur Folge. Beispielhaft für diese zweite Phase der Shopping-Center-Entwicklung können das Einkaufszentrum Marler Stern, die City Galerie Aschaffenburg (beide 1974) oder das Rathaus-Center in Ludwigshafen (1979) genannt werden. In den 1980er Jahren entstehen einerseits anspruchsvollere innerstädtische Center wie die Kö-Galerie in Düsseldorf (1986), zugleich aber auch weiterhin Center an peripheren Standorten (zunehmend in Form von Fachmarktzentren) und auch in Großwohnsiedlungen (z.B. 1981 das Einkaufszentrum PEP in München-Neuperlach), hier oft in Kombination mit sonstigen Dienstleistungen in der Funktion eines Stadtteilzentrums. Nach der deutschen Wiedervereinigung entstehen in den 1990er Jahren in den neuen Bundesländern zunächst wiederum zahlreiche Einkaufszentren im Außenbereich, während in den alten Bundesländern innerstädtische Standorte weiter an Bedeutung gewinnen, und das zunehmend auch in Mittelstädten (ebd., JUNKER et al. 2008: 15). Insgesamt betrachtet ist in Deutschland eine starke Zunahme der Anzahl von Einkaufszentren insbesondere ab den 1990er Jahren zu erkennen, die sich bis in die 2000er Jahre hinein fortsetzt. Allerdings hat diese Dynamik insbesondere ab den 2010er Jahren deutlich nachgelassen, so dass die Entwicklung neuer Einkaufszentren in den letzten Jahren eher stagniert.[9] In der Gesamtschau hat sich die Zahl der Einkaufszentren in Deutschland seit dem Jahr 1990 von 93 auf 479 im Jahr 2018 mehr als verfünffacht (vgl. Abbildung 1). Dabei ist die Verkaufsfläche in Einkaufszentren in der Phase des stärksten Anstiegs zwischen 1990 und 2010 von ca. 2,7 Mio. m² auf über 13,5 Mio. m² angestiegen (EHI Retail Institute GmbH 2018: 189).

8 Für den Begriff der Innenstadt gibt es keine allgemeingültige Legaldefinition. In der Praxis wird der Innenstadtbegriff z.T. unterschiedlich weit gefasst und kann sich entweder auf das funktionale Stadtzentrum beschränken oder auch dessen Randgebiete mit einbeziehen (BMVBS 2011: 15). Im Rahmen einer Differenzierung von Standorten für Einkaufszentren wird typischerweise eine grobe Unterscheidung vorgenommen zwischen innerstädtischen Lagen, sonstigen integrierten Stadtteillagen und nicht integrierten Standorten auf der Grünen Wiese (vgl. Abbildung 2).

9 Neben Sättigungstendenzen und einer Verknappung geeigneter Grundstück spielt hierbei auch die wachsende Bedeutung des Online-Handels eine wichtige Rolle, was begrenzend auf die erzielbaren Einzelhandelsmieten, Mietvertragslaufzeiten und Renditen wirkt (BNP Paribas Real Estate 2018). GIESECKE et al. (2017: 35) gehen davon aus, dass innerstädtische Einkaufszentren als Betriebstyp die „Reifephase“ erreicht haben und die Revitalisierung von Bestandsobjekten gegenüber dem Neubau weiter an Bedeutung gewinnen wird.

Abbildung 1: Anzahl der Einkaufszentren in Deutschland im Zeitraum 1965-2018

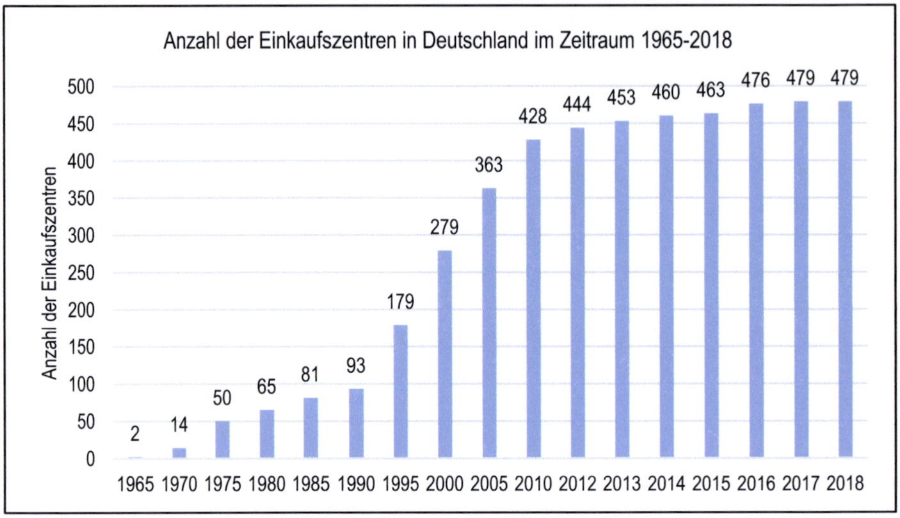

Quelle: EHI Retail Institute GmbH 2018, Darstellung modifiziert nach Statista GmbH (2018a).

Dieser enorme Anstieg ist zugleich mit einer Verschiebung der bevorzugten Standortlagen einhergegangen, sodass sich die Aktivitäten der Shopping-Center-Entwickler immer stärker auf integrierte Standorte und dabei v.a. auf innerstädtische Lagen konzentriert haben. Wurde zwischen 1991 und 1995 nur jedes vierte Einkaufszentrum in der Innenstadt errichtet, so finden sich 84 Prozent der im Zeitraum von 2011 bis 2016 in Deutschland eröffneten Einkaufszentren in Innenstadtlage. Zusammen mit den Einkaufszentren in Stadtteillage machen die integrierten Standorte sogar 95 Prozent aus (vgl. Abbildung 2). Infolge dieser Entwicklung befindet sich mittlerweile knapp jedes zweite Einkaufszentrum in Deutschland an einem Standort in der Innenstadt (BBSR 2015).

Getrieben ist diese Entwicklung sowohl durch politisch-planerische als auch angebots- und nachfrageseitige Faktoren (KULKE 2014: 96 f.): Veränderte planerische Zielsetzungen tragen zur verstärkten Innenstadtorientierung von Shopping-Centern durch die Begrenzung der Außenentwicklung und die Orientierung am Leitbild der „kompakten und durchmischten Stadt“ (WIEGANDT 2012) bei. Darüber sind seit dem Jahr 1977 gemäß §11 Abs. 3 BauNVO Einkaufszentren nur noch in Kerngebieten und eigens für sie festgesetzten Sondergebieten zulässig; zudem ist bei der Ansiedlung eines Einkaufszentrums nachzuweisen, dass keine zentralen Versorgungsbereiche geschädigt werden (vgl. Kap. 2.2.1). Vielerorts wird eine Ausweitung des Angebots von als zentrenrelevant eingestuften Sortimenten außerhalb der Innenstadt zudem durch ein kommunales Zentrenkonzept beschränkt. Der Bedeutungsgewinn innerstädtischer Einkaufszentren wird dabei auch vor dem Hintergrund des strukturellen Wandels im Einzelhandel diskutiert:

Abbildung 2: Verteilung neuer EKZ in Deutschland nach Standortlagen 1964-2016

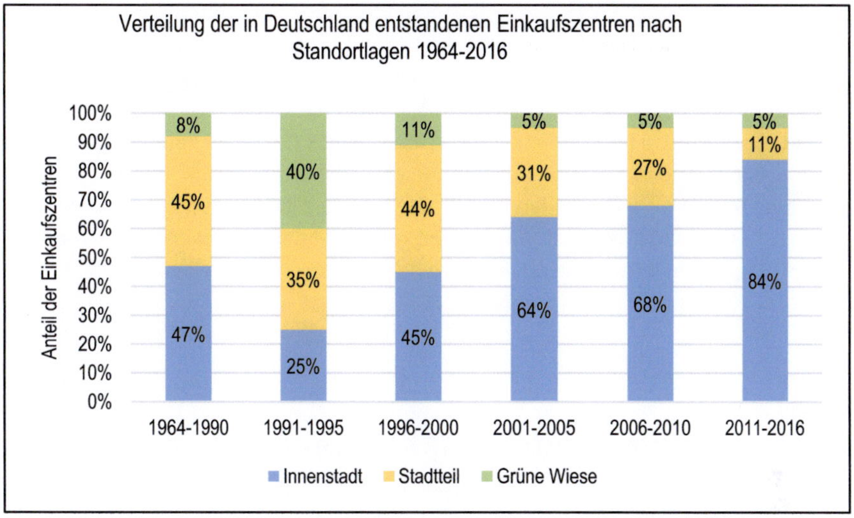

Quelle: EHI Retail Institute GmbH 2017: 190. Darstellung modifiziert nach Statista GmbH (2018b).

> „*Insgesamt ist die Einzelhandelsentwicklung der letzten Jahrzehnte in Deutschland von starker Flächenexpansion bei einem gleichzeitigen Rückgang der Betriebe sowie stagnierenden Einzelhandelsumsätzen gekennzeichnet. Die Tatsache, dass das Verkaufsflächenwachstum durch die Expansion großflächiger Bau- und Möbelmärkte, zum Teil mit einem hohen Anteil an zentrenrelevanten Sortimenten sowie von Lebensmitteldiscountern hauptsächlich auf der ‚grünen Wiese' erfolgt, setzt die Innenstadt zunehmend unter Druck. Diese Problematik wird durch die Krise der Warenhäuser zusätzlich verschärft. Auch die Zunahme des Internethandels darf als wichtiger Einflussfaktor für die Einzelhandelsentwicklung nicht vernachlässigt werden*" (BECKMANN & LINNHOFF 2012: 4).

Angesichts dieser Entwicklungen erhoffen sich viele Kommunen von der Ansiedlung eines innerstädtischen Einkaufszentrums eine Belebung der Innenstadt – etwa durch die Nachnutzung innerstädtischer oder innenstadtnaher Brachen wie z.B. ehemalige Industrie, Post- oder Bahnbetriebsflächen (KULKE 2014: 96) oder aufgegebene innerstädtische Warenhausstandorte (JUNKER et al. 2015).[10] Auf der Angebots- und Nachfrageseite beschreibt KULKE (2014: 96 f.) eine Tendenz zur Polarisierung zwischen Betrieben mit ausgeprägter Niedrigpreisorientierung (Discounter, Fachmärkte) sowie erlebnisorientierten Standortgemeinschaften mit Gastronomie- und Freizeiteinrichtungen. Insbesondere für Letztere seien innerstädtische Lagen besonders attraktiv, zumal

[10] Generell stellt die Grundstücksverfügbarkeit die wichtigste Voraussetzung für die Entwicklung eines innerstädtischen Einkaufszentrums dar. Anforderungen an die betriebswirtschaftliche Funktionalität führen zu einer vorwiegend flächenhaft-horizontalen Ausdehnung, während die vertikale Ausdehnung oft auf drei Ebenen (UG bis 1.OG) sowie darunter oder darüber liegende Parkebenen beschränkt ist. Dadurch werden Grundstücke von oft deutlich über 10.000 m² benötigt. Entsprechende Flächenzuschnitte sind insbesondere in Städten mit historischer Bausubstanz nur schwer zu finden oder zu arrondieren (SCHRAMEYER 2009: 19).

hier bereits vorhandene Passantenfrequenzen abgeschöpft werden können (JUNKER 2009: 6). Rückblickend auf die skizzierten Entwicklungen kann schließlich festgehalten werden, dass die Entwicklung innerstädtischer Räume sowie die Diskussion über Gegenwart und Zukunft der Innenstädte in den letzten Jahrzehnten in Deutschland in erheblichem Maße von der starken Zunahme innerstädtischer Einkaufszentren mitgeprägt worden sind. Gleichzeitig beschreiben CHRIST und PESCH (2013) anhand ausgewählter Fallbeispiele überwiegend jüngerer innerstädtischer Einkaufszentren in Deutschland, Großbritannien und den Niederlanden eine Tendenz zur „schrittweise[n] Urbanisierung der Shopping Mall“ (ebd.: 244) im Sinne einer zunehmenden Auflösung der baulichen Geschlossenheit, die mit einer stärkeren Hinwendung zum städtebaulichen Kontext und der Integration zusätzlicher Nutzungen einhergehe.

2.2 Konturen der Verträglichkeitsproblematik im Kontext innerstädtischer Einkaufszentren

Die beschriebene Entwicklung einer zunehmenden Innenstadtorientierung bei der Entwicklung von Einkaufszentren wird überlagert vom Strukturwandel des Einzelhandels einerseits sowie dem Bedeutungsgewinn der planerischen Steuerung der räumlichen Einzelhandelsentwicklung andererseits.[11] Ausgehend vom Kreuzungspunkt dieser Entwicklungslinien hat sich die Frage der ‚(Innenstadt)Verträglichkeit‘ innerstädtischer Einkaufszentren als eigenständiger, mehr oder weniger fest umrissener Wissensbereich entfalten und ausdifferenzieren können. So stellt sich die Verträglichkeitsfrage zum einen als juristisch zu bewertende Frage nach der raumordnerischen und städtebaulichen ‚Verträglichkeit‘ großflächiger Einzelhandelsvorhaben. Zum anderen stellt sie sich infolge der beschriebenen Tendenz in die Innenstädte zunehmend auch als Frage nach den Voraussetzungen und Kriterien für eine ‚verträgliche‘ Integration in ein städtebaulich sensibles innerstädtisches Umfeld, das vor Schädigungen und „Unverträglichkeiten“ (BBSR 2015) bewahrt werden soll.

Nicht nur in Mainz, dem in dieser Arbeit näher betrachteten Fallbeispiel, sondern auch andernorts sind die Planungen für innerstädtische Einkaufszentren von teils jahrelangen Planungskonflikten und lokalpolitischen Auseinandersetzungen begleitet worden. So gehen mit der Verlagerung eines ursprünglich für die Peripherie konzipierten Gebäudetyps in die Innenstädte eine Reihe potenzieller Konfliktlinien zwischen Centerentwicklung und Stadtplanung einher, beispielsweise was die Integration in kleinteiligere städtebauliche Strukturen oder den Umgang mit öffentlichen Raum betrifft (vgl.

[11] So wirken sich die Konkurrenz auf der Grünen Wiese und im Internet, die wachsende Unternehmenskonzentration und Filialisierung, die Krise der Kauf- und Warenhäuser, die Polarisierung der Einkaufslagen und der Bedeutungsgewinn des Erlebniseinkaufs in vielfältiger Weise auf die räumliche Entwicklung der Innenstädte aus (BMVBS 2011: 18-20).

Tabelle 1). Weitere typische Konfliktlinien verlaufen entlang der Frage nach den wirtschaftlichen Auswirkungen insbesondere für den bereits ansässigen Einzelhandel, aber auch auf die Einzelhandelsentwicklung in Nachbarkommunen (WOLF 2012: 115 f.).

Tabelle 1: Typische Konfliktpunkte im Kontext geplanter innerstädtischer Einkaufszentren

Raumstrukturelle und städtebauliche Einbindung	Makrostandort Mikrostandort in der Innenstadt Einbindung in das Wegenetz und die Bebauungsstruktur Verkehrliche Anbindung und Stellplatzangebot
Funktionale Einbindung	Dimensionierung der Verkaufsflächen Branchenmix Mischung mit anderen Nutzungen Anordnung der Nutzungen
Bauliche Gestaltung und stadträumliche Einbindung	Volumen und Architektur Größe der Einrichtung / Kubatur Standardisierte Architektur Fehlende Authentizität Missachtung von denkmalpflegerischen Werten
Beiträge zur Belebung des öffentlichen Raums	Privatisierung und Kommerzialisierung Vernetzung öffentlicher Räume – Dichte und Durchlässigkeit Eingänge, Fenster und Schaufenster

Quelle: Modifiziert nach CHRIST und PESCH (2013: 31).

Widerstände gegen geplante innerstädtische Einkaufszentren können auch aus Teilen der Bürgerschaft heraus mobilisiert werden, wie etwa im ostfriesischen Leer, wo nach mehrjährigen Auseinandersetzungen der städtische Verwaltungsausschuss mit knapper Mehrheit eine Fortführung der Projektplanungen ablehnte (Property Magazine 2012). Auch in Koblenz formierte sich eine Bürgerinitiative und sammelte mehr als 20.000 Unterschriften gegen die Errichtung eines innerstädtischen Einkaufszentrums auf dem Zentralplatz (BIZ Bürgerinitiative Zukunft für Koblenz e.V. 2009). Bei der Kommunalwahl 2009 erzielte die Wählergruppe der BIZ auf Anhieb einen Stimmenanteil von 10,0 % (Landeswahlleiter Rheinland-Pfalz 2009). Im Gegensatz zu Leer wurden die Planungen in Koblenz jedoch nicht aufgegeben: Im September 2010 erfolgte der Spatenstich für das Forum Mittelrhein, welches zwei Jahre später mit 20.000 m² Verkaufsfläche eröffnet wurde (ECE Projektmanagement GmbH & Co. KG 2018a). Auch die Planungen für die Braunschweiger Schloss-Arkaden wurde von erheblichen Widerständen aus Einzelhandel, Zivilgesellschaft und Gewerkschaften begleitet. Die Kritik richtete sich zum einen gegen das Bauvorhaben und die damit verbundenen Auswirkungen selbst, zum anderen aber auch gegen die Aufweichung stadtentwicklungspolitischer Zielvorstellungen zugunsten von Investoreninteressen. Dies wurde als Entwertung von Partizipations- und Dialogverfahren beschrieben (PUMP-UHLMANN 2007: 181). Aufsehen erregte dabei auch die öffentliche Rüge des Deutschen Presserats für die Berichterstattung in der lokalen Presse, die im Zusammenhang mit der Errichtung des Einkaufszentrums in Anlehnung an die Terminologie des Investors und der Stadtverwaltung irreführend von „Schlossrekonstruktion" gesprochen hatte (rekonstruiert wurde jedoch lediglich die Fassade, vgl. ebd.). Diese selektiven Fallbeispiele lassen bereits erkennen, dass die Deutungshoheit über die Frage, ob ein bestimmtes Vorhaben ‚(innenstadt)verträglich' ist oder nicht, durchaus umkämpft sein kann und von vielfältigen Interessenlagen und Akteuren berührt wird (vgl. Tabelle 2). Dies kann sich auch zu gerichtlichen Auseinandersetzungen zuspitzen.

Tabelle 2: Stakeholder bei der Ansiedlung innerstädtischer Einkaufszentren

Private Akteure	Kommunale Akteure	Zivilgesellschaftliche Akteure
Projektentwicklungsgesellschaften	Kommunale Politik	Öffentlichkeit
Investor*innen	Kommunale Verwaltung	Anwohner*innen/Anlieger*innen
Spätere Mietparteien	Umliegende Kommunen	Medien/Presse
Private Grundstückseigentümer*innen	Stadtmarketing	Bürgerinitiativen
Lokale Einzelhandelsbetriebe		
Architekt*innen und Bauunternehmen		
Kund*innen/Konsument*innen		
Externe Beratungsunternehmen		

Quelle: Vereinfacht nach STÄHLER und KRAJEWSKI (2014: 41).

Dabei werden insbesondere die in der geltenden Gesetzgebung und Rechtsprechung definierten Kriterien für die Beurteilung der raumordnungs- und planungsrechtlichen Zulässigkeit von Einzelhandelsvorhaben aufgerufen (Kap. 2.2.1). In diesem Zusammenhang kommt der Produktion von Expert*innenwissen durch prognostische Modellierungsverfahren in Einzelhandels- und Verträglichkeitsgutachten eine zentrale Rolle zu (Kap. 2.2.2). Darüber hinaus hat sich insbesondere aus der Geographie heraus eine Begleitforschung entwickelt, die sich vorwiegend auf empirische *ex-post*-Analysen der Auswirkungen bereits realisierter innerstädtischer Einkaufszentren stützt (Kap. 2.2.3). Zusammen konstituieren diese rechtlichen Rahmensetzungen, gutachterlichen Verfahren und wissenschaftlichen Begleitstudien die Verträglichkeitsfrage als einen eigenständigen Wissensbereich, dessen grundlegende Konturen nun im Rahmen einer ersten Annäherung skizziert werden sollen.

2.2.1 Rechtliche Rahmensetzungen im Kontext der Verträglichkeitsfrage

Aus raumordnungs- und planungsrechtlicher Sicht sind innerstädtische Einkaufszentren als großflächige Einzelhandelsvorhaben zu betrachten, deren Zulässigkeit von vielfältigen rechtlichen Rahmenbedingungen auf unterschiedlichen hierarchischen Gesetzesebenen abhängt (vgl. hierzu ausführlich GIESECKE et al. 2017: 36-57). Im Folgenden sollen die hierfür wesentlichen Aspekte der geltenden Gesetzgebung und Rechtsprechung zusammengefasst werden. Dabei soll herausgestellt werden, wie die Verträglichkeitsproblematik gegenwärtig juristisch gerahmt wird.

Für die raumordnungsrechtliche Einordnung von Einzelhandelsvorhaben ist zunächst ihre Entsprechung mit den Grundsätzen und Zielen der Raumordnung maßgeblich (ebd.: 36). Das Raumordnungsgesetz definiert Grundsätze der Raumordnung als Leitsätze, die durch Festlegungen in Raumordnungsplänen zu konkretisieren sind (§2 Abs. 1 ROG). Sie enthalten „Aussagen zur Entwicklung, Ordnung und Sicherung des Raums als Vorgaben für nachfolgende Abwägungs- oder Ermessensentscheidungen" (§3 Abs. 1 Nr. 3 ROG) und können in konkrete Festlegungen in Raumordnungsplänen münden (ebd.). Die Schaffung der räumlichen Voraussetzungen für die Erhaltung der Innenstädte und örtlichen Zentren als so genannte zentrale Versorgungsbereiche[12] bildet einen wichtigen Referenzrahmen bei der Beurteilung von Einzelhandelsvorhaben und ist durch §2 Abs. 2 Nr. 3 ROG als Grundsatz der Raumordnung verankert. Gegenüber den Grundsätzen der Raumordnung, die Abwägungsdirektiven für die nachgeordnete Planung bereitstellen, geht von den Zielen der Raumordnung eine stärkere Bindungswirkung aus (GIESECKE et al. 2017: 36 f.). §3 Abs. 2 Nr. 2 ROG definiert sie als „verbindliche Vorgaben in Form von räumlich und sachlich bestimmten oder bestimmbaren, vom Träger der Raumordnung abschließend abgewogenen textlichen oder zeichnerischen Festlegungen in Raumordnungsplänen zur Entwicklung, Ordnung und Sicherung des Raums". Gemäß § 1 Abs. 4 BauGB müssen die kommunalen Bauleitpläne, die das wichtigste kommunale Steuerungsinstrument im Zusammenhang mit Einzelhandelsansiedlungen darstellen (GIESECKE et al. 2017: 39), den Zielen der Raumordnung angepasst sein. Eine Konkretisierung der für die Bauleitplanung zugunsten von Einzelhandelsgroßprojekten zu beachtenden Ziele nehmen die Bundesländer auf Ebene der Landesplanung vor, wobei eine grundsätzliche Orientierung am Prinzip der Zentralen Orte vorherrscht (ebd.: 38). Im Kontext innerstädtischer Einkaufszentren ist dabei insbesondere das so genannte Beeinträchtigungsverbot von Bedeutung: Dieses sieht vor, dass durch die Ansiedlung von Einzelhandelsgroßprojekten keine wesentliche Beeinträchtigung der Funktionsfähigkeit zentraler Versorgungsbereiche entstehen darf, und zwar sowohl in der Standortkommune selbst, als auch in benachbarten Städten und Gemeinden, in denen ggf. Fernwirkungen zu erwarten sind (ebd.: 54). Das raumordnerische Beeinträchtigungsverbot und der Schutz zentraler Versorgungsbereiche finden ihre Entsprechung im Allgemeinen Städtebaurecht (ebd.). So können sich benachbarte Kommunen im Rahmen des interkommunalen Abstimmungsgebots der Bauleitplanung und der damit einhergehenden Klagebefugnis auch „auf die ihnen durch Ziele der Raumordnung zugewiesenen Funktionen sowie auf Auswirkungen auf ihre zentralen Versorgungsbereiche berufen" (§ 2 Abs. 2 BauGB). Nach § 34 Abs. 3 BauGB sind Vorhaben im unbeplanten Innenbereich nur dann zulässig, wenn sie keine schädlichen Auswirkungen auf

[12] Der Schutz zentraler Versorgungsbereiche ist auch in § 11 Abs. 3 BauNVO verankert. Gemäß Leitsatz des Bundesverwaltungsgerichts können zentrale Versorgungsbereiche definiert werden als „räumlich abgrenzbare Bereiche einer Gemeinde, denen auf Grund vorhandener Einzelhandelsnutzungen eine Versorgungsfunktion über den unmittelbaren Nahbereich hinaus zukommt. Sie können sich sowohl aus planerischen Festlegungen als auch aus den tatsächlichen Verhältnissen ergeben" (BVerwG 4 C 7.07: 16). Im Jahr 2012 wird die Definition dahingehend präzisiert, dass die Abgrenzung zentraler Versorgungsbereiche sich nach den tatsächlichen Verhältnissen zu richten habe (BVerwG 4 B 13.12). Zentrale Versorgungsbereiche können insbesondere in Form von Innenstadtzentren, Nebenzentren sowie Grund- und Nahversorgungszentren bestehen, sie sind demnach nicht mit Kerngebieten im Sinne der BauNVO gleichzusetzen (OVG NRW 7 A 964/05: 15).

zentrale Versorgungsbereiche verursachen. Liegt hingegen ein qualifizierter Bebauungsplan vor, so richtet sich die Zulässigkeit von Vorhaben nach den dortigen Bestimmungen (§ 30 Abs. 1 BauGB), die gemäß § 1 Abs. 4 BauGB wiederum an das raumordnerische Beeinträchtigungsverbot sowie an das interkommunale Abstimmungsgebot gebunden sind.

Somit bildet die Frage nach der Schädlichkeit der zu erwartenden Auswirkungen auf zentrale Versorgungsbereiche den wesentlichen Gradmesser für die planungsrechtliche Beurteilung der Zulässigkeit geplanter Einzelhandelsgroßprojekte im Allgemeinen sowie innerstädtischer Einkaufszentren im Besonderen. Hierzu liefert die Rechtsprechung des Bundesverwaltungsgerichts folgende nähere Anhaltspunkte:

> „*Ein Vorhaben lässt schädliche Auswirkungen auf zentrale Versorgungsbereiche einer Standortgemeinde jedenfalls dann erwarten, wenn es deren Funktionsfähigkeit so nachhaltig stört, dass sie ihren Versorgungsauftrag generell oder hinsichtlich einzelner Branchen nicht mehr substantiell wahrnehmen können. Als Maßstab zur Feststellung schädlicher Auswirkungen darf der zu erwartende Kaufkraftabfluss herangezogen werden*“ (BVerwG 4 C 7.07: 16).[13]

Ferner ist es Aufgabe des jeweils zuständigen Tatsachengerichts, die Methode zu bestimmen, anhand derer die zu erwartenden Kaufkraftabflüsse prognostiziert werden – bzw. zu prüfen, ob die von der Genehmigungsbehörde angewandte Methode frei von Beanstandungen ist. Insbesondere in komplexeren Fallkonstellationen „wird regelmäßig der Rückgriff auf ein (ergänzendes) Marktgutachten zur Ermittlung von Kaufkraftabflüssen notwendig sein“ (ebd.: 14). Die Prognose bzgl. schädlicher Auswirkungen auf zentrale Versorgungsbereiche hat dabei alle relevanten Umstände des jeweiligen Einzelfalls zu berücksichtigen (BVerwG 4 B 4.09: 6).[14] Die in der Praxis vorherrschende Orientierung am Kaufkraftabfluss bzw. an der damit einhergehenden Umsatzumverteilung geht dabei vielfach mit einer Orientierung an prozentualen Schwellenwerten einher. Hierbei hat sich entsprechend der Rechtsprechung des Oberverwaltungsgerichts Münster (OVG Münster 7 A 2902/93) ein Grenzwert von 10 % Umsatzumverteilung weitgehend durchgesetzt, bei dessen Überschreitung von schädlichen Auswirkungen ausgegangen wird (BECKMANN et al. 2008: 73 f.). Andererseits werden die Bedeutung der Umsatzumverteilung sowie der 10 %-Schwelle in Teilen der Rechtsprechung auch relativiert: So könne nicht im Umkehrschluss davon ausgegangen werden, dass unterhalb einer prognostizierten Umverteilungsquote von 10 % schädliche Auswirkungen auf zentrale Versorgungsbereiche per se auszuschließen wären (VG Arnsberg 4 K 572/04). Darüber hinaus könne die voraussichtliche Umsatzumverteilung als solche nicht maßgebliches Kriterium zur Bestimmung schädlicher Auswirkungen im Sinne von § 34 Abs. 3 BauGB sein, da sie von einer Vielzahl baurechtlich nicht beeinflussbarer Fakto-

---

[13] Neben der prognostizierten Umsatzumverteilung durch Kaufkraftabflüsse werden als weitere Kriterien insbesondere auch die Relation der Verkaufsflächen des Vorhabens zu branchengleichen Verkaufsflächen im zentralen Versorgungsbereich sowie etwaige Vorschädigungen des zentralen Versorgungsbereichs oder die Gefährdung ansässiger Magnetbetriebe benannt (ebd.).

[14] Zu beachten sind dabei z.B. der Mikrostandort des Vorhabens, etwaige bestehende städtebaulich-strukturelle Defizite vorhandener zentraler Versorgungsbereiche oder auch eine mögliche Gefährdung ansässiger Magnetbetriebe.

ren der individuellen Betriebsgestaltung abhängig sei (OVG NRW 7 A 964/05: 20-22).[15] Ferner sei die Erwartbarkeit beachtlicher Funktionsstörungen auch von den strukturellen Ausgangsbedingungen des jeweiligen zentralen Versorgungsbereichs abhängig: „Insoweit lässt sich allerdings kein generell maßgeblicher Prozentsatz feststellen, bei dessen Unterschreiten stets von nicht schädlichen Auswirkungen auszugehen ist" (ebd.: 22). Gleichwohl kommt der gutachterlichen Ermittlung von Umsatzumverteilungsquoten und ihrem Abgleich mit kritischen Schwellenwerten weiterhin ein zentraler Stellenwert zu: So urteilte z.B. der Verwaltungsgerichtshof Baden-Württemberg im Rahmen eines Berufungsverfahrens im Jahr 2017, dass die Rücknahme eines Bauvorbescheids für die Erweiterung eines Einkaufszentrums durch die Stadt Sindelfingen rechtswidrig war. In der Urteilsbegründung heißt es, dass der vorliegende Bebauungsplan aufgrund bestehender Mängel als unwirksam betrachtet werden müsse, sodass sich die Zulässigkeit des Erweiterungsvorhabens nach § 34 Abs. 3 BauGB und somit nach der Erwartbarkeit schädlicher Auswirkungen auf zentrale Versorgungsbereiche richtet. Hierzu konnte der Betreiber des Einkaufszentrums ein Verträglichkeitsgutachten vorlegen, welches zu dem Schluss kam, dass unter Einhaltung bestimmter sortimentsspezifischer Verkaufsflächenobergrenzen die Umsatzumverteilungswirkungen auf zentrale Versorgungsbereiche erwartbar nicht über neun Prozent liegen würden. Das von einer Nachbargemeinde beauftragte Gegengutachten ging von deutlich höheren Kaufkraftabflüssen aus, wobei die abweichenden Annahmen des Gegengutachtens nach Auffassung des Gerichts keine höhere Plausibilität für sich beanspruchen konnten, so dass schädliche Auswirkungen im Sinne des § 34 Abs. 3 BauGB durch die geplante Erweiterung des Einkaufszentrums nicht zu erwarten gewesen seien (VGH Baden-Württemberg 5 S 1003/16).[16]

Zusammenfassend ist an dieser Stelle also festzuhalten: Durch die geltenden rechtlichen Rahmensetzungen wird die Frage der ‚(Innenstadt)Verträglichkeit' geplanter innerstädtischer Einkaufszentren eng gekoppelt an spezifische Formen von Expertise über die Wechselwirkungen zwischen innerstädtischen Räumen, ihrer städtebaulichen ‚Funktionsfähigkeit' und ökonomischen Wirkungszusammenhängen. Diese stützen sich im Wesentlichen auf quantitative Modellierungen von Kaufkraftströmen und Umsatzumverteilungseffekten in Sachverständigengutachten, welche aufgrund der Komplexität der dabei angewandten Verfahren in der Regel durch spezialisierte Beratungsunternehmen erstellt werden. Gleichzeitig werden die Aussagekraft einzelner Kennziffern und die Anwendbarkeit universeller Schwellenwerte aber auch hinterfragt, sodass die Bewertung der ermittelten Umverteilungsquoten nach gängiger Auffassung einer sorgfältigen städtebaulichen Kontextualisierung und Interpretation durch Sachverstän-

[15] So werde eine Baugenehmigung nicht für einen konkreten Betreiber eines Einzelhandelsbetriebs erteilt, sondern lediglich für einen abstrakt umschriebenen Betrieb. Demnach könne mit einer Baugenehmigung nicht die betreiberabhängige Produktivität des Betriebs gesteuert werden, die eine wichtige Eingangsgröße für die Prognose von Umsatzumverteilungswirkungen darstellt. Stattdessen sei insbesondere auf die sortimentsspezifische Verkaufsflächenrelation zwischen Vorhaben und zentralen Versorgungsbereichen abzustellen (ebd.).

[16] Aufgrund einer anhängigen Beschwerde einer Nachbarkommune beim Bundesverwaltungsgericht gegen die Nichtzulassung der Revision ist das Urteil noch nicht rechtskräftig (Stuttgarter Zeitung 2018).

dige bedarf (BECKMANN et al. 2008: 75). Die wichtigsten Grundlagen der gutachterlichen Wissensproduktion im Kontext der Verträglichkeitsfrage werden nun nachfolgend erläutert.

2.2.2 Grundlagen der gutachterlichen Verträglichkeitsprüfung

Die Diskussion um die Ansiedlung innerstädtischer Einkaufszentren wird in erheblichem Maße von diversen Gutachten (und Gegengutachten) geprägt,[17] die Prognosen zu Umsatzumverteilungswirkungen und möglichen schädlichen Auswirkungen auf zentrale Versorgungsbereiche erstellen (ebd.: 69):

> *„Verträglichkeitsgutachten dienen der Analyse und Bewertung absatzwirtschaftlicher Auswirkungen von konkreten, i. d. R. großflächigen Einzelhandelsvorhaben sowie ihrer raumordnerischen und städtebaulichen Folgewirkungen. Sie sollen eine Antwort darauf geben, ob ein solches Vorhaben bei Realisierung den Zielen und Grundsätzen der Raumordnung entspricht und/oder ob es städtebaulich verträglich im Sinne von § 11 Abs. 3 BauNVO bzw. von § 34 Abs. 3 BauGB ist"* (WOLF 2012: 117).

Gutachterliche Stellungnahmen müssen zum einen gerichtsfest sein; sie sollen für Rechtssicherheit in der Bauleitplanung sowie bei Zulassungsentscheidungen von Vorhaben im unbeplanten Innenbereich nach § 34 Abs. 3 BauGB sorgen (ebd.: 118). Gleichzeitig wird ihnen aber auch über rechtliche Erfordernisse hinaus eine wichtige Rolle im Ansiedlungsprozess beigemessen:

> *„Sie sollten jedoch nicht nur als bauplanungsrechtlicher Legitimationsnachweis verstanden werden, sondern vielmehr die Grundlagen liefern, anhand derer die Fragen einer angemessenen Dimensionierung, eines abgestimmten Branchenmixes und die zu erwartende Umsatzumverteilung diskutiert und bewertet werden können. Darüber hinaus sind auch städtebaulich-funktionale Handlungsempfehlungen in den Verträglichkeitsgutachten zu formulieren"* (BECKMANN et al. 2008: 69).

In diesem Sinne sollen sie kommunalpolitischen Akteuren vor Ort als Informations- und Abwägungsmaterial dienen (vgl. GIESECKE et al. 2017: 8). Die Nachfrage nach Gutachten und Beratungsleistungen im Bereich Einzelhandel und Stadtentwicklung ist dabei oft „eng an bestehende konfligierende Interessenlagen und räumliche Nutzungsansprüche geknüpft" (SALM 2006: 31). Bedient wird der Markt für einzelhandelsgeo-

---

[17] Hierzu zählen neben Verträglichkeitsgutachten im engeren Sinne auch sonstige einzelhandelsbezogene Marktgutachten sowie kommunale und regionale Einzelhandelskonzepte, deren Bearbeitung ebenfalls häufig an externe Büros vergeben wird (WOLF 2012: 116). SALM (2006) schlägt hierfür den gemeinsamen Oberbegriff der „einzelhandelsgeographischen Beratungsleistungen" vor. Darüber werden im Vorfeld von Shopping-Center-Entwicklungen auch andere Formen gutachterlicher Stellungnahmen und Beratungsleistungen aufgerufen – z.B. zu verkehrs- und umweltbezogenen oder den Denkmalschutz betreffenden Fragestellungen.

graphische Beratungsleistungen von professionellen Beratungsunternehmen, teilweise treten aber auch wissenschaftliche Institute als Anbieter von Beratungsleistungen auf (ebd.). Wesentliche Bestandteile von Verträglichkeitsgutachten bilden die Beschreibung des zu prüfenden Einzelhandelsvorhabens, der lokalen Nachfrage- und Angebotssituation und der vorhandenen zentralen Versorgungsbereiche. Hierauf aufbauend werden das voraussichtliche Einzugsgebiet und die absatzwirtschaftlichen und städtebaulichen Folgewirkungen ermittelt und Handlungsempfehlungen (insbesondere für die Dimensionierung des Einkaufszentrums) abgeleitet (WOLF 2012: 118). Die Verträglichkeitsfrage wird in Übereinstimmung mit der geltenden Rechtsprechung dabei vorwiegend an der prognostizierten Umsatzumverteilung infolge des Ansiedlungsvorhabens festgemacht. Es erfolgt sowohl eine warengruppenspezifische als auch eine Gesamtbetrachtung, wobei unterschiedliche Szenarien im Hinblick auf die Dimensionierung der sortimentsspezifischen Verkaufsflächen modelliert werden (BECKMANN et al. 2008: 96-108).

2.2.2.1 Methodische Grundlagen von Verträglichkeitsgutachten

Die methodischen Grundlagen der gutachterlichen Verträglichkeitsprüfung sind ausführlich bei BECKMANN et al. (ebd.: 67-108) beschrieben und sollen hier nur in komprimierter Form dargestellt werden. Den Ausgangspunkt bildet dabei – neben der Bestandsanalyse des Vorhabenstandorts – zunächst die Abgrenzung des spezifischen Untersuchungs- und Einzugsgebiets.[18] Dabei sind eine Vielzahl von Faktoren wie z.B. räumliche und zeitliche Distanzen, Verkehrsinfrastruktur und Topographie, traditionelle Einkaufsbeziehungen und die Wettbewerbssituation im regionalen Einzelhandel zu beachten. Im zweiten Schritt werden dann die Einwohnerzahl im Einzugsgebiet sowie Kennziffern zur einzelhandelsrelevanten Kaufkraft herangezogen um das (sortimentsspezifische) Nachfragevolumen zu ermitteln.[19] Den nächsten Schritt bildet die Abgrenzung der zentralen Versorgungsbereiche im Untersuchungs- und Einzugsgebiet, die hinsichtlich ihres Einzelhandelsbestandes sowie städtebaulich-funktional zu charakterisieren sind. Auf der Grundlage einer Bestandsanalyse der im Einzugsgebiet vorhandenen Verkaufsflächen in den betroffenen Sortimentsbereichen werden dann mit Hilfe von Annahmen zu den jeweiligen Flächenproduktivitäten (Umsatz pro m^2 Verkaufsfläche) die bestehenden Umsätze geschätzt. Hieran schließt sich nun die Simulation des Markteintritts des geplanten Einkaufszentrums an. Analog zur Ermittlung der Bestandsumsätze erfolgt nun eine Umsatzschätzung für das betreffende Vorhaben, und zwar auf Grundlage des geplanten sortimentsspezifischen Verkaufsflächenumfangs sowie Annahmen zu durchschnittlichen Flächenproduktivitäten in vergleichbaren Einkaufszentren. Sowohl für die Situation vor als auch nach dem Markteintritt werden dann

[18] Das Untersuchungsgebiet beschreibt „den gesamten Raum, aus dem Parameter für die Untersuchung abzuleiten und für den mögliche Auswirkungen durch Vorhaben zu prüfen sind“ (BECKMANN et al. 2008: 76). Damit reicht es über das Einzugsgebiet hinaus, aus dem sich der Großteil der potenziellen Kunden des Vorhabens rekrutiert.

[19] Zusätzlich werden auch Streuumsätze bei der Ermittlung des Nachfragevolumens berücksichtigt. Hierbei handelt es sich um Kaufkraftzuflüsse von außerhalb des eigentlichen Einzugsgebiets (z.B. durch Touristen).

mit Hilfe gravitationstheoretischer Modelle (vgl. Box 1) ausführliche Kaufkraftstrommodellrechnungen erstellt. Unter der Annahme, dass bei stagnierenden Einzelhandelsausgaben die zusätzlichen Umsätze nur über eine Umverteilung gegenüber dem Bestand erzielt werden können, ermöglicht der Abgleich der beiden Kaufkraftstrommodellrechnungen Rückschlüsse auf die gemäß den Modellannahmen zu erwartenden Umsatzumverteilungswirkungen auf zentrale Versorgungsbereiche. Sofern hiernach schädliche Auswirkungen auf zentrale Versorgungsbereiche zu erwarten sind, sollte das Gutachten mit Hilfe von Alternativberechnungen prüfen, ob durch Anpassungen des Ansiedlungsvorhabens und flankierende Maßnahmen eine ‚verträgliche' Lösung herbeigeführt werden kann (WOLF 2012: 126).

Box 1: Gravitationstheoretische Modelle als Grundlage für die Erstellung von Kaufkraftstrommodellrechnungen

Die Berechnung der Umsatzumverteilung in Verträglichkeitsgutachten basiert in der Regel auf gravitationstheoretischen Modellen (BECKMANN et al. 2008: 97). Die grundlegende Referenz bildet hierbei das so genannte Huff-Modell (HUFF 1964). Dabei handelt es sich um ein probabilistisches Gravitationsmodell, das Aussagen über die Wahrscheinlichkeit ermöglichen soll, mit der ein Konsument im Wohnort i einen bestimmten Einkaufsstandort j aufsucht. Hierfür wird ein Maß für die Attraktivität des Einkaufsstandorts j ermittelt und ins Verhältnis zur Gesamtattraktivität aller Einkaufstandorte im Wettbewerbsumfeld gesetzt. Die Attraktivität eines Einkaufsstandortes wird nach HUFF positiv beeinflusst vom Angebotsumfang (gemessen an der Verkaufsfläche) und negativ beeinflusst von der zeitlichen Distanz, die zur Erreichung des Einkaufsstandorts zurückgelegt werden muss. Entsprechend zieht er den Quotienten aus beiden Parametern als Maß für die Attraktivität eines Einkaufstandorts heran. Der Koeffizient λ ermöglicht es, warengruppenspezifische Distanzwiderstände zu berücksichtigen (so werden für Waren des längerfristigen Bedarfs i.d.R. größere zeitliche Distanzen in Kauf genommen als für Waren des periodischen Bedarfs). Damit ergibt sich folgendes Grundmodell:

$$P_{ij} = \frac{\frac{S_j}{T_{ij}}}{\sum_{j=1}^{n} \frac{S_j}{T_{ij}^{\lambda}}}$$

Die einzelnen Parameter sind im Wortlaut definiert als:

- P_{ij} — *the probability of a consumer at a given point of origin i travelling to a particular shopping center j*
- S_j — *the size of a shopping center j (measured in terms of the square footage of selling area devoted to the scale of a particular class of goods*
- T_{ij} — *the travel time involved in getting from a consumer´s travel base i to a given shopping center j*
- λ — *a parameter which is to be estimated empirically to reflect the effect of travel time on various kinds of shopping trips*

In der Praxis werden meist komplexere Abwandlungen und Variationen des ursprünglichen Huff-Modells verwendet, die sich je nach Gutachterbüro unterscheiden können und eine differenziertere Betrachtung zusätzlicher Einflussfaktoren auf die Attraktivität eines Einkaufsstandortes ermöglichen sollen (BECKMANN et al. 2008: 98). Gravitationstheoretische Modelle bilden zum einen die Grundlage für die Erstellung komplexer Kaufkraftstrommodellrechnungen in einem regionalen Wettbewerbsumfeld, zum anderen werden sie aber auch zur wahrscheinlichkeitsbasierten Abgrenzung von Einzugsgebieten herangezogen (ebd.: 77 f., 96-109).

2.2.2.2 Einzelhandels- und Verträglichkeitsgutachten – Forschungsstand und Forschungslücken

Die vorliegende Literatur zu Einzelhandels- und Verträglichkeitsgutachten speist sich insbesondere aus Beiträgen der geographischen Handelsforschung, aber auch aus praxisnahen Leitfäden und Handreichungen für Ansiedlungskommunen, etwa von Seiten des Deutschen Seminars für Städtebau und Wirtschaft (DSSW), das beim Deutschen Verband für Wohnungswesen, Städtebau und Raumordnung e.V. angesiedelt ist. Einen Schwerpunkt der Auseinandersetzung bildet dabei die Formulierung von Gütekriterien, die bei der Erstellung von Einzelhandels- und Verträglichkeitsgutachten beachtet werden sollten. Diese beziehen sich zunächst auf die Qualität der empirischen Erhebungen und Modellrechnungen, darüber hinaus aber auch auf die Transparenz und Nachvollziehbarkeit der eingesetzten Methoden, der zugrunde liegenden Annahmen und der hieraus abgeleiteten Ergebnisse und Empfehlungen, sowie auf die Akteurskonstellation im Ansiedlungsprozess und die gutachterliche Neutralität und Unabhängigkeit (vgl. ADRIAN 2001; HEINRITZ 2001; JENNE 2001; BECKMANN et al. 2008; WOLF 2012).[20] Die an die Gutachten adressierte Forderung nach Transparenz wird dabei gleichermaßen an den kommunalpolitischen Umgang mit Verträglichkeitsgutachten gerichtet: Diese sollten demnach nicht unter Verschluss gehalten, durch selektive Lesarten verfälscht oder lediglich zur Legitimierung vorgefertigter Entscheidungen herangezogen werden (JENNE 2001: 77). Die Einordnung von Einzelhandels- und Verträglichkeitsgutachten in den Kontext der politisch-planerischen Steuerung der Einzelhandels- und Innenstadtentwicklung und des dabei zur Verfügung stehenden formellen und informellen Instrumentariums wird in der entsprechenden Literatur begleitet von der Fragestellung, wie diese Instrumente in einem idealtypisch schematisierten, linearen Ansiedlungsprozess bestmöglich eingesetzt werden können.[21] Dabei werden Empfehlungen ausgesprochen, wie gutachterliches Wissen in den unterschiedlichen Phasen zur fachlichen Qualifizierung des Ansiedlungsprozesses genutzt werden soll. Neben diesen Arbeiten zu Anforderungen an Verträglichkeitsgutachten und ihrer kommunalpolitischen Steuerung, die eindeutig den Schwerpunkt der fachlichen Debatte ausmachen, liegen auch einzelne Arbeiten vor, die sich empirisch mit Fragen der konkreten Verwendungszusammenhänge derartiger Gutachten in der kommunalpolitischen Praxis befassen. So arbeitet BUTZIN (2001) ausgehend von dem Fallbeispiel eines Verträglichkeitsgutachtens für ein Einzelhandelsvorhaben auf der Grünen Wiese heraus, inwieweit die Mediation und Moderation von Konsensbildungsprozessen als weitere Aufgabenfelder der Politikberatung neben die inhaltliche Entscheidungsvorbereitung treten. Politikberatung umfasse demnach zuneh-

[20] Verträglichkeitsgutachten werden meist durch die betreffende Kommune in Auftrag gegeben, was jedoch eine Kostenübernahme durch den Vorhabenträger in der Praxis nicht ausschließen muss (JENNE 2001: 73).

[21] BECKMANN et al. (2008: 17-20) unterscheiden folgende Phasen eines idealisierten Ansiedlungsprozesses: grundlegende Positionierung der Kommune und Zielfindung, Standortfindung, Ideen- und Konzeptfindung, Konkretisierung, formale Planung und Genehmigung, Inbetriebnahme. Wichtig für den Prozessverlauf ist dabei die Frage, zu welchem Zeitpunkt eine Auseinandersetzung mit Ansiedlungsbegehren von Investoren stattfindet. So kann der komplette Prozess erst durch ein konkretes Ansiedlungsinteresse angestoßen werden. Umgekehrt ist auch der Fall möglich, dass bereits konkrete Standortpräferenzen sowie Ideen und Konzepte vorliegen, für die ein Investor gesucht wird.

mend auch die „Stärkung der Steuerungskapazität bzw. prozessorientierten Durchsetzung“ (ebd.: 95). Gleichzeitig beobachtet er eine Verschiebung von einem rein bilateralen Auftragsverhältnis zu multilateralen, netzwerkartigen Beratungsstrukturen. SALM (2006: 33) weist darauf hin, dass Fragen nach der Rezeption von Einzelhandelsgutachten sowie nach den intendierten und nicht-intendierten Wirkungen nur eine untergeordnete Rolle in der fachlichen Diskussion spielen. Diese Lücke möchte er mit Hilfe einer vergleichenden Fallstudie füllen, die die Erwartungen und Funktionszuschreibungen an Einzelhandelskonzepte, sowie die Wirkungen insbesondere auf Sicht- und Handlungsweisen der beteiligten Akteure in den Mittelpunkt rückt. Dabei zeigt er anhand von qualitativen Interviews mit kommunalpolitischen Akteuren u.a. auf, wie gutachterliche Beratungsleistungen in selektiver Weise in bereits bestehende Orientierungsmuster und Argumentationsweisen eingepasst werden und sich dadurch „die bestehenden mikropolitischen Grabenkämpfe erhärten“ (ebd.: 93).

Anhand dieser kurzen Zusammenschau werden einige grundlegende Charakteristika der bisherigen wissenschaftlichen Auseinandersetzung mit Einzelhandels- und Verträglichkeitsgutachten ersichtlich: So ist die Debatte um den Einfluss von gutachterlichen Stellungnahmen und Expertenwissen auf Planungsprozesse – die v.a. in den 2000er Jahren einsetzte und sich seitdem insbesondere mit Fragen der methodischen Qualität, Transparenz und Unabhängigkeit von Einzelhandelsgutachten, der Rolle von Gutachtern in den Standortentscheidungen vorbereitenden Akteurskonstellationen sowie mit der Bedeutung von Gutachterwissen für die tatsächliche Ausprägung von Genehmigungsverfahren auseinandersetzt – überwiegend durch eine akteursorientierte Perspektive geprägt. Hierdurch konnte das Verständnis der Entwicklung von Einzelhandelsstandorten, insbesondere die standortgestaltenden Entscheidungen kommunaler Akteure aus Politik und Planung, aber auch von Intermediären wie gutachterlichen Beratungsunternehmen vertieft werden. Gleichzeitig jedoch sind mit dieser Ausrichtung wie bei jeder perspektivischen Fokussierung auch spezifische blinde Flecken verbunden. Bislang weitgehend unberücksichtigt bleibt insbesondere der folgende Aspekt: Jeder Versuch einer Beantwortung der Verträglichkeitsfrage und jedes hierfür denkbare Verfahren ist zugleich auf einen normativen Rahmen angewiesen im Hinblick auf die Frage, was den innerstädtischen Raum als solchen überhaupt ausmacht, wie er sich entwickeln soll und wie auf diese gewünschte Entwicklung hingesteuert werden kann. Nur ausgehend von einer solchen normativen Kontrastfolie im Sinne expliziter oder impliziter Leitbilder der Innenstadtentwicklung lässt sich überhaupt eine Beurteilung vornehmen, ob ein Vorhaben mit der angestrebten Entwicklung ‚verträglich‘ ist oder nicht. Eine der zentralen Arbeitsthesen dieser Dissertation lautet daher, dass die Verträglichkeitsfrage sehr eng gekoppelt ist an die Existenz einer *normativen Wissensordnung über den innerstädtischen Raum* und die Frage, welche Rolle Einkaufszentren hierin einnehmen können. Diese Arbeit soll zeigen, dass eine nähere Betrachtung dieser Wissensordnung mit Hilfe diskursanalytischer Zugänge zu einem tieferen Verständnis der Verträglichkeitsproblematik beitragen kann. Hiermit hängt ein zweiter blinder Fleck der bisherigen Debatte zur Rolle gutachterlicher Beratungsleistungen im Kontext geplanter innerstädtischer Einkaufszentren sehr eng zusammen. Dieser liegt darin begründet, dass die gutachterliche Wissensproduktion typischerweise *außerhalb der Sphäre des Politischen* verortet wird. So tritt in der genannten Literatur sehr deutlich die herrschende Auffassung zu Tage, dass sich Einzelhandels- und Verträglichkeitsgutachten zwar innerhalb eines politischen Spannungsfeldes bewegen (SALM 2006: 14), jedoch wird zugleich eine „klare Trennung zwischen der fachlichen Ebene des Gutachters und der politischen Ebene der Entscheidungsfindung" (ADRIAN 2001: 68) vorausgesetzt. Eine solche Betrachtungsweise mag intuitiv erscheinen und auch dem Selbstverständnis von Akteuren auf kommunalpolitischer und gutachterlicher Seite entsprechen – aus einer diskursanalytischen Perspektive (vgl. Kap. 3) greift sie jedoch erheblich zu kurz. Schließlich prägen gutachterliche Expertisen in erheblichem Maße die Sprache und das grundlegende Begriffsraster, durch das gegenwärtige Prozesse der Entwicklung innerstädtischer Räume lesbar / kalkulierbar gemacht und politisch gedeutet werden und auf die sich letztlich auch die politische Bearbeitung der Verträglichkeitsproblematik bzw. die Steuerung von Ansiedlungsprozessen stützt. Insofern soll im Rahmen dieser Arbeit gezeigt werden, dass die hierbei verwendeten Techniken der Wissensproduktion keineswegs ‚außerhalb' des Politischen stehen – sie sind vielmehr unmittelbar beteiligt an der Hervorberingung von Wissensordnungen über den innerstädtischen Raum und strukturieren dadurch stadtentwicklungspolitische Interventionsfelder nach spezifischen Rationalitätsstrukturen, die empirisch herausgearbeitet werden können.

2.2.3 Wissenschaftliche Perspektiven auf die Verträglichkeitsfrage

Die Zunahme innerstädtischer Einkaufszentren ist in Deutschland nicht nur von gutachterlichen Expertisen, sondern auch von empirischen Forschungen begleitet worden, die sich neben diversen Handreichungen für die kommunale Praxis (BECKMANN et al. 2008; JUNKER et al. 2011; BBSR 2013) insbesondere aus der geographischen Handelsforschung speisen. Hierzu zählen aber auch interdisziplinäre Beiträge, die aus einer architektonischen, stadtplanerischen, betriebswirtschaftlichen, soziologischen oder auch kulturwissenschaftlichen Perspektive auf innerstädtische Einkaufszentren blicken und dabei in Teilen auch an internationale Debatten zur Globalisierung von Shopping Malls und postmoderner Stadtentwicklung anschließen.[22] An dieser Stelle soll derjenige Forschungsstrang näher betrachtet werden, der sich mit der Frage der ‚(Innenstadt)Verträglichkeit' im weiteren Sinne befasst. Im Mittelpunkt steht dabei v.a. die Erstellung von *ex-post*-Analysen zu empirisch beobachtbaren Auswirkungen innerstädtischer Einkaufszentren, wenngleich LINGEN (2014: 109) hierzu feststellt:

> *„Hat das Shopping Center seinen Betrieb aufgenommen erscheint das Interesse an der Wirkungsfrage oft wie weggeblasen. Jedenfalls lässt der eklatante Mangel an wissenschaftlich fundierten Monitoring-Studien, die die Veränderungen in der Innenstadt systematisch messen, dies vermuten."*

[22] Für einen Einstieg in diese Debatten vgl. z.B. die Beiträge im Sammelband von WEHRHEIM (2007), sowie WEIDNER und KORZER (2014) und MONHEIM (2019).

Gleichwohl liegen hierzu mittlerweile einige empirische Einzelfall- und Vergleichsstudien vor, wie etwa WEIDNER und KORZER (2014: 75-77) übersichtsweise zusammengetragen haben.[23] Ein erster Anstoß für die wissenschaftliche Auseinandersetzung mit den Auswirkungen innerstädtischer Einkaufszentren ging von einer Vergleichsstudie (JUNKER & KÜHN 1999) aus, die sechs Standorte in Nordrhein-Westfalen untersucht (Lüdenscheid, Hamm, Wuppertal, Bocholt, Solingen und Dortmund). 2003 folgte eine Vergleichsstudie zu den Standorten Abensberg, Ansbach, Bamberg, Bayreuth, Fürth und Marktredwitz im Auftrag des Bayrischen Innenministeriums (POPP 2002; HEINRITZ et al. 2003). Eine kritische Auseinandersetzung mit innerstädtischen Einkaufszentren erfolgte im Rahmen des DFG-Projekts „Auswirkungen Innerstädtischer Shopping Center auf die gewachsenen Strukturen der Zentren" (vgl. KRÜGER & WALTHER 2007) sowie der Studie des Deutschen Instituts für Urbanistik (Difu) zur „Wirkungsanalyse großer innerstädtischer Einkaufscenter" (JUNKER et al. 2008). Aufgrund seiner polarisierenden Wirkung viel beachtet wurde auch der 2006 erschienene Sammelband „Angriff auf die City. Kritische Texte zur Konzeption, Planung und Wirkung von integrierten und nicht integrierten Shopping Centern in zentralen Lagen" (BRUNE 2006). Demgegenüber bemängeln EPPLE und PETER (2010) eine aus ihrer Sicht zu negative Betrachtung, die nicht hinreichend zwischen Konkurrenzeffekten und *strukturellen* Schädigungen zentraler Versorgungsbereiche differenziere. Die daraus abgeleiteten restriktiven Forderungen etwa in Bezug auf Verkaufsflächenbegrenzungen könnten dann dazu führen, dass „dringend notwendige Investitionen in Innenstädten verhindert" (ebd.: 10) werden. Grundlegende Arbeiten zu den Auswirkungen innerstädtischer Einkaufszentren haben darüber hinaus u.a. auch MONHEIM (MONHEIM & LUX 1999; MONHEIM 2007; BEUSCHEL et al. 2008; MONHEIM 2013, 2019), MAYER-DUKART (2010) oder LADEMANN (2011) vorgelegt. Ferner sind auch im Rahmen gutachterlicher Begleitforschung einige empirische *ex-post*-Analysen entstanden und über den Arbeitskreis Geographische Handelsforschung einem breiteren Kreis zugänglich gemacht worden, beispielsweise zu den innerstädtischen Einkaufszentren „Spandau Arcaden" und „Erlangen Arcaden" (Markt und Standort Beratungsgesellschaft mbH 2009, 2010, 2012), den „Regensburg Arcaden" (GfK GeoMarketing 2011a), den „Gera Arcaden" (Dr. Lademann & Partner Gesellschaft für Unternehmens- und Kommunalberatung mbH 2012) und den Leipziger „Höfen am Brühl" (MONHEIM & HELLER 2016), oder auch den in Stadtteillage befindlichen „Düsseldorf Arcaden" und „Köln Arcaden" (GfK GeoMarketing 2010, 2011b). Eine umfassende Synopse des Forschungsstandes zu den Auswirkungen innerstädtischer Einkaufszentren haben BECKMANN und LINNHOFF (2012) im Rahmen einer Studie im Auftrag des Deutschen Seminars für Städtebau und Wirtschaft (DSSW) im Deutschen Verband für Wohnungswesen, Städtebau und Raumordnung e.V. erstellt. Hierfür wurden die Ergebnisse aus acht einzelfallübergreifenden Grundlagenstudien sowie 29 Einzelfallstudien vergleichend ausgewertet. Ergänzt wird dies durch eine weitere DSSW-Studie (GIESECKE et al. 2017), die die Auswirkungen innerstädtischer Einkaufszentren an zwölf Standorten betrachtet und mit den Ergebnissen der vorherigen DSSW-

[23] Darüber hinaus liegen Untersuchungen vor, die sich aus einer akteursorientierten Perspektive mit der Wirkmächtigkeit kommunaler Steuerungsinstrumente im Ansiedlungsprozess befassen (STÄHLER & KRAJEWSKI 2014).

Studie abgleicht. Damit liegen bereits umfangreiche Aufbereitungen des Forschungsstandes vor. Dementsprechend soll es hier weniger um eine detaillierte Besprechung dieser Studien und ihrer Ergebnisse im Einzelnen gehen. Stattdessen werden analog zur Auseinandersetzung mit dem Forschungsstand zu Einzelhandels- und Verträglichkeitsgutachten wesentliche gemeinsame Charakteristika dieses Forschungsstranges herausgearbeitet, sowie auf hiermit einhergehende blinde Flecken in der wissenschaftlichen Auseinandersetzung mit der Verträglichkeitsfrage hingewiesen.

In der wissenschaftlichen Praxis wird die Verträglichkeitsfrage im Kontext innerstädtischer Einkaufszentren auf vielfältige Weise in konkrete Indikatoren übersetzt und damit operationalisierbar gemacht. Einzelhandelsgeographische und immobilienwirtschaftliche Indikatoren dominieren hierbei deutlich, wobei aber auch städtebauliche und verkehrsbezogene Kriterien berücksichtigt werden (vgl. hierzu die Übersicht aus BECKMANN & LINNHOFF 2012 in Tabelle 3).

Tabelle 3: In mindestens 15 Fallstudien herangezogene Indikatoren zur Bestimmung der Auswirkungen innerstädtischer Einkaufszentren (EKZ)

Indikator	Anzahl Fallanalysen / Datensets	Anzahl EKZ
Entw. Einzelhandelsmietpreise (1A-Lage)	96	66
Entw. Zentralität / Zentralitätskennziffer der Standortkommune	44	28
Entw. Passantenfrequenzen (1A-Lage, Innenstadt)	43	29
Umsatzentw. / Umsatzkennziffer der Standortkommune	36	27
Entw. Anteil der Betriebe des modischen Bedarfs (Bekleidung/ Schuhe) in der 1A-Lage / Innenstadt	30	19
Kopplungsquoten Innenstadt und EKZ	27	22
Entw. Anzahl der Einzelhandelsbetriebe in der 1A-Lage / Innenstadt (ohne EKZ)	26	17
Entw. des Leerstandsanteils in der 1A-Lage / Innenstadt	25	18
Lagestrukturveränderungen in der Innenstadt	24	20
Entw. der innerstädtischen Einzelhandelsverkaufsfläche	23	16
Entw. des Filialisierungsgrades in der 1A-Lage / Innenstadt	21	18
Entw. des Einzelhandelsumsatzes in der Innenstadt (ohne EKZ)	21	10
Entw. der Attraktivität der Innenstadt	16	14
Veränderungen 1A-Lage	15	13
Entw. der Besuchshäufigkeit der Kunden in der Innenstadt	15	14

Quelle: Modifiziert nach BECKMANN und LINNHOFF (2012: 34).

Die Vorgehensweise solcher Arbeiten unterscheidet sich dabei grundsätzlich von den oben beschrieben Verträglichkeitsgutachten: Hier steht nicht die prognostische *ex-*

ante-Modellierung eines Schlüsselindikators (Umsatzumverteilung) im Mittelpunkt, sondern die empirische Analyse unterschiedlicher Wirkungsindikatoren, z.B. in Form von Längsschnittuntersuchungen mit mehreren Erhebungszeitpunkten vor und nach Eröffnung eines innerstädtischen Einkaufszentrums. Ziel dieser Studien ist die Formulierung von Aussagen, die kausale Zusammenhänge zwischen den jeweiligen Messindikatoren und der Eröffnung innerstädtischer Einkaufszentren beschreiben sollen, wobei auch der Einfluss moderierender Variablen betrachtet wird.[24] So kommen GIESECKE et al. (2017: 166-171) bspw. zu dem Ergebnis, dass in der Mehrzahl der untersuchten Fälle infolge der Eröffnung eines innerstädtischen Einkaufszentrums ein Zentralitätsanstieg erzielt werden konnte[25], die Passantenfrequenz in (Teilen) der Innenstadt häufig jedoch zurückging und die Kopplungsquoten sehr stark von der Anbindung an die bestehende 1A-Lage abhingen. In der Gesamtbetrachtung der empirischen Basis dieser Studien kommen BECKMANN und LINNHOFF (2012: 132) aber auch zu dem Schluss, dass die bisherigen Ergebnisse nur sehr eingeschränkt verallgemeinerbar seien und hinsichtlich einzelner Indikatoren gar in unterschiedliche Richtungen weisen können. Die Ursachen hierfür seien in der eingeschränkten Vergleichbarkeit (Datenbasis, begriffliche und methodische Differenzen), aber auch der Vielzahl und Komplexität der betrachteten Variablen und ortsspezifischen Einflussfaktoren, sowie der Problematik des Nachweises eindeutiger Kausalitätsbeziehungen zu suchen. Demnach sei immer auch eine Betrachtung der einzelfallbezogenen Umstände erforderlich (ebd.). LINGEN (2014) argumentiert, dass die selektive Betrachtung einzelner Indikatoren zu kurz greife und plädiert für umfassendere Monitoringstudien, „die den Entwicklungsprozess der Innenstadt vor, während und nach dem Bau eines Shopping Centers analysieren. Hier sollten zwingend die *Bestandsentwicklung* des Betriebsbesatzes (Betriebe, Verkaufsflächen, Umsätze, Marken, Betriebsformen, Filialisierungsgrad), die *Passantenfrequenzen* (verschiedene Zählstellen in allen Lauflagen, Tagesgänge, Durchschnitts- und Spitzentage), die *Verbrauchereinstellungen* (Bewertungen, Meinungen, Einstellungen zur Innenstadt), das *Verbraucherverhalten* (Besuchsgründe, -häufigkeit, Ausgaben, Herkunft, Verkehrsmittel, Tätigkeiten), die *Investitionen* sowie die *Mieten* und deren Entwicklung erfasst werden“ (ebd.: 142 f., Hervorhebung im Original).

Insgesamt bleibt dieser Forschungsstrang dabei trotz der genannten Limitationen an die implizite Grundannahme gebunden, dass die Frage der ‚(Innenstadt)Verträglichkeit‘ innerstädtischer Einkaufszentren *prinzipiell* „anhand von allgemein zugänglichen und objektiv messbaren Kriterien“ (GIESECKE et al. 2017: 116) objektiviert werden kann (wenn z.B. eine einheitlichere Datenbasis gegeben wäre oder wenn der Einfluss potenzieller Störvariablen, die nichts mit dem Einkaufszentrum zu tun haben, aber sich eben-

---

[24] Die Intensität der Auswirkungen innerstädtischer Einkaufszentren hängt demnach von verschiedenen Faktoren ab wie z.B. dem Verkaufsflächenzuwachs in der Innenstadt, dem Längenzuwachs der Fußgängerzone, der mikroräumlichen Lage zum Hauptgeschäftsbereich, der Zahl der direkt angegliederten PKW-Stellplätze oder der städtebaulichen Offenheit (JUNKER et al. 2008: 30 ff.).

[25] Auf einen positiven Zentralitätseffekt weißt auch die Abschlussarbeit von ECKHARDT (2017) zu innerstädtischen Einkaufszentren in deutschen Mittelstädten hin. Demgegenüber stellt LINGEN (2014: 121) nur in 16 von 34 Ansiedlungsfällen einen Zentralitätsanstieg fest und weist ferner darauf hin, „dass der Zeitverlauf der Zentralitätsquoten nicht zwangsläufig etwas über die strukturellen Veränderungen in Städten aussagt. Wenn sie überlagert werden durch eine positive oder negative Dynamik von Kaufkraft- oder Umsatzentwicklung ist eine Interpretation kaum mehr möglich“.

falls auf die Messindikatoren auswirken, besser ausgeklammert werden könnte usw.).[26] Ein wesentliches Ziel dieser Arbeiten liegt in der Formulierung möglichst objektiver, quantitativ messbarer Kriterien für eine ‚(innenstadt)verträgliche' Ansiedlung innerstädtischer Einkaufszentren. Dies setzt zunächst eine Entscheidung darüber voraus, was überhaupt ein relevanter Indikator für eine ‚verträgliche' Ansiedlung darstellt und was nicht. Eine solche Entscheidung wird jedoch nicht ohne irgendeinen normativen Bezugsrahmen gefällt werden können, sie wird nicht ohne den impliziten Rekurs auf spezifische Leitbilder für die Entwicklung von Innenstädten auskommen. Im vorherigen Abschnitt wurde argumentiert, dass die Verträglichkeitsfrage unmittelbar an die grundlegende Frage gekoppelt ist, was Innenstädte überhaupt ausmacht und wie sie sich entwickeln sollten. Dies ist jedoch keine Frage, die mit Hilfe statistischer Verfahren und wissenschaftlicher Exaktheit beantwortet werden kann – vielmehr ist die Deutungshoheit über diese Frage etwas, das politisch umkämpft ist. Genau dieser Aspekt ist es, der von der bisherigen Forschung weitgehend ausgeblendet wird: Infolge der Bemühungen um eine Versachlichung, Objektivierung und Verwissenschaftlichung der Verträglichkeitsfrage gerät aus dem Blick, dass die Ansiedlung innerstädtischer Einkaufszentren vielfach eingelassen ist in weitreichende lokalpolitische Auseinandersetzungen, bei denen unterschiedliche Deutungsangebote miteinander um die Fragen konkurrieren, wie sich innerstädtischer Räume entwickeln sollen und welchen Beitrag innerstädtische Einkaufszentren hierzu leisten oder nicht leisten können. Bei der Frage der ‚(Innenstadt)Verträglichkeit' im weiteren Sinne geht es nicht nur um eine möglichst objektive Klärung der Auswirkungen eines geplanten Einkaufszentrums. Vor allem geht es auch darum, Mehrheiten für oder gegen ein solches Projekt zu mobilisieren, beispielsweise wenn es um die Entscheidung zum Verkauf öffentlicher Grundstücke geht. Entscheidend ist hierfür insbesondere, welche Formen von Expert*innenwissen in Planungskonflikten aufgerufen werden, wie dieses Wissen in lokalpolitische Debatten um die Entwicklung konkreter innerstädtischer Räume eingebracht wird und welcher Deutungsrahmen für die politisch-planerische Steuerung der Innenstadtentwicklung dadurch aufgespannt wird. Die vorliegende Dissertation nähert sich am Beispiel des Konflikts um ein geplantes innerstädtisches Einkaufszentrum in der Mainzer Innenstadt an diese vernachlässigten Aspekte der Verträglichkeitsproblematik an. Hierzu bedarf es jedoch zunächst einer perspektivischen Verschiebung, eines veränderten konzeptionellen Blicks auf die Verträglichkeitsfrage. Diese konzeptionelle Verschiebung soll im nachfolgenden Kapitel in Auseinandersetzung mit FOUCAULTS diskurs- und gouvernementalitätstheoretischen Schriften hergeleitet werden.

---

[26] Hiervon abweichend äußert sich z.B. MONHEIM (2019: 325) aufgrund der Spezifizität individueller Fallkonstellationen skeptisch was die Anwendung standardisierter Beurteilungskriterien und die Verallgemeinerung von Wirkungsaussagen betrifft.

3 Diskurs, Gouvernementalität, kalkulative Techniken der Wissensproduktion – Konzeptionelle Verschiebungen der Verträglichkeitsfrage

Wie die Ausführungen des vorherigen Kapitels nahelegen, bildet die Verträglichkeitsfrage im weiteren Sinne den zentralen Kristallisationspunkt wissenschaftlicher, planerischer und lokalpolitischer Auseinandersetzungen um geplante innerstädtische Einkaufszentren und deren Auswirkungen. Dabei erscheint der Verträglichkeitsbegriff trotz seiner engen juristischen Rahmung durchaus facettenreich und entzieht sich aufgrund seiner Vielschichtigkeit einer endgültigen Fixierung. Die Deutungshoheit über die Frage der ‚(innenstadt)verträglichen' Gestaltung innerstädtischer Einkaufszentren ist umkämpft, sie ist Gegenstand von Aushandlungsprozessen, an denen ein breites Spektrum an Akteuren beteiligt ist. Dieses umfasst neben Investor*innen, Projektentwicklungs- und Betreibergesellschaften von Einkaufszentren zahlreiche Akteure der städtischen Politik und Verwaltung, aber auch Grundstückseigentümer*innen, den innerstädtischen Einzelhandel bzw. dessen Vertretungsorgane in Kammern, Verbänden und lokalen Interessengemeinschaften, ebenso wie Anwohner*innen und bürgerschaftliche Initiativen. Hinzu kommen externe Beratungsunternehmen und Gutachter*innen, sowie je nach Fallkonstellation diverse weitere Akteure (STÄHLER & KRAJEWSKI 2014: 41). Die Steuerung solcher Prozesse macht die Mobilisierung komplexer Techniken erforderlich, die Wissensbestände darüber generieren sollen, wie sich das geplante Einkaufszentrum zum innerstädtischen Raum verhält und wie dies zu bewerten ist. Wie im vorhergehenden Kapitel dargelegt, spielen die Kalkulationsweisen im Rahmen gutachterlicher Beratungsleistungen hierbei eine besonders wichtige Rolle: Sie dienen zum einen als bau- und planungsrechtlicher Legitimationsnachweis, zum anderen sollen sie Handlungsempfehlungen für die kommunalpolitische Praxis im Umgang mit konkreten Ansiedlungsvorhaben liefern (vgl. Kap. 2.2.2). Gleichzeitig sind die hierbei zur Anwendung kommenden Techniken jedoch nicht isoliert zu betrachten, sondern unter dem Gesichtspunkt ihrer Einbettung in konkrete Planungsprozesse und kommunalpolitische Debatten.

Wie der Verträglichkeitsbegriff hierbei inhaltlich gefüllt wird ist in verschiedener Hinsicht von grundlegender Relevanz: Zum einen kann der Verlauf von Stadtentwicklungsprozessen und Planungskonflikten hierdurch entscheidend geprägt werden. Denn je nachdem, was unter ‚Verträglichkeit' verstanden wird, lassen sich hieraus unterschiedliche Anforderungen an die materielle Produktion von Stadt ableiten. Zum anderen soll im Rahmen dieser Arbeit deutlich werden, dass die Durchsetzung einer bestimmten Konzeption von ‚Verträglichkeit' einhergeht mit der Durchsetzung spezifischer Vorstellungen davon, was innerstädtische Räume überhaupt ausmacht, was sie leisten sollen, welchen Gesetzmäßigkeiten sie unterliegen und wie ihre Entwicklung politisch gesteuert werden kann.

Um diese durchaus relevanten Aspekte der Verträglichkeitsfrage näher beleuchten zu können, ist eine konzeptionelle Perspektive erforderlich, die sich von dem in der bisherigen Literatur vorherrschenden Ansinnen löst, nach vermeintlich objektiven Kriterien für die Bestimmung der ‚Verträglichkeit' solcher Ansiedlungsvorhaben suchen zu wollen. Stattdessen muss sich der Blick auf die in der Praxis empirisch beobachtbaren Ausformungen der Verträglichkeitsfrage richten. Sie muss insbesondere die hierbei aufgerufenen Techniken der Wissensproduktion näher in den Blick nehmen und danach fragen, welche Wissensordnung über innerstädtische Räume hierdurch konstituiert wird und welche Wirkmächtigkeit diese Wissensordnung im Zusammenhang mit konkreten Stadtentwicklungsprozessen und Planungskonflikten entfaltet.

In diesem Kapitel wird entlang poststrukturalistischer Konzepte von Diskurs und Gouvernementalität im Anschluss an MICHEL FOUCAULT eine Perspektive auf die Frage der ‚Verträglichkeit' entwickelt, die diesen grundsätzlichen Überlegungen Rechnung trägt. Hierfür erfolgt nach einer einführenden Sensibilisierung für die Implikationen poststrukturalistischen Denkens für die Erforschung raumbezogener Fragestellungen eine Auseinandersetzung mit der Frage, was FOUCAULT unter diskursiven Formationen versteht, wie er diese dann im Rahmen seiner Gouvernementalitätsstudien in Beziehung zu Rationalitäten des ‚Regierens' setzt und welche grundlegenden Anknüpfungspunkte diese Konzepte für eine geographische Auseinandersetzung mit der Frage nach der ‚Verträglichkeit' innerstädtischer Einkaufszentren bieten. Hierbei ist zu erläutern, inwieweit diese Konzepte geeignet sind, das Verhältnis zwischen der Etablierung raumbezogener Wissensordnungen einerseits und der politischen Steuerung der Entwicklung innerstädtischer Räume andererseits näher auszuleuchten. Wie bereits in den Ausführungen des vorherigen Kapitels zu den gutachterlichen Verfahren der Verträglichkeitsprüfung angeklungen ist, stützt sich die raumbezogene Wissensproduktion im Kontext der Verträglichkeitsproblematik zu einem gewichtigen Anteil auf quantifizierende Modelle und Berechnungsverfahren (vgl. Kap. 2.2.2). Der dritte Teil des Kapitels geht daher der Frage nach, wie solche kalkulativen Techniken der Wissensproduktion in eine diskursanalytische Annäherung an die Verträglichkeitsproblematik angemessen mit eingebunden werden können. Im vierten Teil des Kapitels werden dann die aufgegriffenen konzeptionellen Stränge zusammengeführt. Im Mittelpunkt steht dabei die Frage, welche Schlussfolgerungen für eine geographische Erforschung der Verträglichkeitsproblematik aus dem konzeptionellen Rahmen abgeleitet werden können. Hieraus sollen dann die zentralen Forschungsfragen dieser Dissertationsschrift entwickelt werden. Mit der konzeptionellen Verschiebung in Richtung einer poststrukturalistisch argumentierenden, diskursanalytischen Perspektive auf ‚Verträglichkeit' wird letztlich auch eine Verschiebung der grundlegenden Fragestellung einhergehen, die durch die Verträglichkeitsproblematik aufgeworfen wird. Im Mittelpunkt steht dann nicht mehr die vermeintlich objektive Beantwortung der Frage, ob bzw. unter welchen Bedingungen innerstädtische Einkaufszentren ‚(innenstadt)verträglich' sind oder nicht. Stattdessen rücken die diskursiven und kalkulativen Prozesse der Hervorbringung einer spezifischen Wissensordnung über innerstädtische Räume, vor deren Hintergrund die Frage der ‚Verträglichkeit' überhaupt als eine objektivierbare Frage erscheinen kann, und die damit verbundenen Effekte für die kommunalpolitische Steuerung der Innenstadtentwicklung in den Fokus.

3.1 Zur Verortung poststrukturalistischen Denkens

Konzepte von Diskurs und Gouvernementalität, wie sie im Rahmen dieser Arbeit auf die Frage der ‚Verträglichkeit' innerstädtischer Einkaufszentren bezogen werden sollen, erschließen sich vor dem Hintergrund poststrukturalistischer Strömungen in der französischen Philosophie ab den 1960er Jahren, zu deren wichtigsten Vertretern u.a. JACQUES DERRIDA, JEAN-FRANÇOIS LYOTARD, GILLES DELEUZE und MICHEL FOUCAULT gezählt werden. Dabei bezeichnet der Begriff ‚Poststrukturalismus' weniger eine in sich geschlossene Schule mit fest umrissenen Grenzen, als vielmehr eine Entwicklungslinie, die sich ausgehend von Teilen der Philosophie auch durch benachbarte geisteswissenschaftliche Disziplinen zieht (MÜNKER & ROESLER 2012: IX). Eingeleitet wird die konzeptionelle Fundierung dieser Arbeit daher zunächst mit einer grundlegenden ‚Verortung' poststrukturalistischen Denkens im doppelten Sinne: Zum einen als *epistemologische Verortung* im Sinne einer Reflektion der erkenntnistheoretischen Grundpositionen, die hiermit verbunden sind und somit auch im Rahmen dieser Arbeit eingenommen werden, zum anderen aber auch als ein *geographisches Ver-Orten* poststrukturalistischen Denkens im Hinblick auf die damit einhergehenden Implikationen für die Erforschung raumbezogener Fragestellungen.

In der Zeitschrift *Raumforschung und Raumordnung* ist im Jahr 2017 ein Beitrag mit dem Titel „Foucault statt Fürst? Gedanken zu einem an Bedeutung gewinnenden Paradigma" erschienen (LINTZ 2017). Den Ausgangspunkt des Beitrages bildet die Feststellung, dass konstruktivistische, diskursanalytische und gouvernementalitätstheoretische Ansätze im Kontext raumwissenschaftlicher Fragestellungen zwar an Bedeutung gewinnen, gleichsam aber „noch nicht (völlig) etabliert" (ebd.: 319) seien. LINTZ argumentiert, dass diese Arbeiten nicht nur in ihrem konzeptionellen Vokabular, sondern vor allem auch in ihren wissenschaftstheoretischen und erkenntnistheoretischen Grundannahmen und Positionierungen erheblich vom (raum-)wissenschaftlichen Mainstream abweichen. Dabei entstünden Irritationen und ein „Unbehagen auf allen Seiten" (ebd. 319 f.), was auf einen mangelnden Austausch und ein hieraus resultierendes Unverständnis zurückzuführen sei. Daher bemüht sich LINTZ ausgehend von einer stärker angewandten, raumwissenschaftlichen Perspektive um eine Sensibilisierung dafür, welche abweichenden wissenschaftstheoretischen Grundlagen, Positionierungen und Anliegen damit verbunden sind, sich raumbezogenen Fragestellungen mit FOUCAULT anzunähern.

Die von LINTZ beschriebene Problematik und das damit verbundene Irritationspotenzial sind auch für die vorliegende Arbeit nicht unwesentlich. Denn einerseits knüpft diese Dissertation an eine bislang überwiegend raumwissenschaftlich geprägte Debatte der geographischen Handelsforschung an. Andererseits wird in dieser Arbeit die Auffassung vertreten, dass Entwicklungen im Einzelhandel stets auch eng mit der Entwicklung von Städten verflochten gewesen sind (PESCH 2014: 55) und dass die geographische Handelsforschung daher auch davon profitieren kann, sich gegenüber jüngeren konzeptionellen Debatten in der geographischen Stadtforschung zu öffnen. Vor dem Hintergrund dieser Überlegung wird im Folgenden eine Perspektive auf die Verträglichkeitsproblematik vorgeschlagen, die an poststrukturalistische Konzepte von Diskurs und Gouvernementalität anschließt. Insofern muss auch das hieraus resultierende Spannungsverhältnis im Zuge der konzeptionellen Grundlegungen für diese Arbeit reflektiert werden. Insbesondere ist es erforderlich, die grundlegenden Prämissen und Zielsetzungen, die mit einem solchen konzeptionellen Zugang verbunden sind, möglichst klar zu beschreiben, um dadurch auch den möglichen Mehrwert, der damit verbunden sein kann, plausibel zu machen. Ansonsten besteht die Gefahr, dass die verwendeten konzeptionellen Begrifflichkeiten (vor)schnell als „aufgesetzt“ (LINTZ 2017: 323) wahrgenommen werden. Die vorliegende Arbeit ist daher darum bemüht, die verwendeten Konzepte und die darin eingelassen wissenschaftstheoretischen Positionierungen durch entsprechende hinführende Überlegungen möglichst nachvollziehbar zu machen – auch wenn dadurch Begrifflichkeiten und Fragen zur Diskussion gestellt werden, die vom Standpunkt einer post-strukturalistisch argumentierenden geographischen Stadtforschung nicht weiter erklärungsbedürftig erscheinen mögen. Im Vorfeld der ausführlichen konzeptionellen Fundierung der Fragestellung sollen daher zunächst die wesentlichen Grundlagen, auf denen die verwendeten Konzepte basieren, in vereinfachter Form skizziert werden.[27]

3.1.1 Das Unbehagen mit dem Konstruktivismus

Die Zielsetzungen und Herangehensweisen post-strukturalistischer Ansätze in der Geographie zu verstehen, setzt zunächst eine Auseinandersetzung mit konstruktivistischen Grundpositionen und ihren Implikationen für das Verständnis von Wissenschaft voraus. KNORR-CETINA (1989) unterscheidet zwischen drei grundlegenden konstruktivistischen Strömungen, nämlich dem kognitionstheoretischen Konstruktivismus, dem Sozialkonstruktivismus und dem empirischen Programm des Konstruktivismus im Rahmen wissenssoziologischer Forschungen. Der *kognitionstheoretische Konstruktivismus* (z.B. GLASERSFELD 1987) argumentiert neurophysiologisch, dass sich die menschliche Wahr-

[27] Ziel kann dabei sicherlich keine umfassende Abhandlung zur Ideengeschichte des Poststrukturalismus in all seinen Verästelungen und Varianten sein. Vielmehr geht es um ganz grundlegende Positionierungen, die mit poststrukturalistischem Denken verbunden sind, und die wichtig sind um nachvollziehen zu können, wozu die nachfolgend eingeführten Konzepte wie Diskurs und Gouvernementalität im Kontext raumbezogener Fragestellungen überhaupt ‚taugen‘.

nehmung weniger als Abbildungsprozess der Sinnesorgane, sondern als kognitive Konstruktionsleistung beschreiben lasse. Infolge dessen sei das wesentliche Kriterium von Wissen nicht die Korrespondenz mit einer gegebenen, objektiven Wirklichkeit, sondern das „Passen" bzw. die intersubjektive „Orientierungsleistung" subjektgebundener Wirklichkeitskonstruktionen (KNORR-CETINA 1989: 2). Die Argumentationsweise des *Sozialkonstruktivismus* (z.B. BERGER & LUCKMANN 1991) ist hiervon deutlich zu unterscheiden: Hierbei steht das Argument im Fokus, dass soziale Wirklichkeit nicht einfach gegeben ist, sondern durch soziale Praktiken kollektiv hergestellt wird, beispielsweise durch die Institutionalisierung und Objektivierung gesellschaftlicher Ordnungen. Als drittes grenzt KNORR-CETINA (1989) hiervon einen *wissenssoziologischen Konstruktivismus* ab, der Wissenschaft nicht als einen Prozess der Abbildung und Beschreibung objektiver Wirklichkeit auffasst, sondern die Konstruktionsprozesse zur Herstellung wissenschaftlicher ‚Tatsachenbestände' beleuchtet. An dieser Stelle soll betont werden, dass die Auseinandersetzung mit konstruktivistischen Positionen auch jenseits abstrakter erkenntnistheoretischer Debatten von einer ganz und gar grundlegenden, forschungspraktischen Relevanz ist, wie auch LINTZ (2017: 321) in seinem Aufsatz darlegt: Wenn Wirklichkeit nicht als objektiv gegeben, sondern als Ergebnis von Konstruktionsprozessen gedacht wird, verschiebt sich dadurch auch das Verständnis davon, was Wissenschaft leisten kann oder, normativ gefasst, leisten sollte. Aus einer konstruktivistischen Perspektive kann es dann nämlich nicht mehr um eine möglichst genaue Abbildung und Beschreibung einer objektiven Wirklichkeit gehen. Stattdessen rückt die Frage nach den Mechanismen in den Mittelpunkt, durch die Wahrheits*effekte* produziert werden, d.h. durch die ‚Wirklichkeiten' in ihrer spezifischen Gestalt hervorgebracht werden und als objektive Gegebenheiten erscheinen können.

Wie lassen sich diese recht abstrakten Überlegungen nun ganz konkret auf den Kontext der Verträglichkeitsproblematik, die im Mittelpunkt dieser Arbeit stehen soll, herunterbrechen? Eine konstruktivistische Annäherung an die Verträglichkeitsfrage würde demnach ‚Verträglichkeit' weniger als eine objektivierbare Größe betrachten, die mit Hilfe geeigneter Indikatoren und Verfahren operationalisiert, gemessen, berechnet oder *ex ante* prognostiziert werden muss und die – je nach Fallkonstellation – objektiv gegeben oder nicht gegeben ist. Stattdessen könnte man aus einer konstruktivistischen Betrachtung heraus beispielsweise die Frage aufwerfen, welche Prozesse überhaupt dazu führen, dass bestimmte Aspekte und Indikatoren (und zwar *gerade diese* und nicht andere) als maßgeblich erachtet werden, um die ‚(Innenstadt)Verträglichkeit' eines Einkaufszentrums zu beurteilen und welche normativen Vorstellungen davon, wie sich Innenstädte entwickeln sollen, hierdurch produktiv werden können. An dieser Überlegung wird deutlich: Das Irritationspotenzial, das LINTZ (2017) den im weiteren Sinne als konstruktivistisch zu bezeichnenden Ansätzen zuschreibt, resultiert keinesfalls nur aus einer eigentümlichen, mitunter womöglich etwas sperrigen Terminologie. Vielmehr relativiert ein konstruktivistischer Wahrheitsbegriff natürlich auch die Objektivitäts- und Geltungsansprüche des (raum-)wissenschaftlichen Mainstreams, worin die eigentliche Quelle des „Unbehagens" bestehen dürfte.

3.1.2 Poststrukturalistische Grundlegungen

> *„Poststructuralism is a theoretical approach to knowledge and society that embraces the ultimate undecidability of meaning, the constitutive power of discourse, and the political effectivity of theory and research"* (GIBSON-GRAHAM 2000: 95).

Poststrukturalistisches Denken teilt grundsätzlich das Interesse des Konstruktivismus an den Mechanismen der Hervorbringung vermeintlich objektiv gegebener Wirklichkeiten; als philosophische Strömung kann es dabei als Ausdruck einer „kritischen Selbstreflexion der Moderne" (MÜNKER & ROESLER 2012: XI), ihrer absoluten Wahrheitsansprüche und „ihrer Versuche, die Welt restlos zu rationalisieren" (ebd.) gelesen werden. Eine wesentliche Besonderheit des Poststrukturalismus besteht nun darin, dass Wirklichkeitskonstruktion als sprachlich-semiotischer Prozess gedacht wird: Aus einer poststrukturalistischen Perspektive ist Sprache „kein Spiegel gesellschaftlicher und natürlicher Realitäten, sondern diese werden erst über Sprache hergestellt" (HASSE & MALECEK 2000: 104).[28] Auf welche Argumentation stützt sich diese auch für die Geographie sehr weitreichende These? Einen wichtigen Ausgangspunkt zur Begründung dieser Position stellt die Auseinandersetzung mit der strukturalen Linguistik bei SAUSSURE dar.[29] SAUSSURE verwirft die traditionelle Perspektive der Linguistik, wonach Sprache im Sinne eines reinen Verständigungsmediums ein Mittel der symbolischen Abbildung von Objekten einer unabhängig davon gegebenen Wirklichkeit darstelle (vgl. GIBSON-GRAHAM 2000: 95). Er argumentiert, dass jedes (sprachliche) Zeichen aus einem Signifikanten (dem bezeichnenden Symbol, z.B. der Buchstabenfolge ‚Stadt') und einem Signifikat (dem damit bezeichneten / gemeinten Konzept) besteht. Obwohl Signifikant und Signifikat untrennbar miteinander verbunden sind, ist ihre Beziehung zueinander von zufälligem, beliebigem Charakter – zwischen ihnen besteht keinerlei notwendige oder natürliche Verbindung.[30] Das bedeutet, dass die Produktion von Bedeutung durch Sprache nicht in

---

[28] Damit hat das poststrukturalistische Denken einen wichtigen Anteil am so genannten *linguistic turn* (RORTY 1967) in den Sozialwissenschaften, der die hervorgehobene Bedeutung des Sprachlichen für die Untersuchung gesellschaftlicher Zusammenhänge wie folgt begründet: „weil alle unsere Erkenntnisse in Sprache ausgedrückt werden müssen, wird die Struktur der Sprache zur Voraussetzung von allem, was sich in ihr ausdrücken lässt" (MÜNKER & ROESLER 2012: 19).

[29] Als *strukturalistisch* werden Theorien und Modelle bezeichnet, „die einzelne Phänomene aus ihrer Stellung in einem Beziehungsgefüge (einer Struktur) zu erklären suchen. Objekte (bspw. Wörter, Akte, materielle Artefakte) tragen demzufolge keine absolute, essenziell gegebene Bedeutung *an sich*, sondern diese ergibt sich vielmehr erst durch ihre Stellung innerhalb eines relationalen Bezugssystems" (GLASZE & MATTISSEK 2009a: 20, Hervorhebung im Original).

[30] Bspw. kann derselbe Signifikant (z.B. das Wort ‚Schloss') je nach Kontext mit unterschiedlichen Signifikaten (z.B. mit der Vorstellung eines Gebäudes oder aber einer Verschlussvorrichtung) verknüpft werden. Und umgekehrt kann die Vorstellung eines Schlosses im Sinne eines Gebäudes wiederum durch verschiedene Signifikanten artikuliert werden (z.B. in verschiedenen Sprachen). Bereits anhand dieser sehr einfachen Überlegungen lässt sich die (post-)strukturalistische Denkfigur nachvollziehen, dass sprachliche Zeichen keine Abbilder von etwas Außersprachlichem darstellen und dass die Produktion sprachlichen Sinns somit nur *sprachintern* zu erklären sei (MÜNKER & ROESLER 2012: 3): „Ob man Bezeichnetes oder Bezeichnendes nimmt, die Sprache enthält weder Vorstellungen noch Laute, die gegenüber dem sprachlichen System präexistent wären, sondern nur begriffliche und lautliche Verschiedenheiten, die sich aus dem System ergeben" (SAUSSURE 1967: 143 f.; zit. nach QUADFLIEG 2008: 96).

einem spezifischen Abbildungsverhältnis zwischen Bezeichnendem und Bezeichnetem liegen kann, sondern hervorgehen muss aus einer komplexen differentiellen Verweisstruktur der sprachlichen Zeichen untereinander (SAUSSURE 1967). Diese differentielle Verweisstruktur wird somit zur „Bedingung der Möglichkeit des Funktionierens eines jeden Zeichens" (DERRIDA 1990: 79). Demzufolge müsse man sich die Struktur des sprachlichen Zeichensystems vorstellen „als ein Netz von Signifikanten, die auf mannigfache Weise miteinander verwoben sich wechselseitig bestimmen" (MÜNKER & ROESLER 2012: 4). Poststrukturalisten greifen dieses Verständnis von Sprache als differentielle Verweisstruktur auf, stellen aber gleichzeitig die *Determinierung* von Bedeutungen durch feststehende Bedeutungsstrukturen in Frage. Vielmehr gehe die stetige Produktion sprachlicher Äußerungen immer auch mit der Möglichkeit der Rekontextualisierung von Begriffen einher, so dass die differentielle Verweisstruktur der Zeichen einen fortlaufenden iterativen Prozess der modifizierenden Reproduktion durchläuft. Dadurch kommt es zu Verschiebungen der Bedeutungen von Begriffen, die im Fluss sind und lediglich temporär stabilisiert werden können (GIBSON-GRAHAM 2000: 96). Das Prinzip der Konstituierung von Bedeutung durch Prozesse der Differenzbildung gilt dabei nicht nur auf der Ebene der Signifikanten, sondern auch auf der Ebene der Signifikate, also der bezeichneten Konzepte[31]:

> *„Jeder Begriff ist seinem Gesetz nach in eine Kette oder in ein System eingeschrieben, worin er durch das systematische Spiel von Differenzen auf (...) die anderen Begriffe verweist. Ein solches Spiel, die différance, ist nicht einfach ein Begriff, sondern die Möglichkeit der Begrifflichkeit, des Begriffsprozesses und -systems überhaupt"* (DERRIDA 1990: 88).

Mit dem Neologismus „différance" kennzeichnet DERRIDA (ebd.: 90) „jene Bewegung, durch die sich die Sprache oder jeder Code, jedes Verweissystem im Allgemeinen ‚historisch' als Gewebe von Differenzen konstituiert".[32] Damit verbunden ist eine Abkehr von der Vorstellung, dass Sprache als Repräsentationsmodell funktioniere, also „dass durch sprachliche Zeichen die Vermittlung von Inhalten stattfinden würde, die der Sprache vorgängig und von ihr unabhängig wären" (GLASZE & MATTISSEK 2009a: 26). Demzufolge erschließt sich aus einer poststrukturalistischen Perspektive beispielsweise die Bedeutung der Zeichenfolge ‚Stadt' nicht durch das Wesen des Städtischen an sich, sondern erst durch die vielfältigen gesellschaftlichen Verwendungszusammenhänge des Stadtbegriffs im konkreten Sprachgebrauch und durch die damit verbundenen Abgrenzungen gegenüber allem, das als nicht-städtisch gedacht wird. Erst durch diese stetigen Verweisungs- und Differenzierungsprozesse faltet sich ein Bedeutungshorizont des Begriffs ‚Stadt' auf. Dieser Bedeutungshorizont ist jedoch nichts Feststehendes, vielmehr wird er permanent durch die kontextuelle Verwendung des Stadtbegriffs hervorgebracht

[31] Sehr plastisch wird das Prinzip der Sinnproduktion durch Differenzierung bei MÜNKER und ROESLER (2012: 4) veranschaulicht: „Die Art und Weise, wie wir das Wort ‚Brot' verwenden, ist sowohl bestimmt durch die Art und Weise, wie sich der Signifikant ‚Brot' von Signifikanten wie ‚Boot' oder ‚Schrot' unterscheidet, als auch durch die Abgrenzung des Signifikats ‚Brot' von anderen Signifikaten wie ‚Brötchen', ‚Kuchen' oder ‚Croissant'."

[32] Das „a" in „différance" soll u.a. die Prozesshaftigkeit der Sinnproduktion in den Vordergrund rücken, durch die eine endgültige Fixierung von Bedeutungen unmöglich wird (WARTENPFUHL 1996: 201).

und kann sich im Laufe der Zeit verschieben – etwa, wenn sich die Verweisstrukturen zwischen dem Städtischen und anderen gesellschaftlich relevanten Begriffen oder auch die Grenzziehungen zwischen dem Städtischen und dem Nicht-Städtischen verändern. Begriffliche Kategorien werden demnach nicht durch eine ihnen eigene, dem Sprachgebrauch vorgängige Essenz konstituiert, sondern erst durch das differentielle Spiel von Verweisungen und Assoziierungen im Rahmen des konkreten Sprachgebrauchs selbst – dies ist sicherlich die entscheidende poststrukturalistische Denkfigur, an welche die vorliegende Untersuchung zur ‚Verträglichkeit' innerstädtischer Einkaufszentren anschließen wird.

DERRIDAS „différance" ist dabei zugleich ein zentrales Grundkonzept der *Dekonstruktion*, die gesellschaftlich relevante Kategorien und Ordnungsraster wie z.B. ‚Geschlecht', ‚Ethnizität', ‚Klasse' etc. nicht als gegebene Essenzen betrachtet, die durch Sprache lediglich abgebildet und in ihrem feststehenden, quasi-natürlich gegebenen Wesen beschrieben würden, sondern vielmehr als in ihrem Bedeutungshorizont historisch gewordene und prinzipiell veränderliche Gewebe von Differenzen. Diese gehen zugleich mit spezifischen, historisch variablen Ein- und Ausschlüssen einher und können dadurch eine gesellschaftliche Wirkmächtigkeit entfalten (WARTENPFUHL 1996: 202, 206 f.). Insofern geht eine poststrukturalistische Positionierung auch einher mit einer kritischen Haltung gegenüber „Universalismus, Objektivitätsglauben und Essentialismen" (GLASZE & MATTISSEK 2009a: 27):

> *„Die Idee einheitlicher Prinzipien, auf die die Strukturierung gesellschaftlicher Wirklichkeit zurückgeführt wird (wie bspw. ‚rationale Subjekte', ‚ökonomische oder räumliche Strukturen', ‚historisch-teleologische Entwicklungen'), wird als machtgeladene soziale Konstruktion interpretiert, die mit spezifischen Trennungen, Ein- und Ausschlüssen, Marginalisierungen und Essentialisierungen einhergeht"* (ebd.).

Für die humangeographische (Stadt-)Forschung haben poststrukturalistische Ansätze einen neuen Zugang zu raumbezogenen Fragestellungen eröffnet, der jenseits der Dichotomie „zwischen szientistischen, an das Paradigma des Kritischen Rationalismus angelehnten Ansätzen und interpretativ-verstehenden Zugriffen, welche die Subjektivität verschiedener Weltsichten in den Vordergrund stellen (bspw. hermeneutische und handlungstheoretische Ansätze)" (GLASZE & MATTISSEK 2009a: 20), verortet werden kann. In den Mittelpunkt rückt damit insbesondere die Frage, wie die zentralen Begrifflichkeiten und Kategorien raumbezogener Wissensordnungen konstituiert werden, entlang derer raumbezogene (z.B. stadtentwicklungspolitische) Debatten organisiert sind, wie spezifische Räume hierdurch diskursiv hergestellt werden und welche Machtwirkungen hiervon ausgehen. Wie das vorherige Kapitel gezeigt hat, deutet vieles darauf hin, dass der Begriff der ‚Verträglichkeit' im Kontext innerstädtischer Einkaufszentren eine solche Kategorie darstellt, die im Zentrum komplexer Techniken raumbezogener Wissensproduktion steht und an der konkrete stadtentwicklungspolitische Debatten und die politisch-planerische Steuerung von Stadtentwicklungsprozessen ausgerichtet werden. Aus einer poststrukturalistischen Perspektive werden solche begrifflichen Kategorien nicht als evidente Gegebenheiten hingenommen. Stattdessen geht es darum, näher zu untersuchen, in welche begrifflichen Verweisstrukturen und Differenzierungsprozesse sie eingelassen sind, welcher Bedeutungshorizont sich dadurch entfaltet und welche Wirkungen für die Entwicklung städtischer Räume hiermit verbunden sind. Relevant sind solche Forschungen insbesondere auch deshalb, weil sie dafür sensibilisieren, dass die (raumbezogene) Wissensproduktion nicht außerhalb der Sphäre (raumbezogener) politischer Steuerung steht, sondern eng mit dieser verschränkt ist:

> *„scientific practices have become inseparable from expressions and structures of power. Today (...) there is hardly a policy field whose operations and rationales are not in some way or other justified, explained and legitimized by reference to knowledgebased arguments"* (GOTTWEIS 2004: 258).

Diese Verschränkung von Wissensproduktion und politischer Steuerung liegt aus einer poststrukturalistischen Perspektive darin begründet, dass durch sprachvermittelte Wissensproduktion (etwa in Form wissenschaftlicher Gutachten und Stellungnahmen) kein objektives Abbild einer unabhängig davon gegebenen, präexistenten Wirklichkeit geschaffen wird, sondern der Bedeutungshorizont der zentralen Begrifflichkeiten (hier der Begriff der ,Verträglichkeit'), auf die sich die politische Steuerung z.B. von Stadtentwicklungsprozessen stützt, hierdurch erst in seiner spezifischen Gestalt ausgeformt und ausdifferenziert wird. Mit Hilfe der Konzepte Diskurs und Gouvernementalität kann dieses Anleiten politischer Steuerungslogiken durch die Etablierung spezifischer Wissensordnungen näher beleuchtet werden.

3.2 Diskurs und Gouvernementalität als Konzepte geographischer Stadtforschung

Diskurs und Gouvernementalität sind zwei poststrukturalistische Schlüsselkonzepte, mit denen die wechselseitige Verschränkung von (raumbezogener) Wissensproduktion und politischer Steuerung genauer in den Blick genommen werden kann. Im Folgenden sollen nun entlang dieser durch MICHEL FOUCAULT geprägten Konzepte weitere Anknüpfungspunkte für die Analyse dieser Verschränkung identifiziert werden, die für die geographische Auseinandersetzung mit der Verträglichkeitsfrage im Kontext innerstädtischer Einkaufszentren fruchtbar gemacht werden können.[33] Dabei ist die Verwendung diskurstheoretischer Konzepte und Verfahren für eine geographische Annäherung an die Verträglichkeitsfrage im Kontext innerstädtischer Einkaufszentren nichts grundsätzlich Neues: So wenden sich GERHARD und UNGER (2009) dem massenmedialen Diskurs in den lokalen Tageszeitungen um ein geplantes Einkaufszentrum in der Würzburger Innenstadt zu. Sie argumentieren (sicherlich nicht ungerechtfertigt), dass Einzelhandels-

[33] Für eine umfassendere Gesamtschau und Einordnung des Foucaultschen Werks, die an dieser Stelle nicht primäres Ziel sein kann, ist neben der Primärliteratur auf die entsprechenden Standardwerke zu verweisen etwa DREYFUS und RABINOW (1987); DELEUZE (1992); LEMKE (1997); für eine didaktisch verkürzte Darstellung siehe auch RUFFING (2010).

entwicklungen nicht ausschließlich rationalen Argumenten folgen, sondern in gesellschaftliche Aushandlungsprozesse eingelassen sind, die von der wirtschaftsgeographischen Forschung meist weitgehend ausgeblendet bleiben (ebd.: 105). Gleichzeitig bleibt der Diskursbegriff in der Untersuchung von GERHARD und UNGER in starkem Maße einer akteursorientierten Konzeption verhaftet, denn im Mittelpunkt steht die Frage, „wie einzelne Akteursgruppen Meinungen positionieren, die im Verlauf des öffentlichen Aushandlungsprozesses an besonderer Eigendynamik gewinnen und den Planungsprozess beeinflussen" (ebd.: 93). Die eigentliche analytische Stärke diskurstheoretischer Zugänge ist jedoch eine andere. Um zu zeigen, worin diese bestehen kann, wendet sich die vorliegende Arbeit nun eingehender dem Diskursbegriff bei MICHEL FOUCAULT zu.

3.2.1 Zur Analyse diskursiver Formationen bei Michel Foucault

Der Begriff ‚Diskurs' ist vielfach auch in der deutschen Alltagssprache in unterschiedlichen Kontexten präsent – etwa zur Kennzeichnung öffentlich diskutierter Themen und / oder Positionen oder aber auch als Bezeichnung für den organisierten Diskussionsprozess selbst (KELLER 2011: 13). Auch im sozialwissenschaftlichen Kontext wird der Diskursbegriff sehr unterschiedlich verwendet. Die Bedeutung changiert dabei zwischen sprachlich vermittelten Interaktionsprozessen einerseits und einer „inhaltlich-thematisch bestimmte[n], institutionalisierte[n] Form der Textproduktion" (KELLER 1997: 311) andererseits. Die vorliegende Arbeit nimmt eine Perspektive auf Diskurse ein, wie sie durch MICHEL FOUCAULT geprägt worden ist.[34] Mit der *Archäologie des Wissens* hat FOUCAULT (1981 [1969]) eine ausführliche Reflektion der methodologischen Grundlagen seiner frühen diskursanalytischen Arbeiten der 1960er Jahre veröffentlicht. Ziel dieser Arbeiten ist zunächst die Analyse sprachlicher Regelmäßigkeiten innerhalb bestimmter (wissenschaftlicher) Aussagefelder[35], die er als diskursive Formationen bezeichnet:

> *„In dem Fall, wo man in einer bestimmten Zahl von Aussagen ein ähnliches System der Streuung beschreiben könnte, in dem Fall, in dem man bei den Objekten, den Typen der Äußerung, den Begriffen, den thematischen Entscheidungen eine*

---

[34] MICHEL FOUCAULT gilt als wichtigster Vertreter *poststrukturalistischer Diskurstheorien*, die insbesondere die wirklichkeitskonstituierenden Effekte von Diskursen in den Blick nehmen. ANGERMÜLLER (2014: 22 f.) unterscheidet hiervon *normativ-deliberative Diskurstheorien*, die v.a. durch JÜRGEN HABERMAS geprägt wurden und die „die kritischen Spannungen zwischen dem, wie Diskurse funktionieren und wie sie funktionieren sollten" (ebd.: 23) thematisieren, sowie *kritisch-realistische Diskurstheorien*, die Diskurse als Zugang zur Analyse gesellschaftlicher Machtverhältnisse betrachten, wie etwa in den Arbeiten der Kritischen Diskursanalyse [u.a. FAIRCLOUGH (1992); BELINA & DZUDZEK (2009); JÄGER (2012)]. Die Diskurstheorie von LACLAU und MOUFFE (2006) „verbindet Fragen nach der Subjektkonstitution und der Konstruktion kollektiver Identitäten mit demokratietheoretischen Themen und sucht dabei Anschluss an die Ideologietheorie von Louis Althusser und die Subjekttheorie Jacuqes Lacans" (TRAUE et al. 2014: 496).

[35] Vom Begriff der Aussage ist dabei die bloße Äußerung zu unterscheiden: Während mit der Äußerung das einmalige Aussageereignis gemeint ist, verweist der Begriff der Aussage bereits auf eine „erste Ebene des Typischen" (KELLER 2011: 67), sodass dieselbe Aussage in verschiedenen Äußerungskontexten vorkommen kann.

Regelmäßigkeit (eine Ordnung, Korrelationen, Positionen und Abläufe, Transformationen) definieren könnte, wird man übereinstimmend sagen, daß man es mit einer diskursiven Formation zu tun hat" (ebd.: 58).

Solche diskursiven Formationen weisen spezifische strukturierende Regelhaftigkeiten auf, die FOUCAULT als Formationsregeln bezeichnet, und die im Rahmen der Diskursanalyse untersucht werden sollen (ebd.). Diese Formationsregeln müssen in dreierlei Hinsicht näher charakterisiert werden: *Erstens* handelt es sich bei ihnen nicht um abstrakte, allgemeingültige Konstruktionsregeln im Sinne einer strukturalistischen Sprachtheorie, sondern vielmehr um empirisch beobachtbare Regelmäßigkeiten innerhalb konkreter Aussagenfelder wie z.B. dem medizinischen, dem psychiatrischen oder dem ökonomischen Diskurs (DREYFUS & RABINOW 1987: 80; LEMKE 1997: 48). Die jeweiligen Formationsregeln sind maßgeblich dafür, welche Art von Aussagen innerhalb eines diskursiven Feldes überhaupt als sinnvolle, Wahrheit beanspruchende Aussagen auftreten können. *Zweitens* verbleibt die Beschreibung der Formationsregeln stets an der Oberfläche des Diskurses selbst. Damit ist gemeint, dass die Aussagen, die eine diskursive Formation bilden, nicht in Bezug auf einen gemeinsamen Ursprung, der sich jenseits des Diskurses befindet und sich lediglich im Diskurs artikuliert, gedeutet werden. Es geht also nicht darum, in einem hermeneutischen Interpretationsakt einen tieferliegenden Sinn freizulegen, der sich vermeintlich unter dem Aussagengeflecht einer diskursiven Formation verbirgt[36]. Ziel ist es stattdessen, ein bestimmtes diskursives Feld in seiner Positivität und in seiner Dispersion zu beschreiben (FOUCAULT 1981 [1969]: 72)[37]. DELEUZE (1992: 78) hat diese Vorgehensweise sehr plastisch beschrieben:

„das ist vielleicht das bedeutsamste historische Prinzip Foucaults: hinter dem Vorhang gibt es nichts zu sehen, aber darum ist es um so wichtiger, jeweils den Vorhang zu beschreiben oder den Sockel, da nichts dahinter oder darunter existiert".

Drittens schließlich geht hiermit eine De-Ontologisierung der Diskursgegenstände einher: FOUCAULT (ebd.: 74) begreift Diskurse nicht als sprachliche Repräsentation von Realitäten, die dem Diskurs vorausgehen und unabhängig davon gegeben sind, sondern dreht das Verhältnis um, wenn er die Analyse von Diskursen beschreibt als „[e]ine Aufgabe, die darin besteht, nicht – nicht mehr – die Diskurse als Gesamtheiten von Zeichen (von bedeutungstragenden Elementen, die auf Inhalte oder Repräsentationen verweisen), sondern als Praktiken zu behandeln, *die systematisch die Gegenstände bilden, von denen sie sprechen*" (Hervorhebung DG). Dies ist sicherlich der wichtigste und weitreichendste Aspekt des FOUCAULTschen Diskursbegriffs: FOUCAULT versteht Diskurse nicht als Ausdruck oder Abbild einer unabhängig davon gegebenen Wirklichkeit, sondern richtet den Blick auf die „sprachpraktische Wirklichkeitskonstruktion in Diskursen (…) über Differenzbildungen und Bedeutungs- bzw. Sinnverkettungen" (KELLER 2011:

[36] Ein weiterer wichtiger Unterscheid zur Hermeneutik liegt darin, dass poststrukturalistische Diskursanalysen „die Heterogenität (Uneinheitlichkeit), Ambivalenz (Vieldeutigkeit) und Brüchigkeit (zeitliche Begrenzung) von Sinnphänomenen betont" (TRAUE et al. 2014: 494, Hervorhebung entfernt).

[37] Für eine ausführliche kritische Auseinandersetzung mit dieser doppelten Abgrenzung von Strukturalismus und Hermeneutik vgl. DREYFUß & RABINOW 1987.

72). Diskurse sind dabei durch ihre empirisch beobachtbaren Formationsregeln strukturiert, gleichzeitig wirkt der Diskurs selbst strukturierend auf die Textproduktion und mögliche Einzelaussagen ein (DIAZ-BONE 1999: 123). Die drei genannten Grundprinzipien – Suche nach empirischen Regelmäßigkeiten innerhalb konkreter diskursiver Formationen, Deskription der Streuung von Aussagen und die Emergenz der Diskursgegenstände (statt ihrer Ontologisierung) – können beispielhaft an FOUCAULTS Untersuchungen des psychiatrischen (Wahnsinn und Gesellschaft, 1973 [1961]) und des medizinischen Diskurses (Die Geburt der Klinik, 1988 [1963]) im 19. Jahrhundert nachvollzogen werden. Die dabei erkennbare Fokussierung auf „spezifische, gesellschaftlich ausdifferenzierte Formen der Wissensproduktion" (KELLER 1997: 312) in Form wissenschaftlicher Disziplinen ist charakteristisch für poststrukturalistische Diskurstheorien. Die gesellschaftliche Konstruktion von Wirklichkeit und Bedeutung wird aus dieser Perspektive „nicht vom Wesen der Dinge, sondern von einer mehr oder minder geregelten Formation von Aussagen bestimmt" (FÜLLER 2014: 71). Damit einher geht ein relativistisches Verständnis von Wahrheit: Diese ergibt sich nicht aus der Produktion von Aussagen mit wahrem Sinngehalt, sondern durch die Etablierung von Mechanismen, die bestimmten Arten von Aussagen einen Wahrheitsgehalt zuweisen (FOUCAULT 1991: 79). Bei dieser Art der Annäherung an (wissenschaftliche) Diskurse wird also eine grundsätzlich agnostische Haltung gegenüber den Wahrheitsansprüchen der untersuchten Wissensformen eingenommen (FOUCAULT 1991: 86). Die Metaphorik der Archäologie verweist somit auf das Ausgraben historischer und gegenwärtiger Wissensordnungen „ohne Stellung zu deren Wahrheits- und Sinngehalten zu nehmen" (KELLER 2011: 45). Foucault geht es nicht darum, die Aussagen eines diskursiven Feldes nach Wahrheitskriterien zu beurteilen, sondern darum, wie spezifische Wissensfelder durch die diskursive Praxis hervorgebracht, abgegrenzt, ausgeformt und geordnet werden (vgl. STRÜVER 2009: 64):

> *„Die foucaultsche Diskurstheorie kann als eine (post)strukturalistische Wissenssoziologie aufgefasst werden, die nach den Formationsregeln für kollektiv geteilte Wissensstrukturen und ihren historischen Veränderungen im Zusammenhang mit der Veränderung der Gesellschaftsstruktur fragt"* (DIAZ-BONE 1999: 124).

Insofern interessiert sich die Diskursanalyse auch weniger für die Intentionalität der an der diskursiven Praxis beteiligten Akteure, sondern vielmehr für die „Wissens- und Rationalitätsstrukturen" (BUBLITZ 1999: 27) diskursiver Felder, die sich nicht auf die Intentionen einzelner Akteure innerhalb dieser Felder reduzieren lassen und quer zu den einzelnen Akteursgruppen eines diskursiven Feldes verlaufen können (BÜHRMANN 1999: 51):

> *„Jede Gesellschaft hat ihre eigene Ordnung der Wahrheit, ihre ‚allgemeine Politik der Wahrheit': d.h. sie akzeptiert bestimmte Diskurse, die sie als wahre Diskurse funktionieren läßt, es gibt Mechanismen und Instanzen, die eine Unterscheidung von wahren und falschen Aussagen ermöglichen (...); es gibt bevorzugte Techniken und Verfahren der Wahrheitsfindung"* (FOUCAULT 1978: 51; zit. nach BUBLITZ et al. 1999: 11).

Ziel einer Diskursanalyse im Anschluss an FOUCAULT ist es, für einen bestimmten Gegenstandsbereich diese „Ordnung der Wahrheit" zu beschreiben und ihre Machtwirkungen herauszuarbeiten:

> *„Indem bestimmte Diskurse hegemonial und andere marginalisiert werden, werden bestimmte Wahrheiten und letztlich bestimmte soziale Wirklichkeiten hergestellt. Hierin liegt der Machteffekt von Diskursen"* (GLASZE & MATTISSEK 2009a: 12).

3.2.2 Diskurs als sozialwissenschaftliches und humangeographisches Analysekonzept

Ausgehend von verschiedenen Konzeptualisierungen des Diskursiven hat sich die Diskursforschung zu einem breiten und interdisziplinären Forschungsfeld am Kreuzungspunkt von Sprache und Gesellschaft entwickelt. Einen wichtigen Ausgangspunkt hierfür bildete, wie bereits eingangs angedeutet, eine Verschiebung innerhalb der Linguistik von strukturalistischen Sprachmodellen hin zu „diskurspragmatischen Fragen des ‚wirklichen' Sprachgebrauchs im Kontext" (ANGERMÜLLER 2014: 20). Im Zuge des *linguistic turn* (RORTY 1967)[38] sind dann auch in den Sozial- und Kulturwissenschaften zahlreiche diskursanalytische Arbeiten entstanden, die Diskurse als „eine soziohistorisch kontextualisierte Praxis der Sinnproduktion" (ANGERMÜLLER 2014: 19) verstehen und im Anschluss an FOUCAULT insbesondere die wirklichkeitskonstituierenden Effekte von Diskursen betonen. Dabei werden eine Reihe von Untersuchungsdimensionen aufgeworfen, die je nach Fragestellung unterschiedlich stark gewichtet sein können (vgl. Tabelle 4). Weitere Schwerpunkte, die hierbei im Fokus stehen, bilden u.a. die diskursive Konstruktion von Identitäten / Subjektivitäten und die Materialisierung diskursiver Strukturen in Praktiken, Dingen, Körpern und Medien (ANGERMÜLLER 2014: 19) sowie die Analyse öffentlicher Konflikte um die Erlangung kollektiver Geltung von Deutungsangeboten (SCHWAB-TRAPP 2001: 264). Als hervorstechende thematische Schwerpunkte sozialwissenschaftlicher Diskursanalysen sind u.a. Diskurse der ökologischen Modernisierung, rassistische und rechtsextreme Diskurse sowie die diskursive Konstituierung von Geschlechteridentitäten (KELLER 1997: 324; TRAUE et al. 2014: 497) zu nennen. Dabei verschiebt die sozialwissenschaftliche Diskursanalyse den Fokus von der Struktur der diskursiven Formation stärker in Richtung der Situiertheit diskursiver Praktiken (vgl. KELLER 2011: 8).

Einen besonders prominenten Stellenwert im deutschsprachigen Raum nimmt die wissenssoziologische Diskursanalyse ein (KELLER 2001, 2011), die Diskurse als intersubjektiv geteilte Wissensbestände begreift. Der wissenssoziologischen Diskursanalyse geht es dabei insbesondere darum, „Prozesse der sozialen Konstruktion, Objektivation, Kommunikation und Legitimation von Sinnstrukturen auf der Ebene von Instituti-

[38] Zur Reflektion der Bedeutung des *linguistic turn* für die Humangeographie vgl. GLASZE und PÜTZ (2007).

onen, Organisationen bzw. kollektiven Akteuren zu rekonstruieren und die gesellschaftlichen Wirkungen dieser Prozesse zu analysieren" (KELLER 1997: 319).

Tabelle 4: Typische Untersuchungsdimensionen sozialwissenschaftlicher Diskursanalysen

• Entstehungsbedingungen • Zeitliche Dynamik • Gegenstandsbereiche • Adressaten / Publikum • Manifeste / latente Inhalte (z.B. Wahrnehmungs- und Bewertungsschemata, Deutungsmuster) • Narrative Strukturen • Klassifikationen • Eingesetzte (rhetorische) Mittel	• Materialität, technische Infrastruktur, Beziehung zu nicht-diskursiven Praktiken • Träger (Institutionen, Akteure) und Sprecherpositionen • Beziehung zu anderen zeitgenössischen oder historischen Diskursen • Wirkmächtigkeit, gesellschaftliche Funktion, Machtwirkungen

Quelle: Eigene Darstellung in Anlehnung an KELLER 1997: 318 f. und TRAUE et al. 2014: 503 f.

In der Humangeographie ist die Vorstellung von objektiv gegebenen Raumstrukturen, die die Geographie identifizieren, beschreiben und erklären müsse, bereits seit den 1980er Jahren im Zuge unterschiedlicher theoretischer Debatten aufgebrochen worden (GLASZE & MATTISSEK 2009a: 14). Hieran haben auch diskurstheoretische Ansätze ihren Anteil, wovon beispielsweise der Sammelband *Handbuch Diskurs und Raum* (GLASZE & MATTISSEK 2009b) zeugt, der aus dem im Zeitraum von 2006 bis 2009 von der DFG geförderten Wissenschaftsnetzwerk „Diskursforschung in der Humangeographie" hervorgegangen ist. Vorläufer dieser jüngeren diskurstheoretischen Beiträge sind, wie GLASZE und MATTISSEK (2009a: 35-37; 2014: 210-212) ausführlicher darlegen, etwa im Kontext feministischer und postkolonialer Arbeiten, sowie der *critical geopolitics* zu verorten. Anstelle der Auseinandersetzung mit vermeintlich gegebenen Raumstrukturen rückt dabei die Analyse der diskursiven Praktiken in den Mittelpunkt, durch die räumliche Grenzen gezogen und raumbezogene Identitäten konstituiert werden und somit gesellschaftliche Ordnungen in ihrer spezifischen Räumlichkeit diskursiv hergestellt werden (GLASZE & MATTISSEK 2009a: 15). Entsprechende empirische Studien zur diskursiven Produktion städtischer Räume liegen u.a. zu sicherheitspolitischen (LAUEN 2011; SCHREIBER 2011), stadtentwicklungspolitischen (BAURIEDL 2007; GERHARD & UNGER 2009; GLASZE et al. 2013) und quartiersbezogenen (BEST & GEBHARDT 2001; GERMES & GLASZE 2010) Diskursen vor. LEES (2004) differenziert dabei zwischen zwei unterschiedlichen diskursanalytischen Forschungssträngen: Während polit-ökonomische Ansätze aus einer materialistischen Tradition heraus Diskurse als Ausdruck sozialer Strukturen und hegemonialer Interessen betrachten, betonen poststrukturalistische Ansätze im Anschluss an FOUCAULT die wirklichkeitskonstituierenden Effekte von Diskursen. Das kritische Potenzial einer solchen poststrukturalistischen Diskursanalyse besteht in einer „Öffnung des Diskurses" (GLASZE & MATTISSEK 2009a: 27), indem sie zeigt, inwiefern vermeintlich gegebene, unumstößliche Konzepte und gesellschaftliche Kategorisierungen das Ergebnis eines permanenten Hervorbringungsprozesses und damit auch prinzipiell veränderlich sind.

Ein zentrales Argument der vorliegenden Arbeit besteht darin, dass durch einen solchen diskursanalytischen Zugang neue Perspektiven für die geographische Auseinandersetzung mit der Frage der ‚Verträglichkeit' innerstädtischer Einkaufszentren eröffnet werden können, die zu einem tiefergehenden Verständnis der Verträglichkeitsproblematik beitragen. Dies geht einher mit einer Verschiebung der grundlegenden geographischen Fragestellung, die durch die Verträglichkeitsproblematik aufgeworfen wird: Aus einer diskursanalytischen Perspektive geht es dann nämlich nicht mehr darum, eine spezifische Konzeption von ‚Verträglichkeit' vorauszusetzen und dann mit Hilfe hierauf zugeschnittener methodischer Verfahren und vermeintlich objektiver Indikatoren zu untersuchen, ob ein innerstädtisches Einkaufszentrum nun ‚(innenstadt)verträglich' ist oder nicht, beziehungsweise welche Voraussetzungen und Rahmenbedingungen hierfür erfüllt sein müssen. Vielmehr ist gerade von Interesse, wie ‚Verträglichkeit' im Rahmen der Auseinandersetzungen um geplante innerstädtische Einkaufszentren diskursiv ausgeformt wird, und welche Wissensordnung über die Entwicklung des innerstädtischen Raums und ihre politische Steuerbarkeit dadurch wirksam wird. Die zentrale These lautet somit, dass die Debatte um die ‚(Innenstadt)Verträglichkeit' als eine gesellschaftlich wirkmächtige diskursive Formation untersucht werden kann – wirkmächtig deshalb, weil durch diesen Diskurs spezifische Wissensordnungen über den innerstädtischen Raum hervorgebracht werden und die politische Steuerung von Stadtentwicklungsprozessen dadurch auf spezifische Weise angeleitet wird. Demnach muss es Ziel der Analyse sein, über die reine Deskription des Verträglichkeitsdiskurses hinauszugehen und die wirklichkeitskonstituierenden Momente im Hinblick auf die politische Steuerung der Innenstadtentwicklung in den Blick zu bekommen, die aus diesem diskursiven Feld hervorgehen. Hierfür bedarf es weiterer analytischer Konzepte, die das Zusammenwirken von diskursiver Wissensproduktion und politischer Steuerung ausleuchten können. Daher richtet sich der Blick dieser Arbeit im Folgenden nun abermals zurück auf FOUCAULT, dessen gouvernementalitätstheoretische Studien für die Erarbeitung eines solchen analytischen Instrumentariums herangezogen werden können.

3.2.3 Zurück zu Foucault: Von diskursiven Formationen zur Gouvernementalität

Ab den 1970er Jahren wendet sich FOUCAULT verstärkt dem Verhältnis von Wissensbeständen und Machtmechanismen zu (LEMKE 1997: 52). In *Die Ordnung des Diskurses* (FOUCAULT 1991 [1970]) befasst er sich mit der Frage nach den Machtmechanismen, die eine diskursive Formation strukturieren. Dabei geht er zunächst nur von negativen Machteffekten aus, die das Spektrum der möglichen Aussagen innerhalb einer diskursiven Formation reglementieren und einengen können (LEMKE 1997: 53). Spätestens mit *Überwachen und Strafen* (FOUCAULT 1977 [1975]), das sich mit der Transformation von Strafpraktiken ab dem 18. Jahrhundert befasst, setzt eine Verschiebung in Foucaults analytischem Fokus ein: Gegenüber den früheren diskurstheoretischen Arbeiten zur Analyse von *epistemen* (Denksystemen) wendet sich Foucault den spezifischen Verbindungen zwischen diskursiven und nicht-diskursiven Praktiken, zwischen Techniken der

Machtausübung und Wissensbeständen zu (DREYFUS & RABINOW 1987: 150). Infolge dieser Verschiebung wird Foucault sich dann der Problematik des ‚Regierens‘ und der Gouvernementalität als einer historisch variablen Interferenz von Diskursen, nicht-diskursiven Praktiken und Machtmechanismen annehmen.

Das Konzept der Gouvernementalität wurde von MICHEL FOUCAULT im Rahmen der Vorlesungen *Sicherheit, Territorium, Bevölkerung* und *Die Geburt der Biopolitik* am Collège de France in den Jahren 1978 und 1979 ausgearbeitet; seit dem Jahr 2004 liegt erstmals auch eine vollständige deutschsprachige Übersetzung vor (FOUCAULT 2004a, 2004b). In der sozialwissenschaftlichen Rezeption zunächst als Neologismus aus dem französischen „*gouverner*“ (regieren) und „*mentalité*“ (Denkweise) hergeleitet, verweist hingegen LEMKE (2007: 13) auf den etymologischen Ursprung im französischen Adjektiv „*gouvernemental*“ (die Regierung betreffend). Wesentlich für das Verständnis des Gouvernementalitätskonzepts ist es also, zunächst zu klären, was unter dem hierin eingelassenen Begriff des ‚Regierens‘ zu verstehen ist[39]. Im Kontext der vorliegenden Untersuchung kann hierunter zum einen sicherlich die Planungs- und Genehmigungspraxis im weiteren Sinne sowie das steuernde Eingreifen in Stadtentwicklungsprozesse subsummiert werden. Gleichzeitig reicht das ‚Regieren‘ in der foucaultschen Terminologie jedoch über das Agieren staatlicher Institutionen hinaus. Dabei kann von einer „programmatischen Offenhaltung des Regierungsbegriffs“ (FÜLLER & MARQUARDT 2009: 91) gesprochen werden – eine Offenhaltung insofern als ‚Regieren‘ in diesem Sinne beliebige Formen der Steuerung durch unterschiedlichste Akteure und Steuerungsmedien umfassen kann (LEMKE 2007: 35). Der Regierungsbegriff weist bei FOUCAULT also über den Staat hinaus, dieser erscheint nicht als Ursprungs- und Ausgangspunkt des Regierens, sondern vielmehr als „a specific way in which the problem of government is discursively codified, a way of dividing a ‘political sphere’, with its particular characteristics of rule, from other ‘non-political spheres’ to which it must be related, and a way in which certain technologies of government are given a temporary institutional durability and brought into particular kinds of relations with one another” (ROSE & MILLER 2010: 274 f.). Somit entkoppelt FOUCAULT die Analyse von Regierungsweisen von einem institutionen- und akteursorientierten Zugang. Stattdessen bildet FOUCAULTS Regierungsbegriff nach LEMKE (2007: 13) das Scharnier zwischen Machttechniken und Wissensformen.[40] ‚Regieren‘ geht in dieser Konzeption einher mit spezifischen Problematisierungsweisen, also der Produktion eines Wissens über die Problemstellungen, Gegenstände und Ziele des ‚Regierens‘. Hierdurch entstehen Begründungszusammenhänge und Deutungsschemata, auf die sich die Ausübung von Machttechniken stützt. Eine Gouvernementalitätsperspektive im Anschluss an FOUCAULT zielt somit insbesondere auf die Analyse von „Macht-Wissen-Komplexen“ (LEMKE et al. 2000: 8) ab, also

[39] Für eine weiterführende Analyse der Begriffsgeschichte des ‚Regierens‘ vgl. FOUCAULT 2004a: 181-185.

[40] Zweitens bildet der Regierungsbegriff auch ein Scharnier zwischen Machttechniken und Subjekten (ebd.). Das Subjekt stellt dabei aber nicht eine Größe dar, auf die die Machttechniken von außen einwirken. Vielmehr schreiben sich letztere in alltägliche Praktiken der Selbst-Führung ein und leiten somit je spezifische Formen der Subjektivierung an.

auf das Zusammenwirken von Wissensordnungen und politischer Steuerung: "my problem is to see how men govern (themselves and others) by the production of truth" (FOUCAULT 1991: 79).

Box 2: Zum Machtbegriff bei Michel Foucault

FOUCAULT (1987: 255) begreift Macht nicht (nur) als *repressives* Zwangsverhältnis, sondern vor allem auch als eine *produktive* Kraft, als das Einwirken auf das Möglichkeitsfeld menschlicher Handlungen:

> *„Sie ist ein Ensemble von Handlungen in Hinsicht auf mögliche Handlungen; sie operiert auf dem Möglichkeitsfeld, in das sich das Verhalten der handelnden Subjekte eingeschrieben hat: sie stachelt an, gibt ein, lenkt ab, erleichtert oder erschwert, erweitert oder begrenzt, macht mehr oder weniger wahrscheinlich; im Grenzfall nötigt oder verhindert sie vollständig; aber stets handelt es sich um eine Weise des Einwirkens auf ein oder mehrere handelnde Subjekte, und dies, sofern sie handeln oder zum Handeln fähig sind. Ein Handeln auf Handlungen."*

Machteffekte liegen also nicht nur dort vor, wo z.B. bestimmte Verhaltensweisen unterdrückt werden, sondern ist auch dort allgegenwärtig, wo Diskurse, Dinge, Verhaltensweisen etc. hervorgebracht werden (MÜNKER & ROESLER 2012: 97). Macht erscheint dabei nicht als Besitztum einer herrschenden Klasse, sondern als Kräfteverhältnis (ebd.: 95); sie „definiert sich durch Singularitäten, die einzelnen Punkte, durch die sie hindurchgeht" (DELEUZE 1992: 40). Ebenso wenig kann Macht exklusiv im Apparat des Staates lokalisiert werden (ebd.) – vielmehr zeigt FOUCAULT in seiner Geschichte der Gouvernementalität, dass die Existenz des modernen Staats selbst als Effekt der historischen Transformation von Machtmechanismen erklärt werden kann. Ausgangspunkt einer Analytik der Macht im Sinne FOUCAULTS sind also nicht Institutionen als vermeintliche „Besitzer" von Macht, sondern spezifische Machtmechanismen und -verhältnisse (wie z.B. den Disziplinarmechanismus, den FOUCAULT ausführlich in *Überwachen und Strafen* beschreibt), die sich durch unterschiedliche institutionelle Kontexte ziehen und an die Produktion spezifischer Wissensbestände gebunden sind (ebd.).

Im Kontext der Verträglichkeitsproblematik geht es aus einer Gouvernementalitätsperspektive somit weniger darum, nachzuzeichnen, welche Interessen einzelne Akteure verfolgen und mit welchen Instrumenten sie versuchen, diese durchzusetzen. Vielmehr geht es um die Frage, wie sich vor dem Hintergrund einer spezifischen Diskursordnung über die Entwicklung innerstädtische Räume spezifische ‚Regierungsweisen' im Sinne unterschiedlicher Steuerungslogiken zur Sicherstellung einer ‚(innenstadt)verträglichen' Ansiedlung konstituieren und welche Machtwirkungen im Hinblick auf Stadtentwicklungsprozesse hiermit einhergehen.

Gouvernementalität stellt dabei insofern einen „problematischen" und „diffusen" (FOUCAULT 2004a: 174) Begriff dar, als es zwei zwar miteinander verflochtene, aber doch verschiedene Bedeutungsebenen des Gouvernementalitätsbegriffs zu differenzieren gilt: Zum einen ist Gouvernementalität ein zeitdiagnostisches Konzept (MARQUARDT 2014: 21, ähnlich bereits bei GERTENBACH 2007: 20 f.), das eine von FOUCAULT rekonstruierte, historisch spezifische Konstellation aus Techniken des ‚Regierens' und der Wissensproduktion beschreibt (vgl. Box 3). Zum anderen wird darunter ein „Analyseraster" (ebd.) verstanden, das sich aus den Gouvernementalitätsanalysen FOUCAULTS extrahieren lässt:

> *"Second, (...) governmentality is used more generally with reference to 'how governing always involves particular representations, knowledges, and expertise*

regarding that which is to be governed' – irrespective of who or what is being subjected to government" (FOUGNER 2008: 304).

Für die vorliegende Arbeit ist insbesondere dieser zweite Aspekt von Bedeutung. Löst man sich von der zeitdiagnostischen Ebene des Gouvernementalitätskonzepts, lassen sich nämlich die Grundrisse einer Forschungsperspektive[41] freilegen, die die Verschränkungen gegenwärtiger politischer Steuerungsweisen mit der Etablierung spezifischer Wissens- und Diskursordnungen in den Blick nimmt:[42]

> *"Central to the possibility of modern forms of government, we argue, are the associations formed between entities constituted as 'political' and the projects, plans and practices of those authorities – economic, legal, spiritual, medical, technical – who endeavour to administer the lives of others in the light of conceptions of what is good, healthy, normal, virtuous, efficient or profitable. Knowledge is thus central to these activities of government and to the very formation of its objects, for government is a domain of cognition, calculation, experimentation and evaluation. (...) government is intrinsically linked to the activities of expertise"* (ROSE & MILLER 1992: 175).

Im Folgenden soll nun eine Annäherung an die Frage stattfinden, inwieweit Foucaults Konzept der Gouvernementalität analytische Kategorien bereitstellen kann, die zu einem tieferen Verständnis der Verträglichkeitsfrage beitragen können.

---

[41] Aufgegriffen wurde diese Perspektive zunächst von Schülern Foucaults, im anglo-amerikanischen Raum formiert sich dann ab den 1980ern der Forschungszeig der *governmentality studies* (MATTISSEK 2008: 34). Ein weitreichender Impuls für die sozialwissenschaftliche Rezeption ging von dem Sammelband *The Foucault Effect* (BURCHELL et al. 1991) aus. Im deutschsprachigen Raum wurde das Konzept der Gouvernementalität auch aufgrund der erst seit dem Jahr 2004 vorliegenden umfassenden Übersetzungen vergleichsweise spät rezipiert, hier ist vor allem der Sammelband von BRÖCKLING et al. (2000) hervorzuheben. Jüngere Arbeiten ab den 1990ern sind meist weniger genealogisch-historisch ausgerichtet und richten sich stärker auf gegenwärtige soziale und ökonomische Prozesse (LEMKE et al. 2000: 18). Einen Schwerpunkt bildet dabei die Analyse neoliberaler Rationalitäten und Regierungstechniken (LEMKE 2007: 48).

[42] Als zentrale analytische Dimensionen der Gouvernementalitätsforschung werden in entsprechenden Abhandlungen insbesondere Rationalitäten, Technologien und Subjektivierungsweisen identifiziert (ROSE & MILLER (1992); O'MALLEY et al. (1997)). Die nachfolgenden Ausführungen beschränken sich dabei auf diejenigen konzeptionellen Aspekte, die geeignet sind, die Ko-Konstituierung von raumbezogener Wissensordnung und politischer Steuerung im Kontext der Verträglichkeitsproblematik auszuleuchten.

Box 3: Gouvernementalität als zeitdiagnostisches Konzept (Exkurs):

In seinen Vorlesungen zur Geschichte der Gouvernementalität zeichnet FOUCAULT (2004a, b) anhand historischer Schlüsseltexte nach, wie sich das Verständnis dessen, was gutes Regieren ist, ausgehend von der Vorstellung des christlichen Pastorats und der Herausbildung einer Regierungskunst vom 16. Jahrhundert an bis hin zu den Strömungen des Neoliberalismus in der zweiten Hälfte des 20. Jahrhunderts verändert hat. Mit dem Begriff der Souveränität kennzeichnet er eine Rationalität, die im Sinne eines Staates der Gerichtsbarkeit primär durch die Unterbindung nicht erwünschter Handlungen innerhalb eines abgegrenzten Territoriums regiert. Ausgehend hiervon bilden sich insbesondere im 18. Jahrhundert die Regime der Disziplin und später der Sicherheitstechniken aus (FOUCAULT 2004a: 159). Im Unterschied zur Souveränität richtet sich die Disziplin nicht primär auf ein Territorium, sondern mittels zu verinnerlichender Vorschriften und Normen auf die einzelnen Individuen (ebd.: 76; 98). Die Rationalität der Sicherheitstechniken ist eng mit dem Aufkommen der Statistik verbunden, die Regelmäßigkeiten innerhalb der Bevölkerung (z.B. Geburtenrate, Kriminalitätsrate, usw.) sichtbar macht und dadurch ein neues politisches Interventionsfeld jenseits der Normierung des Individuums hervorbringt (VOLLMER 2004: 459). Somit wird die Gesamtheit der Bevölkerung (und nicht das zu disziplinierende Individuum) zum Gegenstand des Regierens. Diese weist ihre eigenen empirischen Normalitäten und internen Steuerungslogiken auf, wobei dem Regieren die Aufgabe zukommt, die Rahmenbedingungen so zu gestalten, dass sich diese natürlichen Prozesse in einer optimalen Weise entfalten können (FOUCAULT 2004a: 76-78.; 98). Hierin lokalisiert FOUCAULT (2004b) die „Geburt der Biopolitik" verstanden als "the means by which the group of living beings understood as a population is measured in order to be governed, and tied to the political rationality of liberalism" (ELDEN 2007: 573). Diese historische Transformation bezeichnet FOUCAULT (2004a: 165) als die „Gouvernementalisierung des Staates". Gleichwohl soll diese schematische Vereinfachung nicht den Eindruck einer linearen historischen Abfolge erwecken: „In Wirklichkeit hat man ein Dreieck: Souveränität – Disziplin – gouvernementale Führung, dessen Hauptzielscheibe die Bevölkerung ist und dessen wesentliche Mechanismen die Sicherheitsdispositive sind." (FOUCAULT 2000: 64)

3.2.3.1 Rationalitäten des Regierens und Problematisierungsweisen

Die Sicherstellung der ‚(Innenstadt)Verträglichkeit' im Kontext geplanter innerstädtischer Einkaufszentren durch die kommunale Politik setzt das Vorhandensein eines spezifischen Wissens voraus, was den innerstädtischen Raum als solchen ausmacht, in welcher Weise das geplante Einkaufszentrum in den innerstädtischen Raum eingreift und wie dieser Eingriff politisch gesteuert werden soll. Mit dem Konzept der Rationalitäten des Regierens verweist die Gouvernementalitätsforschung darauf, dass das ‚Regieren' – also hier u.a. die Planungs- und Genehmigungspraxis im erweiterten Sinne sowie das steuernde Eingreifen in Stadtentwicklungsprozesse – stets auf solche diskursiven Produktionen von Wissen über den Gegenstandsbereich des ‚Regierens' – also hier die ‚Verträglichkeit' eines Planungsvorhabens – und daraus resultierende Interventionslogiken angewiesen ist (MILLER & ROSE 1990: 5):

> *"Problematics of government may be analyzed, first of all, in terms of their political rationalities, the changing discursive fields within which the exercise of power is conceptualised, the moral justifications for particular ways of exercising power by diverse authorities, notions of the appropriate forms, objects and limits of politics, and conceptions of the proper distribution of such tasks"* (ROSE & MILLER 1992: 175).

Gouvernementalitätsanalysen zielen somit darauf ab, „die spezifischen Rationalitäten der Regierung zu identifizieren, die es ermöglichen, ihre unterschiedlichen Gegenstandsbereiche zu ordnen, und sie an verschiedenen Zweckbestimmungen auszurichten" (MATTISSEK 2008: 12). Dabei liegt die Annahme zugrunde, dass das ‚Regieren' stets auf ein positives Wissen angewiesen ist, *was* es zu regieren gilt und *nach welcher Logik* steuernde Eingriffe erfolgen sollten (MILLER & ROSE 1990: 5):

> *"A rationality of government will thus mean a way or system of thinking about the nature of the practice of government (who can govern; what governing is; what or who is governed), capable of making some form of that activity thinkable and practicable both to its practitioners and those upon whom it was practised"* (GORDON 1991: 3).

Auf den Gegenstand dieser Arbeit heruntergebrochen bedeutet dies, dass die Sicherstellung von ‚Verträglichkeit' ein spezifisches Wissen über die Natur des innerstädtischen Raums voraussetzt. Die Vorstellungen darüber, welchen Gesetzmäßigkeiten innerstädtische Räume unterliegen, sind dabei maßgeblich für die Frage, nach welchen Handlungslogiken und Rationalitätsstrukturen steuernde Eingriffe in Stadtentwicklungsprozesse erfolgen können.

Der Begriff der ‚Rationalität' darf hierbei nicht missverstanden werden: In der gouvernementalitätstheoretischen Terminologie verweist er nicht auf eine im Subjekt potenziell angelegte und gleichzeitig der Sphäre des Subjektiven enthobene, objektive Vernunft – stattdessen ist von Rationalitäten im Plural die Rede, und zwar im Sinne historisch variabler, die Praxis des ‚Regierens' anleitender Deutungsschemata:

> *„Als Rationalitäten bezeichnet Foucault das relationale Bezugssystem, in dem Bedeutungen kodiert und Handlungsweisen mit normativen Wertungen aufgeladen werden. Somit schaffen Rationalitäten Konstellationen, in denen bestimmte Handlungen nahe gelegt und andere unwahrscheinlich gemacht werden, ohne dabei einen direkt präskriptiven Charakter zu haben. Der Begriff ‚Rationalität' impliziert dabei keine transzendentale Vernunft, sondern zunächst nur ein relatives Referenzsystem, in dessen Kontext Strategien der Wahrnehmung und Beurteilung generiert werden"* (MATTISSEK 2008: 39 in Anlehnung an LEMKE 2007: 40).

Der Begriff der Rationalität verweist in diesem Sinne folglich nicht auf eine anthropologische Konstante (ebd.), umgekehrt aber auch nicht auf ein Ideal, dem sich eine Gesellschaft durch einen zivilisatorischen Fortschrittsprozess annähern würde, denn es geht nicht darum, „einen universellen Prozess der Rationalisierung bzw. der Zivilisierung zu beschreiben, sondern anhand konkreter Gegenstandsbereiche (…) spezifische Rationalitäten und deren historische Transformationen zu rekonstruieren" (LEMKE 2007: 40 f.). Rationalitäten im Sinne FOUCAULTS zeichnen sich demnach durch ihre Relativität und Kontingenz aus:

> *„Es handelt sich also nicht darum, die Dinge an etwas Absolutem zu messen, sodass sie als mehr oder weniger perfekte Formen der Rationalität bewertet werden können, sondern darum zu untersuchen, wie Rationalitätsformen sich selbst*

in Praktiken oder Systemen von Praktiken einschreiben und welche Rolle sie in ihnen spielen" (LEMKE et al. 2000: 20).

Rationalitäten des Regierens können daher als ein Wissen aufgefasst werden, welches den Regierungspraktiken in ihrer Historizität und Spezifizität immanent ist und diese Praktiken von innen heraus anleitet (JUNGE 2008: 83). Gleichzeitig darf aber nicht angenommen werden, dass solche Rationalitäten die Denk- und Handlungsweisen von Akteuren determinieren würden, vielmehr beschreiben sie „ein intelligibles *Möglichkeitsfeld* des Denkens, der Artikulation von Aussagen und der Generierung von Praktiken" (KRASMANN 2003: 72). Der empirische Zugang zur Beschreibung von Rationalitäten erfolgt in Gouvernementalitätsstudien dabei insbesondere über die diskursanalytische Auswertung von politischen Programmen, Leitbildern und ähnlichen Dokumenten mit programmatischem Gehalt:

"Political discourse is a domain for the formulation and justification of idealised schemata for representing reality, analyzing it and rectifying it. Whilst it does not have the systematic and closed character of disciplined bodies of theoretical discourse it is, nonetheless, possible to discern regularities that we term political rationalities" (ROSE & MILLER 1992: 178).

Dabei geht es um die Analyse des diskursiven Feldes, „innerhalb dessen die Ausübung der Macht ‚rationalisiert' wird" (LEMKE 1997: 147). Diskursanalytisch können dabei unterschiedliche Dimensionen politischer Rationalitäten herausgearbeitet werden, wie ROSE und MILLER (1992: 178-181) verdeutlichen. Hierzu gehört das Abstecken von Leitbildern, Zielen und Idealen, denen die Praktiken des ‚Regierens' – hier also das steuernde Eingreifen in Prozesse der Innenstadtentwicklung – verpflichtet sind, aber auch eine Vorstellung von der Gestalt des Akteursspektrums und der Verteilung von Aufgaben, Kompetenzen und Zuständigkeiten innerhalb des jeweiligen politischen Interventionsfeldes. Beides ist eng verwoben mit spezifischen *Problematisierungsweisen*:

"Government is a problematizing activity (...). The ideals of government are intrinsically linked to the problems around which it circulates, the failings it seeks to rectify, the ills it seeks to cure" (ROSE & MILLER 1992: 181).

Mit ‚Problematisierung' ist die spezifische Art und Weise gemeint, „wie und warum bestimmte Dinge (…) zum Problem wurden" (FOUCAULT 1996: 178; zit. nach KLÖPPEL 2010: 255).

Auf den konkreten Forschungsgegenstand heruntergebrochen bedeutet das: Damit sich die Frage nach der Sicherstellung von ‚Verträglichkeit' überhaupt stellen kann, muss die Ansiedlung eines neuen Einkaufszentrums in der Innenstadt zunächst als etwas Problembehaftetes angesprochen werden. Dies mag auf den ersten Blick trivial erscheinen, ist es bei genauerer Betrachtung aber keineswegs, denn entscheidend ist dabei, *wie* etwas zum Problem gemacht wird. Problematisierung meint nämlich nicht die Benennung *gegebener* politischer, ökonomischer oder sozialer Probleme. Vielmehr geht es dabei um die „kreative Arbeit" (LEMKE 1997: 343) die notwendig ist, um einen bestimmten Sachverhalt, einen Themenkomplex oder ein Ereignis z.B. als ein explizit

‚ökonomisches' (oder wahlweise als ein explizit politisches, soziales, technisches, kulturelles, wissenschaftliches, ökologisches, ethnisches, religiöses etc.) Problem zu rahmen:

> *„Die Problematisierung bedeutet nicht die Darstellung eines zuvor existierenden Objekts, genauso wenig aber auch die Erschaffung eines nicht existierenden Objekts durch den Diskurs. Die Gesamtheit der diskursiven und nicht diskursiven Praktiken lässt etwas in das Spiel des Wahren und des Falschen eintreten und konstituiert es als Objekt für das Denken"* (FOUCAULT 2005: 826; zit. nach KLÖPPEL 2010: 256).

Problematisierungen setzen ihren Gegenstand in ein Verhältnis zu bestimmten Zielvorstellungen und Risikoszenarien (MATTISSEK 2008: 41). KLÖPPEL (2010: 260) beschreibt die Problematisierung als eine Form der Diskursivierung, die ihren Gegenstand in je spezifischer Weise als problembehaftet erscheinen lässt und ihn damit in ein aufzulösendes Spannungsverhältnis zum Gewohnten und Selbstverständlichen versetzt. Die Problematisierung beinhaltet also einerseits die Aufforderung zur Bearbeitung des Problems und bildet damit den Ausgangspunkt für dessen Lösung. Andererseits fungiert sie aber auch als „regulierender Durchgangspunkt" (ebd.), denn durch die spezifische Art der Problematisierung wird bereits der Spielraum für mögliche Ansätze zur Lösung des Problems abgesteckt und eingegrenzt (vgl. auch LEMKE 1997: 343). So impliziert beispielsweise die diskursive Rahmung eines Sachverhalts als ein explizit ‚ökonomisches' Problem, dass dessen Bearbeitung und Lösung den Einsatz ökonomischer (und nicht etwa politischer, technischer oder sonstiger) Instrumente durch Akteure mit entsprechender ökonomischer (und nicht etwa politischer, technischer oder sonstiger) Expertise erfordert. Problematisierung heißt also zugleich, die Konturen politischer Interventionsfelder abzustecken:

> *„Wesentliches Element des Regierens ist das Aufspannen eines diskursiven Feldes, welches die Ausübung von Macht durch die Erarbeitung von Begriffen und durch die Spezifizierung von Gegenständen rational erscheinen lässt (...). Regieren heißt demnach, einen ‚politisch-epistemologischen Raum' zu definieren, ‚innerhalb dessen historische Probleme auftauchen' (Lemke 2000: 32), sowie zugleich mögliche Formen der Intervention zu strukturieren und Lösungs- und Bearbeitungsstrategien für diese Probleme anzubieten"* (SCHIPPER 2013: 60).

Welches Theorieangebot können die Konzepte der Rationalitäten und Problematisierungsweisen somit für eine diskursanalytische Annäherung an die Verträglichkeitsproblematik im Kontext innerstädtischer Einkaufszentren bereitstellen, wenn es im Anschluss an FOUCAULTS Diskurstheorie darum gehen soll, die wirklichkeitskonstituierenden Effekte dieser diskursiven Formation sichtbar zu machen? Eine solche Analyse des Verträglichkeitsdiskurses müsste demnach die Frage zu ihrem Ausgangspunkt machen, *wie bzw. auf welche Art(en)* die Ansiedlung eines Einkaufszentrums in der Innenstadt überhaupt als problembehaftet verhandelt wird, welche Konzeptionen von ‚Verträglichkeit' dadurch gedacht werden können und welches Möglichkeitsfeld für steuernde Eingriffe hierdurch diskursiv abgegrenzt wird. Sie müsste dann im nächsten Schritt danach fragen, welche Steuerungsmodi zur Sicherstellung einer ‚verträglichen' Ansiedlung sich aus diesem Möglichkeitsfeld heraus konstituieren und in welchem Verhältnis diese zueinanderstehen. Und schließlich müsste sie auch danach fragen, an welche Wissensordnung über innerstädtische Räume diese Steuerungsmodi gekoppelt sind – denn Rationalitäten tragen immer auch eine epistemologische Dimension in sich, und zwar in Form eines Wissens über die Natur der Gegenstände, auf die sie gerichtet sind (ROSE & MILLER 1992: 179). Dabei zeichnen sich Rationalitäten durch eine ihnen eigene Sprache aus, die ihren Gegenstandsbereich entsprechend der vorherrschenden Problematisierungsweisen beschreibbar macht (ebd.). Rationalitäten der Sicherstellung von ‚Verträglichkeit' können somit als regelmäßige Strukturen innerhalb der diskursiven Formation des Verträglichkeitsdiskurses untersucht werden, die sich auf spezifische Problematisierungsweisen von ‚Verträglichkeit' stützen und dabei die Sicherstellung einer ‚(innenstadt)verträglichen' Ansiedlung als politisches Interventionsfeld konstituieren (in Anlehnung an ROSE 1993: 289). FOUCAULTS Konzept der Rationalitäten des Regierens nimmt die Verschränkung spezifischer Arten der Problematisierung eines Gegenstandsbereichs mit der Frage seiner politischen Steuerung in den Blick. Insofern ist ein gouvernementalitätstheoretischer Zugang dazu geeignet, im Kontext der Verträglichkeitsfrage die Verschränkung raumbezogener Wissens- und Diskursordnungen mit spezifischen, auf die Entwicklung des innerstädtischen Raums bezogenen Steuerungsmodi näher zu beleuchten.

3.2.3.2 Zur technologischen Dimension von Problematisierungen und Rationalitäten

Unterschiedliche Problematisierungsweisen der ‚Verträglichkeit' innerstädtischer Einkaufszentren legen nicht nur je spezifische Rationalitäten der politischen Steuerung nahe, sondern gehen auch mit unterschiedlichen Verfahren der Wissensproduktion einher. Dies gilt insbesondere im Rahmen gutachterlicher Beratungstätigkeit, die sich diverser Techniken z.B. zur Abgrenzung zentraler Versorgungsbereiche und Einzugsgebiete sowie zur Berechnung der zu erwartenden Auswirkungen eines Ansiedlungsvorhabens bedient. Die gouvernementalitätstheoretische Terminologie bezeichnet solche Verfahren der Wissensproduktion als *Technologien des ‚Regierens'*:[43]

> *„Technologien bezeichnen dabei nicht etwa nur im engeren Sinne materielle Hilfsmittel (...), sondern allgemein die Verfahren und Techniken, die in einem bestimmten ‚Realitätsbereich' zur Anwendung kommen und die das Wissen über diese ‚Realität' und den praktischen Umgang mit ihr prägen"* (MATTISSEK 2008: 39).

Rationalitäten und Technologien des ‚Regierens' stehen dabei in einem Verhältnis wechselseitiger Interdependenz, das sich nicht auf einen einseitig gerichteten Übersetzungsprozess reduzieren lässt (FOUCAULT 1991: 40). Einerseits spiegeln sich in der Anwendung spezifischer Techniken und Verfahren unterschiedliche Rationalitäten wider.

[43] Für eine weiterführende Diskussion der Verwendung des Konzepts der Technologien des Regierens in gouvernementalitätstheoretischen Arbeiten vgl. DEAN (1996).

So fragt die Gouvernementalitäsanalyse danach "how forms of rationality inscribe themselves in practices or systems of practices, and what role they play within them" (ebd.: 79). Andererseits aber können Techniken der Wissensproduktion „selbst formend in die Rationalitäten eingreifen, indem sie bestimmte Aspekte von ‚Wirklichkeit' erst sicht- und behandelbar machen" (MATTISSEK 2008: 39, in Anlehnung an LEMKE 2007: 62). MILLER und ROSE (1990: 5) schlagen daher eine Gouvernementalitätsanalyse vor, die den diskursanalytischen um einen ‚technologischen' Fokus ergänzt, indem sie danach fragt, wie durch die Anwendung spezifischer Techniken die Gegenstandsbereiche des ‚Regierens' als distinkte und abgrenzbare Interventionsfelder hervorgebracht und geordnet werden:

> *"On the one hand, we suggest that policy should be located within a wider discursive field in which conceptions of the proper ends and means of government are articulated: an analysis of what Michel Foucault terms 'political rationalities'. On the other hand, we argue for a view of 'discourse' as a technology of thought, requiring attention to the particular technical devices of writing, listing, numbering and computing that render a realm into discourse as a knowable, calculable and administrable object."*

Dabei kann die ‚technologische' Untersuchungsdimension in gouvernementalitätstheoretischen Studien vor dem Hintergrund des oben skizzierten weit gefassten Begriffs des ‚Regierens' sehr unterschiedliche Aspekte umfassen, wie die selektive Zusammenschau unterschiedlicher Begriffsbestimmungen in Tabelle 5 verdeutlicht.

Tabelle 5: Der Begriff der Technologien des Regierens in der Gouvernementalitätsliteratur – Definitionen

"techniques of notation, computation and calculation; procedures of examination and assessment; the invention of devices such as surveys and presentational forms such as tables; the standardization of systems for training and the inculcation of habits; the inauguration of professional specialisms and vocabularies; building design and architectural forms – the list is heterogeneous and is, in principle, unlimited." (MILLER & ROSE 1990: 8)
"A technology of government, following Foucault, presupposes the regular application of some form of relatively systematized knowledge (such as that of the human sciences) to the pragmatic problems of the exercise of authority and in the composition of practical rationalities, know-how, expertise, and means of calculation." (ROSE 1992: 52, zit. nach DEAN 1996: 59)
"the complex of mundane programmes, calculations, techniques, apparatuses, documents and procedures through which authorities seek to embody and give effect to governmental ambitions." (ROSE & MILLER 1992: 175)
"an assemblage of forms of practical knowledge, with modes of perception, practices of calculation, vocabularies, types of authority, forms of judgment, architectural forms, human capacities, non-human objects and devices, inscription techniques and so forth, traversed and transected by aspirations to achieve certain outcomes in terms of the conduct of the governed" (ILCAN & PHILLIPS 2003: 444)
„Die Bestimmung der Technologien hängt von der jeweiligen politischen Rationalität ab, darunter sind unter anderem Apparate, Verfahren, Institutionen, Rechtsformen etc. zu verstehen, die es erlauben sollen, die Objekte und Subjekte einer politischen Rationalität entsprechend zu regieren." (JUNGE 2008: 53)

Quelle: Eigene Darstellung.

Im Rahmen der vorliegenden Dissertation sollen unter dem Gesichtspunkt der ‚technologischen' Dimension des Gouvernementalitätskonzepts insbesondere die vielfältigen Techniken der Wissensproduktion beleuchtet werden, die im Rahmen des Verträglichkeitsdiskurses aufgerufen werden. Wie bereits deutlich geworden ist, nehmen quantifizierende Modellierungs- und Berechnungsverfahren im Rahmen von Einzelhandels- und Verträglichkeitsgutachten hierbei einen zentralen Stellenwert ein (vgl. Kap. 2.2.2). Somit stellt sich im weiteren Verlauf dieses Kapitels nun die Frage, wie die Bedeutung solcher Kalkulationsweisen im Rahmen einer diskursanalytischen Auseinandersetzung mit der Frage der ‚Verträglichkeit' innerstädtischer Einkaufszentren angemessen berücksichtigt werden kann. Zuvor jedoch soll die Frage reflektiert werden, inwiefern das Konzept der Gouvernementalität mit den hier vorgestellten analytischen Dimensionen als ein explizit *geographisches* Konzept verstanden werden kann.

3.2.3.3 Gouvernementalität als raumsensibles Konzept

Im Zuge der humangeographischen Rezeption und Weiterentwicklung des Gouvernementalitätskonzepts ist insbesondere betont worden, dass Rationalitäten des Regierens eine spezifische *Räumlichkeit* aufweisen.[44] So schlägt z.B. HUXLEY (2006) im Rahmen seiner empirischen Analyse städtischer Reformprogramme des 19. Jahrhunderts das Konzept der "spatial rationalities of government" vor:

> *"I want to examine how rationalities of government have made spaces and environments amenable to calculative thought by mobilizing certain 'thruths' of causal relations in and between spaces, environments, bodies and comportments"* (ebd.: 772).

Hierbei stößt er auf unterschiedliche Problematisierungen der kausalen Beziehungen zwischen städtischem Raum und Gesellschaft, die die Stadt in unterschiedlicher Weise ‚regierbar' machen. Aber auch bereits bei FOUCAULT selbst ist Gouvernementalität als ein Konzept angelegt, das räumlich gedacht werden kann: So argumentiert er, dass die Herausbildung moderner Regierungsweisen eng an das Aufwerfen neuer Probleme des Regierens durch die Stadt beziehungsweise den historischen Prozess der Urbanisierung geknüpft war – beispielsweise was den Umgang mit Nahrungsmittelknappheiten oder Epidemien betrifft (FOUCAULT 2004a: 98 f.). Gleichzeitig zeigt FOUCAULT (ebd.: 35-39) am Beispiel der Stadtumgestaltungen in Nantes im 18. Jahrhundert auch auf, wie sich historische Verschiebungen der dominierenden Rationalitäten des Regierens in den städtebaulichen Strukturen niederschlagen. Diese verschiedenen Dimensionen der ‚Räumlichkeit' städtischer Regierungsweisen steht im Mittelpunkt einer ganzen Reihe empirischer Studien über unterschiedliche städtische Politikfelder. Thematische Schwerpunkte dieser stadtgeographischen Gouvernementalitätsstudien bestehen u.a. im Untersuchungsfeld der städtischen Sicherheitspolitik und Kriminalitätsvermeidung (LIPPERT 2009; FÜLLER & MARQUARDT 2010), partizipativen Planungs- und Steuerungsformen (RACO & IMRIE 2000; FYVE 2005; SUMMERVILLE et al. 2008; ROY 2009; ELLIS 2012; ROSOL 2015), „Smart City"-Politiken (VANOLO 2014; KLAUSER et al. 2014) und städtischen Nachhaltigkeitspolitiken (MURDOCH 2004; BULKELEY 2006).

[44] So zeigt etwa BARRY (1993) am Beispiel der Harmonierung europäischer Standards und Regulierungen oder auch LARNER (2001) am Beispiel neuseeländischer Wirtschaftsförderungspolitiken zur Akquise von Call-Center-Unternehmen, wie sich die Verschiebung von einem territorialen zu einem relationalen Verständnis des Wirtschaftsraumes in veränderten Regierungsweisen niederschlägt.

Weitere empirische Studien finden sich beispielsweise zur Stadtentwicklungspolitik Berlins (LANZ 2013) oder dem Stadtmarketing in Köln, Frankfurt am Main und Leipzig (MATTISSEK 2008). Das gemeinsame Anliegen dieser geographischen Gouvernementalitätsstudien besteht darin "to bring policy discourse 'down to earth', to situate it in space" (MURDOCH 2004: 51). Sie fragen danach, welche Rolle räumliche Gegebenheiten in politischen Rationalitäten und Technologien des Regierens spielen, aber auch, wie konkrete Räume als politische Interventionsfelder hervorgebracht werden. Im Zentrum steht zudem auch die Frage, wie die wechselseitigen Wirkungszusammenhänge zwischen Gesellschaft und Raum in politischen Rationalitäten problematisiert und durch Technologien des Regierens bearbeitet werden. Gouvernementalität kann daher in verschiedener Hinsicht als ein zutiefst geographisches Konzept verstanden werden. Eine gouvernementalitätsorientierte Analyse des Verträglichkeitsdiskurses muss demnach auch sensibel sein für dessen spezifische Räumlichkeit. Diese kann sich z.B. in dem Wissen über den innerstädtischen Raum spiegeln, das als Hintergrundfolie für die Bewertung eines Ansiedlungsvorhabens herangezogen wird, aber z.B. auch in den konkreten Anforderungen an die materielle Produktion von Stadt, die sich aus den politischen Steuerungsmodi zur Sicherstellung einer ‚verträglichen' Ansiedlung ergeben.

3.3 Kalkulative Techniken der Wissensproduktion

> *"We suggest that the politics of space as it has been practised in the modern era has implicitly (and sometimes explicitly) framed its project within the terms of the calculable. Any account of spatial politics which does not encompass the calculative will therefore remain incomplete"* (CRAMPTON & ELDEN 2006: 683).

Rückblickend auf die vorherigen Ausführungen zu Einzelhandels- und Verträglichkeitsgutachten (Kap. 2.2.2) ist deutlich geworden, dass die Verträglichkeitsfrage ein diskursives Feld aufspannt, innerhalb dessen quantifizierende Berechnungsverfahren und Kalkulationsweisen einen besonderen Stellenwert einnehmen – etwa durch die Abgrenzung von Einzugsgebieten, die Ermittlung von Zentralitätskennziffern oder durch ökonometrische und probabilistische Modelle zur *ex-ante*-Modellierung der absatzwirtschaftlichen Auswirkungen großflächiger Einzelhandelsansiedlungen. Diese sollen den verantwortlichen Akteuren als Informations- und Legitimationsbasis dienen und politische Entscheidungen vorbereiten (ADRIAN 2001: 68).

Die permanente Nachfrage nach kalkulativen Techniken der Wissensproduktion als Grundlage der Entscheidungsfindung und -legitimierung stellt ein grundlegendes Merkmal gegenwärtiger Regierungsweisen in demokratisch verfassten Staaten dar (VOLLMER 2004: 459). Aber nicht nur die Entscheidungsfindung und -legitimierung, sondern bereits die spezifischen Problematisierungen der Gegenstandsbereiche des ‚Regierens' sowie die hierauf anzuwendenden Steuerungslogiken erschließen sich vor dem Hintergrund kalkulativer Techniken und durch diese hindurch:

> *"The organization of political life in the form of the modern state has been intrinsically linked to the composition of networks of numbers connecting those exercising political power with the persons, processes and problems that they seek to govern. Numbers are integral to the problematizations that shape what is to be governed, to the programmes that seek to give effect to government, and to the unrelenting evaluation of the performance of government that characterizes modern political culture"* (ROSE 1991: 675).

Die damit einhergehende „massenhafte Mobilisierung von Zahlen, Messungen und Kalkulationen" (MENNICKEN & VOLLMER 2007: 9) erhält in zunehmendem Maße Aufmerksamkeit aus der Geographie und benachbarten Sozialwissenschaften. Im Mittelpunkt steht dabei die spezifische Wirkmächtigkeit, die kalkulative Praktiken innerhalb ihrer jeweiligen Anwendungskontexte entfalten. Nachfolgend sollen einige wesentliche Erkenntnisse dieser interdisziplinären Auseinandersetzung mit kalkulativen Techniken der Wissensproduktion zusammengefasst werden, da hieraus wichtige Anregungen für die Analyse des Verträglichkeitsdiskurses gewonnen werden können. Hierbei wird nacheinander auf sozialwissenschaftliche Arbeiten zu Accounting-Techniken, statistischen Verfahren, Benchmarkings, sowie Kalkulationsweisen in der Finanz- und Immobilienwirtschaft eingegangen. Anschließend ist zu reflektieren, worin die wesentlichen gemeinsamen Erkenntnisse dieser Arbeiten im Hinblick auf kalkulative Techniken liegen und welche Schlussfolgerungen hieraus für die Auseinandersetzungen mit den Kalkulationsweisen des Verträglichkeitsdiskurses gezogen werden können.

3.3.1 Social Studies of Accounting

Eine Vorreiterrolle für die sozialwissenschaftliche Auseinandersetzung mit kalkulativen Techniken der Wissensproduktion kommt den *Social Studies of Accounting* zu, die sich ab Mitte der 1970er Jahre als Forschungsfeld etablieren (vgl. BLÄSER 2017: 81-90). Ab 1976 erscheint die Zeitschrift *Accounting, Organizations and Society* und bildet seitdem ein wichtiges Forum für Sozialwissenschaftler*innen, die die wechselseitige Hervorbringung von spezifischen Accounting-Techniken und Kalkulationsweisen sowie ihren sozialen und institutionellen Kontexten beleuchten. Dabei wird der Accounting-Begriff in einem weit gefassten Sinne verwendet und umfasst „zahlenmäßiges Erfassen, Buchen und Kontieren" sowie „die spätere Verwendung von Zahlen in Evaluationen, Entscheidungen oder Steuerungsprogrammen" (VOLLMER 2004: 451). Insofern reicht Accounting hier über betriebswirtschaftliche Techniken der Buchführung, Kostenrechnung, Bilanzierung, Rechnungsprüfung und Evaluation sowie des Controllings hinaus (ebd.: 450). Ausgangspunkt der *Social Studies of Accounting* bildet die Zurückweisung einer Sichtweise auf Accounting als "purely technical phenomenon" (HOPWOOD 1976: 1). In Anlehnung an HOPWOOD (1987) und PORTER (1992) kann die traditionelle

Sichtweise auf Accountings als ein Repräsentationsmodell beschrieben werden, wonach durch wissenschaftlichen Fortschritt entlang eines linearen Entwicklungspfades die immer bessere Abbildung einer unabhängig davon gegebenen objektiven Realität erreicht werden könne: "Like most natural scientists, they believe that the history of their discipline is mainly a matter of discovery and clear reasoning" (ebd.: 634). Demgegenüber zeigt HOPWOOD (1987: 212) anhand verschiedener historischer Fallbeispiele zur Einführung von Accounting-Verfahren in Unternehmen, dass die implementierten Techniken nicht nur ökonomische Sachverhalte abbilden, sondern vielfältige Transformationen der unternehmerischen Organisationsstrukturen sowie der Sichtweisen und Handlungslogiken im Umgang mit unternehmensinternen Entscheidungssituationen und Konflikten auslösen. Diese Veränderungen seien z.T. derart weitreichend, dass die implementierten Techniken letztlich zur Voraussetzung der Funktionsweise der Organisation würden (ebd.: 225). In ähnlicher Weise zeigt auch POWER (1997) am Beispiel von Audit-Techniken, dass diese nicht nur unbeteiligte Mess- und Prüfvorgänge darstellen, sondern den institutionellen Kontext, in dem sie operieren, mitgestalten. MILLER (2001) greift den Ansatz der *Social Studies of Accounting* auf und entwickelt ihn gouvernementalitätstheoretisch weiter: Durch die Sichtbarmachung, Messung und Vergleichbarmachung individueller Leistung durch standardisierte Kennziffern leiten Accounting-Techniken demnach Subjekte zu spezifischen Formen der Selbstführung an:

> *"As a technology of government, one of the principal achievements of management accounting is to link together responsibility and calculation: to create the responsible and calculating individual. In its concern with individualizing performance, through its attempts to induce individuals to think of themselves as calculating selves, and through its endeavors to enroll individuals in the pursuit of prescribed and often standardized targets, accounting has become a body of expertise focused on exacting responsibility from individuals rendered calculable and comparable. Management accounting seeks to affect the conduct of individuals in such a way that they act freely, yet in accordance with specified economic norms"* (ebd.: 380).

Hierdurch werde die abstrakte Konzeption des *homo oeconomicus* in alltägliche Handlungs- und Entscheidungsroutinen von Subjekten übersetzt und damit operabel gemacht (ebd.: 381 f.):

> *"Accounting affects the type of social reality we inhabit, the way we understand the choices open to individuals and business undertakings, and even how we assess ways of maintaining the nation's health and education. (...) By calculating and recording the costs of an activity, one alters the way in which it is thought about and made amenable to intervention"* (ebd.: 392 f.).

Das zentrale Verdienst der *Social Studies of Accounting* besteht somit in der Sensibilisierung für die wirklichkeitskonstituierenden Effekte kalkulativer Techniken. Diese entstehen aus der Verschränkung spezifischer Kalkulationsweisen mit ihren sozialen und organisatorischen Kontexten und schließen auch nicht-intendierte Effekte mit ein (BLÄSER 2017: 89 f.).

3.3.2 Messen und Zählen

> *"Statistics has helped determine the form of laws about society and the character of social facts. It has engendered concepts and classifications within the human sciences. Moreover the collection of statistics has created, at the least, a great bureaucratic machinery. It may think of itself as providing only information, but it is itself part of the technology of power in a modern state"* (HACKING 1991: 181).

Analog zu den *Social Studies of Accounting* haben historisch-genealogische und sozialwissenschaftliche Arbeiten zeigen können, dass statistische Verfahren soziale Phänomene nicht nur beschreiben, sondern deren Gestalt bearbeiten, formen und verändern können (z.B. HACKING 1991; DESROSIÈRES 2005). Grundlegend hierfür ist auch eine historische Transformation in der Verwendung von Zahlen, die VOLLMER (2004: 456) ab dem 19. Jahrhundert im Wandel einer „vergangenheitsorientierten Registratur [in] ein zukunftsorientiertes Organisationsmittel" (Einfügung DG) erkennt. Hinzu kommt die Ausweitung statistischer Verfahren auf soziale Gegenstandsbereiche, die überindividuelle Regelmäßigkeiten hinsichtlich sozialer Tatbestände, wie zum Beispiel Geburten, Todesfälle oder Gesetzesverstöße, sichtbar macht. Diese rücken zunehmend ins Zentrum des politischen Wissens und ermöglichen damit die Herausbildung neuer Formen der Steuerung, die sich weniger auf die Disziplinierung des einzelnen Individuums als vielmehr auf die gesellschaftlichen Regelmäßigkeiten insgesamt richten (POWER 2004: 766). Darüber hinaus zeigt HACKING (1991: 182), wie durch die Ausweitung statistischer Verfahren eine neue ‚Natur' gesellschaftlicher Zusammenhänge erscheinen kann – beispielsweise im Rahmen der Verschiebung von deterministischen zu stochastischen Beschreibungen in den Humanwissenschaften des 19. Jahrhunderts (ebd.: 187-190) oder auch im Zusammenhang mit der Transformation des Begriffspaares von Norm und Abweichung hin zu einem Verständnis von Normalität als statistischer Verteilung, die über ihr Streuungsverhalten an ein ‚normales' Maß von Abweichung gekoppelt ist (ebd.: 182). Zugleich wirke der Bedeutungsgewinn der Statistik aber nicht nur in Richtung einer veränderten Konzeption des Gesellschaftlichen, sondern müsse umgekehrt auch in seinen historischen und gesellschaftlichen Entstehungskontext im Rahmen der Herausbildung einer bürgerlich-kapitalistischen Gesellschaftsordnung im 19. Jahrhundert eingeordnet werden. So müssen im Zuge der Industrialisierung neue Formen der sozialen Absicherung implementiert werden, die ihrerseits mit der massenhaften Produktion und Verwertung statistischer Daten verbunden sind (ebd.: 191). HACKINGS genealogische Studien zeigen somit, dass statistische Verfahren nicht einfach ein neutrales Mittel zur Gewinnung von Informationen über die Gesellschaft darstellen, sondern erstens aufs engste mit spezifischen gesellschaftlichen Kontexten als ihrer historischen Existenzbedingung verwoben sind und zweitens selbst zu wesentlichen Transformationen der grundlegenden Kategorien beigetragen haben, durch die gesellschaftliche Zusammenhänge beschreibbar gemacht werden.

3.3.3 Benchmarking

Auch zur Einführung von Benchmarking-Verfahren in unterschiedlichen organisationalen Kontexten liegen sozialwissenschaftliche Studien vor, die wirklichkeitskonstituierende Effekte dieser Techniken aufzeigen (z.B. LARNER 2005; FOUGNER 2008; BRUNO 2009). Ursprünglich ein betriebswirtschaftliches Konzept der Unternehmensführung durch Leistungsvergleich mit Konkurrenten hält die Technik des Benchmarkings auch in öffentlichen Verwaltungen zunehmend Einzug (BRUNO 2009: 270). FOUGNER (2008) argumentiert, dass das internationale Benchmarking der ökonomischen Entwicklung von Nationalstaaten durch Institutionen wie das Weltwirtschaftsforum keine reine Registrierung der Performance in einem gegebenen zwischenstaatlichen Wettbewerb darstelle, sondern vielmehr an der Hervorbringung einer spezifischen Form von Staatlichkeit mitwirke:

> *"First, given its provision of an external frame of reference explicitly linked to concerns about 'competitiveness', benchmarking constitutes states as competitive entities driven not by internal socio-political processes, but rather by external or global standards of conduct. Second, given the importance ascribed to quantitative measures and comparisons of performance, benchmarking constitutes states as calculative agencies, or entities with a capacity to calculate and rank alternative courses of action. Third, given the overriding concern with implementing 'best practice', benchmarking constitutes states as technocratic agencies acting in accordance with expert determination of what works best. Fourth, given the centrality of change and continuous improvement – as a consequence of how standards or 'best practices' undergo continuous change – benchmarking constitutes states as transformative agencies, or entities engaged in a never-ending process of reinventing themselves"* (ebd.).

Einen ähnlichen Ansatz verfolgt VORMBUSCH (2007: 49-57) in seiner Auseinandersetzung mit der „Hochschulsteuerung 2010“ des Landes Nordrhein-Westfalen, einem Programm zur kennzahlengestützten Leistungskontrolle und Förderung von Hochschulen. Im Rahmen der Analyse des Leistungsportfolios einer Hochschule wird dabei ein abstrakter kalkulativer Raum zwischen mehreren Leistungs- und Messdimensionen aufgespannt, was eine Verortung bezüglich des nach spezifischen Operationalisierungsvorschriften zu messenden Forschungs- und Lehrerfolges der Hochschule ermöglichen soll. VORMBUSCH (ebd.: 53) zeigt, wie im Zuge dieses Programms eine Verschiebung in der Leistungsevaluation weg von der einzelnen Hochschule als individuellem Beurteilungsgegenstand hin zu einem Wettbewerbsfeld konkurrierender Hochschulen vorgenommen wird. Infolgedessen könne eine zunehmende „Parallelisierung der Handlungs- und Entwicklungsmotive“ (ebd.) der Hochschulpolitik beobachtet werden, die auf die Optimierung der Performance bei selektiven Leistungsindikatoren gerichtet ist.

3.3.4 Kalkulative Praktiken im Kontext von Finanz- und Immobilieninvestitionen

Jüngere geographische Arbeiten haben die Rolle kalkulativer Praktiken im Rahmen von Immobilieninvestitionen näher beleuchtet. Nach BITTERER und HEEG (2015: 37) zielen immobilienwirtschaftliche kalkulative Praktiken vor allem darauf ab, Märkte oder Objekte mit Hilfe verschiedener Kennzahlen, Normen, Definitionen, Entscheidungsmodelle und Berechnungsverfahren lesbar und zugänglich zu machen. Sie basieren auf Expert*innenwissen und entfalten ihren handlungsleitenden Charakter dadurch, dass sie als kollektive Deutungsmuster von unterschiedlichen Akteuren geteilt werden (ebd.: 39). Kalkulative Praktiken werden in Austauschprozessen vermittelt und verhandelt, die sich auf verschiedene Infrastrukturen wie z.B. Immobilienberatungen, Lobbyorganisationen und Bildungsträger oder auch Tagungen und Fachkonferenzen stützen (ebd.: 44). Sie dienen der Rationalisierung und Legitimierung von Entscheidungen und produzieren zugleich Machteffekte durch die Lenkung globaler Investitionsströme (ebd.: 47). Mit der Einpassung von Immobilien in finanzmarktliche Kalkulationsweisen befasst sich die Dissertation von BLÄSER (2017), die mit ethnographischen Methoden die immobilienbezogene Kalkulations- und Bewertungsarbeit in Kapitalanlagegesellschaften in den Blick nimmt. Den Ausgangspunkt bildet dabei die Abgrenzung von Raumeinheiten, über die dann vergleichende Kalkulationen zu Rendite- und Risikoerwartungen angestellt werden können (ebd.: 113). Neue Investitionsmöglichkeiten und -standorte werden dabei nicht einfach ‚entdeckt', sondern durch kalkulative Techniken aktiv hervorgebracht:

> *„Im Ergebnis dieses Prozesses der Verzifferung, des Vergleichs und dessen Repräsentation faltet sich buchstäblich vor den Augen der Investoren eine Investitionswelt auf. Durch diese visuell-kartographischen Konstruktionen werden die Märkte ‚da draußen' für die Akteure organisational verfügbar, es kann über sie diskutiert und verhandelt werden"* (ebd.: 118 f.).

Dabei relativieren die beteiligten Akteure in ihrer alltäglichen Praxis einerseits den Wahrheitsgehalt der von ihnen nach formalisierten Verfahren erzeugten und verarbeiten Zahlen, indem sie subjektiv gefärbte ‚Korrekturen' zur ‚Plausibilisierung' der Daten vornehmen. Andererseits bleiben sie dabei „gebunden an die Vorstellung, dass es so etwas wie eine externe Welt der Märkte gibt, deren Wahrheit dann entdeckt werden könne, wenn die Zahlen besser, vollständiger und objektiver und sie selbst rationaler wären oder weniger subjektiv" (ebd.: 129). Dabei bewirke die Anwendung kalkulativer Verfahren wie der Discounted Cashflow-Methode eine Eintaktung von meist langfristig gehaltenen Immobilien in kurzfristige Bewertungshorizonte. Hierdurch werde der Vergleich mit anderen Asset-Klassen ermöglicht und der Kapitalfluss in den Immobilieninvestmentmarkt angeregt (ebd.: 140). Somit zeigt BLÄSERS Arbeit auf, wie die finanzielle Vermarktlichung von Immobilien kalkulativ erzeugt wird. Sie steht damit u.a. in der Tradition der *Social Studies of Finance* und der *Social Studies of Marketization* (vgl.

hierzu KALTHOFF 2004; CALLON & MUNIESA 2005; MACKENZIE 2007), die die Performativität ökonomischen Wissens und der damit verbundenen Kalkulationsweisen untersuchen.

3.3.5 Kalkulative Techniken der Wissensproduktion – Zwischenbilanz

Was die hier nur grob umrissenen Arbeiten eint ist eine Herangehensweise, die Techniken der Quantifizierung weniger als Instrument quantitativer Forschung betrachtet, sondern ihre Wirkmächtigkeit aus der Perspektive einer stärker qualitativ vorgehenden Sozialforschung in den Blick nimmt – "while numbers always count, it is not always by counting numbers" (BARNES & HANNAH 2001: 383). Über teils sehr unterschiedliche empirische Gegenstandsbereiche hinweg haben diese interdisziplinären Beiträge sehr deutlich gezeigt, dass kalkulative Techniken nicht nur ein Abbild, eine Repräsentation unabhängig davon gegebener, objektiver Tatsachen darstellen, sondern selbst wirklichkeitskonstituierende Effekte entfalten (ebd.: 380):

> *„Modellierungen und Kalkulationen machen nicht einfach etwas sichtbar, das zuvor unsichtbar war – so als existierte eine direkte empirische Referenz der Repräsentation –, sondern sie verweisen auf die Arbeit an der Darstellung, die das, was sie darstellt, hervorbringt"* (KALTHOFF 2004: 171).

Die wirklichkeitskonstituierenden Effekte der Anwendung kalkulativer Techniken sind dabei jeweils kontextspezifisch zu betrachten und können zum Beispiel in der Hervorbringung von Investitionsobjekten und -märkten, in der Ausrichtung der Handlungslogiken von Subjekten und Organisationen entlang spezifischer Kalkulationsweisen oder auch in der Hervorbringung neuer politischer Interventionsfelder bestehen. Welche Wirkung kalkulative Verfahren in ihrem jeweiligen Anwendungskontext entfalten, ist eine Frage, die nicht aus der theoretischen Anschauung, sondern nur durch entsprechende empirische Untersuchungen beantwortet werden kann (vgl. MILLER & NAPIER 1993).

Mit Blick auf die Gegensätzlichkeit qualitativer und quantitativer Forschungslogiken in der Geographie konstatieren BARNES und HANNAH (2001: 383) mit einer gewissen Ironie: "There is a well-known joke that there are three kinds of geographers: those who can count, and those who cannot". Indem die oben skizzierten Arbeiten den Blick auf die wirklichkeitskonstituierenden Effekte kalkulativer Techniken richten, können sie als Inspiration für eine vierte Art von Geograph*innen dienen. Aus einer geographischen Perspektive ist dabei auch eine Sensibilität für die ‚Räumlichkeit' kalkulativer Praktiken erforderlich, „da sie spezifische Territorialisierungen beinhalten. Vormals unkalkulierbarer Raum wird kalkulierbar, indem er geordnet und in seinen Dimensionen abgegrenzt wird" (BITTERER & HEEG 2015: 39). Die Allgegenwart kalkulativer Techniken mündet in einer „vernetzte[n] Zirkulation von Zahlen, die Distanzen überwinden, Räume durchmessen, diese auf Distanz präsent machen und dadurch transformieren helfen" (VOLLMER 2004: 462).

Für die Beurteilung der ‚Verträglichkeit' innerstädtischer Einkaufszentren spielt die Anwendung kalkulativer Techniken in Einzelhandels- und Verträglichkeitsgutachten eine zentrale Rolle. Im Mittelpunkt stehen dabei verschiedene indikatorbasierte kalkulative Verfahren zur *ex ante* Modellierung der Auswirkung einer Center-Ansiedlung sowie zur Bestimmung des „verträglichen Ansiedlungspotenzials" (ADRIAN 2001: 66). Dessen Berechnung basiert wiederum auf einer Schätzung der zukünftigen Attraktivität des zu beurteilenden Standorts sowie der ausgewählten konkurrierenden Standorte. In diese Schätzung gehen verschiedene Prognosegrößen wie Einwohnerzahlen, einzelhandelsrelevante Kaufkraft oder Flächenproduktivitäten ein, aus denen sich spezifische Bindungs- und Abflussquoten für den Untersuchungsstandort – als Indikator eines relativen Attraktivitätsgewinns oder -verlusts – ermitteln lassen (ebd.). Die in diesem Kapitel zusammengetragenen interdisziplinären Auseinandersetzungen mit der Rolle kalkulativer Techniken legen nahe, die im Rahmen der Verträglichkeitsprüfung zur Anwendung kommenden Kalkulationsweisen nicht als ein rein technisches Instrumentarium zu betrachten. Stattdessen muss eine Auseinandersetzung mit der Frage erfolgen, worin womöglich die wirklichkeitskonstituierenden Effekte ebendieser Techniken bestehen.

3.4 Zusammenführung der theoretisch-konzeptionellen Argumentationsstränge und Ableitung der zentralen Forschungsfragen

Wie lässt sich eine diskursanalytische und gouvernementalitätstheoretisch fundierte Annäherung an die Frage der ‚(Innenstadt)Verträglichkeit' innerstädtischer Einkaufszentren nun mit einer hinreichenden Sensibilität für die Bedeutung kalkulativer Techniken der Wissensproduktion verbinden? Wie können die bisher aufgegriffenen Theoriestränge sinnvoll zusammengeführt werden und die Formulierung konkreter Forschungsfragen anleiten? Den Ausgangspunkt dieses Kapitels bildete zunächst die Beobachtung, dass die Frage der ‚(Innenstadt)Verträglichkeit' im weiteren Sinne den zentralen Kristallisationspunkt wissenschaftlicher, planerischer und lokalpolitischer Auseinandersetzungen um die Auswirkungen innerstädtischer Einkaufszentren bildet. Zuvor war bereits deutlich geworden, dass die Frage, was ‚(innenstadt)verträglich' ist und was nicht, trotz einer engen juristischen Abgrenzung des Verträglichkeitsbegriffs durchaus vielschichtig und die Deutungshoheit hierüber vielfach auch umkämpft ist. Das Ziel der Sicherstellung einer ‚(innenstadt)verträglichen' Ansiedlung steht dabei im Mittelpunkt vielfältiger Techniken, die ein politisch-planerisches Wissen zu der Frage generieren sollen, wie sich Einkaufszentren zum innerstädtischen Raum verhalten, wie dies zu bewerten ist und welche steuernden Eingriffe in die Innenstadtentwicklung dadurch notwendig werden. Für den Verlauf von Ansiedlungskonflikten und Planungsprozessen ist es dabei von grundlegender Bedeutung, wie der Verträglichkeitsbegriff inhaltlich gefüllt wird. Im Anschluss an FOUCAULTS diskurstheoretische Schriften lautet daher die grundlegende Annahme, dass der Verträglichkeitsbegriff als „organisierendes semantisches

Zentrum" (BUBLITZ 1999: 39)[45] einer diskursiven Formation aufgefasst werden kann, deren Regelmäßigkeiten und Strukturierungsprinzipien empirisch herauszuarbeiten sind. Aus einer poststrukturalistischen Perspektive ist die Analyse solcher diskursiven Formationen deshalb von Relevanz, weil Diskurse nicht einfach unabhängig davon gegebene Gegenstandsbereiche in ihrem Wesen beschreiben, sondern diese erst in ihrer spezifischen Gestalt hervorbringen (FOUCAULT 1981 [1969]: 74). Poststrukturalistische Diskurstheorien zielen somit auf die Sichtbarmachung der wirklichkeitskonstituierenden Effekte von Diskursen. Diese Wirklichkeitskonstituierung erfolgt durch die fortlaufende Herstellung und Modifikation von Bedeutungs- und Sinnzusammenhängen, aber auch Differenzlinien zwischen den verschiedenen Begriffen und Aussagen innerhalb einer diskursiven Formation (KELLER 2011: 72). Im konkreten Fall ist mit der wirklichkeitskonstituierenden Dimension des Verträglichkeitsdiskurses insbesondere gemeint, wie die Verträglichkeitsfrage diskursiv gerahmt wird und wie bestimmte Wissensbestände über innerstädtische Räume ‚produktiv' werden können indem sie die politische Steuerung des Ansiedlungskonflikts und der Innenstadtentwicklung in spezifischer Weise anleiten. Ins Zentrum rückt somit die Frage nach der Verschränkung zwischen der Etablierung einer spezifischen raumbezogenen Wissensordnung einerseits und der politischen Steuerung der räumlichen Entwicklungen von Innenstädten andererseits. Mit dem Konzept der Gouvernementalität stellt FOUCAULT (2004a, b) hierfür einen geeigneten analytischen Rahmen bereit, aus dem sich die zentralen Forschungsfragen dieser Dissertation ableiten.

Nach ROSE (1988: 180) setzen Gouvernementalitätsanalysen zunächst bei den spezifischen Problematisierungsweisen der jeweiligen Gegenstandsbereiche politischer Steuerung an. Dementsprechend richtet sich hier die *erste zentrale Forschungsfrage* auf die *unterschiedlichen Arten der Problematisierung innerstädtischer Einkaufszentren*: Auf welche Weise wird die Ansiedlung eines innerstädtischen Einkaufszentrums überhaupt als problembehaftet beschrieben? Wie wird das geplante innerstädtische Einkaufszentrum in einen stadtentwicklungspolitischen Zusammenhang eingeordnet? Welche Konzeptionen von ‚Verträglichkeit' werden dadurch denkbar? Wie die theoretischen Ausführungen dieses Kapitels deutlich gemacht haben, wird durch die Art der Problematisierung nicht nur eine spezifische Problemstruktur aufgeworfen, sondern zugleich auch ein grundlegender Handlungsrahmen zur Bearbeitung und Lösung des Problems abgesteckt (KLÖPPEL 2010: 260). So hängt die Beantwortung der Frage, welches Instrumentarium zur politisch-planerischen Bearbeitung der Verträglichkeitsproblematik in Betracht zu ziehen ist, ganz entscheidend davon ab, ob die Frage der ‚(Innenstadt)Verträglichkeit' z.B. als ein primär ‚ökonomisches', ‚politisches' oder ‚städtebauliches' Problem verhandelt wird. Demzufolge richtet sich die *zweite zentrale Forschungsfrage* auf die *unterschiedlichen politischen Steuerungsmodi zur Sicherstellung*

[45] Dieser Begriff soll hier nicht missverstanden werden, denn aus einer poststrukturalistischen Perspektive zeichnen sich Diskurse gerade dadurch aus, dass sie sich nicht auf ein feststehendes Zentrum oder einen Ursprung zurückführen lassen (MOEBIUS & RECKWITZ 2008: 14). Gemeint ist stattdessen, dass der Verträglichkeitsbegriff eine zentrale Rolle spielt für die Herausbildung einer Wissensordnung über den innerstädtischen Raum und dessen Steuerung, seine Bedeutung zugleich aber im Fluss bleibt und nur partiell fixiert werden kann.

von ,Verträglichkeit', die sich aus dem diskursiven Möglichkeitsfeld heraus konstituieren, das durch die vorzufindenden Problematisierungsweisen abgesteckt wird. Welchen Rationalitätsstrukturen folgen steuernde Eingriffe zur Sicherstellung einer ,verträglichen' Ansiedlung und welches Selbstverständnis städtischen Regierens ist damit verbunden? Wie greifen diese Rationalitätsformen ineinander bzw. inwieweit sind diese miteinander kompatibel? Welches normative Wissen über den innerstädtischen Raum wird dabei jeweils vorausgesetzt? Und inwieweit handelt es sich dabei überhaupt um in sich abgeschlossene Rationalitäten in dem Sinne, dass sie frei von inneren Bruchlinien und Widersprüchlichkeiten wären?[46] Zusammengenommen zielen diese beiden Fragekomplexe also auf eine Beschreibung der spezifischen Wissensordnung über innerstädtische Räume, die durch den Verträglichkeitsdiskurs hervorgebracht wird, sowie der politischen Steuerungslogiken zur Sicherstellung von ,Verträglichkeit', die sich vor dem Hintergrund dieser diskursiven Ordnung konstituieren:

> *"Such a perspective examines what might be called veridical discourses, those discourses that are charged with the systematic production of truth, and by means of which statements are organized in disciplines or sanctioned bodies of knowledge (...). These veridical discourses are understood as arising from and seeking to direct what might be called institutional practices or governing practices"* (DEAN 1992: 216).

Der Diskurs um geplante innerstädtische Einkaufszentren und ihre ,Verträglichkeit' erscheint dabei aus poststrukturalistischer Sicht nicht als einfaches Abbild einer unabhängig davon gegebenen Wirklichkeit, „sondern als ihre Konstruktion und Problematisierung entsprechend des Diskurses, der sich ihrer annimmt" (REICHERT 2004: 22). Demnach eröffnet eine gouvernementalitätstheoretisch fundierte Analyse dieses Diskurses eine Perspektive, die sich von den Wahrheitsansprüchen des Diskurses löst, also nicht mehr nach ,objektiven' Kriterien für eine ,verträgliche' Ansiedlung fragt. Stattdessen geht es gerade darum, welche Mechanismen dazu führen, dass die Verträglichkeitsfrage überhaupt als eine objektivierbare Frage erscheinen kann. Es geht darum, die diskursiven Regelmäßigkeiten der Wahrheits*produktion* und deren Steuerungswirkungen zu beschreiben:

> *"my problem is to see how men govern (themselves and others) by the production of truth (I repeat once again that by production of truth I mean not the production of true utterances, but the establishment of domains in which the practice of true and false can be made at once ordered and pertinent)"* (FOUCAULT 1991: 79).

Darüber hinaus soll im Rahmen der vorliegenden Dissertation auch die ,technologische' Dimension des Verträglichkeitsdiskurses in den Blick genommen werden, und

---

[46] O'MALLEY et al. (1997) kritisieren, dass gouvernementalitätstheoretische Arbeiten häufig zur Homogenisierung politischer Programme und dabei auch zur Ausblendung von Heterogenitäten, Konflikten und Widerständen tendieren: „Closely linked to this is a consequent tendency to see programmes as if they are written by one hand, rather than multivocal, internally contested and thus, in a sense, always in change and often internally contradictory" (ebd.: 513). In Anlehnung an DZUDZEK und LINDNER (2013) soll in dieser Arbeit daher auch die Gleichzeitigkeit und das Zusammenwirken unterschiedlicher Steuerungslogiken, aber auch deren Brüchigkeit berücksichtigt werden: „Governmental programmes tend to lack a singular coherence or essence. They may be contradictory or pregnant with unintended consequences" (RACO 2003: 79).

zwar insbesondere im Hinblick auf die Techniken der Quantifizierung und Modellierung in Einzelhandels- und Verträglichkeitsgutachten, die eine wichtige Rolle für die politische Steuerung der Verträglichkeitsproblematik spielen. Wie ein breites Spektrum interdisziplinärer Arbeiten aufzeigen konnte (vgl. Kap. 3.3), greifen kalkulative Techniken selbst formend in diejenigen Gegenstandsbereiche ein, die sie lediglich zu beschreiben scheinen. Dieses zentrale Argument der wirklichkeitskonstituierenden Effekte, die mit kalkulativer Wissensproduktion einhergehen, stellt eine grundlegende Anschlussfähigkeit her zwischen der Frage nach der Wirkmächtigkeit kalkulativer Techniken auf der einen und einer an FOUCAULT angelehnten Analyse diskursiver Formationen und ihrer Ordnungsprinzipien auf der anderen Seite. Dabei wird hier die Auffassung vertreten, dass kalkulative Techniken nicht nur in einen institutionellen und organisatorischen Kontext eingebettet sind (wie die *Social Studies of Accounting* betonen), sondern auch von ihrer Einbettung in einen diskursiven Zusammenhang her betrachtet werden müssen: Kalkulative Techniken sind einerseits in Wissens- und Diskursordnungen eingelassen. Ihre Anwendung setzt die Existenz eines diskursiven Feldes voraus, aus dem die zentralen Begrifflichkeiten hervorgehen, auf die sich die Techniken der Quantifizierung beziehen können und entlang derer die ermittelten Zahlenwerte mit Bedeutung aufgeladen werden. Dabei setzen die mit der Quantifizierung einhergehenden Messvorgänge die Etablierung eines Klassifikationsschemas voraus, das Untersuchungseinheiten als Merkmalsträger konzeptualisiert und dabei von bestimmten überschüssigen Eigenschaften abstrahiert, wodurch qualitative Unterschiedlichkeiten eingeebnet werden und eine Vergleichbarkeit hinsichtlich der zu messenden Merkmale entsteht (POWER 2004: 766). Durch die Anwendung kalkulativer Techniken können neue Beziehungen zwischen den Elementen eines Diskurses hergestellt werden, etwa durch die Berechnung von Quoten und Indizes und deren Weiterverarbeitung in komplexen Formeln. Was KELLER (2011: 72) als konstitutives Merkmal von Diskursen identifiziert, nämlich die „Wirklichkeitskonstruktion (…) über Differenzbildungen und Bedeutungs- bzw. Sinnverkettungen“, spiegelt sich somit auch in den Techniken des Messens, Zählens und Berechnens wider. Diese stehen somit nicht außerhalb des diskursiven Feldes, sondern sind selbst Teil der iterativen Praxis, durch die sich der Diskurs als solcher konstituiert:

> *"we argue for a view of 'discourse' as a technology of thought, requiring attention to the particular technical devices of writing, listing, numbering and computing that render a realm into discourse as a knowable, calculable and administrable object"* (MILLER & ROSE 1990: 5).

Wenn für eine gouvernementalitätsorientierte Analyse des Verträglichkeitsdiskurses also die Aspekte der Problematisierungsweisen von ‚Verträglichkeit‘ sowie die hieraus hervorgehenden Steuerungslogiken zur Sicherstellung einer ‚verträglichen‘ Ansiedlung als zentrale analytische Dimensionen identifiziert werden konnten, so stellt sich vor dem Hintergrund der Überlegungen zum Verhältnis von Diskurs und kalkulativen Techniken nun *drittens* die *Frage nach der Rolle der kalkulativen Verfahren der Verträglichkeitsprüfung für die Konstituierung dieser Problematisierungsweisen und Steuerungslogiken*. Dabei ist insbesondere darauf zu achten, an welchen Kriterien und Indikatoren die Verträglichkeitsfrage festgemacht wird und welche normativen Implikationen für die Ziele der Stadtentwicklungspolitik in diese Indikatoren eingeschrieben sind. Ferner ist darauf zu achten, auf welche Weise der innerstädtische Raum durch diese Techniken ‚lesbar' gemacht wird (ROSE-REDWOOD 2008), welche Wissensordnung über den innerstädtischen Raum sich hierdurch konstituiert und welche Rolle dies für die Steuerung des Ansiedlungskonflikts spielt:

> *"Information in this sense is not the outcome of a neutral recording function. It is itself a way of acting upon the real, a way of devising techniques for inscribing it (...) in such a way as to make the domain in question susceptible to evaluation, calculation and intervention"* (MILLER & ROSE 1990: 7).

4 Von der Verschiebung der konzeptionellen Perspektive zur Verschiebung der methodischen Herangehensweise an die Verträglichkeitsfrage

Diskursanalytische Untersuchungen „brechen gewöhnlich mit klassischen Forschungsdesigns und deren kausalistischen Modellierungen" (ANGERMÜLLER 2014: 24). Dieser Bruch ist jedoch kein Selbstzweck, sondern notwendige Konsequenz aus den im vorherigen Kapitel skizzierten Verschiebungen des konzeptionellen Blicks auf den Forschungsgegenstand. Im Kontext dieser Arbeit stellt sich damit die Frage, wie die Verschiebung von einer szientistischen zu einer poststrukturalistisch verankerten, diskurstheoretischen Annäherung an die Verträglichkeitsfrage auch auf der Ebene des Forschungsdesigns und des methodischen Zugangs vollzogen werden kann. Ziel dieses Kapitels ist es daher *erstens*, einen geeigneten Weg zur Operationalisierung der im vorherigen Kapitel formulierten Fragestellungen aufzuzeigen, sowie *zweitens* die konkreten empirischen Erhebungs- und Auswertungsschritte, die zur Bearbeitung der Fragestellung durchgeführt worden sind, offenzulegen und plausibel zu begründen. Bevor jedoch ausführlicher auf die einzelnen Untersuchungsschritte dieser Arbeit eingegangen werden kann, ist zunächst ein reflexiver Zwischenschritt erforderlich: Diskursanalyse stellt nämlich keineswegs eine universelle Methode mit fest definierten Arbeitsschritten dar, die man lediglich auf den relevanten Untersuchungskontext anzuwenden bräuchte. Tatsächlich verbirgt sich hinter dem Begriff der Diskursanalyse ein breites Methodenspektrum, dass von hermeneutisch-interpretativen bis hin zu quantifizierenden Verfahren der Korpuslinguistik reicht und vielfältige Schattierungen aufweisen kann (KELLER 2011: 24). Die konkrete Vorgehensweise ist dabei aus der jeweiligen Fragestellung heraus zu entwickeln und ist zugleich eng an die Perspektive gekoppelt, die auf das diskursive Material eingenommen wird – Diskursanalyse ist nicht als Methode von Fragen der theoretischen Positionierung ablösbar (BUBLITZ 1999: 28).[47] Bevor also die einzelnen Erhebungs- und Auswertungsschritte dieser Arbeit im Detail erörtert werden können, muss jeweils zunächst geklärt werden, welcher Umgang mit dem empirischen Material den Fragestellungen dieser Untersuchung am besten gerecht wird und natürlich auch, wie das empirische Material für eine solche Untersuchung überhaupt sinnvoll eingegrenzt werden kann.

[47] SCHRAGE (1999: 73) stellt diesbezüglich fest, dass es einer an Foucault angelehnten Diskursanalyse „um Reflexion über Ordnungsprobleme geht und nicht um eine allgemein einsetzbare Ordnungsmethode".

4.1 Methodologische Vorüberlegungen

Wenngleich ‚Diskurs' als sozialwissenschaftliches Konzept im Rahmen verschiedener theoretischer Ansätze aufgegriffen und in unterschiedlicher Weise in methodische Arbeitsschritte übersetzt worden ist, so lässt sich nach KELLER (2011: 8 f.) als gemeinsamer Nenner festhalten: Diskursanalysen untersuchen die Konstituierung von Wirklichkeit(en) durch den Gebrauch von Zeichen sowie die hierin eingelassenen strukturellen Regelmäßigkeiten der Herstellung von Sinn- und Bedeutungszusammenhängen im Kontext sozialwissenschaftlicher Problemstellungen. Sie stützen sich dabei auf vier gemeinsame Grundannahmen:

1. Gegenstand der Analyse ist der tatsächliche, empirisch beobachtbare Gebrauch symbolischer (insbesondere sprachlicher) Formen im Zusammenhang mit spezifischen gesellschaftlichen Praktiken.
2. Diesem Sprach- / Zeichengebrauch wird eine wirklichkeitskonstituierende Rolle im Hinblick auf den Bedeutungshorizont der Diskursphänomene zugeschrieben, die erst im Diskurs „in ihrer gesellschaftlichen Realität konstituiert werden" (ebd.: 9).
3. Darüber hinaus wird unterstellt, „dass sich einzelne Interpretationsangebote als Teile einer umfassenderen Diskursstruktur verstehen lassen, die vorübergehend durch spezifische institutionell-organisatorische Kontexte erzeugt und stabilisiert wird" (ebd.).
4. Schließlich wird angenommen, dass der Sprach- / Zeichengebrauch spezifischen Deutungs- und Handlungsregeln folgt, die sich aus der Analyse des diskursiven Materials heraus rekonstruieren lassen (ebd.: 8 f.)

Der spezifische Fokus einer sozialwissenschaftlich rückgebundenen Diskursanalyse richtet sich nach KELLER (ebd.: 8) auf die „Analyse institutioneller Regulierungen von Aussagepraktiken und deren performative, wirklichkeitskonstituierende Macht". Die Beschreibung von Diskursen stellt dabei keinen Zweck an sich dar, sondern vielmehr einen alternativen Zugang zur Analyse und Erklärung gesellschaftlicher Prozesse und Phänomene, die von ihrer diskursiven Konstituierung her beleuchtet werden.

Hinsichtlich der Auswahl des empirischen Materials für diskursanalytische Untersuchungen sind dabei unterschiedliche Ausrichtungen zu beobachten: Während sich die Diskursforschung im europäischen Raum insbesondere auf die „Zirkulation von vorwiegend schriftlichen Texten in größeren Gemeinschaften" (ANGERMÜLLER 2014: 27) richtet, ist die angloamerikanische Diskursforschung interaktionaler ausgerichtet und wendet sich in stärkerem Maße mündlichen Kommunikationsprozessen zu. Das empirische Material einer Diskursanalyse kann somit aus Texten bestehen, die zusammen betrachtet einen spezifischen Wissensbereich konstituieren, aber auch aus Transkriptionen spezifischer Sprechsituationen, die als Ausdruck und Aktualisierung einer bestimmten Diskursformation und ihrer Regelhaftigkeiten betrachtet werden. Auch die analytische Bearbeitung des empirischen Materials kann im Rahmen diskursanalytischer Forschungsdesigns auf sehr unterschiedliche Weise erfolgen. So sind insbesondere in der Korpuslinguistik statistisch-quantifizierende Ansätze verbreitet, mit denen Häufigkeiten und Streuungen bestimmter Aussageformen oder statistisch signifikante Kookkurrenzen bestimmter Begriffe innerhalb eines diskursiven Feldes näher beleuchtet und im Zeitverlauf betrachtet werden können (KELLER 2011: 24). Solche Verfahren sind insbesondere für eine Analyse der Struktur größerer Textkorpora geeignet. Gleichzeitig sagt eine rein statistische Betrachtung des Zusammenhangs zwischen zwei Elementen eines Diskurses wenig über die Qualität des Zusammenhangs und die dadurch hergestellten Sinnbezüge aus, also ob etwa eine Beziehung der Äquivalenz, der Kausalität oder der Gegensätzlichkeit zwischen den jeweiligen Begriffen hergestellt wird, die eine diskursive Formation prägen. Darüber hinaus stoßen quantifizierende Verfahren der Diskursanalyse auch dort an ihre Grenzen, wo es um latentes Wissen geht, das durch bestimmte Aussagen vorausgesetzt wird (DZUDZEK et al. 2009: 253 f.). Für die Beantwortung der Fragestellungen dieser Arbeit sind jedoch gerade die *Sinnbezüge* von Interesse, die zwischen der Ansiedlung eines innerstädtischen Einkaufszentrums auf der einen Seite sowie zwischen der Entwicklung innerstädtischer Räume und ihrer politisch-planerischen Steuerung auf der anderen Seite hergestellt werden. Aus diesem Grund scheint ein vorwiegend quantitativer Zugang vor dem Hintergrund der skizzierten Fragestellungen hier wenig angemessen. Stattdessen ist auf qualitative Analyseverfahren zurückzugreifen. Was das konkret für das Untersuchungsdesign dieser Arbcit bcdeutet, soll nachfolgend nun näher erläutert werden. Hierbei wird insbesondere auf drei Aspekte näher eingegangen, nämlich die Auswahl der Fallstudie, die Vorgehensweise bei der Datenerhebung sowie die analytischen Verfahrensschritte der eigentlichen Textbearbeitung.

4.2 Auswahl der Fallstudie

Im Zentrum dieser Arbeit soll die Analyse der wechselseitigen Verschränkungen zwischen der Frage der ‚(Innenstadt)Verträglichkeit' innerstädtischer Einkaufszentren auf der einen, sowie Fragen der Entwicklung konkreter innerstädtischer Räume und ihrer politisch-planerischen Steuerung auf der anderen Seite stehen. Aus diesem Grund fiel bereits früh im Forschungsprozess die Entscheidung, nicht den *wissenschaftlichen* Diskurs zur Verträglichkeitsfrage zum alleinigen Ausgangspunkt der Analyse zu machen, sondern stattdessen anhand einer konkreten Einzelfallstudie näher zu untersuchen, wie die Verträglichkeitsfrage lokal verhandelt wird. Insbesondere sollte untersucht werden, welche Wissensbestände hierbei aufgerufen bzw. produziert werden, welche Wissensordnung über konkrete innerstädtische Räume hierdurch hervorgebracht wird und welcher Rahmen für die Steuerung der Innenstadtentwicklung hierdurch abgesteckt wird. Somit stellte sich zunächst die Frage nach einem geeigneten Fallbeispiel und den heranzuziehenden Auswahlkriterien. Hierzu erfolgten bereits im Sommer 2014 erste Voruntersuchungen hinsichtlich möglicher geeigneter Standorte für eine solche Fallstudie. Hierbei wurden ausschließlich solche innerstädtischen Einkaufszentren in Betracht gezogen, die ab dem Jahr 2010 oder später eröffnet wurden bzw. in diesem Zeitraum in Planung waren. Hintergrund dieser Überlegung war, das bei aktuelleren Projekten leichter eine Exploration des Forschungsfeldes über die Analyse von Dokumenten hinaus hergestellt werden kann (z.B. durch Experteninterviews mit beteiligten Schlüsselakteuren und Teilnahme an Veranstaltungen, vgl. Kap. 4.3).[48] Aus den gleichen Gründen wurden dabei bevorzugt Standorte in den Regionen Rhein-Main und Rhein-Neckar berücksichtigt. Hier gab es im betreffenden Zeitraum eine Reihe von Shopping-Center-Eröffnungen bzw. entsprechende Planungen, die sich in unterschiedlichem Maße als Fallbeispiel für die vorliegende Untersuchung eigneten. Für die engere Auswahl wurden insbesondere vier Standorte näher betrachtet (vgl. Tabelle 6).

Tabelle 6: Auswahl eröffneter und geplanter innerstädtischer Einkaufszentren in den Regionen Rhein-Main und Rhein-Neckar im relevanten Betrachtungszeitraum 2010-2014

Projekt	Stadt	(geplante) Verkaufsfläche in m²	Planungsstand zu Beginn des Forschungsprozesses
Skyline Plaza	Frankfurt am Main	ca. 20.000	Eröffnet (29.08.2013)
Rhein-Galerie	Ludwigshafen	ca. 30.000	Eröffnet (29.09.2010)
Opel-Forum	Rüsselsheim	ca. 21.000	In Planung, verzögert
Einkaufszentrum Ludwigsstraße	Mainz	ca. 28.000	In Planung, verzögert

Quelle: Eigene Darstellung.

Das Projekt „Opel Forum“ in Rüsselsheim verharrte zu Beginn des Forschungsprozesses bereits seit mehreren Jahren in der Konzeptionsphase, bis das Projekt nach einstimmigem Beschluss des Stadtparlaments im September 2014 schließlich offiziell eingestellt wurde (Frankfurter Rundschau 2014). Das Skyline Plaza in der Nähe des Frankfurter Messegeländes befindet sich in einer von der City bereits deutlich abgesetzten Lage und ist im Kontext der Entwicklung des Europaviertels zu sehen; insofern stellt es einen Sonderfall dar. Zudem waren bereits vor Eröffnung des Skyline Plaza mehrere große Einkaufszentren in Frankfurt vorhanden (Stadt Frankfurt am Main 2010). Die Ansiedlung der Rhein-Galerie in Ludwigshafen war u.a. insofern als mögliche Fallstudie in Betracht zu ziehen, als die Ludwigshafener Innenstadt mit dem bereits seit 1981 bestehenden Rathaus-Center sowie der 1988 zum Einkaufszentrum umgebauten Walzmühle insgesamt in hohem Maße durch innerstädtische Einkaufszentren geprägt wird (Stadt Ludwigshafen am Rhein 2011). Jedoch lag die Eröffnung der Rhein-Galerie zu Beginn des Forschungsprojektes bereits mehrere Jahre zurück. Demgegenüber schien das von der ECE Projektmanagement GmbH & Co. KG an der Mainzer Ludwigsstraße geplante Einkaufszentrum[49] aus verschiedenen Gründen am besten als Fallstudie geeignet: So stand das Ansiedlungsvorhaben bereits seit mehreren Jahren im Mittelpunkt einer breiten und kontrovers geführten öffentlichen Debatte, die durch die so genannten

[48] TRAUE et al. (2014: 501) empfehlen, eine reine „armchair“-Diskursanalyse vom Schreibtisch aus zu vermeiden. Stattdessen müsse nach Wegen gesucht werden, wie ein gewisses Mindestmaß an Vertrautheit mit dem Feld, in dem ein Diskurs operiert, hergestellt werden kann.

[49] Nachdem in Mainz bereits seit den 1990er Jahren über eine mögliche Shopping-Center-Ansiedlung an der Ludwigsstraße diskutiert wurde, nahmen diese Überlegungen insbesondere zwischen 2011 und 2014 konkretere Formen an. Ausschlaggebend hierfür war der Erwerb des Karstadt-Komplexes an der Ludwigsstraße durch ECE in der Absicht, ein innerstädtisches Einkaufszentrum mit mindestens 30.000 m² Verkaufsfläche zu errichten (vgl. hierzu ausführlich Kap. 5.1).

LudwigsstraßenForen[50] in eine institutionalisierte Form gegossen und umfänglich dokumentiert wurde und in deren Verlauf diverse Fachgutachten durch externe Beratungsunternehmen erstellt wurden (bulwiengesa AG 2011; Junker und Kruse Stadtforschung Planung 2012a; bulwiengesa AG 2014). Aus diesem Prozess sind umfangreiche Leitlinien und Empfehlungen zur Sicherstellung einer ‚(innenstadt)verträglichen' Shopping-Center-Entwicklung hervorgegangen (Landeshauptstadt Mainz 2012a), die im weiteren Verlauf der Verhandlungen mit dem Investor in Teilen modifiziert wurden (1722/2013). In der Folge liegt hierzu umfangreiches empirisches Material vor, dass einer diskursanalytischen Untersuchung zugänglich gemacht werden kann. Überdies sind auch die Protokolle der Verhandlungsrunden zwischen Stadt und Investor öffentlich zugänglich (Bürgerinitiative Mainzer Ludwigsstraße e.V. 2014a), sodass insgesamt ein detaillierter Nachvollzug des Planungs- und Diskussionsprozesses möglich wird. Zugleich bot sich die Möglichkeit, den weiteren Verlauf des Ansiedlungskonflikts im Rahmen des Forschungsprojekts mit zu verfolgen. Die Zugänglichkeit des (diskursiven) Feldes sowie Umfang, Tiefe und Intensität der Auseinandersetzung mit dem geplanten Einkaufszentrum und dessen Auswirkungen auf die Innenstadt gaben somit den Ausschlag für die Auswahl des Mainzer Fallbeispiels.

4.3 Vorgehensweise bei der Datenerhebung

Der Prozess der Datenerhebung gestaltet sich im Rahmen diskursanalytischer Untersuchungen als Zusammenstellung eines Textkorpus, der auf unterschiedliche Weise abgegrenzt werden kann – z.B. ausgehend von bestimmten institutionalisierten Wissensbeständen und Wissenschaftsdisziplinen, Akteuren und Institutionen, Verbreitungsmedien, Themen usw. Der Auswahl der Texte für den Korpus kommt somit eine zentrale Rolle im Untersuchungsprozess zu; sie sollte daher theoriegeleitet vor dem Hintergrund der spezifischen Fragestellung erfolgen (DIAZ-BONE 1999: 131). Für die vorliegende Untersuchung sind dabei insbesondere solche Texte von Interesse, die sich aus unterschiedlichen Perspektiven mit der Frage der ‚(Innenstadt)Verträglichkeit' eines Einkaufszentrums an der Mainzer Ludwigsstraße auseinandersetzen, die das Verhältnis von Shopping-Center, Innenstadtentwicklung und politischer Steuerung problematisieren und die in einem inhaltlichen Zusammenhang stehen mit politisch-planerischen Diskursen zur Entwicklung der Mainzer Innenstadt. Bei der Zusammenstellung solcher Texte für den Korpus ist zu beachten, dass dabei keine Vorselektion innerhalb des Spektrums unterschiedlicher Positionen, Aussagen und Äußerungskontexte vorgenommen wird (KELLER 2011: 91). Vor dem Hintergrund dieser Überlegungen stützt sich der Korpus

[50] Bei den LudwigsstraßenForen handelt es sich um einen umfangreichen Beteiligungsprozess mit insgesamt acht Sitzungen im Zeitraum von Juni 2011 bis November 2013, in deren Rahmen umfangreiche Leitlinien für eine ‚(innenstadt)verträgliche' Shopping-Center-Entwicklung an der Ludwigsstraße erarbeitet wurden (vgl. hierzu ausführlich Kap. 5.1).

für die vorliegende Fallstudie insbesondere auf folgende Daten, die das Grundgerüst der empirischen Analyse bilden:[51]

- Dokumentation des Beteiligungsprozesses im Rahmen acht so genannter ‚LudwigsstraßenForen' (Protokolle, Präsentationen und Abschlussbericht inkl. 786 eingereichter Stellungnahmen und Anregungen beteiligter Akteure)
- 89 hieraus hervorgegangene Leitlinien und Empfehlungen in verschiedenen Fassungen (Entwurfsfassung, Beschlussfassung, Fortschreibungen im Laufe des Verhandlungsprozesses)
- Anträge und Anfragen, Beschlussvorlagen und Sitzungsprotokolle der städtischen Gremien (Stadtrat, Fachausschüsse, Ortsbeirat) einschließlich Anlagen (insgesamt 130 Dokumente)
- Drei Einzelhandels- bzw. Verträglichkeitsgutachten zum geplanten innerstädtischen Einkaufszentrum (bulwiengesa AG 2011; Junker und Kruse Stadtforschung Planung 2012a; bulwiengesa AG 2014), die im Rahmen des Beteiligungsprozesses veröffentlicht worden sind
- Verhandlungsakte (1.215 S.) einschließlich Schriftverkehr und Protokollen zu den Verhandlungsrunden sowie unmittelbar hierauf bezogene Stellungnahmen diverser Akteure
- 31 Pressemeldungen der Stadt Mainz zur Erneuerung der Ludwigsstraße
- Informationsmaterialien der Bürgerinitiative Mainzer Ludwigsstraße e.V. mit Stellungnahmen zum Planungsstand

Zusätzlich wurden relevante Konzepte für die Steuerung der Einzelhandels- und Innenstadtentwicklung (Zentrenkonzept, Integriertes Entwicklungskonzept Innenstadt, Einzelhandelsmonitoring der Wirtschaftsförderung etc.) sowie mehr als 350 relevante Presseartikel gesichtet, die im Zeitraum 2011 bis 2018 in den lokalen Tageszeitungen erschienen waren. Für die Bearbeitung der im vorherigen Kapitel skizzierten Fragestellungen liegt damit eine hinreichend breite empirische Basis vor. Diese wurde – wie im nachfolgenden Abschnitt näher erläutert – durch leitfadengestützte Experteninterviews weiter angereichert.

Ergänzende leitfadengestützte Experteninterviews

Qualitative Interviews werden in sehr unterschiedlichen Forschungskontexten eingesetzt – etwa im Rahmen quantitativer Forschungsprojekte zur Vorbereitung standardisierter Erhebungen bzw. zur Entwicklung hierfür geeigneter Instrumente, einen zentralen Stellenwert nehmen sie jedoch insbesondere im Rahmen interpretativer Ansätze ein (HOPF 2003: 349 f.). Auch die empirische Grundlage diskursanalytischer Arbeiten kann durch qualitative Interviews sinnvoll angereichert werden – dabei geht es jedoch weniger um eine hermeneutische / handlungstheoretische Rekonstruktion subjektiver Ratio-

[51] Den Grundzügen nach wurde der Korpus bereits zu Beginn der Untersuchung festgelegt, wobei die Korpusbildung damit nicht abgeschlossen war. Vielmehr können im Verlauf einer Diskursanalyse auch Anpassungen erforderlich werden, etwa um Bezügen zu anderen Texten und Wissensbeständen nachgehen zu können TRAUE ET AL. (2014: 501), oder – wie im vorliegenden Fall – z.B. Pressemeldungen zum aktuellen Planungsstand berücksichtigen zu können.

nalisierungen, wie sie Individuen quasi „aus sich selbst heraus" (FÜLLER & MARQUARDT 2009: 99) vornehmen, sondern eher um das Erkennen wiederkehrender Muster, die auf übergeordnete Rationalitätsstrukturen verweisen. Darüber hinaus können sie dazu beitragen, unzulässige Generalisierungen auf der Grundlage einer rein dokumentenbasierten Analyse zu vermeiden, eine größere Vertrautheit des Forschenden mit dem Feld herzustellen (ebd.), und einen Zugang für die Rekonstruktion vergangener Prozesse bilden (BOGNER et al. 2014: 22).

Vor dem Hintergrund dieser Überlegungen wurden für diese Arbeit leitfadengestützte Interviews mit insgesamt zwölf Expert*innen geführt.[52] Hierbei handelt es sich um Vertreter*innen in überwiegend leitender Funktion der Stadtverwaltung, der städtischen Politik, der Interessenvertretungen des Einzelhandels, der Architektenkammer, der Bürgerinitiative Mainzer Ludwigsstraße e.V. sowie externer Gutachterbüros, die in unterschiedlicher Weise unmittelbar in die Diskussionen um die ‚(Innenstadt)Verträglichkeit' des geplanten Einkaufszentrums an der Mainzer Ludwigsstraße involviert waren (vgl. übersichtshalber Tabelle 7). Die Gesprächspartner*innen wurden so ausgewählt, dass ein möglichst breites Spektrum unterschiedlicher Positionen und institutioneller Kontexte abgedeckt werden kann. In der Regel wurden die Gespräche als Einzelinterview geführt. In zwei Fällen wurde dem Wunsch entsprochen, eine zweite Person zu einem gemeinsamen Termin hinzuziehen. Nachdem bereits im Oktober 2015 und Januar 2016 zwei vorwiegend explorative Interviews geführt wurden,[53] fand im Zeitraum von Juli bis August 2017 die Hauptinterviewphase in Mainz statt. Im Mai 2018 schließlich wurden im Anschluss an die Aufbereitung des Forschungsstandes zu gutachterlichen Methoden der Verträglichkeitsprüfung ergänzend noch Interviews mit externen Beratungsunternehmen geführt.

[52] Generell stellt sich beim Rückgriff auf Experteninterviews die Frage, an welche Kriterien der Expertenstatus geknüpft wird. MEUSER und NAGEL (1991) kennzeichnen den Expertenstatus als eine Zuschreibung durch den Forschenden. Das Experteninterview soll einen Zugang zu Wissensbeständen ermöglichen, über den die Befragten „als FunktionsträgerInnen innerhalb eines organisatorischen Kontextes" (ebd.: 444) verfügen. Experten tragen demnach Verantwortung für die Konzipierung, Implementierung und Kontrolle einer spezifischen Problemlösung und verfügen über einen privilegierten Zugang zu Informationen über bestimmte Entscheidungsprozesse oder Personengruppen (ebd.: 443). Darüber hinaus ist die methodologische Auseinandersetzung mit dem Experteninterview in starkem Maße wissenssoziologisch geprägt. Nach BOGNER et al. (2014) umfasst das Expertenwissen verschiedene Wissensformen: technisches Faktenwissen, Prozesswissen über bestimmte Vorgänge und Abläufe, und Deutungswissen, wobei im Rahmen qualitativer Sozialforschung dem letzteren ein besonderer Stellenwert. Entsprechend dem diskursanalytischen Ansatz dieser Arbeit soll unter dem Aspekt des Deutungswissens hier etwas verstanden werden, das nicht nur in subjektiven Handlungsorientierungen und Einstellungen verwurzelt ist. sondern immer auch eingelassen ist in überindividuelle, gesellschaftliche Strukturen diskursiver Bedeutungsproduktion.

[53] KELLER (2011: 86) argumentiert, dass sondierende Experteninterviews im frühen Stadium des Forschungsprozesses die Exploration erleichtern und einen schnelleren Zugang zu den wesentlichen diskursiven Positionen und Prozessen ermöglichen können.

Tabelle 7: Übersicht der geführten Experteninterviews in chronologischer Reihenfolge

Kürzel	Institutioneller Kontext	Zeit	Ort	Dauer / Aufz.-Dauer (min)[54]	Transkription
BI 1	Bürgerinitiative	Okt. 15	Privatwohnung BI 1		ja
EH 1	Einzelhandel / Interessenvertretung	Jan. 16	Ladenlokal EH 1	60 / -	nein
SP 1	Städtische Politik (Dezernat III)	Jul. 17	Büro SP 1	60 / 39	ja
SV 1	Städtische Verwaltung				
BI 2	Bürgerinitiative	Jul. 17	Privatwohnung BI 2	90 / 82	ja
SV 2	Städtische Verwaltung	Aug. 17	Büro SV 2	60 / 54	ja
SV 3	Städtische Verwaltung				
EH 2	Einzelhandel / Interessenvertretung	Aug. 17	Büro EH 2	62 / 53	
OBR 1	Ortsbeirat Mainz-Altstadt	Aug. 17	Privatwohnung OBR 1	255 / 160	ja
AR 1	Interessenvertretung Architekt*innen	Aug. 17	Büro AR 1	60 / 47	ja
GU 1	Gutachterbüro	Mai 18	Büro GU 1	120 / 65	ja
GU 2	Gutachterbüro	Mai 18	Büro GU 2	90 / 52	ja

Quelle: Eigene Darstellung.

Der erstellte Interviewleitfaden (siehe Anhang A1-2) dient einerseits der Strukturierung des Gesprächsverlaufs und stellt sicher, dass wesentliche Aspekte in allen Interviews bearbeitet werden. Andererseits muss seine Handhabung aber auch eine hinreichende Offenheit ermöglichen. Dabei sind auch solche Aspekte aktiv aufzugreifen, die nicht im vorab definierten Leitfaden vorgesehen sind, von den Interviewpartner*innen aber als relevante Aspekte vorgebracht werden – der Leitfaden soll eine grundlegende Orientierung ermöglichen und nicht als bürokratisches Disziplinierungsinstrument verstanden werden (HOPF 1978). Anstatt den Interviewten eine Positionierung zu vorgefertigten Ansichten und gedanklichen Kategorien des Forschenden abzuverlangen, sollen Gesprächssituationen geschaffen werden, in denen die befragten Expert*innen selbst ihre eigenen Relevanzsetzungen und Deutungsmuster zur Geltung bringen können (KAUFMANN 1999: 76; HELFFERICH 2011: 114; KRUSE 2014: 212; BOGNER et al. 2014: 32). Der für diese Arbeit entwickelte Leitfaden ist dem strukturellen Aufbau nach an die

[54] Angegeben sind die Gesamttermindauer sowie die Dauer der Interviewaufzeichnung. Abweichungen zwischen beiden Zeitangaben kommen u.a. durch Wartezeiten, Unterbrechungen, Pausen, Vor- und Nachgespräche ohne direkten Bezug zum Forschungsprojekt oder sequenziellem Ausschalten des Aufzeichnungsgeräts auf Wunsch der Interviewpartner*innen zustande.

Empfehlungen bei KRUSE (2014: 213) angelehnt. Dabei wird der Hinweis von HELFFERICH (2011: 180 f.) berücksichtigt, den Leitfaden nicht zu überfrachten und maximal vier thematische Blöcke zu setzen, die jeweils mit einem erzählungsgenerierenden Frageimpuls einzuleiten sind und dann über immanente Nachfragen sowie Aufrechterhaltungs- und Steuerungs- sowie einzelne Detailfragen vertieft werden können. Inhaltlich sind die Themenblöcke so konzipiert, dass sie nicht die Forschungsfragen eins zu eins an die Interviewten weiterreichen, sondern möglichst Erzählungen über den Planungsprozess generieren sollen, die dann für die Bearbeitung der Forschungsfragen herangezogen werden können (vgl. GLÄSER & LAUDEL 2009: 113). Um eine möglichst chronologische Erzählung anzuregen, fragt der erste Narrationsimpuls danach, wie die befragte Person in ihrer spezifischen Rolle (z.B. als Mitarbeiter*in der Stadtverwaltung oder als Mitglied eines städtischen Gremiums) zum ersten Mal mit Überlegungen für ein Einkaufszentrum an der Mainzer Ludwigsstraße in Berührung gekommen ist und wie es danach weitergegangen ist. Im zweiten Block steht das persönliche Erleben der öffentlichen Debatte um das geplante Einkaufszentrum und der verschiedenen Stationen des Beteiligungsprozesses im Vordergrund, wobei auch eine Einordnung der vorliegenden Gutachten erbeten wird. Im dritten Block geht es darum, welche Aspekte des geplanten Einkaufszentrums und des Ansiedlungsprozesses die Befragten als besonders strittig oder problematisch erlebt haben. Der vierte Block schließlich richtet den Blick auf Perspektiven, die die Befragten am Ende dieses Prozesses nun für die Mainzer Innenstadt sehen. Insbesondere bei den Interviews mit den gutachterlichen Beratungsunternehmen wurde der Leitfaden geringfügig angepasst, wobei die Befragten u.a. darum gebeten wurden, ihre methodischen Vorgehensweisen zu beschreiben (vgl. Anhang A-2). Unmittelbar im Nachgang der Interviews wurde jeweils ein kurzes Protokoll mit den formalen Angaben zum Interviewtermin, subjektiven Eindrücken zur Interviewsituation sowie Notizen zu nicht aufgezeichneten Aussagen und Informationen der Interviewpartner*innen erstellt (vgl. HELFFERICH 2011: 193). Die aufgezeichneten Interviews wurden vollumfänglich transkribiert, eine Übersicht der hierbei verwendeten Transkriptionsregeln ist im Anhang (A-3) beigefügt. Die Transkripte wurden schließlich zusammen mit den erstellten Protokollen in den Korpus für die Diskursanalyse mit aufgenommen.

Zusätzlich zu den Interviews wurden auch einzelne Fachveranstaltungen besucht, die einen weiteren Zugang zum Forschungsfeld sowie zu relevanten Akteuren für die Interviewphase herstellten. Hierbei handelt es sich u.a. um öffentliche Sitzungen städtischer Gremien sowie Informationsveranstaltungen der Bürgerinitiative Mainzer Ludwigsstraße (siehe Tabelle 8). Durch den Besuch der Veranstaltungen konnte die Diskussion über die Entwicklung an der Mainzer Ludwigsstraße auch nach Abschluss des Bürgerbeteiligungsverfahrens weiterverfolgt werden. Eigene Mitschriften und Protokolle der Veranstaltungen wurden ebenfalls in den Korpus mit aufgenommen.

Tabelle 8: Übersicht besuchter Veranstaltungen

Veranstalter	Veranstaltung	Datum
Bürgerinitiative Mainzer Ludwigsstraße e.V.	Öffentliche Sitzung der Bürgerinitiative Mainzer Ludwigsstraße e.V. Diskussion zu aktuellen Entwicklungen an der Ludwigsstraße	15.12.2015
TU Kaiserslautern; Stadtimpuls - Integrierte Kommunal- und Projektentwicklung; Entwicklungsagentur Rheinland-Pfalz e.V.	Dialog Innenstadt Rheinland-Pfalz – 3. Forum Innenstadt „Handelsstandort Innenstadt – Trends und Herausforderungen" mit anschließender Exkursion durch die Mainzer Innenstadt	13.06.2016
Landeshauptstadt Mainz	Gemeinsame Sitzung des Haupt- und Personalausschusses, des Bau- und Sanierungsausschusses, des Wirtschaftsausschusses und des Ortsbeirates Mainz-Altstadt zur Entwicklung des Einkaufsstandortes Ludwigsstraße	14.09.2017
Bürgerinitiative Mainzer Ludwigsstraße e.V.	Informationsveranstaltung mit dem Titel „Was wollen die Investoren - was will die Stadt? Wo stehen die Planungen an der Ludwigsstraße?"	21.11.2017
Bürgerinitiative Mainzer Ludwigsstraße e.V.	Öffentliche Sitzung der Bürgerinitiative Mainzer Ludwigsstraße e.V. Diskussion und Beschlussfassung eines Grundsatztextes zu den öffentlichen Flächen an der Ludwigsstraße	16.05.2018

Quelle: Eigene Darstellung.

4.4 Vorgehensweise der analytischen Textbearbeitung

Wenngleich im Rahmen der sozialwissenschaftlichen und humangeographischen Rezeption des FOUCAULTschen Diskurskonzeptes umfangreiche konzeptionelle Überlegungen angestellt wurden, so finden sich nur wenige konkrete Hinweise zu konkreten Schritten der analytischen Textbearbeitung. Dies gilt insbesondere für die Rezeption des Diskurskonzeptes im Rahmen der qualitativen, nicht primär auf quantifizierende Aussagen abzielenden Sozialforschung (KELLER 2011: 53). Hierfür existiert kein einheitliches, formalisiertes Ablaufschema.[55] Die einzelnen Schritte der Textbearbeitung müs-

[55] Was jedoch auch nicht vorrangiges Interesse einer qualitativen Sozialforschung sein kann, die nicht nach nomothetischen, universellen Kausalbeziehungen sucht, sondern ihren Fokus auf die Mechanismen der Hervorbringung spezifischer Sinnstrukturen, Bedeutungszusammenhänge oder Wissensordnungen richtet. Im Gegensatz zu quantitativen Ansätzen, bei denen *der Forschende selbst* Annahmen über Zusammenhänge zwischen den verschiedenen Elementen eines Feldes formuliert, in statistische Hypothesen übersetzt und mit Hilfe standardisierter Verfahren testet, geht es vielmehr darum, wie *innerhalb des zu untersuchenden Feldes* verschiedene Elemente zueinander in Beziehung gesetzt werden, welche spezifische Bedeutungsstruktur hierdurch entsteht und wie damit das zu untersuchende Feld als solches überhaupt erst in seiner spezifischen Gestalt hervorgebracht bzw. konstituiert wird. Während in quantitativen Forschungsdesigns die relevanten Analysevariablen vorab durch den Forschenden definiert werden, entwickelt die qualitative Methodologie ihre analytischen Kategorien in stärkerem Maße induktiv aus der Bearbeitung des empirischen Materials heraus. An die Stelle des linearen, geschlossenen Forschungsprozesses tritt das me-

sen gegenstandsorientiert und im Hinblick auf die jeweilige Fragestellung konzipiert werden (TRAUE et al. 2014: 502). Zwar steht die Analyse von Texten im Zentrum der Diskursanalyse, gleichwohl stützt sie sich jenseits der Diskurslinguistik im Kontext sozialwissenschaftlicher Fragestellungen in der Regel nicht auf sprachwissenschaftliche Zugänge im engeren Sinne:

> *„Fragen der Grammatik, der Syntax, des Einsatzes spezifischer rhetorischer Mittel (...) mögen im Einzelfall von Interesse sein, um bspw. die öffentliche Resonanz eines Diskurses mit zu erklären. Solange aber nicht die Vermutung einer diskursspezifischen Verbindung von Grammatik, rhetorischen Elementen, Inhalten und Sprecherpositionen verfolgt wird, kann für sozialwissenschaftliche Forschungszwecke auf ein solches Analyseinstrumentarium weitestgehend verzichtet werden"* (KELLER 2011: 70).

Stattdessen liegt eine stärkere Ausrichtung an Methoden der qualitativen Sozialforschung nahe, wobei jedoch auch wesentliche Unterschiede zu beachten sind: So zielt FOUCAULTS Diskursbegriff insbesondere auf die Streuung von Aussagen, nicht auf die Geschlossenheit von Texten (JÄGER 2012: 23 f.). Ein zentraler Unterschied zu vielen Ansätzen der qualitativen Soziallforschung besteht somit darin, dass einzelne Texte oder Interviews nicht als in sich geschlossene Fälle mit einer konsistenten Sinnstruktur betrachtet werden, sondern als Diskursfragmente, d.h. als Teil einer übergeordneten, textübergreifenden Verweisstruktur (KELLER 2011: 78). Die Beschreibung einer diskursiven Formation setzt also eine methodische Herangehensweise voraus, die nicht den einzelnen Text zum Ausgangspunkt der Untersuchung macht, sondern die Texteinheit aufbricht in einzelne Analysesegmente bzw. Fragmente, die aus ihrer Sequenzialität herausgelöst und dann neu arrangiert werden, um wiederkehrende Diskursstränge sichtbar zu machen:

> *„Diskursstränge sind thematisch einheitliche Diskursverläufe, die aus einer Vielzahl von Elementen, sogenannten Diskursfragmenten, zusammengesetzt sind. Diskursfragmente sind am ehesten mit Foucaults Aussagen in der ‚Archäologie des Wissens' zu vergleichen"* (JÄGER 1999: 136).

Wenn DREYFUS und RABINOW (1987) die Diskursanalyse als eine interpretative Analytik charakterisieren, so liegt ihr interpretativer Gehalt im Unterschied zur Hermeneutik nicht in der Auseinandersetzung mit dem verborgenen Sinngehalt einer Texteinheit begründet, sondern „in der vergleichenden Anordnung des Materials und der Zuordnung seiner Elemente zu Aussagenformationen, die sich empirisch bewähren" (TRAUE et al. 2014: 502).

Für diesen Prozess des Zerlegens und Neuordnens können kodierende Verfahren ein geeignetes methodisches Werkzeug bereitstellen. Kodiertechniken wurden insbesondere innerhalb des interpretativen Paradigmas entwickelt, etwa im Rahmen der qualitativen Inhaltsanalyse (MAYRING 2015) oder der *grounded theory* (STRAUSS & CORBIN

---

thodologische Prinzip der Offenheit (vgl. LAMNEK 1992: 218 f.). Offenheit, Reflexivität und intersubjektive Nachvollziehbarkeit bilden die zentralen Gütekriterien qualitativer Forschung (HELFFERICH 2011: 156).

1996), weshalb bestimmte Anpassungen an den konzeptionellen Rahmen der Diskursanalyse erforderlich sind:[56]

> *„Innerhalb dieser interpretativ-hermeneutisch orientierten Ansätze dient das Kodieren dazu, Textstellen zu klassifizieren und zu bündeln. Die dabei entwickelten Codes werden als Indikatoren für einen bestimmten Inhalt, einen bestimmten Sinn interpretiert. In diskurstheoretisch orientierten Forschungsprojekten dient das Kodieren von Elementen und deren Verknüpfungen dazu, Regelmäßigkeiten herauszuarbeiten und von diesen Regelmäßigkeiten auf die Regeln der diskursiven Bedeutungskonstitution zu schließen"* (GLASZE et al. 2009: 294).

Dabei geht es insbesondere darum, herauszuarbeiten, wie die einzelnen Elemente eines Diskurses zueinander in Beziehung gesetzt werden, indem z.B. Beziehungen der Äquivalenz, Opposition, Kausalität oder Temporalität zwischen verschiedenen Diskurselementen (z.B. bestimmten Begriffen) hergestellt werden (ebd.: 295):[57]

> *„Insofern kann man Diskurse als soziale Tatbestände mit eigener Wirklichkeit ansehen. Ihre besondere Wirklichkeit zeigt sich nicht einfach in dem Gesprochenen (oder Geschriebenen) selbst, sondern besteht in der (immateriellen) Systematizität des (materiell) Gesprochenen (oder Geschriebenen) und sie muss sich analytisch in der Rekonstruierbarkeit der Struktur ausweisen"* (DIAZ-BONE 1999: 121).

Mit dieser Ausrichtung geht zugleich auch eine Abkehr von rein akteurszentrierten Perspektiven einher, da aus diskurstheoretischer Sicht das Handeln von Akteuren nicht losgelöst von dem diskursiven Feld verstanden werden kann, in dem sie sich bewegen und zudem auch erst in diesem diskursiven Feld verhandelt wird, wer für ein bestimmtes Feld überhaupt ein relevanter Akteur ist und wer nicht (vgl. GOTTWEIS 2004: 256). Bei der Diskursanalyse geht es nicht in erster Linie darum, nachzuzeichnen, wie sich verschiedene Akteure innerhalb eines diskursiven Feldes strategisch verhalten, sondern um das rekonstruierende Verstehen einer den beteiligten Individuen letztlich nicht unmittelbar einsichtigen Regelmäßigkeit der diskursiven Praxis (DIAZ-BONE 1999: 126 f.).

Grundlage des Kodierens bildet dabei zunächst ein Suchraster, das theoriegeleitet entwickelt werden muss und den Ausgangspunkt der Analyse bildet (KUCKARTZ 2014: 69). Die zentralen analytischen Dimensionen hierfür, nämlich Problematisierungsweisen, Steuerungsmodi und (kalkulative) Techniken der Wissensproduktion, wurden bereits im vorherigen Kapitel erarbeitet und sind in der nachfolgenden Übersicht (Tab. 9) nochmals schematisch dargestellt.[58]

---

[56] Die Diskursanalyse geht u.a. insofern über eine reine Inhaltsanalyse hinaus, als sie zugleich eine Denaturalisierung der untersuchten Wissensbestände und der damit verbundenen Machtwirkungen vornimmt (TRAUE et al. 2014: 504). Zum wissenschaftshistorischen Kontext der qualitativen Inhaltsanalyse siehe KUCKARTZ 2014: 27-38.

[57] GLASZE et al. (ebd.) verstehen unter einem „Element" eine diskursive Basiseinheit, die lexikalisch (als Wörter bzw. Wortfolgen) oder als semantisches Konzept gefasst werden kann.

[58] Zusätzlich wurden auch Textstellen kodiert, die Informationen zum Projektverlauf, dem Beteiligungsprozess und den involvierten Akteuren beinhalten. Dieser Arbeitsschritt hatte jedoch in erster Linie eine dokumentarische und keine analytische Funktion im engeren Sinne.

Tabelle 9: Übersicht der analytischen Hauptkategorien

Analytische Kategorie	Fragestellungen	Anzahl Codings[59]
Problematisierungsweisen	Wie wird die Ansiedlung des geplanten Einkaufszentrums in einen stadtentwicklungspolitischen Zusammenhang eingeordnet bzw. inwiefern wird sie überhaupt als problembehaftet angesprochen? Welche Konzeptionen von ‚(Innenstadt)Verträglichkeit' gehen hiermit einher?	1.639
Steuerungsmodi	Welchen Rationalitäten folgen steuernde Eingriffe zur Sicherstellung einer ‚verträglichen' Ansiedlung und welches Selbstverständnis städtischen Regierens ist damit verbunden? Wie greifen diese Rationalitätsformen ineinander bzw. inwieweit sind diese miteinander kompatibel und wo verlaufen Bruchlinien? Welche Wissensordnung über den innerstädtischen Raum wird dabei jeweils vorausgesetzt?	3.695
(Kalkulative) Techniken der Wissensproduktion	Welche Rolle spielen verschiedene Techniken der Wissensproduktion, insbesondere die kalkulativen Verfahren der Verträglichkeitsprüfung, für die Konstituierung dieser Problematisierungsweisen und Steuerungslogiken? An welchen Kriterien und Indikatoren wird ‚Verträglichkeit' festgemacht und welche normativen Implikationen für die Ziele der Stadtentwicklungspolitik sind hierin eingeschrieben? Wie wird der innerstädtische Raum hierdurch ‚lesbar' gemacht?	685

Quelle: Eigene Darstellung.

Die einzelnen Arbeitsschritte zur Befüllung und Ausdifferenzierung dieses Suchrasters sind eng angelehnt an die Verfahrensschritte einer inhaltlich strukturierenden, qualitativen Inhaltsanalyse, wie sie bei KUCKARTZ (2014: 79-98) ausführlich beschrieben sind. Technisch gestaltet sich der Kodiervorgang dabei zunächst als Zuordnen und Sammeln relevanter Textstellen (Kodiereinheiten / Codings)[60] zu den drei zentralen Untersuchungskategorien (Codes). Hierfür wurde auf die Software MAXQDA zurückgegriffen. Ein wesentlicher Vorteil der softwaregestützten qualitativen Datenanalyse besteht darin, dass das Material sowohl in der ursprünglichen Sequenzialität angezeigt werden kann, als auch aufgebrochen in analytische Kategorien, die quer zum einzelnen Text verlaufen (BOGNER et al. 2014: 83). Im zweiten Schritt wurde das Spektrum der unterschiedlichen Ausprägungen herausgearbeitet, die innerhalb einer Kategorie vorkommen. Hierfür wurden induktive Subkategorien nach den Prinzipien der maximalen und der minimalen Kontrastierung gebildet:

> *„Die Orientierung an der maximalen Kontrastierung ermöglicht es, nach und nach das Gesamtspektrum des oder der Diskurse innerhalb eines Korpus zu erfassen und dadurch mehrere Diskurse zu einem Thema oder innerhalb eines Diskurses seine heterogenen Bestandteile herauszuarbeiten. Die minimale Kontrastierung richtet sich darauf, den jeweils erfassten Teilbereich möglichst genau*

[59] Enthält Mehrfachzuordnungen.

[60] Erfasst wurden dabei Sinneinheiten, die von einzelnen (Teil-)Sätzen bis zu längeren Textabschnitten reichen können. Entscheidend war dabei nicht der Textumfang, sondern die in der jeweiligen Sinneinheit zur Geltung kommende Aussage.

und vollständig zu rekonstruieren, bis seine Analyse schließlich als ‚gesättigt' erscheint" (KELLER 2011: 92).

Codings, die sich durch ähnliche Sinnbezüge und Argumentationsmuster bzw. ‚Aussagen' im Sinne Foucaults (z.B. eine ähnliche Art der Problematisierung des geplanten Einkaufszentrums) auszeichneten, wurden dabei jeweils in einer gemeinsamen Subkategorie gebündelt und gegeneinander abgegrenzt. Im Rahmen eines iterativen Prozesses wurden auch die hierdurch ermittelten Subkategorien bei Bedarf weiter ausdifferenziert. Im Falle der Untersuchungsdimension „Steuerungsmodi" wurde aufgrund des hohen Abstraktionsgrades der analytischen Kategorie sowie der Fülle des empirischen Materials ein zusätzlicher Zwischenschritt vorgenommen: Hierbei wurde in einem ersten Kodierdurchgang zunächst thematisch erfasst, welche Aspekte als relevante Kriterien für eine ‚(innenstadt)verträgliche' Ansiedlung eines Einkaufszentrums an der Ludwigsstraße verhandelt werden. Anschließend konnten im Rahmen eines zweiten Kodierdurchgangs durch dieses Material verschiedene Steuerungsmodi zur Sicherstellung einer ‚verträglichen' Ansiedlung identifiziert werden, die quer zu den einzelnen verhandelten Themen wie Einzelhandel, Städtebau, Verkehr usw. verlaufen (vgl. hierzu Kap. 5.3). Für die induktiv generierten Kategorien wurden in MAXQDA Codememos erstellt. Diese beinhalten u.a. die Paraphrasierung der durch die jeweilige Kategorie abgebildeten Aussage, die Beschreibung auftretender Variationen und Äußerungskontexte, typische Ankerbeispiele, die als Verdichtung der jeweiligen Kategorie gelesen werden können, sowie Bezüge zu anderen Aussagen innerhalb des untersuchten diskursiven Feldes. Gespiegelt am theoretisch-konzeptionellen Rahmen dieser Arbeit bilden die hierbei gewonnen Ergebnisse die Grundlage für die nachfolgende Ergebnisdarstellung. Da die inhaltliche Ausdifferenzierung des Kategoriensystems bereits wesentlicher Teil der Analyse ist, wird hierauf in den nachfolgenden Kapiteln des analytischen Teils dieser Arbeit an den entsprechenden Stellen näher eingegangen.

5 Analyse des Verträglichkeitsdiskurses am Beispiel der Mainzer Innenstadt

Im bisherigen Verlauf dieser Arbeit wurden zunächst die wesentlichen Rahmenbedingungen skizziert, vor deren Hintergrund sich die Verträglichkeitsfrage im Kontext innerstädtischer Einkaufszentren als Wissensbereich konstituieren konnte (vgl. Kap. 2). In diesem Zusammenhang wurde auf spezifische rechtliche Rahmensetzungen sowie insbesondere auf die kalkulativen Techniken im Rahmen gutachterlicher Begleitforschung und Beratung eingegangen, die wichtige Argumentations- und Entscheidungsgrundlagen für die kommunale Steuerung von Ansiedlungsprozessen und Planungskonflikten bereitstellen sollen. Darüber hinaus wurde argumentiert, dass die bisherige wissenschaftliche Auseinandersetzung mit der Frage der ‚(Innenstadt)Verträglichkeit' innerstädtischer Einkaufszentren überwiegend einer Logik der Versachlichung und Objektivierung folgt. Ziel solcher Arbeiten ist es, durch empirische *ex-post*-Analysen anhand bestimmter Indikatoren möglichst objektive Aussagen zu den Auswirkungen innerstädtischer Einkaufszentren und zu Kriterien für eine ‚(innenstadt)verträgliche' Shopping-Center-Entwicklung zu formulieren. Hiermit einhergehend sind jedoch bislang zwei Aspekte der Verträglichkeitsproblematik tendenziell vernachlässigt worden: Zum einen die Frage, wie der Verträglichkeitsbegriff in der konkreten Praxis lokalpolitischer Auseinandersetzungen um Shopping-Center-Planungen inhaltlich gefüllt wird und welche Effekte für den Verlauf und die politisch-planerische Steuerung von Ansiedlungsprozessen hieraus hervorgehen. Zum anderen die Frage, inwieweit die Sicherstellung von ‚Verträglichkeit' an spezifische normative Wissensordnungen über innerstädtische Räume gebunden ist. An diese Überlegungen anknüpfend ist in Kapitel 3 auf der Grundlage poststrukturalistischer Konzepte von Diskurs und Gouvernementalität eine Perspektive hergeleitet worden, die ‚Verträglichkeit' als Effekt diskursiver und kalkulativer Wissensproduktion konzeptualisiert. Vereinfacht ist hiermit gemeint: Jede Vorstellung von ‚(Innenstadt)Verträglichkeit' setzt zunächst ein spezifisches normatives Wissen voraus, worin überhaupt die Natur und Zweckbestimmung innerstädtischer Räume besteht. Nur auf der Grundlage eines spezifischen Wissens, was innerstädtische Räume ausmacht und wie sie sich entwickeln sollen, lässt sich beurteilen, ob ein Vorhaben hiermit ‚verträglich' ist oder nicht, und woran dies festzumachen ist. Eine diskursanalytische Herangehensweise an die Frage der ‚(Innenstadt)Verträglichkeit' richtet somit den Blick auf die Techniken der Wissensproduktion, die zur Bearbeitung der Verträglichkeitsproblematik mobilisiert werden, und auf die raumbezogenen Wissensordnungen, die sich hierdurch konstituieren und wirkmächtig werden können. Kapitel 4 hat dann den Weg einer qualitativen, kodierenden Diskursanalyse am Beispiel einer Fallstudie zur Mainzer Innenstadt aufgezeigt, um die aufgeworfene konzeptionelle Verschiebung der Verträglichkeitsfrage auch auf Ebene des Forschungsdesigns vollziehen zu können.

Die nun folgende Darstellung der empirischen Befunde ist in vier Unterkapitel gegliedert: Zunächst wird im Rahmen der Vorstellung der Fallstudie näher auf die Chronologie der wichtigsten Stationen des Planungsprozesses und der öffentlichen Debatte um die Ansiedlung eines innerstädtischen Einkaufszentrums an der Mainzer Ludwigsstraße seit den 1990er Jahren eingegangen (Kap. 5.1). Dies soll insbesondere der Kontextualisierung der nachfolgenden Ergebnisdarstellung erleichtern. Kapitel 5.2 betrachtet dann die unterschiedlichen diskursiven Problematisierungsmuster im Zusammenhang mit den Planungen für ein Einkaufszentrum in der Mainzer Innenstadt und leitet zu der Frage über, welches Möglichkeitsfeld für die politische Steuerung der Verträglichkeitsproblematik hierdurch abgesteckt wird. Kapitel 5.3 zeigt, dass aus dieser diskursiven Ordnung heraus drei verschiedene Steuerungslogiken zur Sicherstellung von ‚Verträglichkeit' hervorgehen, die teilweise ineinandergreifen, gleichzeitig aber sehr unterschiedlichen Rationalitätsstrukturen folgen und dadurch auf unterschiedliche Weise in den innerstädtischen Raum intervenieren. Kapitel 5.4 reflektiert abschließend, auf welche Weise Stadt im Verträglichkeitsdiskurs hervorgebracht wird und welche Machtwirkungen hiermit einhergehen.

5.1 Vorstellung der Fallstudie

Zur Einleitung in den empirischen Teil dieser Arbeit soll zunächst der grundlegende Kontext des untersuchten diskursiven Feldes skizziert werden. Dies beinhaltet insbesondere eine Beschreibung der Investitionsvorhaben, aber auch der Ausgangs- und Rahmenbedingungen und der einzelnen Etappen des Planungsprozesses und der öffentlichen Debatte um ein mögliches Einkaufszentrum an der Mainzer Ludwigsstraße. Dies soll die Einordnung der im Anschluss vorgestellten Ergebnisse sowie der als Belegzitate herangezogenen Diskursfragmente erleichtern. Demnach bemessen sich Umfang und Detaillierungsgrad der nachfolgenden Ausführungen an dem Ziel, die Fallstudie möglichst ‚greifbar' zu machen und für das weitere Verständnis hilfreiche Hintergrundinformationen in verdichteter Form aufzubereiten. Hierbei orientiert sich die Darstellung an der Chronologie der Ereignisse, die vereinfachend in drei Phasen untergliedert werden kann (siehe Kap. 5.1.1-3): Erste Vorüberlegungen hinsichtlich der Ansiedlung eines innerstädtischen Einkaufszentrums an der Mainzer Ludwigsstraße setzten bereits ab den 1990er Jahren ein. Insbesondere in den Jahren von 2011 bis 2014 nahmen diese dann in Folge des Erwerbs des Karstadt-Komplexes an der südlichen Ludwigsstraße durch die ECE Projektmanagement GmbH & Co. KG konkretere Formen an und mündeten in einen intensiven Beteiligungs- und Verhandlungsprozess in dessen Mittelpunkt die Frage stand, wie die Entwicklung eines Einkaufszentrums an der Ludwigsstraße möglichst ‚stadtverträglich' gestaltet werden kann. Die Umsetzung der in dieser Phase erarbeiten Pläne scheiterte jedoch u.a. an der Verfügbarkeit benötigter Grundstücke (s.u.). Ab Herbst 2015 änderte sich die Eigentumskonstellation an der Ludwigsstraße durch die zunehmende Involvierung eines regionalen Investors, fortan stand insbesondere die Entwicklung eines neuen funktionalen und städtebaulichen Konzepts für die zukünftige Entwicklung des Karstadt-Areals im Mittelpunkt. Dieses sollte sich von klassischen Shopping-Center-Strukturen lösen und der zunehmenden Bedeutung des Online-Handels Rechnung tragen. Ansatzpunkte hierfür wurden Ende März 2019 der Öffentlichkeit vorgestellt (Boulevard Lu GmbH & Co. KG & Landeshauptstadt Mainz 2019). Es folgt nun ein kurzer Abriss dieser drei Hauptphasen der öffentlichen Debatte um die Erneuerung der Ludwigsstraße durch die Ansiedlung eines innerstädtischen Einkaufszentrums.

5.1.1 Prolog: Ideen für ein Einkaufszentrum an der Ludwigsstraße ab den 1990er Jahren

Die Planungsgeschichte für ein Einkaufszentrum an der Mainzer Ludwigsstraße reicht bis in die 1990er Jahre zurück. Bereits im Jahr 1997 wurde ein entsprechendes Konzept für eine „Gutenberg-Passage" diskutiert. Der nicht verwirklichte Entwurf des Düsseldorfer Architekturbüros HPP sah ein ECE-Einkaufszentrum mit ca. 40.000 m² Bruttogeschossfläche auf drei Verkaufsebenen vor. Dieses sollte zudem über eine zweistöckige Tiefgarage verfügen und über den Einzelhandelsflächen zusätzliche Büroflächen auf drei Etagen bereitstellen (Landeshauptstadt Mainz 1998). Dabei sollten einzelne, seit den 1960er Jahren bestehende Baukörper entlang der südlichen Ludwigsstraße (Deutsche Bank, Hertie Warenhaus) integriert, andere (insbesondere die vorgelagerten Pavillons) verworfen werden. Insgesamt sollte dem Konzept zufolge ein langgestreckter Baukörper entlang der südlichen Ludwigsstraße entstehen, der vom Schillerplatz bis zur Schöfferstraße gereicht und die Weißliliengasse überspannt hätte. Die hierzu eingeholten Expertisen begrüßten zwar grundsätzlich die Ansiedlung eines Einkaufszentrums im Bereich der Ludwigsstraße als Chance für die Mainzer Innenstadt, kritisierten jedoch eine mangelnde ‚Stadtverträglichkeit' aufgrund der städtebaulichen Geschlossenheit sowie der Dimensionierung, monofunktionalen Ausrichtung auf den Einzelhandel und geringen Bezugnahme auf den städtebaulich-historischen Kontext (ebd., vgl. Box 4).

Box 4: Zum städtebaulich-historischen Kontext der Mainzer Ludwigsstraße

Die Mainzer Ludwigsstraße ist nicht nur Einzelhandelsstandort, sondern bildet zugleich eine bedeutende innerstädtische Achse. Sie stellt eine Verbindung vom Schillerplatz mit dem Fastnachtsbrunnen im Westen über den Gutenbergplatz mit dem Gutenberg-Denkmal von 1837 und dem Staatstheater sowie den östlich anschließenden Domplätzen her. Stadtgeschichtliche Betrachtungen sehen die Ludwigsstraße dabei als ein „markantes Zeugnis gesellschaftspolitischen Wandels" (METZENDORF 2011: 36) an.

Von der Grande Rue Napoléon zur Ludwigsstraße

Nach den Kriegszerstörungen von 1793 ließ Kaiser Napoleon die Mainzer Mitte neu konzipieren. 1806 legte Chefingenieur Eustache de Saint Far den Planungsentwurf für eine mit Bäumen gesäumte „Grande Rue Napoléon" als neue Hauptachse vor. Hiervon wurde jedoch nur das Eckgebäude Gutenbergplatz 1 planungsgemäß realisiert, der weitere Umbau geriet mit dem Ende der französischen Besatzung im Jahr 1814 ins Stocken. Die Großherzöge des neu gegründeten Landes Hessen-Darmstadt griffen in der Folge die ursprüngliche französische Planung auf, im Zuge dessen entstanden der Gutenbergplatz sowie zwischen 1829 und 1833 der Theaterbau an der Nordseite. Zu Ehren des Darmstädter Großherzogs wurde die „Grande Rue Napoléon" in „Ludwigsstraße" umbenannt und „schrumpfte in der Ausführung von einer repräsentativ geplanten Allee zu einer beliebig wirkenden Stadtstraße" (ebd.: 38), die mit bis zu fünfgeschossigen Häusern bebaut wurde und eine Straßenbahntrasse führte. Anfang der 1930er Jahre gab es die Überlegung eines vollständigen Abrisses der südlichen Bebauung und einer Vergrößerung des Straßenquerschnitts auf bis zu 62 Meter. Hierbei sollte auch eine Entflechtung von Fußgänger- und sonstigen Verkehren erfolgen. Die Umsetzung dieser Pläne scheiterte jedoch u.a. an den Liegenschaftsverhältnissen (ebd.: 39).

Die Ludwigsstraße in der Nachkriegszeit

Nach dem Zweiten Weltkrieg wurde die Ludwigsstraße zum Mittelpunkt unterschiedlicher Planungen des Wiederaufbaus der zu großen Teilen zerstörten Mainzer Innenstadt (ebd.: 39 ff.). Zunächst entstanden an der Ludwigsstraße jedoch nur provisorische Barackenbauten. 1953 verankerte die Stadt Mainz die Sicherung des Domblicks vom Schillerplatz aus per Ortsbausatzung. Im Entwurf eines Aufbauplanes des Stadtplaners Egon Hartmann aus dem Jahr 1955 werden die später verwirklichten städtebaulichen Strukturen vorweggenommen: „Der nun 45 Meter breite Korridor erhält beidseitig eine durchgehend viergeschossige Bebauung, die auf der Südseite durch kammartig vorspringende, zweigeschossige Pavillonbauten mit dazwischenliegenden, sich rhythmisch wiederholenden Platznischen aufgelockert wird" (ebd.: 42). Im Jahr 1961 wurde ein entsprechender Bebauungsplan aufgestellt, der Baubeginn folgte ab 1963 (ebd.: 43).

Veränderungsdruck ab den 1990er Jahren

Ab den 1990er Jahren wurden zunehmend gestalterische und funktionale Defizite der Ludwigsstraße thematisiert. 1991 trat der Bebauungsplan A223 (Baublöcke südlich der Ludwigstraße) in Kraft, der u.a. die Pavillonstruktur festschreibt (Landeshauptstadt Mainz 2011k: 15). Im selben Jahr wurde ein städtebaulicher Realisierungswettbewerb zur Neugestaltung der Ludwigsstraße ausgelobt. Hierbei sollten die Pavillons als „Reminiszenz an den Städtebau der 1960er Jahre" (Architektenkammer Rheinland-Pfalz 1992: 57) erhalten bleiben. Die Entwürfe waren jedoch nur eingeschränkt mit den Interessen potenzieller Investoren vereinbar (METZENDORF 2011: 43 f.). Daher lobte die Stadt Mainz bereits fünf Jahre später gemeinsam mit Eigentümern und Nutzern einen erweiterten, kombinierten städtebaulichen Ideen- und

Realisierungswettbewerb aus. Die Entwürfe sollten den damaligen Erweiterungsabsichten von Karstadt Rechnung tragen und gleichzeitig den Domblick sichern, wobei die Bindung an die Pavillonstruktur aufgehoben wurde (Landeshauptstadt Mainz 1996). Der Siegerentwurf des Kölner Architekturbüros Mronz wurde u.a. aufgrund der weiteren wirtschaftlichen Entwicklung der Karstadt-Warenhäuser nicht umgesetzt (METZENDORF 2011: 44 f.).

Die Ansiedlung eines innerstädtischen Einkaufszentrums wurde auch im 2005 beschlossenen und seitdem mehrfach fortgeschriebenen Zentrenkonzept Einzelhandel der Stadt Mainz als ein mögliches Instrument zur Attraktivierung der Innenstadt als Einzelhandelsstandort benannt.[61] Die Fläche südlich der Ludwigstraße zwischen Weißliliengasse, Gutenbergplatz und Bischofsplatz wird hierfür als optimaler Standort erachtet (Landeshauptstadt Mainz 2005: 37). Die Ansiedlung eines innerstädtischen Einkaufszentrums an der Ludwigsstraße soll demnach die Tripol-Struktur des innerstädtischen Einzelhandels stärken: Magnetbetriebe des Einzelhandels sollen in den „tripoligen Bereich zwischen Brand, Römerpassage und heutigem Karstadt" (ebd.: 36) gelenkt werden (vgl. Box 5, S. 98). Dabei wurden die Überlegungen zur weiteren Attraktivierung der Ludwigsstraße als Einzelhandelsstandort in der Folge zunehmend von der Frage nach den wirtschaftlichen Perspektiven für die zukünftige Entwicklung des Karstadt-Warenhauses überlagert. Im Dezember 2009 gaben Insolvenzverwaltung und Geschäftsleitung der Karstadt Warenhaus GmbH bekannt, dass das Warenhaus an der Mainzer Ludwigsstraße zu bundesweit 120 Standorten zählt, die auch weiterhin erhalten bleiben sollten (Landeshauptstadt Mainz 2009). Die Integration des Karstadt-Warenhauses in ein neues Handelskonzept bildete fortan eine der zentralen Schlüsselfragen für die städtebauliche Neuordnung der Ludwigsstraße.

5.1.2 Konkretisierung der Planungen für ein innerstädtisches Einkaufszentrum und der Konflikt um die Frage der ‚(Innenstadt)Verträglichkeit' in den Jahren 2011-2014

Nähere Überlegungen zur Ansiedlung eines innerstädtischen Einkaufszentrums an der Mainzer Ludwigsstraße unter Einbezug des Karstadt Warenhauses als Ankermieter setzten verstärkt ab dem Jahr 2011 mit konkreterem Interesse privater Investoren an einem

[61] Das Zentrenkonzept Einzelhandel soll Rechtssicherheit bei der Beurteilung der Genehmigungsfähigkeit von Einzelhandelsvorhaben schaffen (Landeshauptstadt Mainz 2005: 1). Neben der Schaffung von Planungs- und Investitionssicherheit dient es insbesondere dem Schutz der Innenstadt, der Stadtteilzentren und der wohnortnahen Versorgung vor schädlichen Ansiedlungen auf der Grünen Wiese, aber auch Schutz von Produktions- und Dienstleistungsbetrieben vor Verdrängung durch Einzelhandelsbetriebe (ebd.: 2). Einzelhandelsinvestitionen sollen nach Möglichkeit in die zentralen Einkaufsbereiche gelenkt werden; Erhalt und Stärkung der Innenstadt genießen Vorrang gegenüber Zentralitätssteigerungen (ebd.: 25 f.). Als sonstige städtebauliche Planung ist das Zentrenkonzept Einzelhandel gemäß §1 Abs. 5 Nr. 10 BauGB bei der Aufstellung von Bebauungsplänen zu berücksichtigen.

Erwerb des Karstadt-Komplexes ein.[62] Am 16.02.2011 fasste der Stadtrat den Beschluss, entsprechende Ansiedlungsbestrebungen für ein innerstädtisches Einkaufszentrum an der Ludwigsstraße grundsätzlich zu unterstützen, sofern bestimmte Voraussetzungen (u.a. frühzeitige Beteiligung, städtebauliche Einfügung, Vereinbarkeit mit dem Tripol-Konzept, Ergänzung des vorhandenen Einzelhandelsangebots) erfüllt sind (0247/2011/1).[63] Neben der ECE Projektmanagement GmbH & Co. KG war zunächst auch der niederländische Shopping-Center-Entwickler Multi Development an der Entwicklung des Karstadt-Areals und angrenzender Liegenschaften interessiert (Mainzer Rheinzeitung 2011a). Im Juli 2011 veräußerte die Highstreet Holding GbR als bisherige Eigentümerin den Warenhaus-Komplex an ECE (Mainzer Rheinzeitung 2011d). Zusätzlich sicherte sich ECE im August 2011 eine Kaufoption von der US-amerikanischen Investorengruppe Fortress für die in Richtung Weißliliengasse an Karstadt angrenzende Liegenschaft Ludwigsstraße 8-10, in der eine Filiale der Deutschen Bank ansässig ist (Mainzer Rheinzeitung 2011e).

Erste Planungskonzepte von ECE zielten auf die Entwicklung eines innerstädtischen Einkaufszentrums mit einer Gesamtverkaufsfläche von mindestens 30.000 m², was einem Verkaufsflächenzuwachs von etwa 18.000 m² entsprochen hätte, sowie zusätzlich bis zu 3.000 m² Fläche für Gastronomie (OBR MZ-A 23.11.2011, S. 5). Insgesamt sollten hierdurch ca. 80-90 Läden und 700 Arbeitsplätze entstehen bei einem geplanten Investitionsvolumen von etwa 220 Mio. Euro (Landeshauptstadt Mainz 2012a: 42). Dabei sollte das Karstadt-Warenhaus als Ankermieter erhalten bleiben. Zusätzlich sollten moderne Konzepte zur Schließung von Sortimentslücken insbesondere in den Bereichen Bekleidung, Sport, Lebensmittel und Gastronomie angesiedelt werden (ECE Projektmanagement GmbH & Co. KG 2011). Das städtebauliche Konzept beinhaltete die Überbauung der Flächen zwischen den vorgelagerten Pavillons, sodass eine geschlossene Baukante entlang der Ludwigsstraße entstehen sollte (Landeshauptstadt Mainz 2012a: 42). Die ursprünglichen ECE-Planungen bezogen fünf Baufelder mit ein (vgl. Abbildung 3): Die Baufelder eins bis drei liegen direkt an der südlichen Ludwigsstraße und sind durch Einzelhandels- und Dienstleistungsnutzungen geprägt. Das südlich anschließende vierte Baufeld wird durch Weißliliengasse und Bischofsplatz begrenzt. Hier befindet sich das Parkhaus des Karstadt-Warenhauses. Auf dem Baufeld Nummer fünf befinden sich die Gebäude der Polizei und der Pax-Bank. Dieses wird im weiteren Planungsprozess entsprechend gutachterlicher Empfehlungen (Junker und Kruse Stadtforschung Planung 2012a: 54) aus der Standortentwicklung ausgeklammert.[64]

[62] Der Komplex besteht aus drei miteinander verbundenen Gebäuden: dem Karstadt-Warenhaus an der südlichen Ludwigsstraße, dem südlich zwischen Bischofsplatz, Eppichmauergasse und Weißliliengasse angrenzenden Parkhaus, sowie dem nordöstlich der Fuststraße in Richtung Gutenbergplatz anschließenden Nebengebäude. Letzteres ist im 1. OG durch eine Überbauung der Fuststraße an das Karstadt-Hauptgebäude angebunden, wird mittlerweile jedoch nicht mehr als Einzelhandelsfläche genutzt.

[63] Begründet wird der Beschluss mit dem Ziel einer Stärkung der Wettbewerbsfähigkeit der Mainzer Innenstadt als Einzelhandelsstandort sowie vergleichbaren Entwicklungen in konkurrierenden Städten.

[64] Das Grundstück stelle bereits einen Übergangsbereich zur Altstadt dar, in dem die Wohnfunktion gestärkt werden sollte. Zudem würde eine Einzelhandelsnutzung an dieser Stelle dem Ziel eines kompakten Einkaufsbereichs widersprechen (ebd.).

Abbildung 3: Baufelder des Vorhabens mit Grundstücksgrößen und bestehenden Gebäudehöhen

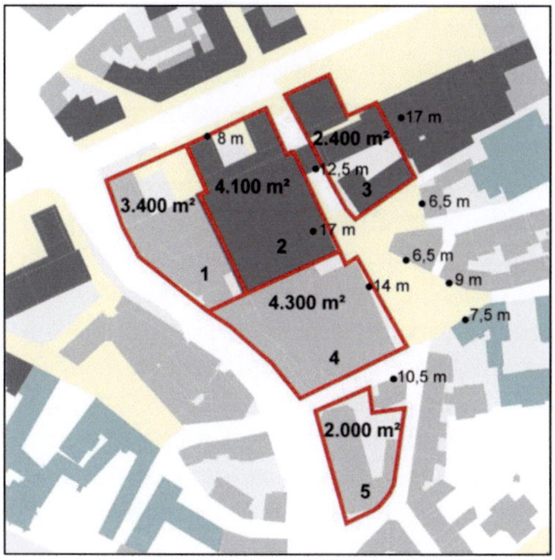

Baufelder und Nutzungen

1. Gebäude der Deutschen Bank mit vorgelagertem Pavillon zur Ludwigsstraße
2. Karstadt-Gebäude mit vorgelagerten Pavillons zur Ludwigsstraße
3. Karstadt-Nebengebäude, vorgelagerter Pavillon zum Gutenbergplatz, Wohn- und Geschäftshaus zum Bischofsplatz
4. Karstadt-Parkhaus
5. Polizeiinspektion, Pax-Bank (im weiteren Verlauf von der Planung ausgenommen)

Quelle: Ergänzt nach Junker und Kruse Stadtforschung Planung 2012a: 54.

Abbildung 4: Abgrenzung von Innenstadt, City und Tripol gemäß Zentrenkonzept Einzelhandel der Stadt Mainz

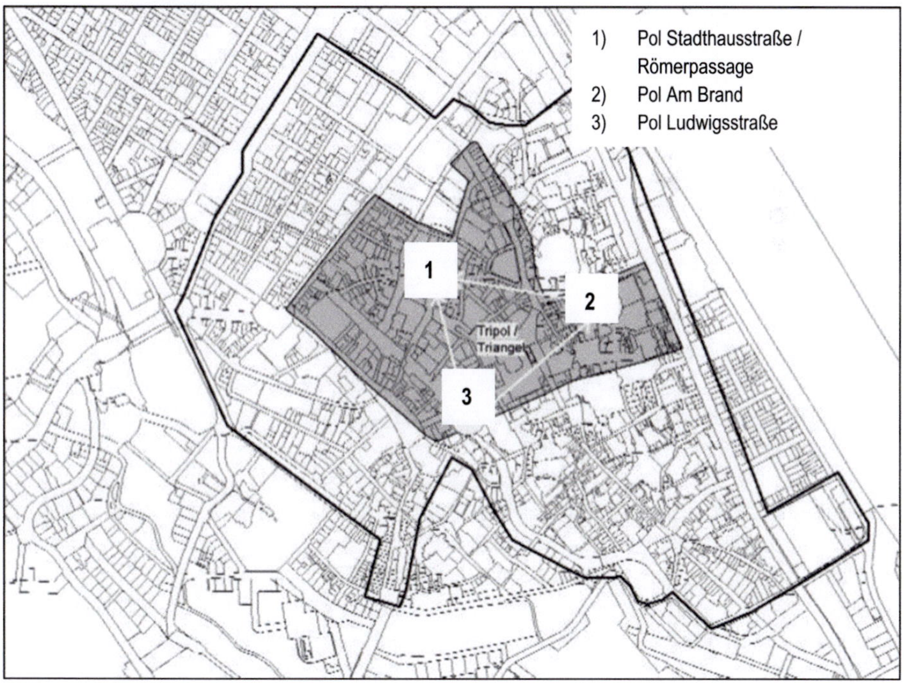

Quelle: Ergänzt nach Landeshauptstadt Mainz 2005: 34.

Box 5: Steckbrief zum Einzelhandelsstandort Mainzer Innenstadt

Innenstadt, City und Tripol im Zentrenkonzept Einzelhandel der Stadt Mainz

Entsprechend der Abgrenzung im Zentrenkonzept Einzelhandel (Landeshauptstadt Mainz 2005: 32) erstreckt sich die Mainzer Innenstadt von der Kaiserstraße bis zum Bahnhof „Römisches Theater" und vom Rhein bis zur Alicebrücke und dem Kästrich; sie entspricht damit den administrativen Grenzen der Altstadt. Innerhalb dieses Gebiets wird als Kernbereich die eigentliche City abgegrenzt. Diese reicht gemäß Zentrenkonzept der Stadt Mainz von der Großen Bleiche (Abschnitt Bauhofstraße bis Münsterplatz) über Schillerstraße, Schillerplatz, Ludwigsstraße und Höfchen bis zum Dom mit den angrenzenden Plätzen. Weiterhin umfasst Sie den Bereich „Am Brand", Schusterstraße und Flachsmarkt. Verlängerungen der City erstrecken sich Richtung der historischen Altstadt (Augustinerstraße) und Hauptbahnhof (Bahnhofstraße). Als Übergangsbereiche werden ferner auch Neubrunnenstraße, Gärtnergasse und Gaustraße zur City gezählt (ebd.). Die City erfüllt gemäß Zentrenkonzept primär die Funktion „der oberzentralen Versorgung von Stadt und Region mit einem vielfältigen breit- und tiefgestaffelten Einzelhandelsangebot von Waren des aperiodischen Bedarfs mit hoher Attraktivität bei vielfältiger Konkurrenz" (ebd.), zugleich aber auch eine Nahversorgungsfunktion für die Bevölkerung. Magnetbetriebe der City sollen in den „tripoligen Bereich zwischen Brand, Römerpassage und heutigem Karstadt" (ebd.: 36) gelenkt werden.

Einzelhandelsstruktur in der Mainzer Innenstadt

Der Einzelhandelsbesatz in der Mainzer Innenstadt wird im Rahmen eines jährlichen Einzelhandelsmonitoring durch die städtische Wirtschaftsförderung erhoben. Entsprechend der letzten Erhebung aus dem Jahr 2018 werden von 777 Ladenlokalen in der Mainzer Innenstadt 428 durch den Einzelhandel genutzt. Für den täglichen und mittelfristigen Bedarf weise die Innenstadt „einen konstant gesunden Branchenmix" (Wirtschaftsförderung der Landeshauptstadt Mainz 2018: 7), wobei der Textileinzelhandel (106 Ladenlokale) und der Einzelhandel mit Schmuck und Uhren (37) am stärksten vertreten sind. Die Leerstandquote ist mit 3,9 % auf einem niedrigen Niveau. Der Filialisierungsgrad beträgt 44,6 % in der gesamten Innenstadt und 86,2 % in den 1A-Lagen (ebd.: 9).

Darüber hinaus ist die die Einzelhandelsentwicklung in der Mainzer Innenstadt bereits vielfach Gegenstand gutachterlicher Bestandsaufnahmen gewesen (Roesler 1992; bulwiengesa AG 2011; Junker und Kruse Stadtforschung Planung 2012a; bulwiengesa AG 2014; zuletzt IIHD Institut GmbH 2018), auf die an dieser Stelle für eingehende Strukturanalysen zu verschiedenen Zeitpunkten des Planungsprozesses verwiesen werden kann. Im Kontext der vorliegenden diskursanalytischen Untersuchung sind dabei insbesondere zwei Aspekte, die durch die Gutachten herausgearbeitet werden, von Bedeutung: Dies betrifft erstens die Diagnose rückläufiger Zentralitätskennziffern aufgrund einer nachlassenden Bindung der Kaufkraft im Einzugsgebiet, welches sich insbesondere in südwestlicher Richtung ins rheinhessische Umland ausdehne. Zweitens spielt die Auseinandersetzung mit der Tripol-Struktur eine wichtige Rolle für die Einordnung des geplanten Einkaufszentrums. Diese Tripolstruktur ist, wie etwa das Büro Junker und Kruse (2012a: 40) herausarbeitet, durch ein Ungleichgewicht gekennzeichnet: Demnach sind im Bereich Brand 36.000 m² Verkaufsfläche und Magnetbetriebe aus den Bereichen Elektronik (Saturn) und Textilien (Peek & Cloppenburg, H&M) vorhanden. Der Bereich Stadthausstraße verfügt über 29.500 m² Verkaufsfläche, darunter die Römerpassage (u.a. mit der Buchhandlung Hugendubel), das Kaufhof-Warenhaus sowie das Textilkaufhaus C&A. Demgegenüber weist der Bereich Ludwigsstraße mit dem Karstadt-Warenhaus als Magnetbetrieb lediglich 17.000 m² Verkaufsfläche aus (ebd.).

Mit zunehmend konkreter werdenden Investitionsinteressen setzte zugleich eine intensive Wissensproduktion ein im Hinblick auf die Frage, wie sich das geplante Einkaufszentrum zum vorhandenen innerstädtischen Raum verhalten würde, welche Auswirkungen für die Entwicklung der Mainzer Innenstadt damit verbunden wären und wie die Ansiedlung eines solchen Einkaufszentrums ‚(innenstadt)verträglich' gesteuert werden könne. Im Rahmen eines umfangreichen Partizipationsverfahrens veranstaltete die Stadt Mainz im Zeitraum von Juni 2011 bis November 2013 insgesamt acht so genannte LudwigsstraßenForen (LuFos, siehe Tabelle 10). Im Mittelpunkt standen hierbei Information und Dialog zu verschiedenen Fachthemen im Zusammenhang mit dem Projektvorhaben. Hierzu zählten insbesondere die zu erwartenden Auswirkungen auf die bestehende Einzelhandelsstruktur, den fließenden und ruhenden Verkehr sowie auf vorhandene städtebauliche Strukturen. Neben der städtischen Politik und Verwaltung wurden die Bürgerschaft, der Einzelhandel und seine Interessenvertretungen, gutachterliche Beratungsunternehmen sowie weitere Institutionen wie z.B. die Standesvertretungen der Architekt*innen in den LuFo-Prozess eingebunden. Zunächst jedoch verliefen die LuFos alles andere als planmäßig: So lief das erste Forum aus Sicht des Stadtvorstandes „völlig aus dem Ruder" (Mainzer Rheinzeitung 2011c), gar einen „Hauch von ‚Lu 21'" (ebd.) beschreibt die Mainzer Rheinzeitung angesichts einer hohen Ablehnung des Projekts unter den mehreren hundert Teilnehmer*innen. Die Fraktion Die Linke forderte im August 2011 einen Bürgerentscheid gemäß § 17a GemO, was im Stadtrat jedoch mit deutlicher Mehrheit abgelehnt wurde (1291/2011). Im weiteren Verlauf des Beteiligungsprozesses konnte es aus Sicht der Stadtverwaltung gelingen, unterschiedliche Positionen in einem konstruktiven Dialog zu kanalisieren und einen breiten Konsens zu Fragen der Standortentwicklung zu erzielen – so wurde im Juni 2012 der LuFo-Prozess als vorbildliches Beteiligungsverfahren mit Modellcharakter bei der rheinland-pfälzischen Landesvertretung in Berlin vorgestellt (Allgemeine Zeitung 2012).

Parallel zu den LuFos formierten sich neue Akteure, die sich seitdem in den Planungsprozess einbringen: Am 8. August 2011 gründete sich die Bürgerinitiative Mainzer Ludwigsstraße e.V., die die Planungen für ein Einkaufszentrum in der Mainzer Innenstadt seitdem kritisch begleitetet hat. Zweck der Bürgerinitiative ist satzungsgemäß „die Förderung der Stadtbild- und Landschaftspflege, des Denkmalschutzes und des bürgerschaftlichen Engagements zugunsten gemeinnütziger Zwecke" (Bürgerinitiative Mainzer Ludwigsstraße e.V. 2011b: 1).[65] Ein Mitglied der Bürgerinitiative beschreibt das zentrale Anliegen wie folgt:

> *„Also, das ist keine Organisation in dem Sinne, dass man so wie ein Vorstand einer Partei oder eines Turnvereins oder so-, sondern wir waren so Gleichgesinnte. Unser Anliegen war, die Mainzer Innenstadt Mainz-Gerecht zu erhalten. Das heißt, diesen gigantischen Klotz da nicht haben zu wollen"* (I-BI 2, Abs. 125).

[65] In der Präambel zur Vereinssatzung werden weitere Zielsetzungen benannt: Diese umfassen die Erhaltung des historischen Altstadtkerns, die Förderung einer die städtebaulichen Strukturen der Altstadt aufgreifenden positiven Entwicklung an der Ludwigsstraße, den Erhalt urbaner Mischnutzung, eine nachhaltige Innenstadt- und Einzelhandelsentwicklung, sowie eine frühzeitige und umfassende Bürgerbeteiligung bei städtischen Großprojekten (ebd.).

Mit dem Planungs- und Gestaltungsbeirat, der mit externen Expert*innen aus den Bereichen Architektur und Stadtplanung besetzt ist, konstituierte sich ebenfalls im Sommer 2011 ein weiterer Akteur des Beteiligungsprozesses. Aufgabe des Planungs- und Gestaltungsbeirates ist es, Stadt und private Bauherren bei größeren Projekten beratend zu begleiten (Planungs- und Gestaltungsbeirat der Stadt Mainz 2011).

In dieser Phase des Planungsprozesses wurden auch mehrere Einzelhandels- und Verträglichkeitsgutachten in Auftrag gegeben, deren Ergebnisse z.T. unmittelbar in den LuFo-Prozess mit einfließen konnten. Die im Sommer 2011 vorgestellte Potenzialanalyse (bulwiengesa AG 2011) betrachtet die bestehenden Angebotsstrukturen am Vorhabenstandort sowie im Einzugsgebiet. Gestützt auf den Vergleich sortimentsspezifischer Zentralitätskennziffern mit anderen Städten werden Aussagen zu tragfähigen Potenzialen für eine Ausweitung innerstädtischer Verkaufsflächen abgeleitet. Die Ergebnisse des Gutachtens und dessen Unabhängigkeit wurden insbesondere von der Bürgerinitiative Mainzer Ludwigsstraße im Rahmen des LuFo-Prozesses hinterfragt (Landeshauptstadt Mainz 2011j: 4 f.). Daher beauftragte die Stadt Mainz ein weiteres Gutachten, das im Rahmen des fünften Forums im März 2012 vorgestellt wurde (Junker und Kruse Stadtforschung Planung 2012a). Dieses empfiehlt eine etwas geringere Verkaufsflächendimensionierung, bleibt jedoch in einem ähnlichen Rahmen (zu den Techniken der Ermittlung von Verkaufsflächenpotenzialen vgl. Kap. 5.2.2). Darüber hinaus nimmt das Gutachten eine städtebauliche Betrachtung vor und leitet hieraus Empfehlungen für die städtebauliche Integration des geplanten Einkaufszentrums ab. Die eigentliche Verträglichkeitsprüfung erfolgte erst zu einem späteren Zeitpunkt nach Konkretisierung des Investorenkonzepts im Rahmen einer gutachterlichen Auswirkungsanalyse (bulwiengesa AG 2014). Hierbei wurden Empfehlungen für eine ‚verträgliche' Dimensionierung sortimentsspezifischer Verkaufsflächen formuliert (vgl. Kap. 5.3.1). Somit ist dieses Gutachten nicht in den LuFo-Prozess eingeflossen, ihm kommt jedoch vor dem Hintergrund der bereits in Kap. 2.2.1 skizzierten rechtlichen Rahmensetzungen ein hoher Stellenwert im Hinblick auf die Absicherung der raumordnerischen und planungsrechtlichen ‚Verträglichkeit' des Vorhabens zu.[66]

Auf der Grundlage der Anregungen aus den ersten sechs LudwigsstraßenForen wurden insgesamt 89 konkrete Leitlinien und Empfehlungen zur Sicherstellung einer ‚(innenstadt)verträglichen' Shopping-Center-Entwicklung an der Ludwigsstraße erarbeitet (Landeshauptstadt Mainz 2012a: 82-93). Diese wurden in geringfügig modifizierter Fassung am 24.10.2012 vom Stadtrat bei lediglich zwei Gegenstimmen der Fraktion Die Linke als Grundlage für die anschließenden Verhandlungen mit ECE beschlossen (1540/2012).

Im Anschluss an das siebte LudwigsstraßenForum fanden zunächst zehn Verhandlungsrunden zwischen der Stadt Mainz und ECE statt (vgl. Tabelle 11). Zur städtischen Verhandlungsgruppe gehörten der Oberbürgermeister, die Spitzen von Wirtschaftsdezernat, Baudezernat und Stadtplanungsamt sowie eine externe Rechtsberatung. Da-

[66] Da der weitere Planungsprozess zum Zeitpunkt der Fertigstellung dieses Gutachtens im Herbst 2014 bereits ins Stocken geraten war, wurde dieses Gutachten zunächst nicht veröffentlicht. Erst mit einiger Verzögerung erwirkte die Bürgerinitiative unter Bezugnahme auf das Landesinformationsfreiheitsgesetz im Jahr 2015 die Veröffentlichung des Gutachtens (I-BI 1, Abs. 92-93).

rüber hinaus wurde zur stadtinternen strategischen und politischen Abstimmung eine Lenkungsgruppe eingerichtet, die u.a. weitere Dezernate und Fachämter sowie den Ortsbeirat Mainz-Altstadt und die baupolitischen Sprecher der Stadtratsfraktionen zusätzlich mit einbezog. Eine Arbeitsgruppe aus Vertreter*innen der beteiligten Fachämter (unter Federführung des Stadtplanungsamtes) und der Investorin war für organisatorische und inhaltliche Vorbereitungen vorgesehen (Bürgerinitiative Mainzer Ludwigsstraße e.V. 2014c: 6). Dabei sollten die Verhandlungen ursprünglich bereits bis zum Jahresende 2012 abgeschlossen sein und noch vor der Kommunalwahl 2014 die erforderlichen baurechtlichen Grundlagen geschaffen werden (ebd.: S. 1; 21; 44). In der Folge kam es jedoch wiederholt zu Verzögerungen, da zunächst keine Einigung hinsichtlich der Umsetzung einzelner Leitlinien und Empfehlungen erzielt werden konnte.[67]

Tabelle 10: Übersicht der Veranstaltungen im Rahmen des Beteiligungsprozesses

LuFo	Datum	Schwerpunktthemen
I	21.06.2011	Auftaktveranstaltung: Vorstellung des Projekts und des geplanten Beteiligungsprozesses, Formulierung von Erwartungen und Zielen, Einholung von Anregungen
II	01.09.2011	Einzelhandel: Vorstellung Potenzialanalyse der BulwienGesa AG und des Investorenkonzepts, Stellungnahmen von Vertretern des Einzelhandels und der Bürgerinitiative Mainzer Ludwigsstraße
III	28.10.2011	Verkehr / Parken: Bestandsaufnahme und verkehrsbezogene Anforderungen an das Projektvorhaben
IV	20.12.2011	Stadtgestalt / öffentlicher Raum: Bestandsaufnahme Stadtplanungsamt, Anregungen Planungs- und Gestaltungsbeirat, Stellungnahmen der Bürgerinitiative Mainzer Ludwigsstraße und der Standesorganisationen der Architekten
V	07.03.2012	Handel und Städtebau: Vorstellung Gutachten Junker und Kruse, Stellungnahmen (Einzelhandel, Bürgerinitiative, Standesorganisationen der Architekten)
VI	15.06.2012	Abschluss: Entwurf Abschlussbericht, Umsetzungsmöglichkeiten im Rahmen des Bauplanungs- und öffentlichen Vertragsrechts, Leitlinien und Empfehlungen zu den vorangegangenen LuFo-Themen, Wertung eingegangener Stellungnahmen
VII	12.10.2012	Abschluss: Stellungnahmen der Stadtratsfraktionen zum Abschlussbericht und den erarbeiteten Leitlinien und Empfehlungen
VIII	22.11.2013	Verhandlungsstand: Vorstellung städtebauliches Konzept ECE, Einordnung in den städtebaulichen Kontext

Quelle: Eigene Darstellung auf Grundlage von Landeshauptstadt Mainz 2012f, 2013c.

[67] So benannte ECE im Nachgang zur zweiten Verhandlungsrunde in einer „Divergenzliste" 13 kritische Punkte, bei denen die Leitlinien und Empfehlungen nicht mit betriebswirtschaftlichen und funktionalen Erfordernissen in Einklang zu bringen seien (Bürgerinitiative Mainzer Ludwigsstraße e.V. 2014c: 57). Zentrale Streitfrage blieb im weiteren Verhandlungsverlauf insbesondere „wie weit der Komplex in seiner Baustruktur aufgelöst werden kann" (ebd.: 90). Zur sechsten Verhandlungsrunde beispielsweise legte ECE einen Entwurf vor, der zwar auf eine Überbauung der Fuststraße verzichtete, aber aus Sicht der städtischen Verhandlungsteilnehmer*innen stark an klassische Mall-Strukturen angelehnt gewesen wäre und daher nicht als weitere Verhandlungsgrundlage akzeptiert wurde (ebd.: 186 f.).

Tabelle 11: Übersicht des Verhandlungsprozesses

Nr.	Datum	Diskussionsschwerpunkte (Auszug)
1	01.11.2012	• Leitlinien und Empfehlungen (mit Fokus auf fünf K.O.-Kriterien: Überbauung Eppichmauergasse, Überplanung Polizeiinspektion, Dimensionierung, Auflösung des Mall-Konzepts in einzelne Baukörper, Behandlung der Fuststraße) • Kostenbeteiligung ECE an Wettbewerb, Gutachten etc. • Grundstücksfragen, Nachbarschaft
2	14.11.2012	• Konzeption des Wettbewerbsverfahrens • Umsetzbarkeit der Leitlinien und Empfehlungen, kritische Punkte • Diskussion Testentwurf ECE
3	30.11.2012	• Umsetzbarkeit der Leitlinien und Empfehlungen, kritische Punkte • Städtebauliche Grundform • Diskussion neuer Testentwurf ECE
4	14.12.2012	• Vertiefung des planerischen Vorschlags von ECE • Mögliche Anpassungen bei den Leitlinien und Empfehlungen
5	14.01.2013	• Entwurf vom 14.12.2012 steht erneut zur Diskussion • Vertiefung des städtebaulichen Konzepts, insbesondere bzgl. Überbauung der Fuststraße • Mögliche Anpassungen bei den Leitlinien und Empfehlungen • Grundstücksfragen, Nachbarschaft
6	22.03.2013	• Vorstellung und Diskussion überarbeiteter ECE-Entwurf; kein Konsens, vorläufiger Abbruch der Verhandlungen
7	31.05.2013	• ECE legt neuen konsensfähigen Entwurf vor • Fortschreibung eines Konsenspapiers zu den Leitlinien und Empfehlungen; Erarbeitung eines gemeinsamen Eckpunktepapiers und Letters of Intent
8	06.08.2013	• Weitere Vorgehensweise (Gremienfolge, LuFo 8, Stadtrat) • Diskussion weiterhin strittiger Aspekte des städtebaulichen Konzepts
9	29.08.2013	• Vertiefende Diskussion des städtebaulichen Konzepts; bis auf die Positionierung von Fahrtreppen können strittige Punkte dabei weitgehend gelöst werden
10	20.09.2013	• Vertiefende Diskussion des städtebaulichen Konzepts anhand eines digitalen 3D-Modells; strittig bleibt der Aspekt der vertikalen Erschließung • Finalisierung Letter of Intent / Konsenspapier • Weitere Vorgehensweise und Zeitschiene

Fortsetzung Tabelle 11: Übersicht des Verhandlungsprozesses

Nr.	Datum	Diskussionsschwerpunkte (Auszug)
11	10.03.2014	• Aufnahme der vier strittigen Punkte gemäß Stadtratsbeschluss vom 04.12.2013 in den Letter of Intent: Öffnung der Hinteren Präsenzgasse, Positionierung der Fahrtreppen, Öffnung an der Weißliliengasse / Ludwigsstraße, Größe der Gastronomiefläche • Weitere Verhandlungen werden zunächst bis zur Klärung von Grundstücksfragen aufgeschoben
12	28.08.2014	• Weitere Projektentwicklung nach dem Wegfall des Pavillongrundstücks Gutenbergplatz 2 • Nachverhandlung der vier verbliebenen strittigen Punkte, diese bleiben jedoch weiterhin offen

Quelle: Eigene Darstellung auf Grundlage von Bürgerinitiative Mainzer Ludwigsstraße e.V. 2014c, 2015.

Im Zuge der siebten Verhandlungsrunde präsentierte ECE im Mai 2013 dann einen neuen Entwurf mit fünf separaten Einzelbaukörpern, die teilweise durch Glasüberdachungen verbunden sein sollten, ohne dabei jedoch die Fuststraße zu überbauen. Die städtische Verhandlungsgruppe sah den Entwurf größtenteils im Einklang mit den Leitlinien und Empfehlungen (ebd.: 203). Auf dieser Grundlage einigten sich die Verhandlungsparteien zunächst auf ein gemeinsames Eckpunktepapier (Landeshauptstadt Mainz 2013a), das am 7. Juni 2013 der Öffentlichkeit als vorläufiges Zwischenergebnis der Verhandlungen vorgestellt wurde. Dieses benennt zwölf konkrete Anforderungen an eine ‚(innenstadt)verträgliche' Gestaltung des geplanten Einkaufszentrums (vgl. Tabelle 12) und sollte die Grundlage für die weitere planerische Konkretisierung bilden.

Die im Juni 2013 veröffentlichten Zwischenergebnisse stießen unmittelbar auf Kritik von Seiten des Ortsbeirats Mainz-Altstadt: In einem gemeinsamen Antrag (1261/2013) forderten die Fraktionen von SPD, Bündnis 90 / Die Grünen, CDU und ÖDP Nachverhandlungen und eine konsequentere Umsetzung der vom Stadtrat beschlossenen Leitlinien und Empfehlungen.[68] Dieser Forderung schloss sich u.a. auch die Architektenkammer an und äußerte die Befürchtung, dass „sich das gerade im Voraus hoch gelobte ‚Mainzer Modell' als ein ziemlich üblicher Planungsprozess für eine x-beliebige Mall erweisen könnte" (Architektenkammer Rheinland-Pfalz 2013a).

Im Oktober 2013 betrachteten die Verhandlungsparteien die Verhandlungsgespräche dann als weitgehend abgeschlossen, da lediglich noch Fragen der vertikalen Erschließung strittig geblieben waren (Bürgerinitiative Mainzer Ludwigsstraße e.V. 2014c: 417).[69] Am 14. Oktober 2013 unterzeichneten die Stadt Mainz, die ECE Projektmanagement GmbH & Co. KG sowie die KG 114 PANTA Grundstücksgesellschaft Mainz mbH & Co. KG eine gemeinsame Absichtserklärung über die Entwicklung eines

[68] Die Kritik richtet sich hierbei u.a. auf das städtebauliche Konzept, welches sich deutlicher von klassischen Shopping-Mall-Strukturen unterscheiden solle, aber auch auf die Dimensionierung des geplanten Einkaufszentrums und die Integration anderweitiger Nutzungen im Sinne einer urbanen Mischnutzung (ebd.).

[69] Sonstige strittige Punkte, etwa was den Aspekt der Kleinteiligkeit oder die Öffnung des Einkaufszentrums nach außen betrifft, konnten weitgehend ausgeräumt werden (ebd., S. 359-366).

Tabelle 12: Eckpunkte für eine ,(innenstadt)verträgliche' Shopping-Center-Entwicklung vom 7. Juni 2013

1	Südliche Grenze des Einkaufsquartiers ist die Eppichmauergasse
2	Im Blockinneren erfolgt eine Auflösung in fünf Einzelbaukörper
3	Die Gesamtverkaufsfläche beschränkt sich auf max. 28.000 qm. Für den Bereich Gastronomie wird eine Obergrenze von 3.000 qm festgelegt.
4	Die Einzelbaukörper verfügen sowohl in Richtung auf den öffentlichen Raum als auch zum Blockinneren (innere Erschließung) über Außenfassaden von der Straßenoberfläche bis zur Traufe, die den Charakter der Einzelbaukörper durch Baustil und Materialwahl betonen. Schaufenster sind als echte Schaufenster auszugestalten.
5	Die Kundenwege im ersten OG sind hinter fassadenbündigen Arkaden angeordnet. Die Fassaden dürfen im Wesentlichen nicht durch Auskragungen oder Wege gestört werden.
6	Der Bodenbelag der inneren Erschließung zwischen den Baukörpern und zum öffentlichen Raum hin ist als Straßenbelag (Pflaster oder ähnliche Beläge) auszugestalten.
7	Dächer über den inneren Erschließungswegen sind filigran und transparent an der jeweiligen Gebäudeoberkante anzubringen.
8	Die Fuststraße bleibt als öffentliche Straße erhalten; eine Überbauung ist ausgeschlossen.
9	Die neugeschaffene „Hintere Präsenzgasse" kann für Einzelhandelsnutzungen in Anspruch genommen werden, soweit die geplante Durchgangsbeziehung erhalten bleibt.
10	Die Überbauung der „Hinteren Präsenzgasse" im ersten und zweiten Obergeschoss erfolgt unter Berücksichtigung des angestrebten Gassencharakters der „Hinteren Präsenzgasse". Die Überbauung wird daher nicht bis zur jeweiligen Außenfassade geführt.
11	Das Vorhaben greift die die Stadtgestaltung in Mainz prägenden Elemente auf und setzt quartierstypische Merkmale der Stadtgestalt um.
12	In Abstimmung mit der Stadt Mainz und der Architektenkammer Rheinland-Pfalz wird ein Architekten- und Städtebauwettbewerb durchgeführt. Der Wettbewerb besteht aus einem städtebaulichen Ideenteil und einem Realisierungsteil Architektur und Freiraumplanung.

Quelle: Nach Landeshauptstadt Mainz 2013a.

Einkaufszentrums an der Ludwigsstraße zur Stärkung der oberzentralen Funktion der Stadt Mainz im Rahmen des Tripolkonzepts (ebd., S. 465-469). Das Einkaufszentrum sollte demnach durch die Objektgesellschaft PANTA mit einem Investitionsvolumen von ca. 220 Millionen Euro errichtet und im Anschluss von ECE betrieben werden (ebd.) Daraufhin gab die Stadt Mainz die Einigung für ein Planungskonzept auf Grundlage des Eckpunktepapiers öffentlich bekannt. Demnach sollte möglichst ab Herbst 2015 mit dem Bau begonnen werden, eine Eröffnung wurde für das Frühjahr 2018 in Aussicht gestellt (Landeshauptstadt Mainz 2013 f.). Am 22. November 2013 stand das aus den Verhandlungen hervorgegangene städtebauliche Konzept im Rahmen eines achten LudwigsstraßenForums zur Diskussion (Landeshauptstadt Mainz 2013b). Hierbei gingen die Bewertungen erheblich auseinander: Während die städtische Verhandlungsgruppe sowie der Planungs- und Gestaltungsbeirat das Konzept weitestgehend in Einklang mit den Leitlinien und Empfehlungen sahen, äußerten die Bürgerinitiative, die Standesorganisationen der Architekten, der Ortsbeirat Mainz-Altstadt sowie in Teilen auch der innerstädtische Einzelhandel teils massive Kritik am Verhandlungsergebnis. Die Kritik richtete sich dabei insbesondere auf die Dimensionierung, städtebauliche Struktur und Monofunktionalität des geplanten Einkaufszentrums (ebd.) Ferner wurde die geplante Fortschreibung der Leitlinien und Empfehlungen durch insgesamt sieben Änderungen und zehn so genannte textliche Konkretisierungen massiv kritisiert.[70] Trotz dieser Kritik stimmte der Stadtrat am 4. Dezember 2013 in einer Grundsatzentscheidung über das Verhandlungsergebnis der Fortschreibung der Leitlinien und Empfehlungen mit großer Mehrheit zu und beauftragte die Verwaltung, die auf Grundlage der Verhandlungsergebnisse ein Wettbewerbsverfahren auszuloben, sowie die Schaffung von Baurecht und den Abschluss eines städtebaulichen Vertrages vorzubereiten. Hiermit einhergehend erfolgte gemäß § 2 Abs. 1 BauGB i.V.m. § 1 Abs. 8 BauGB der Aufstellungsbeschluss für den Bebauungsplan „Einkaufsquartier südlich der Ludwigsstraße (A 262)“ (1722/2013).[71] Die Stadtratsfraktionen der Ampelkoalition und der CDU setzen neben der Reduzierung der maximalen Verkaufsfläche von 28.000 m^2 auf 26.500 m^2 darüber hinaus in einem gemeinsamen Änderungsantrag (1888/2013) zur Beschlussvorlage die Forderung nach weiteren Nachverhandlungen zu vier kritischen Punkten durch.[72] Der Antrag der Fraktion Die Linke zur Durchführung eines Bürgerentscheids über den Verkauf städtischer Flächen an ECE (1880/2013), sowie der Antrag der ÖDP zur Vertagung des Grundsatzbeschlusses bis zur Nachverhandlung der Leitlinien mit ECE wurden mehrheitlich abgelehnt (1891/2013).

Etwa zeitgleich begann außerdem der Prozess zur Erarbeitung eines „Integrierten Entwicklungskonzepts Innenstadt Mainz“ (IEK), welches im Mai 2015 fertiggestellt wurde (Landeshauptstadt Mainz 2015b). Bereits im Rahmen der LudwigsstraßenForen war vermehrt die Forderung nach einem integrierten Gesamtkonzept für die Innenstadtentwicklung formuliert worden, das über eine unmittelbar anlassbezogene Einzelplanung hinausgehen sollte. Das IEK ging aus einem mehrstufigen Prozess der Beteiligung von Bürgerschaft und Fachöffentlichkeit hervor, der zwischen Dezember 2013 und Mai 2015 stattfand. Es wurde aus dem Landesprogramm „Aktive Stadtzentren“ gefördert und durch die Bürogemeinschaft Scheuvens+Wachten, Dortmund / BBE Handelsberatung, Köln / Runge+ Küchler Verkehrsplanung, Düsseldorf bearbeitet (Bürgerinitiative Mainzer Ludwigsstraße e.V. 2015: 621). Es soll eine „Entscheidungsgrundlage für die

70 Aus Sicht der Architektenkammer drohte eine Aufweichung der Leitlinien von „muss“- zu „soll“-Bestimmungen (Architektenkammer Rheinland-Pfalz 2013b). Aus Sicht der Bürgerinitiative Mainzer Ludwigsstraße (2013: 2) würde die Intention der Leitlinien und Empfehlungen durch vermeintliche ‚Konkretisierungen‘ teilweise ins Gegenteil verkehrt und der Beteiligungsprozess dadurch ausgehebelt. So sollte etwa Leitlinie 3.18 („Wegfallende öffentliche Flächen sind an anderer Stelle im Quartier mit gleichwertiger öffentlicher Nutzung zu ersetzen“) dahingehend ‚konkretisiert‘ werden, dass eine Kompensation wegfallender öffentlicher Flächen „durch eine Nutzungsverdichtung und Qualitätserhöhung anderer [d.h. bestehender] öffentlicher Flächen ausgeglichen werden“ (Landeshauptstadt Mainz 2013b, Einfügung DG) kann.

71 Der Ortsbeirat Mainz-Altstadt lehnt die Vorlage in der Sitzung vom 29.01.2014 mehrheitlich ab (OBR MZ-A 29.01.2014).

72 Hierbei handelt es sich um die durchgängige Öffnung der zwischen Bischofsplatz und Weißliliengasse entstehenden Hinteren Präsenzgasse, den Verlauf von Fahrtreppen, die Öffnung des Einkaufszentrums zur Weißliliengasse sowie eine stärkere Begrenzung der gemäß Verhandlungsergebnis vorgesehenen 3.000 m^2 Gastronomiefläche (ebd.).

künftige städtebauliche Entwicklung, für einen zielgerichteten Mitteleinsatz und die Akquirierung von Fördermitteln aus dem Programm Aktive Stadtzentren darstellen" (ebd.: 622). Die Entwicklung des Einkaufsquartiers Ludwigsstraße, die Neugestaltung des Umfelds an der Ludwigsstraße und die Gestaltung des Bischofsplatzes sind Teil der Projektliste des IEK.

5.1.3 Epilog: Das vorläufige Scheitern der Shopping-Center-Planungen und die Suche nach alternativen Konzepten für die Ludwigsstraße

Wenngleich mit dem Stadtratsbeschluss vom 4. Dezember 2013 die Grundlagen für die weitere Konkretisierung der Shopping-Center-Planungen an der Ludwigsstraße durch Wettbewerbs- und Bebauungsplanverfahren gelegt wurden, geriet das Projekt in der Folge zunehmend ins Stocken. Dies hing u.a. mit Problemen bei der Akquise der hierfür benötigten weiteren Grundstücke zusammen (Bürgerinitiative Mainzer Ludwigsstraße e.V. 2015: 17-21). Da die Verhandlungen zwischen ECE und der Eigentümerfamilie des Pavillons am Gutenbergplatz 2 über einen Verkauf der Liegenschaft scheiterten, gab ECE Ende 2014 bekannt, fortan auf kleinerer Fläche ohne den nordöstlich der Fuststraße gelegenen Pavillon und die dahinterliegenden Gebäude zu planen (Allgemeine Zeitung 2014). Auch ein zeitnaher Erwerb des Gebäudes der Deutschen Bank durch ECE kam nicht zustande, da dieses zunächst nur als Teil eines größeren Immobilienportfolios zum Verkauf stand (Allgemeine Zeitung 2015a). Im Mai 2015 distanzierte sich ECE von den ursprünglichen Planungen und gab die Erneuerung des Karstadt-Komplexes durch einen Neubau ohne den Einbezug arrondierender Grundstücke als neues Ziel aus (Landeshauptstadt Mainz 2015a). Durch das Vorziehen der Gebäudefront bis zur Ludwigsstraße sollte eine Verkaufsfläche von 16.000 m² entstehen. Statt der Errichtung einer Tiefgarage sollte das bestehende Karstadt-Parkhaus modernisiert werden (Immobilien Zeitung 2015). ECE orientierte sich hierbei nach eigenen Angaben nicht mehr am Konzept eines Einkaufszentrums, sondern an klassischen Geschäftshäusern (Mainzer Rheinzeitung 2015).

Im September 2015 erwarb das Ingelheimer Bauunternehmen J. Molitor Immobilien GmbH gemeinsam mit der Sparkasse Rhein-Nahe die südwestlich an Karstadt angrenzende, an die Deutsche Bank vermietete Immobilie (Allgemeine Zeitung 2015b). Im April 2016 präsentierten die Investoren den Stadtratsfraktionen ein erstes Konzept für eine Mischnutzung aus Einzelhandel, Wohnen und Dienstleistungen, welches eine Begrenzung der Einzelhandelsentwicklung auf das Karstadt-Areal vorsah (Allgemeine Zeitung 2016). Auf dieser Grundlage beschloss der Stadtrat am 25.05.2016 insgesamt 14 Eckpunkte für das Bebauungsplanverfahren. Diese sehen u.a. die Beschränkung des Plangebiets auf den Bereich Karstadt / Deutsche Bank, das Vorziehen der Raumkante zur Ludwigsstraße und Mischnutzung vor (siehe Anhang A-5). Im Herbst 2016 hat sich ECE „prinzipiell aus dem Projekt zurückgezogen und tritt nur noch als Vermieter der Karstadt-Liegenschaft auf" (1185/2017, S. 3) – „Vor diesem Hintergrund beabsichtigt seit Anfang 2016 die Firma Gemünden (=PG Weißliliengasse GmbH & Co.KG [PGW]), die bereits im direkten Umfeld der Karstadt-Liegenschaft Grundbesitz (Deutsche Bank Areal) erworben hat, auch die Karstadt-Liegenschaft zu kaufen“ (ebd.). Im August 2017 verständigten sich die Stadt Mainz, das Bistum Mainz, die PG Weißliliengasse GmbH & Co. KG (PGW) und die KG PANTA 114 Grundstücksgesellschaft MAINZ mbH & Co. KG auf eine gemeinsame Absichtserklärung als Grundlage weiterer Planungen für die „städtebauliche Aufwertung durch eine standortgerechte urbane Funktionsmischung mit Einzelhandel, Dienstleistungen, Gastronomie und Wohnnutzungen“ (ebd., S. 4).[73] Die Zustimmung des Stadtrats zur Absichtserklärung bildete zugleich die Voraussetzung für den Erwerb der Karstadt-Immobilie durch die Fa. Gemünden im Zuge eines share-Deals zum Erwerb von 90 % der Gesellschaftsanteile an Panta (1185/2017-Anl. 1, S. 4). Hieraus ging die Boulevard Lu GmbH & Co. KG als neue Gesellschaft hervor (Allgemeine Zeitung 2017). Am 29.03.2019 stellte die Boulevard Lu GmbH & Co. KG schließlich unter der Überschrift „Lu erleben“ ein neues Nutzungskonzept für das Areal an der Ludwigsstraße vor, das stationären Einzelhandel, E-Commerce, Büro- und Hotelnutzung sowie gastronomische und kulturelle Angebote verbinden soll.[74] Einer überarbeiteten gemeinsamen Absichtserklärung, die einzelne Anpassungen wie etwa die Reduktion der Verkaufsfläche auf 15.000 m² beinhaltet, stimmt der Stadtrat am 17.04.2019 zu (0718/1/2019). Die Verwaltung ist nunmehr beauftragt, weitere Schritte zur Konkretisierung der Planungen einzuleiten. Diese umfassen insbesondere die Ausarbeitung von Verträgen, die Schaffung von Baurecht, die Auslobung von Wettbewerben und die Einberufung eines LudwigsstraßenConsiliums (ebd.). Letzteres stellt ein neues Beteiligungsformat dar, welches interdisziplinäre Expert*innen und Vertreter*innen der Bürgerschaft gleichermaßen einbinden soll.

In der Zusammenschau wird deutlich, dass die Auseinandersetzung mit innerstädtischen Einkaufszentren die jüngere Planungsgeschichte der Mainzer Ludwigsstraße, aber auch die Debatte um die Entwicklung der Innenstadt in erheblichem Maße geprägt hat, wobei in den letzten Jahren die Erarbeitung neuer Konzepte zur Standortentwicklung stärker in den Vordergrund gerückt ist. Nach dieser Einführung in den Planungsprozess wendet sich die vorliegende Dissertation in den nachfolgenden Kapiteln nun der Analyse des diskursiven Feldes zur Frage der ‚Verträglichkeit‘ eines Einkaufszentrums an

---

[73] Geplant ist demnach die Vorverlagerung der Gebäudegrenze zur Ludwigsstraße bei gleichzeitigem Erhalt und Modernisierung des Karstadt-Komplexes inkl. Parkhaus. Die Stadt Mainz erklärt ihre Bereitschaft, die öffentlichen Flächen zwischen den Pavillons in die Standortentwicklung einzubringen. Karstadt und Deutsche Bank sollen weiterhin als Mieter am Standort bleiben, letztere auf reduzierter Fläche. Die Verkaufsfläche für den Einzelhandel soll max. 17.000 m² betragen. Die bestehende Überbauung der Fuststraße soll entfallen. Das östlich der Fuststraße gelegene, von Karstadt nicht mehr genutzte Nebengebäude soll zusammen mit dem Grundbesitz des Bistums am Bischofsplatz zu einem Wohn- und Geschäftshaus entwickelt werden. Der Pavillon Gutenbergplatz 2 ist nicht Teil der Planung, würde sich jedoch im räumlichen Geltungsbereich eines zukünftigen Bebauungsplanes befinden. Die Stadt Mainz erklärt ihre Bereitschaft, die öffentlichen Flächen zwischen den Pavillons in die Standortentwicklung einzubringen.

[74] Dabei soll Karstadt weiterhin Ankermieter bleiben, jedoch auf deutlich verringerter Fläche von 6.400 m². Darüber hinaus sollen Flächen im Umfang von 8.600 m² für den Einzelhandel zur Verfügung stehen, u.a. für eine „Pop-up-Halle“ mit temporären Konzepten und einen „City-Hub“ als Logistikplattform für Bestellungen im Mainzer Einzelhandel. Entgegen der ursprünglichen Planung soll es keine geschlossene Baukante entlang der Ludwigsstraße geben, so dass die öffentlichen Flächen an der Ludwigsstraße größtenteils erhalten blieben (Boulevard Lu GmbH & Co. KG & Landeshauptstadt Mainz 2019).

der Mainzer Ludwigsstraße zu. Dabei wird insbesondere die Phase der Auseinandersetzung mit konkreten Ansiedlungsvorhaben zwischen 2011 und 2014 im Vordergrund stehen. Diese Phase, die durch den Beteiligungs- und Verhandlungsprozess sowie die Erstellung diverser gutachterlicher Expertisen geprägt ist, stellt gewissermaßen den Höhepunkt dar in der Auseinandersetzung mit der Frage, wie die Ansiedlung eines Einkaufszentrums in der Mainzer Innenstadt ‚verträglich' gestaltet werden kann.

5.2 Problematisierungsweisen der Ansiedlung eines innerstädtischen Einkaufszentrums

Im Rahmen der diskursanalytischen Annäherung an die Problematik der Innenstadtverträglichkeit geplanter großflächiger Einkaufszentren wird nun zunächst der Frage nachgegangen, in welcher Weise die Realisierung eines solchen Einkaufszentrums überhaupt als stadtentwicklungspolitisches Problem aufgeworfen bzw. als problembehaftet verhandelt wird. Diese Frage ist keineswegs trivial, denn wie die nachfolgend dargestellten Ergebnisse zur Mainzer Fallstudie zeigen, existieren durchaus sehr unterschiedliche Modi der Problematisierung geplanter innerstädtischer Einkaufszenten, die mit grundverschiedenen Implikationen dahingehend verbunden sind, was unter einer ‚(innenstadt)verträglichen' Shopping-Center-Entwicklung zu verstehen ist und wie diese sichergestellt werden kann.

Im Zuge der bereits in Kapitel 4 methodologisch begründeten und dokumentierten Kodierungsschritte wurden hierfür zunächst diejenigen Diskursfragmente gesammelt, die die Ansiedlung eines Einkaufszentrums in der Mainzer Innenstadt problematisieren, d.h. auf je spezifische Weise als problembehaftet beschreiben und in einen stadtentwicklungspolitischen Kontext einordnen. Die so gesammelten Diskursfragmente wurden anschließend im Rahmen einer maximal kontrastiv vorgehenden induktiven Bildung von Subkategorien ausdifferenziert. Auf diese Weise konnten fünf verschiedene Diskursstränge herausgearbeitet werden, die sich jeweils in ihrem zentralen Mechanismus der Einordnung des geplanten Einkaufszentrums in einen stadtentwicklungspolitischen Problemzusammenhang unterscheiden.[75] Die nachfolgende Ergebnisdarstellung dieses ersten Auswertungsschrittes stellt dabei den initialen Schritt der Rekonstruktion der diskursiven Wissensordnung(en) über den innerstädtischen Raum dar, die die politische Bearbeitung und Steuerung der Verträglichkeitsproblematik anleiten. Hierfür erfolgt zunächst eine eingehende Beschreibung der empirisch herausgearbeiteten Diskursstränge. Auf dieser Grundlage kann zum einen dargelegt werden, welcher Begründungs- und Legitimationszusammenhang für die Ansiedlung eines innerstädtischen Einkaufszentrums hierdurch aufgespannt wird. Zum anderen wird aber auch aufgezeigt, inwieweit diese Diskursordnung durch hiervon abweichende Problematisierungsmuster in Frage

[75] Diese Diskursstränge stellen keine in sich abgeschlossenen, voneinander separierten Diskussionsstränge dar. Vielmehr handelt es sich um eine analytische Untergliederung des diskursiven Feldes in verschiedene wiederkehrende Muster der Verkettung von Aussagen und Begriffen.

gestellt und partiell aufgebrochen wird. Wie im Laufe des Kapitels deutlich wird, sind die hierbei betrachteten Diskursstränge an je spezifische normative Vorstellungen einer ‚guten' Stadtentwicklungspolitik gebunden und legen dadurch ein z.T. sehr unterschiedliches Verständnis von ‚(Innenstadt)Verträglichkeit' nahe. Die Analyse von Problematisierungsmustern ermöglicht dadurch einen ersten Zugang zu der zentralen Fragestellung dieser Arbeit, nämlich wie die Sicherstellung von ‚Verträglichkeit' diskursiv als Problembereich städtischen Regierens konstituiert wird und welche Machtwirkungen hieraus hervorgehen.

5.2.1 Sachzwangorientiertes Problematisierungsmuster

Eine sehr zentrale Rolle für den Begründungs- und Legitimationszusammenhang des geplanten Einkaufszentrums spielen sachzwangorientierte Problematisierungsmuster. Der zentrale Mechanismus dieses Diskursstranges besteht darin, dass die Ansiedlung des geplanten Einkaufszentrums in Bezug zu äußeren Sach- und Handlungszwängen gesetzt wird, die die Initiierung von Aufwertungsimpulsen durch ein innerstädtisches Einkaufszentrum als notwendige, mehr oder weniger alternativlose Entwicklung erscheinen lassen. Solche Sachzwänge werden auf unterschiedlichen Ebenen beschrieben und basieren meist auf der Identifizierung von Defiziten, die innerhalb dieser Logik mit Hilfe privater Investitionen überwunden werden müssen. Im Folgenden werden die unterschiedlichen Sachzwangbezüge im Diskurs um die ‚Verträglichkeit' des geplanten Einkaufszentrums in der Mainzer Innenstadt nun näher beschrieben. Dabei wird deutlich, dass der Begriff der ‚Aufwertung' und das Paradigma des Standortwettbewerbs quer zu den verschiedenen Arten von Sachzwängen liegen und vielfältige Bezüge innerhalb des Diskursstranges aufweisen. Insofern erscheinen sie als zentrale Kristallisations- und Verdichtungspunkte innerhalb des sachzwangorientierten Problematisierungsmusters.

5.2.1.1 Das Defizitäre als Ausgangspunkt sachzwangorientierter Problematisierungen

Die Identifizierung städtebaulicher und funktionaler Defizite des Projektstandorts muss für sich betrachtet noch nicht mit der Herstellung konkreter Sachzwangbezüge einhergehen. Vielfach bildet sie jedoch den Ausgangspunkt für eine Argumentationskette, die das Moment des Defizitären in Relation setzt zur These eines sich intensivierenden Standortwettbewerbs und aus dem Zusammenwirken beider Aspekte dann die Notwendigkeit ableitet, Aufwertungsprozesse zur Stärkung der Wettbewerbsfähigkeit der Innenstadt als Einzelhandelsstandort in Gang zu setzen. Defizite werden dabei auf verschiedenen Ebenen benannt, so etwa im Hinblick auf städtebauliche Mängel und Modernisierungsrückstände im Bereich des bestehenden Warenhauskomplexes und der Pavillonstrukturen an der südlichen Ludwigstraße. Der gutachterlichen Expertise zufolge „handelt es sich um einen sehr gut integrierten Standort in 1a-Lage in der Mainzer Innenstadt, der sich derzeit nicht mehr attraktiv und zeitgemäß präsentiert und einen erheblichen Modernisierungs- und Aufwertungsbedarf aufweist" (bulwiengesa AG 2011: 92). Dabei sind die identifizierten Modernisierungsbedarfe zunächst unabhängig von den konkreten Investorenplänen für ein Einkaufszentrum zu sehen:

> *„Es war nie das Ziel unbedingt ein ECE dort hin zu bringen, den gab es am Anfang gar nicht in der Form, sondern wir haben nur darüber gesprochen, dass das in die Jahre gekommen ist, dass hier ein gewisser Anker in die Innenstadt nochmal modernisiert gehört. Aber wie groß, wer das macht, das war am Anfang noch offen"* (I-SV 1, Abs. 16).

Im weiteren Verlauf jedoch bildet die diskursive Rahmung der Ansiedlung eines innerstädtischen Einkaufszentrums als überfälliger Modernisierungsprozess, durch den die Zeit des Stillstands und des damit einhergehenden anhaltenden Bedeutungsverlustes überwunden werden kann, eine wichtige Legitimationsgrundlage für das Projekt. Die Diagnose des Defizitären ist aus diskursanalytischer Perspektive dabei weniger als Beschreibungen eines präexistenten Zustandes von Interesse, sondern vor allem unter dem Gesichtspunkt der „sprachpraktische[n] Wirklichkeitskonstruktion" (KELLER 2011: 72), die hiermit einhergeht: Die Einordnung des innerstädtischen Raums in einen teleologischen Modernisierungs- und Erneuerungsdiskurs kann insofern als machtvolle diskursive Praxis gelesen werden, als sie die Umgestaltung innerstädtischer Räume nach den Kapitalverwertungsinteressen institutioneller Investoren legitimiert und das Feld möglicher Sprechpositionen entlang einer binären Differenzlinie strukturiert, die zwischen einer progressiven Position der Ermöglichung und einer destruktiven Position der Verunmöglichung, Verhinderung und Verweigerung verläuft.[76] Demnach müsse verhindert werden, dass durch die Blockadehaltung von Bedenkenträger*innen die Wettbewerbsfähigkeit der Stadt in Gefahr gerate: „Mainz steht im Wettbewerb mit anderen Städten und kann es sich daher nicht erlauben, sich nicht weiterzuentwickeln", so beispielsweise die Mahnung eines Bürgers im Rahmen der LudwigsstraßenForen (Landeshauptstadt Mainz 2011d: 11). Zugleich aber stiftet das Bekenntnis zu einer städtebaulichen Erneuerung der Ludwigsstraße auch einen grundlegenden Konsens und bildet eine gemeinsame Diskussionsgrundlage von Befürworter*innen und Gegner*innen des Projekts (z.B. I-BI 1, Abs. 8).

Neben der städtebaulichen Ebene werden auch auf der Ebene des bestehenden Einzelhandelsangebotes Defizite am Vorhabenstandort sowie in der Innenstadt insgesamt identifiziert. Dabei weisen die von der Stadt Mainz in Auftrag gegebenen Gutachten darauf hin, „dass wir sowas in Mainz brauchen können, wen wir alles erreichen können und wo wir natürlich auch noch Defizite im Angebot haben. Und das kann man natürlich nicht negieren" (I-SP 1, Abs. 20). Eine gutachterliche Analyse des Einzelhandelsbesatzes in der Mainzer Innenstadt kommt zu dem Schluss, dass in Vergleichsstädten insgesamt mehr als 70 Filialbetriebe ermittelt werden können, die nicht mit einem eigenen Geschäft in Mainz vertreten sind. Dies betrifft insbesondere den modischen Bedarf so-

[76] So mahnt etwa der Wirtschaftsdezernent in einer Pressemeldung (Landeshauptstadt Mainz 2013e) angesichts der Kritik am Verlauf der Verhandlungen mit ECE, die Bürgerinitiative Mainzer Ludwigsstraße möge „wieder zu einer differenzierten Haltung zurückkehren und sich inhaltlich einbringen", statt aus einer „Verweigerungshaltung" heraus „Fundamentalopposition zu betreiben".

wie beim aperiodischen Bedarf den Bereich Freizeit, Sport und Einrichtung (bulwiengesa AG 2011: 35; ähnlich bei Junker und Kruse Stadtforschung Planung 2012a: 30 f.). In solchen Techniken der Angebotsdefizitanalyse verschränkt sich die Analyse des Defizitären in für den sachzwangorientierten Diskursstrang charakteristischer Weise mit der Verortung des innerstädtischen Raums in einem Wettbewerbsumfeld konkurrierender Standorte.[77]

5.2.1.2 Standortwettbewerb und Aufwertung als zentrale Kristallisationspunkte sachzwangorientierter Problematisierungen

Im vorherigen Abschnitt wurde dargelegt, dass der Verweis auf den defizitären Charakter bestehender innerstädtischer Strukturen den grundlegenden Ausgangspunkt sachzwangorientierter Problematisierungen bildet. Umso gravierender erscheinen die beschriebenen Defizite, sobald sie in Bezug gesetzt werden zum Argument eines sich zuspitzenden interkommunalen Standortwettbewerbs. Die Standortkonkurrenz werde zunehmend intensiver und entfalte dadurch einen Handlungsdruck, dem sich früher oder später keine Stadt mehr entziehen könne. Daher dürfe sich die Stadt Mainz einer Veränderung an der Ludwigsstraße nicht verweigern, da sie sonst den Anschluss zu verlieren drohe:

> „*Eines müssen sich aber alle Beteiligten nochmals bewusst machen: Keine Veränderungen an der Lu könnten in der Konsequenz Leerstand, Arbeitsplatzverlust und schließlich einen massiven Verlust an Attraktivität im Herzen der Stadt nach sich ziehen*“ (Landeshauptstadt Mainz 2011i: 4).

Konkret wird sowohl die Wettbewerbssituation mit dem rheinhessischen Umland als auch die Konkurrenz durch die rechtsrheinischen Großstädte und Einkaufszentren im Rhein-Main-Gebiet angesprochen. Der Verweis auf den regionalen Standortwettbewerb spielt dabei bereits von Beginn an eine zentrale Rolle für den Begründungs- und Legitimationszusammenhang des geplanten Einkaufszentrums in der Mainzer Innenstadt. So formulieren die Stadtratsfraktionen der Ampelkoalition in einem gemeinsamen Antrag zur Stadtratssitzung vom 16.02.2011, der auf die Beschlussfassung für die grundsätzliche Unterstützung einer Shopping-Center-Entwicklung im Bereich Ludwigsstraße abzielt:

> „*Die Stadt Mainz wird bei den Mainzerinnen und Mainzern, aber auch in den umliegenden Städten und Gemeinden als attraktive Einkaufsstadt geschätzt. Deshalb gilt es dafür Sorge zu tragen, dass die Stadt auch künftig im regionalen Wettbewerb insbesondere mit den rechtsrheinischen Städten ihre Attraktivität als Einkaufsstadt erhält, beziehungsweise ausbaut*“ (0247/2011/1: 2).

Im weiteren Begründungstext des Beschlusses wird dabei explizit auf die Schaffung ähnlicher Angebote an anderen Standorten in Rheinland-Pfalz und dem Rhein-Main-

[77] Dabei bleibt jedoch offen, nach welchen Kriterien die Vergleichsstädte ausgewählt werden, ob diese selbst womöglich auch Angebotslücken aufweisen und inwiefern die dort ansässigen Betriebe überhaupt in einem räumlichen Wettbewerbsverhältnis zu den Betrieben des Mainzer Einzelhandels stehen.

Gebiet in den vorhergehenden Jahren verwiesen, woraus ein entsprechender Nachholbedarf zur Schaffung eines neuen innerstädtischen Einzelhandelshandelsangebots mit Magnetwirkung für die Stadt Mainz abgeleitet wird:

> *„In zahlreichen Städten im Umkreis von 100 km wurden in den letzten Jahren moderne Einkaufspassagen und Einkaufszentren in den Innenstädten realisiert. So haben beispielsweise Wiesbaden, Frankfurt, Ludwigshafen, Kaiserslautern und Koblenz entsprechende Angebote geschaffen. Um Mainz auch künftig als Einkaufsstandort wettbewerbsfähig und attraktiv zu halten, sollte auch für die Landeshauptstadt ein entsprechender Publikumsmagnet generiert werden, der zusätzliche Kaufkraft nach Mainz zieht und damit auch für neue Arbeitsplätze und höhere Steuereinnahmen sorgt"* (ebd.).

Durch die Ausweitung der bestehenden Einzelhandelsflächen sollen Kaufkraftabflüsse ins Umland vermieden bzw. ins Umland gerichtete Kaufkraftströme wieder umgekehrt werden. Gemäß dem städtischen Zentrenkonzept Einzelhandel sollen hierbei vor allem Einzelhandelsinvestitionen in den zentralen Einkaufsbereichen planerisch unterstützt werden – beispielsweise in Form eines innerstädtischen Einkaufszentrums – um die Innenstadt gegenüber der Grünen Wiese als Einzelhandelsstandort zu stärken (Landeshauptstadt Mainz 2005: 26).

Vereinzelt werden im Rahmen des Beteiligungsprozesses auch Forderungen nach einer Überwindung des Wettbewerbsparadigmas bzw. nach der Vermeidung einer ruinösen Standortkonkurrenz durch eine Überversorgung mit Einzelhandelsflächen artikuliert. Hierfür sei eine enge regionale Zusammenarbeit etwa bei der Ausweisung von Flächen für den Einzelhandel erforderlich. Aus Sicht der Stadt Mainz stehen dem jedoch gegenläufige Ziele und Interessen der einzelnen Städte und Gemeinden in der Region entgegen, die als unüberwindbar angesehen werden, so dass ein entsprechendes abgestimmtes Vorgehen realistisch nicht erwartbar sei (Landeshauptstadt Mainz 2012a: 65). Aus diesem Sich-nicht-entziehen-Können, der vermeintlichen Unhintergehbarkeit des Standortwettbewerbs, folgt der Imperativ, Projekte zur Innenstadtentwicklung primär nach Kriterien der Wettbewerbsfähigkeit zu beurteilen und danach auszurichten. Diese Wettbewerbsorientierung erscheint dabei weniger als *eine mögliche* Ausrichtung von Stadtentwicklungspolitik (zu der alternative Ausrichtungen von Stadtentwicklungspolitik gedacht werden können), sondern vielmehr als das bereits vorab definierte grundlegende Set an Spielregeln, innerhalb dessen Rahmen (und *nur* innerhalb dessen) Innenstadtentwicklung stattfinden kann. Exemplarisch wird diese Faktizität des Standortwettbewerbs an der folgenden Paraphrase eines Statements eines Mainzer Unternehmers im Rahmen des Beteiligungsprozesses greifbar:

> *„Auch wenn es eventuell zu viele Kaufangebote im Rhein-Main-Gebiet gebe, sei es im Endeffekt ein Wettbewerb und wenn Mainz nicht mitmache, werde Mainz verlieren"* (Landeshauptstadt Mainz 2012d: 11).

An dieser Stelle tritt ein grundlegender Mechanismus des sachzwangorientierten Diskursstranges zutage. Dieser besteht in der Übertragung der Idee des unternehmerischen Wettbewerbs auf die Steuerung der Entwicklung von Städten, die selbst als Wettbewerbseinheiten in einem Wettbewerbsumfeld gedacht werden und die ihr Angebotsprofil an diesem Wettbewerbsumfeld ausrichten müssen: „Eine Stadt wie Mainz kann es sich nicht leisten, ein vergleichbares Produkt nicht zu haben", so der damalige Wirtschaftsdezernent in der Mainzer Rheinzeitung (2011b) angesichts der Ansiedlung innerstädtischer Einkaufszentren in Städten wie Koblenz, Ludwigshafen oder Wiesbaden.

Eine ähnlich zentrale Rolle innerhalb des sachzwangorientierten Diskursstranges spielt der Begriff der ‚Aufwertung', der in vielfältigen Verwendungszusammenhängen auftaucht und auch in den vom Stadtrat beschlossenen Leitlinien und Empfehlungen zur Beschreibung der städtischen Ziele für das Projektgebiet herangezogen wird. So sollen sowohl das Karstadt-Areal, der umgebende öffentliche Raum, die Ludwigsstraße, die Verbindungsachsen des Tripols und auch die Innenstadt als Ganzes in einen Aufwertungsschub versetzt werden. Entsprechend betont etwa das städtische Baudezernat im Rahmen der LudwigsstraßenForen:

> *„Die Bereiche im Umfeld des neuen Einkaufsquartiers, wie Fuststraße, Johannisstraße, Heiliggrabgasse sowie der westliche Teil der Ludwigsstraße, aber auch Gaustraße und Schillerplatz/ Große Langgasse müssen ebenso aufgewertet und gestärkt werden"* (Landeshauptstadt Mainz 2012e: 5).

Dabei bleibt der Aufwertungsbegriff trotz seiner Omnipräsenz weitgehend amorph und wird meist nur andeutungsweise konkretisiert. Anhaltspunkte dahingehend, was unter einer ‚Aufwertung' zu verstehen ist, liefert z.B. der nachfolgende Auszug aus einer Pressemeldung der Stadt Mainz zu neuen Perspektiven für das Karstadt-Areal nach dem Eigentümerwechsel im Jahr 2017:

> *„Im inneren Kernbereich der City, zwischen ‚Brand', ‚Römerpassage' und der ‚Ludwigsstraße' herrscht die größte Besucherfrequenz, hier sind die 1a-Lagen mit regionaler Ausstrahlung vorhanden. Nur wenn dieser Magnet seine Anziehungskraft steigert – und dies kann durch eine funktionale und städtebauliche Ertüchtigung des Karstadt-Komplexes erzielt werden – kann Mainz angesichts der vielfältigen konkurrierenden Angebote im stationären und zunehmend im Online-Handel auch zukünftig seine historisch große Rolle als Marktplatz für die Region weiter spielen. Ich freue mich sowohl für den Handel und die Gastronomie als auch für die Kunden über diese neue Chance, die City aufwerten zu können"* (Landeshauptstadt Mainz 2017: 5 f.).

Hier wird der Begriff ‚Aufwertung' mit einer Attraktivitätssteigerung verknüpft, wodurch der Aufwertungsbegriff einen eigentümlich zirkulären Charakter annimmt: Die bestehende eingeschränkte Attraktivität soll durch eine ‚Aufwertung' – also durch eine Steigerung der Attraktivität – gesteigert werden. Ermöglicht werden soll diese Attraktivitätssteigerung gemäß der zitierten Passage durch eine *städtebauliche* und *funktionale* Aufwertung, also gestalterische Maßnahmen und den Ausbau des Einzelhandelsangebots. Der Begriff der ‚Aufwertung' impliziert dabei die Existenz eines allgemeingültigen Bewertungsmaßstabes, anhand dessen sich die Wertigkeit städtischer Räume eindeutig und objektiv, einvernehmlich und konfliktfrei bemessen ließe. Gleichzeitig bleibt jedoch weitgehend offen, worin dieser Wertmaßstab eigentlich besteht. Als städtebaulicher Leitgedanke bleibt der Aufwertungsbegriff insgesamt weitgehend vage und lässt einen breiten Spielraum, wie dieser inhaltlich gefüllt werden kann.

Gemäß des sachzwangorientierten Problematisierungsmusters ist also in Anbetracht der bestehenden städtebaulichen und angebotsbezogenen Defizite sowie des zunehmenden interkommunalen Standortwettbewerbs eine Stärkung und Aufwertung der Einkaufsinnenstadt notwendig. Für die Frage, auf welchem Wege eine solche Stärkung erfolgen soll, bildet das Tripol-Konzept (vgl. Kap. 5.1). den zentralen Referenzrahmen. So heißt es in der gemeinsamen Absichtserklärung der Stadt Mainz mit der ECE Projektmanagement GmbH und Co. KG sowie der KG PANTA 114 Grundstücksgesellschaft MAINZ mbH. & Co. KG vom 14.10.2013 über die geplante städtebauliche Erneuerung an der Ludwigsstraße:

> *„Die Stadt beabsichtigt, im Rahmen des Tripolkonzepts für die Mainzer Innenstadt ihre oberzentrale Funktion durch die Entwicklung des Einkaufsstandorts Ludwigsstraße zu stärken und langfristig zu sichern. Ziel ist die Schaffung eines attraktiven und hochwertigen innerstädtischen, auf die städtebauliche Situation und das Stadtbild in Mainz zugeschnittenen Einkaufsquartiers“* (1722/2013: 2 f.).

Wichtig ist jedoch vor allem, dass der Tripol als eine Struktur beschrieben wird, die erst verwirklicht und aktiv hergestellt werden muss, da sie bislang nur in unvollkommener, fragiler Gestalt und nicht in ihrer vollkommenen Ausprägung vorhanden sei:

> *„Sie müssen die stadtentwicklungsstrategische Position an dieser Stelle sehen. (...) Die beiden anderen Pole, Brand und Römerpassage, sind relativ stark. Dazwischen läuft eine starke 1A-Lage. Und wir haben natürlich nicht nur die Ludwigsstraße zu sehen, sondern auch die Wege dorthin. Also insbesondere Schillerstraße, Schillerplatz, die Läden, die wir ja als Profiteure dieses Projektes mit auserkoren haben, weil natürlich dann ein gewisser Strom sich dort hinbewegt und damit hätten wir den Tripol natürlich erst zum Tripol gemacht. Im Moment droht er uns an der Stelle wegzubrechen. Und wenn sich das noch weiter verschlimmert-. Wir wissen ja nicht-. Irgendwann macht Karstadt zu oder was auch immer. Dann auch noch Leerstand, dann sieht es also ganz schlecht aus. Aber nicht nur für diesen Punkt. Das wäre ja vielleicht noch zu verschmerzen. Sondern für die, die dort in diese Richtung auch Läden haben. Und am Schillerplatz haben wir eine Reihe hochwertiger Geschäfte, die auch in ansprechendem Ambiente dort stehen, das wollen wir jetzt nicht aufgeben. Und die brauchen da schon einen gewissen Strom. Deswegen ist und das Projekt immer noch sehr wichtig“* (I-SV 1, Abs. 104-108).

Eine solche Verwirklichung der Tripol-Struktur soll durch gezielte Aufwertungsprozesse in unterentwickelten Standortbereichen ermöglicht werden. Dies betrifft insbesondere den Pol Ludwigsstraße, der hinsichtlich Verkaufsflächenausstattung, Einzelhandelsbesatz und städtebaulicher Attraktivität durch die gutachterlichen Expertisen als defizitär bewertet wird (bulwiengesa AG 2011; Junker und Kruse Stadtforschung Planung 2012a).

Es herrscht hierbei die grundsätzliche Auffassung vor, dass solche Aufwertungsprozesse vor dem Hintergrund der kommunalen Finanzlage in erster Linie mit Hilfe privater Investoren anzustoßen seien. Private Investitionen werden als Grundvoraussetzung und Motor der Stadtentwicklung beschrieben, ohne die eine Überwindung der beschriebenen Defizite nicht denkbar sei. Dementsprechend besteht nach der Logik des sachzwangorientierten Problematisierungsmusters eine der wichtigsten stadtentwicklungspolitischen Aufgaben darin, Investoren zu gewinnen und Investitionsvorhaben, die eine ‚Aufwertung' und Stärkung im Standortwettbewerb versprechen, durch geeignete Rahmensetzungen zu ermöglichen und unterstützend zu begleiten. Ansonsten drohe die Abwanderung von Investoren an konkurrierende Standorte, wodurch sich die eigene Position im Standortwettbewerb weiter verschlechtern würde. Durch die Investitionen im Zuge der Shopping-Center-Entwicklung an der Ludwigsstraße soll dabei nicht nur eine punktuelle Aufwertung am unmittelbaren Standort des Vorhabens erfolgen. Vielmehr besteht von Seiten der Stadtverwaltung die Hoffnung auf einen Impuls für weitere private Folgeinvestitionen im Umfeld des Projekts, beispielsweise am Gutenbergplatz oder in Richtung Gaustraße (Landeshauptstadt Mainz 2012e: 10).

Zusammenfassend kann der zentrale Mechanismus sachzwangbezogener Problematisierungen somit wie folgt charakterisiert werden: Ausgehend von dem Befund eines bestehenden strukturellen Defizits und der damit verbundenen Beeinträchtigung der Konkurrenzfähigkeit im Standortwettbewerb wird die Notwendigkeit entsprechender privater Investitionen begründet, mit deren Hilfe gezielte Aufwertungsimpulse zur Überwindung der identifizierten Defizite angestoßen werden sollen. Dementsprechend heißt es in den 2012 vom Stadtrat beschlossenen Leitlinien:

> *„Mainz braucht ein attraktives Einkaufszentrum in der Innenstadt zur Stärkung der Wettbewerbsfähigkeit des Einkaufsstandortes im regionalen Kontext, zur Verbesserung des Einzelhandelsangebotes für die Bevölkerung in Stadt und Region sowie zur städtebaulichen Aufwertung und Modernisierung des Ludwigsstraßen-Quartiers"* (Landeshauptstadt Mainz 2012a: 82).

5.2.2 Potenzialorientiertes Problematisierungsmuster

Ein zweiter Diskursstrang, der mit dem sachzwangorientierten Problematisierungsmuster eng verflochten ist, zeichnet sich dadurch aus, dass die Realisierung des geplanten Einkaufszentrums mit unterschiedlichen Potenzialen und Chancen für die Stadtentwicklung assoziiert wird. Dieser Diskursstrang ist ebenfalls grundlegender Bestandteil des Begründungs- und Legitimationszusammenhangs des geplanten Einkaufszentrums. Eine besondere Rolle spielt hierbei die Maßstäblichkeit der Betrachtungsebene: So kann analytisch differenziert werden in attestierte Potenziale für den Mikrostandort Karstadt, für das unmittelbare Standortumfeld sowie für die Mainzer Innenstadt insgesamt – wobei letzterem eine erkennbar dominierende Stellung innerhalb dieses Diskursstranges zukommt.

5.2.2.1 Potenziale zur Aufwertung des Mikrostandortes und des Standortumfeldes

Auf der Ebene des Mikrostandortes wird die Entwicklung eines Einkaufszentrums als Chance für eine Verbesserung des *status quo* im Bereich des Warenhausstandortes angesprochen. So betont Oberbürgermeister Ebling in seiner Ansprache anlässlich des achten LudwigsstraßenForums, dass die Entwicklung eines Einkaufszentrums „eine reelle Chance darstellt, die bestehende Situation an der Ludwigsstraße zu verbessern" (Landeshauptstadt Mainz 2013c: 3). Neben der Stärkung des Einzelhandelspols geht es dabei vor allem um die Verbesserung der städtebaulichen Situation (Landeshauptstadt Mainz 2012b: 38). Insofern stellen die hier beschriebenen Potenziale eine spiegelbildliche Entsprechung dessen dar, was innerhalb des sachzwangorientierten Problematisierungsmusters als defizitär angesprochen wird. Allerdings werden diese Themen hier weniger unter dem Aspekt des äußeren Handlungsdrucks in Anbetracht des Standortwettbewerbs problematisiert, sondern vielmehr als ungenutzte Chancen und Potenziale, die nun aktiviert werden können.

Über die Aufwertung des Warenhausstandortes hinaus soll das geplante Einkaufszentrum positive Ausstrahlungseffekte auf das angrenzende Standortumfeld entfalten. So werde der Einzelhandelspol Ludwigsstraße insgesamt durch die Etablierung eines neuen Einzelhandelsmagneten gestärkt:

> *„Mit der Entwicklung des neuen Einkaufsquartiers mit rd. 26.500 qm Verkaufsfläche am Standort Karstadt kann der Pol Ludwigsstraße nachhaltig gestärkt und aufgewertet werden und an die anderen Pole aufschließen"* (bulwiengesa AG 2014: 91).

Die Ludwigsstraße soll dabei dem Anspruch an eine Flaniermeile besser gerecht werden können. Hierdurch würden auch die Passantenströme in Richtung Ludwigsstraße zunehmen, wovon der Einzelhandel in den entsprechenden Lauflagen profitieren könne (I-SV 1, Abs. 104). Die Vorstellung positiver Ausstrahlungseffekt wird dabei normativ gewendet: So empfiehlt das Gutachten des Büros Junker + Kruse, die Entwicklung eines Einkaufszentrums als Impuls für die Aufwertung des gesamten Quartiers zu nutzen. Um die potenziellen positiven Ausstrahlungseffekte realisieren zu können, sollten demnach eine Reihe flankierender Maßnahmen ergriffen werden. Diese umfassen beispielsweise eine Aufwertung angrenzender öffentlicher Räume, eine stärkere Profilierung der Torsituation im Bereich Gutenbergplatz oder auch eine Stärkung der Fuststraße als Verbindungsachse zum Einzelhandelspol Stadthausstraße. Dabei könne die Entwicklung des Karstadt-Areals auch dazu genutzt werden, die Altstadt stärker mit der übrigen Innenstadt zu vernetzen (Junker und Kruse Stadtforschung Planung 2012a: 59). Insgesamt nehmen die Betrachtungsebene des Mikrostandortes und des Standortumfeldes einen eher untergeordneten Stellenwert innerhalb des potenzialorientierten Diskursstranges ein, der insbesondere auf Potenziale für die Innenstadt als Ganzes verweist.

5.2.2.2 Potenziale für eine Stärkung der ‚Einkaufsinnenstadt'

In einer Presseinformation aus dem Jahr 2013 betont die Stadt Mainz anlässlich eines überarbeiteten Investorenentwurfs für das geplante Einkaufszentrum:

> *„Die Realisierung des ECE-Einkaufsquartiers ist mit mehr als 700 neuen Arbeitsplätzen und einer Investitionssumme von ca. 200 Mio. Euro die bedeutendste Ansiedlung in der Mainzer Innenstadt. Davon versprechen wir uns einen Impuls für die positive Weiterentwicklung der Einkaufsstadt Mainz"* (Landeshauptstadt Mainz 2013f).

Der potenzialorientierte Diskursstrang ist dadurch gekennzeichnet, dass die Ansiedlung eines Einkaufszentrums insbesondere als Chance für eine Stärkung der ‚Einkaufsstadt Mainz' bzw. der Mainzer ‚Einkaufsinnenstadt' *insgesamt* angesprochen wird, insofern als die Mainzer Innenstadt *in ihrer Gesamtheit* an Attraktivität gewinne und von steigenden Passantenfrequenzen profitieren könne. Aus Sicht des städtischen Wirtschaftsdezernats soll durch die Ansiedlung eines Einkaufszentrums eine Ergänzung zu den vorwiegend kleinteiligen Handelsflächen in der Innenstadt geschaffen und der Engpass bei größeren Flächen beseitigt werden:

> *„Wir haben hier öfters Anfragen von Einzelhandelsunternehmen, die natürlich eine Fläche ab einer gewissen Größe suchen, ja. Und das ist das Problem. Hier in dem privaten Sektor, da haben Sie immer mal Fläche kleinerer Art, die frei wird, aber das ist dann für die großen Brands dann halt nicht so interessant. Und da wäre es in der Tat natürlich gut, und das war ja letztlich auch das, was wir mit dieser Ansiedelung von ECE eben mit verfolgt haben, dass wir nochmal großflächigere Flächen anbieten können für Marken, die wir in Mainz noch nicht haben, ja"* (I-SP 1, Abs. 59).

Somit könne durch ein innerstädtisches Einkaufszentrum das Einzelhandelsgebot der City insgesamt ausgebaut und die Attraktivität der Innenstadt gesteigert werden. Aus gutachterlicher Sicht ist der Vorhabenstandort grundsätzlich dazu geeignet, die identifizierten Angebotslücken im trendigen und hochwertigen Bekleidungssortiment zu schließen und neue Anbieter in Mainz anzusiedeln (Landeshauptstadt Mainz 2011j: 5). Die Stadt verfolgt dabei das Ziel einer „gegenseitigen angebotsorientierten Stärkung von Einkaufszentrum und Innenstadt/City" (Landeshauptstadt Mainz 2012b: 7), wobei sich die Angebotsschwerpunkte der drei innerstädtischen Pole sinnvoll ergänzen sollen:

> *„Damit könnten die drei Pole in Arbeitsteilung agieren, sich bezüglich der Anbieter- und Sortimentsstruktur ergänzen und damit die Anziehungskraft des Standorts Innenstadt Mainz insgesamt steigern, so dass die möglichen Auswirkungen auf den vorhandenen Bestand gering gehalten werden"* (bulwiengesa AG 2011: 94).

Insgesamt betrachtet weist der potenzialorientierte Diskursstrang deutliche Parallelen mit dem zuvor beschriebenen sachzwangorientierten Diskursstrang auf: Beide basieren auf der Vorstellung eines städtebaulich-funktionalen Aufwertungsprozesses, durch den vorhandene Defizite überwunden bzw. ungenutzte Potenziale aktiviert werden können. Hiervon soll die (Innen)Stadt, die als eine Einheit innerhalb eines komplexen Wettbewerbsumfeldes gedacht wird, als Ganzes profitieren können.

5.2.3 Technokratisches Problematisierungsmuster

Ein dritter wesentlicher Diskursstrang ist dadurch gekennzeichnet, dass die mögliche Ansiedlung eines geplanten Einkaufszentrums in Bezug gesetzt wird zur Entwicklung bestimmter quantitativer Indikatoren wie Zentralitätskennziffern, Kaufkraftbindungsquoten oder Passantenfrequenzen. Dieses technokratische Problematisierungsmuster ist in erheblichem Maße durch gutachterliche Kalkulationsweisen geprägt und zielt in erster Linie auf die Identifizierung von Optimierungsspielräumen im Hinblick auf die genannten Indikatoren. Nachfolgend sollen am Beispiel gutachterlicher Techniken zur Ermittlung von Verkaufsflächenpotenzialen grundlegende Mechanismen dieses Diskursstranges beschrieben und deren Verhältnis zu den zuvor beschriebenen sachzwang- und potenzialorientierten Problematisierungsmustern beleuchtet werden.

Eine im August 2011 vorgestellte gutachterliche Potentialanalyse ermittelt für die Gesamtstadt Mainz ein zusätzliches Verkaufsflächenpotential von 32.400 m² (bulwiengesa AG 2011: 83).[78] Für die Angebotsausweitung am Pol Ludwigsstraße durch Ansiedlung eines innerstädtischen Einkaufszentrums werden drei mögliche Szenarien formuliert, wobei jeweils davon ausgegangen wird, dass ca. 12.500 m² Verkaufsfläche durch das Karstadt Warenhaus belegt werden. Die obere Variante sieht eine Erweiterung des Pols auf 28.000 bis 30.000 m² Verkaufsfläche, also einen Flächenzuwachs von bis zu 17.500 m² vor. Die mittlere bzw. untere Variante fällt um jeweils 2.000 m² Verkaufsfläche geringer aus. Dabei sei davon auszugehen, dass die untere Variante mit 24.000 bis 26.000 m² Verkaufsfläche die kritische Masse nicht erreiche und somit nur eine geringe Ausstrahlung entfalten könnte. Die obere Variante hingegen könne eine größere Strahlkraft entfalten, sei aber mit einer städtebaulich anspruchsvollen Umsetzung verbunden (ebd.: 89). Ein weiteres, ebenfalls im Rahmen des Beteiligungsprozesses durch die Landeshauptstadt Mainz veröffentlichtes Gutachten (Junker und Kruse Stadtforschung Planung 2012a: 38 f.) ermittelt auf gesamtstädtischer Ebene einen ähnlichen Wert von 32.000 m² möglicher zusätzlicher Verkaufsfläche, wovon ca. 20.500 m² auf die City entfallen[79]. Dieses Verkaufsflächenpotential sollte den gutachterlichen Empfehlungen entsprechend so eingesetzt werden, dass eine annähernd gleichmäßige Verkaufsflächenausstattung der drei innerstädtischen Einzelhandelspole entsteht. Hieraus ergibt sich für den Pol Ludwigsstraße ein „Arrondierungspotential" (ebd.: 40) von ca. 16.500 m². Unter der Prämisse, dass 10-20 % dieses Potentials außerhalb des geplanten Einkaufszentrums

[78] Dieses Verkaufsflächenpotential verteilt sich wie folgt auf einzelne Warengruppen: Modischer Bedarf 14.300 m²; Freizeit, Sport, Blumen, Einrichtungsbedarf 5.600 m²; periodischer Bedarf 5.000 m²; persönlicher Bedarf, Hartwaren 4.900 m² (ebd.).

[79] Die sonstigen Flächenpotentiale beziehen sich auf nicht-zentrenrelevante oder nahversorgungsrelevante Sortimente oder sollten zur Stärkung sonstiger bestehender Einzelhandelslagen entwickelt werden (ebd.).

verortet werden sollte, bleibt für das Einkaufszentrum selbst ein zusätzliches Verkaufsflächenpotential von 13.000 bis 15.000 m² und somit eine Gesamtgröße von 25.000 bis 27.000 m² Verkaufsfläche (ebd.).

Wie kommen solche Empfehlungswerte zustande? Ausgangspunkt für die Berechnung von Verkaufsflächenpotenzialen bilden sortimentsspezifische Zentralitätskennziffern. Hierbei werden durch ein Benchmarking der Zentralitätswerte ausgewählter Vergleichsstädte Spielräume für eine Erhöhung der Kaufkraftbindung identifiziert und daraus Zielzentralitäten abgeleitet (I-GU 2, Abs. 282). So bestehen nach Einschätzung des Büros Junker + Kruse Potenziale für eine Steigerung der Zentralität der Stadt Mainz um insgesamt knapp 17 %. Insbesondere im Bereich des modischen Bedarfs bleibe die Zentralität bislang hinter ähnlich strukturierten Vergleichsstätten zurück (ebd.: 38):

> *„Zur Zentralität erläutert Herr (...), dass der Einzugsbereich in östlicher, nordöstlicher und südöstlicher Richtung des Oberzentrums Mainz bzw. der Innenstadt von Mainz stark von den umgebenden Städten begrenzt wird. Mainz hat eine oberzentrale Versorgungsfunktion, jedoch ist sie mit einer Kennziffer von 1.06 nicht besonders hoch. Die im Gutachten benannte Zielgröße ist eine belastbare Zahl, die Mainz als Oberzentrum erfüllen muss. Der Entwicklungsspielraum ist durchaus realistisch" (Landeshauptstadt Mainz 2012d: 11).*

Box 6: Einzelhandelszentralität

Zentralitätskennziffern als Indikatoren für die Attraktivität von Einzelhandelsstandorten
Die Einzelhandelszentralität dient als statistischer Indikator für die Attraktivität von Einzelhandelsstandorten. Sie setzt die im örtlichen Einzelhandel getätigten Umsätze ins Verhältnis zur vorhandenen einzelhandelsrelevanten Kaufkraft und multipliziert diesen Quotienten mit dem Faktor 100 (MB Research GmbH 2018). Entsprechende Kennziffern werden jährlich von spezialisierten Marktforschungsunternehmen ermittelt und in der Regel für kommunale Einheiten ab 10.000 Einwohnern angeboten. Bei den hierfür herangezogenen Umsatzkennziffern handelt es sich „um die tatsächlich im örtlichen Einzelhandel getätigten Umsätze gemessen am Einkaufsort" (ebd. 2). Die einzelhandelsrelevante Kaufkraft umfasst „das Volumen der Einzelhandelsausgaben der Bevölkerung einer Region gemessen am Wohnort: Allgemeine Kaufkraft abzüglich der Ausgaben für Mieten, Hypothekenzinsen, Versicherung, Kraftfahrzeuge, für Reisen oder Dienstleistungen" (ebd.). Zentralitätskennziffern sollen Hinweise darauf geben, in welchem Maße ein Einzelhandelsstandort die örtliche und ggf. zusätzliche Kaufkraft aus dem Umland an sich binden kann. Beträgt die Zentralitätskennziffer einer Stadt mehr als 100, so kann sie mehr einzelhandelsrelevante Kaufkraft anderer Gebiete an sich binden, als eigene einzelhandelsrelevante Kaufkraft zu anderen Standorten abfließt. Umgekehrt geht eine Zentralitätskennziffer von weniger als 100 mit einer geringeren Kaufkraftbindung und überwiegenden Kaufkraftabflüssen einher (ebd.).

Die Steigerung der Einzelhandelszentralität stellt eine zentrale städtische Zielsetzung im Zusammenhang mit dem geplanten Einkaufszentrum dar. So heißt es hierzu beispielsweise in der 2013 getroffenen gemeinsamen Absichtserklärung von Stadt und Investorin:

> *„Die Stadt beabsichtigt, im Rahmen des Tripolkonzepts für die Mainzer Innenstadt ihre oberzentrale Funktion durch die Entwicklung des Einkaufsstandorts Ludwigsstraße zu stärken und langfristig zu sichern"* (1722/2013: 2).

Im nächsten Schritt der Berechnung von Flächenpotenzialen werden die angestrebten Zentralitätszuwächse dann in Flächenpotenziale übersetzt. Hierfür müssen Annahmen zu sortiments- und betriebsformenspezifischen Flächenproduktivitäten getroffen werden.[80] Die Kernfrage lautet also: Wie viel zusätzliche Verkaufsfläche müsste entstehen, damit die angestrebte Bindungswirkung erzielt werden kann?

Hierzu ist an dieser Stelle einzuwerfen, dass die gutachterlichen Verfahren im Rahmen der Potenzialanalyse im Rahmen des Beteiligungsprozesses zu einem Gegenstand kritischer Auseinandersetzung werden (vgl. Landeshauptstadt Mainz 2011j), wobei die Kritik hauptsächlich entlang dreier Stoßrichtungen verläuft: Während eine erste Kritiklinie Defizite bei der Transparenz und Nachvollziehbarkeit der verwendeten Methoden und Annahmen bemängelt, zielt eine zweite Kritiklinie auf die Berechnungsmethoden selbst, die als unzulänglich kritisiert werden. Eine dritte Kritiklinie hinterfragt schließlich das Ausmaß der gutachterlichen Unabhängigkeit von Investoreninteressen.[81] So wird beispielsweise auf der methodischen Ebene eine Mehrfachverrechnung von Kundenpotentialen befürchtet, die aus der Überschneidung von Einzugsbereichen mehrerer zeitgleich begutachteter Standorte resultiere. Dies könne dazu führen, dass das Marktpotenzial für zusätzliche Verkaufsflächen insgesamt überschätzt werde (z.B. I-EH 2, Abs. 30-34). Kritisiert werden im Rahmen des Beteiligungsprozesses beispielsweise auch die Annahmen bezüglich der Zielzentralitäten, sowie die grundlegende Annahme, dass eine Ausweitung der Verkaufsfläche zwangsläufig zu einer Erhöhung der Zentralität führe (Landeshauptstadt Mainz 2012c: 5). Auch der Aspekt der gutachterlichen Unabhängigkeit wird im Rahmen des 2. LudwigsstraßenForums zum Thema, was letztlich den Ausschlag für die Beauftragung eines Zweitgutachtens gibt (I-BI 1, Abs. 24).

Eine abschließende Beurteilung, inwieweit die genannten Kritikpunkte bzgl. Transparenz, methodischer Exaktheit und Unabhängigkeit zutreffen oder widerlegt werden können, liegt jenseits der Zielsetzungen dieser Dissertation und würde einen gänzlich anderen Untersuchungsansatz erfordern. Stattdessen soll hier ein anderer Aspekt herausgearbeitet werden, der in der bisherigen Auseinandersetzung mit Einzelhandels- und Verträglichkeitsgutachten vergleichsweise wenig Beachtung findet. Die grundlegende Gemeinsamkeit der drei beschriebenen Kritikebenen besteht in der geteilten Annahme, dass die ermittelten verträglichen Verkaufsflächenpotentiale entweder aufgrund methodischer Defizite oder aber aufgrund ökonomischer Interessenverflechtungen tendenziell zu hoch angesetzt werden (bzw. zu hoch angesetzt sein *könnten*, dies aber methodisch nicht mehr hinreichend nachvollzogen werden kann), und die Ergebnisse in der Folge von den ‚tatsächlichen' Werten bzw. von der ‚Wirklichkeit' abweichen könnten. Aus einer diskurs- und gouvernementalitätstheoretischen Perspektive steht jedoch weniger der Wahrheitsgehalt der untersuchten Aussageformationen im Mittelpunkt, als vielmehr die Effekte und Machtwirkungen in Form wirklichkeitskonstituierender Effekte, die von den spezifischen Regeln der Wahrheitsfindung innerhalb einer diskursiven Formation

80 Hierbei werden in der Regel leicht abgesenkte Flächenproduktivitäten angesetzt, um Verdrängungswirkungen im Zuge einer Angebotsausweitung mit abbilden zu können (bulwiengesa AG 2011: 84).

81 Ergänzend zu den Ausführungen in Kapitel 2.2.2 kann darauf hingewiesen werden, dass diese drei Aspekte auch die zentralen Argumentationslinien in der kritischen Fachdiskussion zu Einzelhandels- und Verträglichkeitsgutachten abbilden vgl. z.B. JENNE (2001).

ausgehen (vgl. FOUCAULT 1978: 51). Das wirklichkeitskonstituierende Moment kalkulativer Techniken der Wissensproduktion stützt sich nach RYDIN (2007: 612) auf zwei Aspekte: Zum einen machen sie ihren Gegenstandsbereich auf spezifische Weise beschreibbar und konstituieren ihn dadurch als Gegenstand des ‚Regierens' (d.h. durch spezifische Kalkulationsweisen stecken sie die Konturen möglicher steuernder Interventionen ab), zum anderen etablieren sie eine "clear normative directionality through which 'improved' performance is made apparent" (ebd.). Beide Aspekte lassen sich auch anhand der kalkulativen Techniken im Rahmen gutachterlicher Potenzialanalysen nachvollziehen: Auch die Kalkulationsweisen zur Ermittlung von Verkaufsflächenpotenzialen sind keine rein technischen Vorgänge, sondern zugleich normativ gerichtet: Wenn die gutachterliche Empfehlung für oder gegen ein innerstädtisches Einkaufszentrum rechnerisch an die Frage nach der Realisierbarkeit von Zentralitätssteigerungen gekoppelt wird, so ist hierin bereits die normative Vorannahme eingelassen, dass die Entwicklung von Innenstädten vorrangig an Kriterien der Attraktivität und Wettbewerbsfähigkeit auszurichten sei. Die Techniken der Potentialanalyse schließen dabei zum einen semantisch an den potenzialorientierten Diskursstrang an, zum anderen ist bereits das grundlegende Wettbewerbsparadigma des sachzwangorientierten Problematisierungsmusters in die Kalkulationsweisen zur Ermittlung von Verkaufsflächenpotenzialen als unhintergehbare Voraussetzung eingeschrieben. Dadurch etablieren diese Techniken eine Wissensordnung, die (Innen-)Städte als Einheiten in einem Wettbewerbsfeld konstituiert. In der hiermit einhergehenden Naturalisierung des Paradigmas einer wettbewerbsorientierten Politik der Innenstadtentwicklung zeigt sich "the *discursive nature of calculation*, (...) the ways in which calculative practices are endowed with meaning, how they are constituted as practices of a definite sort through the language, vocabulary, ideals and rationales that set out the objects and objectives of calculating" (MILLER & NAPIER 1993: 645, Hervorhebung DG). Hiermit einher geht eine weitere Machtwirkung, die nachfolgend noch näher zu betrachten ist: So beschreibt SCHIPPER (2014) die zunehmende Ausrichtung stadtentwicklungspolitischer Programme an Kriterien der Wettbewerbsfähigkeit als charakteristisches Merkmal einer unternehmerischen Stadtpolitik, die Konflikte und Widersprüche in der „scheinbaren Harmonie einer lokalen Schicksals- und Standortgemeinschaft" (ebd.: 98) auflöst. Eine solche Auflösung einzelner Partikularinteressen zugunsten eines übergeordneten Gesamtinteresses stellt auch ein prägendes Merkmal des Verträglichkeitsdiskurses dar. Die Interessen einzelner Akteure lösen sich dabei in einem übergeordneten Gesamtinteresse der Stärkung der Einkaufsinnenstadt und ihrer oberzentralen Funktion auf.[82] Durch das Einkaufszentrum soll zusätzliche Kaufkraft an die Stadt Mainz gebunden werden, wovon auch der bestehende Handel profitiere. Ziel sei keine Umverteilung, sondern eine Stärkung der oberzentralen Funktion der Stadt Mainz (Landeshauptstadt Mainz 2011d: 4 f.). Das Benchmarking von Zentralitätskennziffern stützt das sachzwangorientierte Problematisierungsmuster des zunehmenden Standortwettbewerbs mit zahlenbasierter

[82] Diesen Gedankengang werde ich am Beispiel der Techniken zur Ermittlung eines ‚verträglichen' Rahmens für die sortimentsspezifische Verkaufsflächendimensionierung in Kapitel 5.3.1 aufgreifen und weiterentwickeln. Dabei werde ich zeigen, dass diese Techniken nicht nur Modelle eines unabhängig davon gegebenen, objektiven Sachverhaltes produzieren, sondern die Frage der ‚verträglichen' Dimensionierung überhaupt erst als eine *objektivierbare* Frage hervorbringen.

Evidenz und leitet eine Praxis städtischen Regierens an, die auf die Optimierung der ermittelten Kennziffern gerichtet ist:

> „*Zum Thema Einzelhandelszentralität sagen beide Gutachten klar aus, dass Mainz in der Vergangenheit an das Umland verloren hat und dass Nachholbedarf besteht. Mainz wies vor längerer Zeit eine Einzelhandelszentralität von 115, im Jahr 2010 von 111 und aktuell von 106 auf. Dies, so betont Herr [...], ist für ein Oberzentrum ein relativ geringer Wert. Es besteht daher die Aufgabe, wieder an Attraktivität zu gewinnen und entsprechend höhere Einzelhandelszentralitätswerte zu erreichen*“ (Landeshauptstadt Mainz 2012d: 12).

Hieran zeigt sich sehr deutlich, dass die beschriebenen Kalkulationsweisen auf der Grundlage von Zentralitätskennziffern nicht einfach eine Wirklichkeit abbilden, die bereits da ist, sondern selbst produktiv werden: Indem sie die Performance einer (Innen)Stadt als Einzelhandelsstandort sichtbar machen, konstituieren sie diese als Wettbewerbseinheit und ermöglichen dadurch eine einzelhandelsbezogene Wirtschaftsförderungspolitik, die nicht mehr nur auf die Verbesserung von Rahmenbedingungen ansässiger Einzelhandelsbetriebe gerichtet ist, sondern auf die Optimierung der Performance der (Innen)Stadt selbst.

5.2.4 Politisierendes Problematisierungsmuster

Während die bisher beschriebenen Problematisierungsweisen eng ineinandergreifen, kann hiervon ein vierter Diskursstrang deutlich unterschieden werden, der eine gänzlich andere Rahmung des Ansiedlungsprozesses vornimmt, und zwar als eine Arena widerstreitender Interessenlagen und Machtansprüche. Das geplante Projekt wird hierbei als Interessenkonflikt angesprochen, der sich nicht in Richtung eines übergeordneten gemeinsamen Interesses aller beteiligten Akteure auflösen lässt. Vielmehr wird der Standortentwicklung an der Ludwigsstraße eine politische Dimension beigemessen, die die Aushandlung, Formulierung und Durchsetzung ‚öffentlicher‘ Interessen erforderlich mache. Somit unterscheidet sich dieser Diskursstrang ganz erheblich von den zuvor beschriebenen Problematisierungsmustern, die jedoch den zentralen Begründungs- und Legitimationszusammenhang des Projekts bilden: Während sachzwangorientierte und potenzialorientierte Problematisierungsweisen die Realisierung eines innerstädtischen Einkaufszentrums an der Ludwigsstraße als mehr oder weniger alternativlose, notwendige Entwicklung erscheinen lassen, von der die Innenstadt als Ganzes profitiert und die daher von einem möglichst breiten Konsens getragen werden kann, wird hier nun genau dieser Aspekt des Konsensfähigkeit und des Gleichklangs der Interessen in Frage gestellt. Die nachfolgenden Ausführungen beleuchten nun die spezifischen Aussageverkettungen dieses politisierenden Diskursstranges.

5.2.4.1 Diskursive Rahmung als Interessenkonflikt

Ein wesentliches Merkmal des politisierenden Diskursstranges besteht zunächst darin, dass der Planungsprozess für ein innerstädtisches Einkaufszentrum als ein Konflikt angesprochen wird, der von gegenläufigen, teils unvereinbaren Interessenlagen unterschiedlicher Akteure und den damit verbundenen Aushandlungsprozessen geprägt ist. Hierbei werden unterschiedliche Deutungsangebote gemacht was den konkreten Verlauf von Konfliktlinien betrifft. Insbesondere dominiert die Vorstellung einer zentralen Konfliktlinie, die zwischen den Interessen des Investors und den „städtischen" Interessen verlaufe. Diese Konfliktlinie resultiert aus Sicht der Bürgerinitiative Mainzer Ludwigsstraße e.V. nicht nur aus unterschiedlichen Nutzungs- und Verwertungsansprüchen an das Projektgebiet, sondern liege in der Divergenz der zugrundeliegenden Handlungslogiken und ihrer unterschiedlichen Temporalität begründet: So wird der Planungsprozess als ein Konflikt zwischen kurzfristig orientierten, betriebswirtschaftlichen Kapitalverwertungsinteressen auf der einen Seite und langfristig orientierten, stadtentwicklungspolitischen Interessen auf der anderen Seite gerahmt – „Für *die* ist eine Stadt eine Kapitalanlage, mehr nicht" (I-BI 1, Abs. 162). ECE könne das Objekt jederzeit weiterveräußern, die Stadt jedoch müsse sich mit den langfristigen Folgewirkungen auseinandersetzen (I-EH 1, Abs. 33). Während in den zuvor beschriebenen Diskurssträngen das Verhältnis zwischen Stadt und Investor einer Symbiose gleicht, die sich aus der Kongruenz betriebswirtschaftlicher Umsatzpotenziale mit dem städtischen Ziel einer Zentralitätssteigerung speist, wird dieses Verhältnis hier nun als Antagonismus gedeutet.[83] Diesem Antagonismus wird auch eine räumliche Dimension zugeschrieben, und zwar als Antagonismus zwischen den Interessen lokal verankerter Akteure einerseits sowie nicht örtlich gebundenen, institutionellen Investoren und mobilen Kapitalströmen andererseits (Landeshauptstadt Mainz 2011b: 12). Die Vorstellung gegenläufiger betriebswirtschaftlicher und stadtentwicklungspolitischer Interessen und Handlungslogiken wird auch in den Interviews mit Vertreter*innen der städtischen Politik und Verwaltung artikuliert, wenn es um die Einordnung des Verhandlungsprozesses zwischen Stadt und Investor geht. Konkret zeige sich diese Divergenz an Fragen der Kleinteiligkeit bzw. Feingliedrigkeit der Bebauung, dem Ausmaß der Gastronomieflächen, den Öffnungszeiten der Durchwegung oder auch dem Verlauf von Fahrtreppen:

> *„Und konkret festgemacht hat es sich natürlich ganz zum Schluss an der Frage: In welche Richtungen laufen Rolltreppen, ja? Wo dann Leute, die jetzt rein städtebaulich argumentiert haben, gesagt haben: Nein, wenn eine Rolltreppe aus dem Keller kommt, ins erste OG fährt, in dieser Richtung und man die sofort sieht von außen, dann ist das etwas, was wir städtebaulich nicht haben wollen. Was man aber umgekehrt ökonomisch natürlich nicht in Abrede stellen kann: Dass natürlich Besucherströme gelenkt werden müssen. Und dann natürlich jemand, der Shoppingcenter betreibt sehr viel Wert darauflegt, dass das dann auch super funktionieren muss, ja? Weil der muss ja natürlich in die oberen Etagen*

83 Gleichzeitig wird dadurch aber auch die Vorstellung reproduziert, dass es so etwas wie ein gemeinschaftliches, städtisches Gesamtinteresse gebe und dass dessen Erreichung maßgeblich von den Entscheidungen institutioneller Investoren abhängig ist.

dann auch noch irgendwo, eh, die Menschen bringen. Und das sind dann solche Dilemmas, eh, die man halt politisch diskutieren muss und die dann zum Teil auch jetzt nicht bis ins allerletzte abschließend geklärt waren, ja? Dem Grunde nach war man sich einig, hat das auch alles so geregelt, aber es gab dann natürlich zum Schluss immer noch so ein paar Detailfragen, die noch offen waren. Wie dann wirklich solche Fragen: Wo ist die Rolltreppe positioniert? Also, so tief ist man da eingestiegen, auch in der politischen Diskussion. Und das sind letztlich Fragen, die man dann einfach klären muss. Wo trifft das ökonomische Interesse auf das ästhetische, ja?" (I-SP 1, Abs. 39).

Derartige Zielkonflikte sind nach JUNKER und KRUSE (2012: 12) bei der Entwicklung innerstädtischer Einkaufszentren nichts Ungewöhnliches und treten auch in anderen Städten regelmäßig auf. Dies betrifft etwa den Konflikt zwischen dem Streben nach durchgängigen Lauflagen einerseits und der Integration in städtische Blockstrukturen andererseits. Umstritten ist in Mainz hierbei die Frage, bis zu welchem Grad Kompromisse eingegangen werden sollten, wie sich insbesondere im Zusammenhang mit der Fortschreibung der Leitlinien und Empfehlungen im Jahr 2013 zeigt. Die Stadt erkennt hierbei die Argumentation von ECE an, dass aufgrund funktionaler Anforderungen des Einzelhandels die formulierten Leitlinien nicht zu 100 % umsetzbar seien (Landeshauptstadt Mainz 2013b: 3). Letztlich gehe es darum, einen tragfähigen Konsens zu finden, der die gegenläufigen Interessen soweit wie möglich miteinander in Einklang bringt:

„Herr [...] macht deutlich, dass das Ergebnis einer Verhandlung naturgemäß immer einen Kompromiss darstelle. Ebenso sei auch das vorliegende Verhandlungsergebnis ein Kompromiss aus den unterschiedlichsten Interessen. Es ist aber ein sehr vertretbarer Kompromiss, da er seit vielen Jahren erstmals eine reelle Chance darstellt, die bestehende Situation an der Ludwigsstraße zu verbessern" (ebd.).

Demgegenüber vertritt die Bürgerinitiative die Position, dass die Leitlinien nicht zur Disposition gestellt werden dürfen, da sie das Ergebnis eines breiten demokratischen Beteiligungsprozesses darstellen und von der gesamten Stadtgesellschaft mitgetragen werden. Daher müsse die Stadt auch dann an den Leitlinien festhalten, wenn sie die Kapitalverwertungsinteressen eines Investors einschränken. Alles andere würde eine Entwertung von Partizipation und Demokratie bedeuten (Landeshauptstadt Mainz 2012f: 10). Am Beispiel der Auseinandersetzung um die Fortschreibung der Leitlinien und Empfehlungen deutet sich bereits an, dass der politisierende Diskursstrang gänzlich andere Bewertungskriterien an stadtentwicklungspolitische Vorhaben anlegt. Hierbei stehen nicht Kriterien der Attraktivität und Wettbewerbsfähigkeit, sondern vor allem die Frage nach demokratischer Legitimität und Machtverhältnissen im Vordergrund.

Der Verweis auf gegenläufige betriebswirtschaftliche und städtische Interessen geht dementsprechend auch mit einer Problematisierung der Machtverhältnisse einher, in die der Interessenkonflikt eingelassen ist. So verfügt die Stadt aus Sicht der Bürgerinitiative über eine gute Verhandlungsposition, die aufgrund eines strukturellen Machtgefälles jedoch nicht hinreichend zum Tragen komme:

„Die Verhandlungsführer waren offenkundig der durch viele ähnliche Projekte erfahreneren Firma ECE nicht gewachsen. ECE hat sich mit seinen Vorstellungen durchgesetzt. Kosmetik sollte niemanden beirren. Da half nicht einmal die ausgeprägte Verhandlungsmacht der Verwaltung: Ein demokratischer Beschluss, der 97% der Wähler repräsentiert, unterstützt durch einen bürgerschaftlichen Konsens aufgrund des aufwendigen Beteiligungsverfahrens, zwei Gutachten, das Unterpfand von zwei städtischen Grundstücken mit 1.000 qm, die Verfügung über das Baurecht – selbst gegen diese Macht konnte sich ECE durchsetzen" (Bürgerinitiative Mainzer Ludwigsstraße e.V. 2013: 2).

Aus Sicht der städtischen Verhandlungsgruppe dürfe man jedoch die eigene Verhandlungsposition nicht überschätzen, da ECE zugleich Eigentümerin des Schlüsselgrundstücks sei und man daher nicht vollumfänglich vorgeben könne, was mit der Fläche passieren soll. Die Verhandlungsmöglichkeiten seien durch die Eigentumsverhältnisse faktisch begrenzt. Forderungen nach einer weniger kompromissorientierten Verhandlungsweise werden mit Rekurs auf das sachzwangorientierte Problematisierungsmuster zurückgewiesen: Demnach drohe bei weiterer zeitlicher Verzögerung gar eine Verschlechterung der Verhandlungsposition durch eine mögliche Schließung des Karstadt-Warenhausstandorts an der Ludwigsstraße, weshalb eine zeitnahe erfolgreiche Projektumsetzung notwendig sei (Landeshauptstadt Mainz 2013b: 13). Aus Sicht der Interessenvertretung des Einzelhandels unterschätze die Stadt Mainz hierbei ihre eigene Verhandlungsmacht aus Sorge, potenzielle Investoren zu verprellen:

„Viele sagen dann: ‚Er kommt, er will Geld investieren, dann muss ich ihm ja irgendwie auch entgegenkommen.' Und da frage ich: ‚Warum? Er will! Und er investiert nur Geld, weil er ja die Hoffnung hat, dass er daraus mehr Geld kriegt.' Und das heißt, dann muss er in dem Moment eigentlich eher meine Forderungen erfüllen, was ich ja stadtplanerisch irgendwo will. Und außerdem will er ja noch Grundstücke von mir. Aber die Städte haben dann immer Schiss, weil dann die Investoren sagen: ‚Ja, wenn ich es hier nicht machen kann, dann mache ich es dort.' Ja, dann muss man halt auch irgendwann mal so viel Arsch in der Hose haben, dass man sagt: ‚Dann mach es'" (I-EH 2, Abs. 107-112).

Neben solchen Rahmungen des Ansiedlungsprozesses als Antagonismus betriebswirtschaftlicher Interessen auf der einen und städtischer Interessen auf der anderen Seite wird die Vorstellung eines gemeinsamen städtischen bzw. öffentlichen Interesses jedoch auch partiell aufgebrochen. Deutlich wird dies etwa in den Interviews mit Vertreter*innen der Bürgerinitiative oder des Ortsbeirates Mainz-Altstadt, die von vielfältigen Bemühungen um die Bildung schlagkräftiger Koalitionen mit Fürsprecher*innen in politischen Gremien, den lokalen Medien, anerkannten Expert*innen, Grundstücks- und Immobilieneigentümer*innen und gesellschaftlichen Multiplikatoren zeugen.[84]

[84] Ähnliches gilt für die Befürchtungen, die von Vertreter*innen des Einzelhandels bestimmter innerstädtischer Lagen (u.a. Große Bleiche, Lotharstraße und Neubrunnenplatz) bzgl. einer ungleichen räumlichen Verteilung der Chancen und Risiken der Ansiedlung eines innerstädtischen Einkaufszentrums geäußert werden und die die Vorstellung eines übergeordneten Gemeinschaftsinteresses aufbrechen vgl. z.B. Landeshauptstadt Mainz 2011d: 11.

5.2.4.2 Ein Ansiedlungskonflikt von politischer Tragweite?

Neben der diskursiven Rahmung des Ansiedlungsprozesses als Interessenkonflikt besteht ein ganz wesentlicher Aspekt des politisierenden Diskursstranges darin, dass der Konflikt um die Frage der ‚(Innenstadt)Verträglichkeit' nicht als rein technisch zu lösender Vorgang verstanden wird (etwa wie Fahrtreppen so platziert werden können, dass Besucherströme auch in obere Etagen gelenkt werden und gleichzeitig das Stadtbild möglichst wenig beeinträchtigt wird), sondern als ein Konflikt von *politischer* Tragweite. Diese politische Dimension umfasst im Wesentlichen zwei Aspekte, nämlich zum einen die Wechselwirkungen des Planungskonflikts mit dem lokalen parteipolitischen Machtgefüge, und zum anderen die Frage nach dem Verhältnis zwischen kommunaler Planungshoheit und dem Einfluss privater Investoren auf die Stadtentwicklung:

> *„Angesichts der dargestellten Entwicklungen zwischen 2011 und 2014 muss man sich doch fragen: Wie kann in einem demokratischen Rechtsstaat angesichts der Abhängigkeit von privaten Renditeentscheidungen überhaupt noch öffentliche Stadtplanung und städtebauliche Entwicklung im Interesse der Bürger stattfinden?"* (Bürgerinitiative Mainzer Ludwigsstraße e.V. 2014b: 8).

Trotz des umfangreichen Partizipationsverfahrens wird insbesondere durch die Bürgerinitiative, aber auch durch Vertreter*innen des Einzelhandels die Befürchtung einer investorengeleiteten Stadtentwicklung geäußert, die letztlich zu einer Aushöhlung der kommunalen Planungshoheit beitrage:

> *„Es wird immer einen Investor geben, der sagt: ‚Ich entwickle euch das', und der danach irgendeinen sucht, der rein soll. Aber die Stadt ist normal diejenige, die die Planungshoheit hat. Und das heißt also, die Städte müssten einfach stringenter vorgeben, was sie wollen, und dann müssen sich die Investoren danach richten. Und wenn die Städte das immer machen würden und würden sich auch an ihre eigenen Vorgaben halten, dann bin ich davon überzeugt, dass die Investoren sich auch eher danach ausrichten, was sie tatsächlich könnten, was möglich wäre, und nicht unbedingt das, was sie wollen"* (I-EH 2, Abs. 54-56).

> *„sinnvoller wäre zu sagen: ‚Wir geben vor: Dort kann nur das und das in der und der Größe gemacht werden.' Und dann müssen die sich halt letzten Endes entweder darauf verständigen, ob sie es machen oder ob sie es nicht machen. Und ich denke, wenn Städte klare Vorgaben machen würden und sagen: ‚Lieber Investor, du kannst gerne, aber laut unserer Auffassung geht es nur von da bis da von der Größe, nur so viel Verkaufsfläche, so viel Wohnraum muss mit dabei sein', dann muss sich der Investor überlegen, ob er es macht oder ob er es nicht macht. Und er wird, wenn man so was in Form gießt und nicht alle fünf Minuten bereit ist, mit irgendeinem Abweichungsverfahren davon wieder runterzuspringen, dann wird auch der Investor eher sich überlegen, ob er nicht lieber dann doch so plant, wie die Vorgabe ist. Weil, was hätte er sonst für eine Alternative? Er hat das Grundstück, aber es passiert nichts."* (ebd., Abs. 102)

Eine zentrale Forderung innerhalb des politisierenden Problematisierungsmusters lautet daher, dass die Stadt ihre Planungshoheit aktiver wahrnehmen müsse. Entscheidungen, die sich wesentlich auf die weitere Entwicklung der Innenstadt auswirken, dürften nicht dem Renditestreben einzelner Großinvestoren überlassen werden. Im Rahmen einer Informationsveranstaltung im Rathaus kritisiert ein Mitglied der Bürgerinitiative in diesem Zusammenhang, dass Stadtentwicklung immer da stattfinde, wo eben gerade ein Investor vorhanden sei und die entsprechenden Konzepte dann „hinterhergedacht" würden.[85] Demgegenüber betont ECE, dass die kommunale Planungshoheit u.a. durch die Durchführung eines städtebaulichen Wettbewerbs hinreichend gewahrt bleibe (OBR MZ-A 23.11.2011: 7). Kritisiert wird von Seiten der Bürgerinitiative in diesem Zusammenhang ferner, dass eine langfristig orientierte Stadtplanung stärker unabhängig von bestehenden Grundstückseigentumsverhältnissen erfolgen müsse, da diese sich jederzeit kurzfristig ändern können:

> *„Aus städtebaulicher Verantwortung und im Gesamtinteresse der Stadt Mainz sollte nach Ansicht der BI auf keinen Fall nur ein Abschnitts-Baurecht für die Investoren (...) vorlegen, sondern einen Gesamtentwurf für die Ludwigsstraße vom Schillerplatz bis zum Gutenbergplatz ganz unabhängig davon, wem welche Grundstücke zur Zeit gehören. Die Besitzverhältnisse können sich nämlich sehr schnell ändern und die Stadt und die demokratische Vertretung der Bürger, der Stadtrat, sollten per Baurecht auf der Grundlage eines Städtebauwettbewerbs festlegen, wie das Herzstück der Innenstadt einmal aussehen soll und nicht aus Einfallslosigkeit Investorenarchitektur auf Einzelgrundstücken zu Baurecht umwandeln. Angesichts der Bedeutung der Bebauung für die Mainzer Innenstadt ist es doch eine Verpflichtung aus öffentlichem Interesse immer das Ganze im Blick zu behalten. Denn auf das Ganze, auf das sog. ‚Gemeinwohl' wird im Baurecht als Grundlage städtischer Baurechtsplanungen ausdrücklich verwiesen"* (HECK 2016).

Demnach solle zunächst die Stadt im Dialog mit den Bürger*innen im Rahmen einer ganzheitlichen Betrachtung eigene städtebauliche Vorstellungen zur zukünftigen Innenstadtentwicklung erarbeiten und in Baurecht umsetzen, anstatt lediglich den baurechtlichen Rahmen für einzelne Investitionsvorhaben zu schaffen. Hierdurch könne ein verbindlicher Rahmen entstehen, an dem sich dann auch potenzielle Investitionsvorhaben orientieren können. So argumentiert die Stadtratsfraktion ÖDP / Freie Wähler in einem 2017 eingereichten Antrag:

> *„Die ÖDP-Fraktion hält diese passive Haltung des Stadtvorstands für fatal und drängt darauf, die Planungshoheit an der Ludwigsstraße, dem ‚Herz der Stadt', nicht länger von Investoren abhängig zu machen, sondern umgehend klar und deutlich in einem Bebauungsplan die für unsere Stadt wichtigen und notwendigen Rahmenbedingungen festzusetzen. Die bisherige Chronik zur Ludwigsstraße zeigt, dass die vermeintliche Abhängigkeit von den Wünschen und Vorstellungen eines oder mehrerer Investoren die dringend notwendige Stadtentwicklung*

[85] Informationsveranstaltung der Bürgerinitiative Mainzer Ludwigsstraße e.V. am 21.11.2017, Protokoll DG.

bremst und nicht – wie jahrelang durch den Stadtvorstand argumentiert – vorantreibt. Auch dürfen allein auf Wunsch eines Investors fachlich begründete städtebauliche Prinzipien nicht aufgegeben werden" (0479.2017: 2).

Auch die Standesorganisationen der Architekt*innen sprechen sich bereits im Rahmen der LudwigsstraßenForen für einen ganzheitlichen „Masterplan Innenstadt" aus (Architektenkammer Rheinland-Pfalz et al. 2011: 2), was im weiteren Verlauf im Rahmen der Erarbeitung eines Integrierten Entwicklungskonzepts (IEK) für die Innenstadt angegangen wird (vgl. Kap. 5.1).

Zur Wahrung der Planungshoheit gehört nach Einschätzung der Bürgerinitiative notwendigerweise auch die Bereitschaft, das Projekt ‚scheitern' zu lassen, wenn die im Stadtrat beschlossenen Leitlinien und Empfehlungen nur unzureichend erfüllt werden können. In diesem Zusammenhang sollten dann alternative Entwicklungsszenarien forciert und der Zwischenerwerb der Liegenschaft durch eine stadtnahe Gesellschaft geprüft werden (Bürgerinitiative Mainzer Ludwigsstraße e.V. 2014b: 28). Die Fortschreibung der Leitlinien und Empfehlungen im Anschluss an die Verhandlungsrunden wird als eine Entwertung des vorausgegangenen demokratischen Beteiligungsprozesses gedeutet:

> *„Selbstentmündigung des Stadtrats – ein schwarzer Tag für die lokale Demokratie. Der Stadtrat hat nun gebilligt, dass seine ausdiskutierten, fachlich fundierten und von einem breiten bürgerschaftlichen Konsens getragenen Beschlüsse – die Leitlinien – durch Papiere der Verwaltung und ECE ersetzt werden. Rat und Gremien waren an der Entstehung nicht beteiligt und wurden nicht einmal über den Verhandlungsverlauf informiert. Die Chuzpe der Verhandlungsführer ging so weit, nicht verhandelbare Leitlinien durch – so die Verwaltung – ‚textliche Konkretisierungen' z.T. in ihr Gegenteil zu verkehren, aufzuweichen oder durch neue Aussagen zu ergänzen"* (Bürgerinitiative Mainzer Ludwigsstraße e.V. 2013: 9).

Aus Sicht der Bürgerinitiative wird die Ausübung der kommunalen Planungshoheit und die Wahrung öffentlicher Interessen in Fragen der Stadtentwicklung aber nicht nur durch die Macht einzelner Investoren, sondern auch durch eine Politik der Austerität bedroht, die lokalpolitische Gestaltungsspielräume einenge:

> *„Bürger machen in fast allen Städten – so auch in Mainz – die Erfahrung, dass die Stadtentwicklungsplanung in die Hände von Investoren gelegt wird (s. Auswertung der Verhandlungsprotokolle). Und dies betrifft nicht nur ECE, sondern führt etwa auf dem Wohnungssektor dazu, dass fast nur noch Luxuswohnungen für Kapitalanleger entstehen, obwohl seit Jahren ein rasant steigender Bedarf an ‚bezahlbarem' Wohnraum lange nicht mehr gedeckt ist. Diese Entwicklung ist nicht vom Himmel gefallen, sie muss politisch verantwortet werden. Mit der wachsenden Verschuldung der Kommunen, der sogenannten ‚Schuldenbremse', dem Druck zur Privatisierung und der Umsetzung von ‚PPP-Projekten' werden die politischen Entscheidungsspielräume der kommunalen Selbstverwaltung im-*

mer geringer, oft hat die Kommunalaufsicht oder Investoren und nicht der Bürger oder der Rat in Wirklichkeit das letzte Wort" (Bürgerinitiative Mainzer Ludwigsstraße e.V. o.J.: 7).

Während innerhalb des sachzwangorientierten Problematisierungsmusters aus der defizitären Finanzausstattung des kommunalen Haushalts[86] die Notwendigkeit zur Gewinnung privater Investoren abgeleitet wird, mit deren Hilfe Aufwertungsprozesse in Gang gesetzt werden sollen, stellt der politisierende Diskursstrang die Notwendigkeit dieser Schlussfolgerung in Frage:

> *„Angesichts der leeren Kassen verstehe ich natürlich den Bürgermeister, wenn er sagt: ‚Ich kann nicht anders'. Aber er könnte ja auch anders indem er einfach aufklärt, mehr aufklärt und sagt warum kann er nicht anders, ja. Also, das ist so der-, der Punkt, eh, und dass er in eine andere Richtung gehen wird. Aber das sind Träume"* (I-BI 2, Abs. 147).

Eine ‚politische' Tragweite erlangt die Auseinandersetzung um das geplante Einkaufszentrum aber auch insofern als der Ansiedlungskonflikt das parteipolitische Machtgefüge berührt. Hieran hat wiederum die Bürgerinitiative einen wesentlichen Anteil, deren Vertreter*innen die Zustimmung des Stadtrates zur Fortschreibung der Leitlinien und Empfehlungen im Dezember 2013 unter machstrategischen Gesichtspunkten deuten:

> *„Wir haben dann den Tipp gekriegt, das ist alles wegen der bevorstehenden Kommunalwahlen. (...) Und sie wollten dieses heiß diskutierte Thema, wo sie so haben Federn lassen müssen vorher schon, das wollten sie aus dem Kommunalwahlkampf rauslassen. Und deswegen sind sie eingeknickt. Haben sie gesagt: ‚Ne, ne, ne, die Kuh muss vom Eis. Vor der Wahl'. Und ECE hat das gewusst. (...). Die haben die am langen Arm verhungern lassen. Und haben gesagt: ‚Also je näher der Wahltermin kommt, umso sicherer können wir sein, dass die zustimmen. Die werden unsere Pläne akzeptieren'. Und so war es denn auch"* (I-BI 1, Abs. 62).

Aus dieser Lesart heraus bemüht sich die Bürgerinitiative in der Folge von außen darum, die Standortentwicklung an der Ludwigsstraße zum Wahlkampfthema zu machen. Insbesondere weist sie die Öffentlichkeit auf die Möglichkeit hin, Kritiker*innen des geplanten Einkaufszentrums durch Kumulieren und Panaschieren direkt in den Stadtrat zu wählen (vgl. hierzu auch Kap. 5.1):

> *„Mitten in diesem ganzen Kampf war ja dann Kommunalwahl 2014. Und die Bürgerinitiative hatte Mitglieder, die für den Stadtrat kandidiert haben, und zwar von allen Parteien. Und die Bürgerinitiative hat dann mit Zustimmung dieser Leute eine Postkarte erzeugt. (...) Eine Wahlwerbepostkarte, die, zehn Tage vor der Kommunalwahl in der Altstadt und in der Neustadt verteilt worden ist.*

[86] Mit Beschluss vom 03.11.2010 ist die Stadt Mainz zum 01.01.2012 dem kommunalen Entschuldungsfonds Rheinland-Pfalz (KEF-RP) beigetreten. Durch den KEF-RP, dessen Laufzeit 15 Jahre beträgt, soll ein Großteil der Kassenkredite der rheinland-pfälzischen Kommunen getilgt werden. Für die Stadt Mainz geht hiermit eine Entschuldung über 575 Mio. EUR einher. Hierfür muss die Stadt einen jährlichen Eigenanteil von 12,7 Mio. EUR aufbringen (Landeshauptstadt Mainz 2014).

Und da standen die Namen der Stadtratsmitglieder und für den Ortsbeirat die Namen der Ortsbeiratsmitglieder drauf, die sich gegen ECE ausgesprochen hatten und die versprochen hatten (...): ,In der nächsten Legislaturperiode werde ich im Stadtrat auch gegen ECE stimmen'. Und das waren immerhin, glaube ich, neun oder zehn Leute. Diese Leute, das sind alle, alle-. Das ist schon ein Phänomen gewesen. Ich weiß nicht, ob es das jemals irgendwo, wo es dieses Kumulieren und Panaschieren gibt, so einen Effekt erzeugt haben. Diese Leute sind alle- . Da waren welche, die saßen auf Platz 40, die fanden sich dann auf Platz 15 wieder im Ergebnis. Sind alle gewählt worden, sind alle gewählt worden, von hinten nach vorne. (...) Und nicht nur aus der Altstadt. Also, in der Altstadt haben die, und in der Neustadt haben die ein phänomenales Ergebnis bekommen. (...) Also, aus diesen beiden Stadtteilen haben die Leute Stimmen gekriegt, das war unglaublich. (...) Und das war völlig klar, dass noch nie so viel panaschiert worden ist und dass das Panaschieren zumindest in diesen beiden Stadtteilen, das sind ja dann immerhin 40.000 Einwohner, das macht so 26.000 Wähler, dass die Zahl der panaschierten Stimmen für die ECE-Gegner in diesen beiden Stadtteilen unglaublich war, unglaublich war. (...) Und die Stimmung auch im Stadtrat ist nicht nur gekippt und zu sehr viel kritischeren, härteren Forderungen sich gedreht, weil die da irgendwie ein Einsehen gehabt hätten, sondern weil dieses Wahlergebnis gezeigt hat: ,Leute, vertut euch nicht. Wenn ihr hier als weiter gegen diesen ganz offenbar gewordenen Bürgerwillen agiert, kriegt ihr spätestens bei der nächsten Wahl so was von einen drauf, dass ihr alle davonfliegt'" (I-OBR 1, Abs. 38-42).

„Also, das haben wir so ein bisschen bei den Ortsvorsteherwahlen. Das kann man gar nicht, kann man sich gar nicht vorstellen. Sind vier gewählt worden, also vier Ortsvorsteher, die gegen ihre eigene Partei sagen: ,Ich bin gegen ECE.' Und bei Stadtratsmitgliedern ist es uns gelungen, von den hinteren Plätzen auf der Liste welche nach vorne zu bekommen, die also in den Stadtrat einziehen, die also von der Partei selbst weiter hinten nominiert wurden, damit sie nicht einziehen" (I-BI 2, Abs. 37).

Die Bürgerinitiative sieht in dieser Resonanz das Argument von der schweigenden Mehrheit zugunsten einer Shopping Mall entkräftet (Bürgerinitiative Mainzer Ludwigsstraße e.V. 2014b: 26). Ähnlich wie für die Bürgerinitiative stellt auch für den Ortsbeirat Mainz-Altstadt, der sich kritisch gegenüber dem geplanten Einkaufszentrum positioniert, die Bezugnahme auf den Bürgerwillen ein zentrales Motiv dar:

„In der Altstadt ist das ein ganz eindeutiges Gewinnerthema für uns, aber für alle Parteien. (...) Der Ortsbeirat fühlte sich mehr, als er sich das je erträumt hatte, als der Sprecher der Menschen, die hier lebten. Und wir haben gesagt: ,Okay, alles was hier passiert, passiert dann tatsächlich gegen die Bevölkerung der Altstadt'" (I-OBR 1, Abs. 38).

Somit nimmt der politisierende Diskursstrang eine Verschiebung des Referenzrahmens vor, der bei der Beurteilung von Stadtentwicklungsprojekten anzulegen ist: Zentrale Beurteilungsgröße für Entwicklungsvorhaben ist demnach nicht deren Auswirkung auf Attraktivität und Wettbewerbsfähigkeit der Stadt, sondern ihre Entsprechung mit dem ‚Bürgerwillen' und die Auswirkungen auf die Lebensqualität der betroffenen Bevölkerung:

> *„So, das heißt, wir haben als Ortsbeirat schwerpunktmäßig zwar dieselben Themen aufgegriffen, aber eben mit diesem Fokus: Was heißt das für unsere, hier lebende Bevölkerung? Wie werden die von so einem Ding betroffen sein?"* (I-OBR 1, Abs. 28).

Innerhalb des politisierenden Diskursstranges verweist die Auseinandersetzung um ‚(innenstadt)verträgliche' Einkaufszentren dabei nicht in erster Linie auf Fragen der Wettbewerbsfähigkeit im interkommunalen Standortwettbewerb, sondern auf die Frage, wie angesichts der Kapitalverwertungsinteressen durchsetzungsstarker institutioneller Investoren Einflussmöglichkeiten der planungsbetroffenen Bevölkerung auf die Stadtentwicklung gewahrt werden können. Der politisierende Diskursstrang führt somit weg von den technokratischen Problemstellungen rund um Zentralitäten und Passantenfrequenzen und letztlich auch weg von der Frage nach der ‚Verträglichkeit': Mainz benötige nichts, das ‚verträglich' ist, sondern etwas, das ‚gut' für Mainz ist, so ein Mitglied des Ortbeirates Mainz-Altstadt im Rahmen der LudwigsstraßenForen (Landeshauptstadt Mainz 2012b: 39). Was ‚gut' für Mainz ist, sei jedoch keine *technische* Frage, sondern eine *politische* Frage, die nur in einem offenen Aushandlungsprozess gelöst werden könne:

> *„Wir haben es nicht mit Fragestellungen zu tun, die Experten für uns lösen können. Wir müssen selber entscheiden, wie Mainz für die nächsten 50 oder 60 Jahre aussieht und wie die Mainzer in ihrer Stadt leben"* (Bürgerinitiative Mainzer Ludwigsstraße e.V. 2012: 4).

Insofern beinhaltet der politisierende Diskursstrang ein emanzipatorisches Moment, dass auf eine Öffnung stadtentwicklungspolitischer Debatten gerichtet ist. Demnach sollte nicht primär die Frage im Fokus stehen, wie das geplante Einkaufszentrum ‚(innenstadt)verträglich' gestaltet werden kann, sondern zunächst ein grundsätzlicher Dialog stattfinden, wie sich die Mainzer Innenstadt überhaupt entwickeln soll und welche Rolle dabei ggf. ein Einkaufszentrum spielen kann.

5.2.5 Bedrohungsorientiertes Problematisierungsmuster

Die oben beschriebene sachzwang- und potenzialorientierte Diskursordnung wird zweitens auch durch Problematisierungen aufgebrochen, die die Realisierung eines Einkaufszentrums in der Innenstadt mit Bedrohungsszenarien unterschiedlicher Art verknüpfen und die Vorstellung eines ‚(innenstadt)verträglichen' Einkaufszentrums hierdurch in Frage stellen. Dabei lassen sich im Wesentlichen drei zentrale Ausprägungen bedrohungsorientierter Problematisierungen unterscheiden, die im Folgenden näher betrachtet werden: Während die erste Ausprägung das geplante Einkaufszentrum als Fremdkörper charakterisiert und auf seine bedrohliche Andersartigkeit gegenüber der gewachsenen Innenstadt verweist, werden in der zweiten Ausprägung schädliche Auswirkungen innerstädtischer Einkaufszentren beschrieben und zu dystopischen Szenarien der Innenstadtentwicklung verdichtet. Die dritte Ausprägung hingegen stellt spezifische Qualitäten der Mainzer Altstadt in den Mittelpunkt und appelliert an deren Schutzbedürftigkeit vor möglichen schädlichen Einflüssen.

5.2.5.1 Von Monstern und Klötzen: Innerstädtische Einkaufszentren als Fremdkörper

In Anbetracht des Stadtratsbeschlusses zur Fortschreibung der Leitlinien und Empfehlungen im Jahr 2013 spricht die Bürgerinitiative Mainzer Ludwigsstraße von einem „schwarzen Tag" (Bürgerinitiative Mainzer Ludwigsstraße e.V. 2013: 9) für die Stadt Mainz:

> *„Bei einem der wichtigsten Bauprojekte nach dem Kriege wird die Chance einer städtebaulichen Aufwertung von Gutenbergplatz und Ludwigsstraße mit dem Stadtratsbeschluss vom Mittwoch für mindestens zwei Generationen verschenkt. Es soll ein geschlossener Klotz entstehen, in den der Dom dreimal hineinpassen würde"* (ebd.).

Das hierin zum Ausdruck kommende Motiv des Fremdkörpers bildet einen zentralen Grundpfeiler des bedrohungsorientierten Diskursstranges. Demnach seien gewachsene Innenstädte und einheitlich geplante Shopping Malls dem Wesen nach einander fremd und nicht miteinander zu vereinen. Der grundsätzlich andersartige Charakter einer Shopping Mall wird dabei nicht als ein Zugewinn, sondern in erster Linie als schädlich beschrieben, wobei insbesondere auf die Maßstäblichkeit des Einkaufszentrums im Verhältnis zu bestehenden innerstädtischen Strukturen Bezug genommen wird. Exemplarisch wird dies anhand der nachfolgenden Sequenz aus einem Interview mit einem Mitglied der Bürgerinitiative Mainzer Ludwigsstraße deutlich, in der der Interviewpartner Anforderungen an ein ‚verträgliches' Einkaufszentrum in der Mainzer Innenstadt formuliert:

> *„Etwas, das mit der baukulturellen Tradition, etwas das mit dem Stadtbild zusammenpasst, was die Kleinteiligkeit des Umfelds der südlichen Altstadt, die direkt angrenzt, was sich da hineinintegriert. Und nicht etwa so einen monströsen Fremdkörper wie üblicherweise diese riesigen Apparate sind. Denn das sind ganz kleine Gebäude drumherum und denkmalgeschützte Straßenzüge und Viertel, die von ihrer Struktur her alles andere sind als solche Monster"* (I-BI 1, Abs. 8).

Die Gegensätzlichkeit von Stadt und Einkaufszentrum wird dabei regelmäßig durch bildhafte Semantiken hervorgehoben, die Einkaufszentren als „Monster" und „riesige Apparate" (ebd.), als „Ufo" (Bürgerinitiative Mainzer Ludwigsstraße e.V. 2011a: 21) oder als „monolithischer" (in Landeshauptstadt Mainz 2012b: 62) bzw. „geschlossener Klotz" (Bürgerinitiative Mainzer Ludwigsstraße e.V. 2013: 9) charakterisieren. Die

Mall werde dabei aber nicht nur durch ihre schiere Größe zum Fremdkörper, sondern auch durch ihre Abschottung nach außen hin. Bemängelt wird insbesondere:

„der introvertierte Charakter von ECE-Shopping Malls, die sich gegenüber dem umgebenden Viertel abschotten, deren Äußeres sich vom Passanten abwendet und die sich einem Dialog mit der Baugeschichte gemeinhin verweigern“ (Bürgerinitiative Mainzer Ludwigsstraße e.V. 2011a: 3).

Der Aspekt der wechselseitigen Fremdheit taucht indes nicht nur entlang der Gegensatzpaare von Überdimensionierung und Maßstäblichkeit oder Abschottung und Offenheit auf, sondern kehrt auf der Ebene weiterer binärer Gegensätze wieder, wie z.B. zwischen Uniformität und Einzigartigkeit, zwischen verwaisten künstlichen Hallen und lebendigen historischen Plätzen, zwischen dem „Befall“ einer Stadt und gesundem organischen Wachstum, oder auch auf der Ebene der dominierenden Raumnutzung, was sich in der Attribuierung des geplanten Einkaufszentrums als „Konsumpalast“ niederschlägt. Exemplarisch hierfür kann der nachfolgende Auszug aus einer schriftlichen Stellungnahme im Rahmen des Beteiligungsverfahrens herangezogen werden:

„Shoppingcenter haben nichts mit dem zu tun, was man das Wachsen einer Stadt nennt. Das Allmähliche, Prozeßhafte, Organische eines Wachstumsprozeßes wird durch den Überfall, das Statische, das Anorganische eliminiert: Die Notwendigkeit eines Shoppingcenters ist nie in dem Ort begründet, in dem es errichtet wird. Gelder des Finanzmarktes suchen egal wo eine Anlage und befallen im wahrsten Sinn des Wortes eine Stadt. Aus dieser Konstellation wird nie etwas anderes herauskommen als ein Fremdkörper“ (in Landeshauptstadt Mainz 2013d: 5).

In eine ähnliche Richtung wie das Fremdkörper-Motiv zielt die Warnung vor einer „Stadt in der Stadt“, die sich auf die Gefahr einer quasi-autarken Stellung des Einkaufszentrums bezieht und sich ebenfalls in erster Linie aus der Kritik an der Dimensionierung des geplanten Einkaufszentrums speist. Hierbei steht die Befürchtung im Mittelpunkt, dass die Besucher, die hier v.a. als zählbare Passanten und Träger von Konsumentscheidungen vorkommen, alle ihre Bedürfnisse innerhalb des Einkaufszentrums befriedigen können und somit Anreize fehlen, die übrige Innenstadt aufzusuchen (I-AR 1, Abs. 19-21; I-EH 2, Abs. 60). Diese Form der Kritik erscheint etwas weniger ‚fundamental‘, denn Einkaufszentren erscheinen hier nicht *per se* als Fremdkörper, können jedoch zur Bedrohung werden, wenn sie größenbedingt über ein vollständig autarkes Angebot verfügen. Ferner wird hierbei das Motiv der grundsätzlichen Verschiedenheit von Stadt und Einkaufszentrum insoweit suspendiert, als das Einkaufszentrum als eine Stadt für sich beschrieben wird und somit im selben semantischen Rahmen verortet wird.[87]

Die Kritik an der Mall als Fremdkörper taucht bereits sehr früh im Beteiligungsprozess auf und kann auch als eine Technik der Emotionalisierung und als Mittel zur Mobilisierung von Widerstand gelesen werden:

---

[87] Gleichwohl finden sich auch Diskursfragmente, die das Argument der „Stadt in der Stadt“ weniger auf die Angebotsautarkie beziehen, als vielmehr auf die Introvertiertheit von Shopping Malls durch ihre Abschottung zur umgebenden Stadt hin (vgl. z.B. Bürgerinitiative Mainzer Ludwigsstraße e.V. 2014b: 4).

„Zumal dieses ECE genauso hoch gewesen wäre wie der Dom und vom Volumen her größer. Wenn man so Vergleiche bringt, das kommt sofort an, weil es ja auch der Realität-. Und man legt den Blick auf etwas, was ja stimmt. Ich halte das nicht für politisch, (...) sondern man zeigt nur: ‚So ist es. Ihr müsst mal richtig hingucken. Die Mehrzahl guckt ja nicht richtig hin'" (I-BI 2, Abs. 133).

Im Zuge der Erarbeitung der Leitlinien und Empfehlungen werden dann eine Reihe von Kriterien für die städtebauliche Integration eines innerstädtischen Einkaufszentrums an der Ludwigsstraße erarbeitet, die auch von Kritiker*innen weitgehend mitgetragen werden. Im Zuge der bereits eingangs erwähnten Fortschreibung der Leitlinien und Empfehlungen, im Anschluss an die Verhandlungsrunden mit dem Investor, die insbesondere von der Bürgerinitiative als Aufweichung und Wegbereiter für eine klassische Mall betrachtet wird, gewinnt das Argument des Fremdkörpers wiederum an Relevanz (vgl. Bürgerinitiative Mainzer Ludwigsstraße e.V. 2013: 9). Rückblickend auf den Leitlinienprozess distanzieren sich in den geführten Interviews auch die befragten Vertreter*innen der städtischen Verwaltung von klassischen Mall-Konzepten und greifen die Fremdkörper-Rhetorik der Projektgegner*innen auf, wenn sie beispielsweise darauf verweisen, das ein geschlossenes Einkaufszentrum wie die Rheingalerie in Ludwigshafen oder das „K" in Kaiserslautern in der Mainzer Innenstadt nur schwer vorstellbar sei. Gleichzeitig müsse man sich aber auch bewusst sein, dass man „nicht eine private Shopping-Mall so gestalten [kann], wie einen öffentlichen Straßenraum, ja, wie eine Altstadt, eine historische" (I-SV 1, Abs. 40).

5.2.5.2 Verödung, Überlastung, Kommerzialisierung: Dystopien der Innenstadtentwicklung

Während das zuvor beschriebene Motiv des Fremdkörpers auf einen grundlegenden Wesensunterschied und die daraus abgeleitete Annahme einer grundsätzlichen Unvereinbarkeit von geplanten Einkaufszentren und gewachsenen Innenstädten abzielt, rückt die zweite Ausprägung bedrohungsorientierter Problematisierungen mögliche schädliche Auswirkungen in den Mittelpunkt, die aus dem Antagonismus von Stadt und Center abgeleitet werden. Hierbei werden vielfältige Befürchtungen hinsichtlich schädlicher Auswirkungen eines innerstädtischen Einkaufszentrums auf die Innenstadt artikuliert, die sich zu dystopischen Szenarien zwischen Verödung, Überlastung und Kommerzialisierung verdichten.[88]

Die *Dystopie einer verödeten Innenstadt* speist sich aus drei unterschiedlichen Quellen: erstens aus befürchteten schädlichen Auswirkungen auf das innerstädtische Einzelhandelsgefüge, zweitens aus der Befürchtungen einer langfristig unattraktiven, verwaisten Shopping Mall, sowie drittens aus Befürchtungen eines unbelebten Quartiers infolge einer zunehmend monofunktionalen Ausrichtung auf den Handel. Schädliche Auswirkungen auf das innerstädtische Einzelhandelsgefüge werden zum Beispiel in möglichen Verlagerungen von Magnetbetrieben des Einzelhandels aus den Bereichen Bekleidung /

---

88 Darüber hinaus befürchtet die Bürgerinitiative weitere negative Auswirkungen, beispielsweise ein Rückgang versicherungspflichtiger Vollzeitbeschäftigung im Einzelhandel zugunsten prekärer Beschäftigungsverhältnisse (vgl. Bürgerinitiative Mainzer Ludwigsstraße e.V. 2014b: 22).

Textilien oder auch Elektronik von etablierten Lagen in das neue Einkaufszentrum gesehen (vgl. I-EH 1, Abs. 29). Zudem werde die Situation für den Einzelhandel in den innerstädtischen Randlagen durch die weitere Konzentration auf den Tripol und damit verbundene Verschiebungen von Passantenströmen weiter verschärft:

> „*Es wird zwangsläufig zu einer Verschärfung der Randlagenproblematik kommen und eine Umsiedlung bereits ansässiger Filialbetriebe in das neue Center wird zu Leerständen in jetzt noch gut frequentierten Lagen führen*“ (Werbegemeinschaft Mainz e.V. 2013: 2).

Während der potenzialorientierte Diskursstrang die Stärkung der „Einkaufsinnenstadt“ als Ganzes in den Mittelpunkt stellt, rückt hier stattdessen die Frage nach der ungleichen Verteilung der Chancen und Risiken einer solchen Ansiedlung in den Fokus:

> „*Wir hätten in vielen Bereichen, also bei kleinen inhabergeführten Geschäften Probleme gekriegt, gerade, was Textil angeht. Weil die Malls immer textillastig sind. Sie haben in diesen Malls meistens einen Besatz, ich sage jetzt mal zwischen 70 und 80 % Textil drin. Das heißt also gerade bei den kleinen inhabergeführten Geschäften hätten sie dort ein Problem. Aber nicht nur die, auch die Gastronomie drumherum hätte Probleme gekriegt, weil Sie haben immer diesen Food-Court in diesen Malls mit. Das heißt, vieles, was Mittagstisch ist, würde abgezogen werden. Die Malls haben auch meistens bis 20 Uhr auf. Das heißt also auch, die ersten, die abends irgendwo noch was essen wollen oder kurz nach der Arbeit was essen, bevor sie nach Hause fahren, die wären möglicherweise auch in der Mall gelandet, weil man natürlich dort auf einem kleinen Platz ein relativ breites Angebot findet, auch gerade, was Essen angeht. Und, ja, man hätte eine Veränderung der Wege gehabt. Ob die Römerpassage noch so viel Zulauf gehabt hätte, habe ich so ein bisschen meinen Zweifel, weil es hätte ja dann hier dann auch ein entsprechendes großes Parkhaus mit dazu müssen*“ (I-EH 2, Abs. 72).

Dies rückt den bedrohungsorientierten Diskursstrang in die Nähe politisierender Problematisierungen, die das geplante Einkaufszentrum in Bezug setzen zu miteinander in Konflikt stehenden Interessenlagen unterschiedlicher Akteure. Dabei werden die hiermit verbundenen Bedrohungsszenarien insofern produktiv, als sie die Entstehung neuer Allianzen begünstigen. So ziehen beispielsweise mehrere Einzelhandelsunternehmen aus dem Bereich Lotharstraße, Neubrunnenstraße und Große Bleiche zur Zeit des Beteiligungsverfahrens die Gründung einer Interessensgemeinschaft in Erwägung (Landeshauptstadt Mainz 2012b: 28). Bei den Einzelhändlern in der Altstadt habe ein Wandel des Denkens über Konkurrenz eingesetzt:

> „*Jeder fühlt die gleiche Form der Existenzbedrohung und jeder weiß, wenn es dich erwischt, erwischt es dich dann ausweglos. Wenn du deswegen anfängst, Wirtschaftsprobleme zu kriegen, kriegst du das nicht mit Weihnachtssonderangeboten oder einem anderen Hutsortiment mehr gerettet, sondern dann bist du weg. Dann ist dein Laden weg und deine Existenz ist weg. (...) Ehm, das war schon eine interessante Erfahrung zu sehen, dass diese Einzelhändler eben dann plötzlich die Ohren aufmachen und sagen: ‚Okay, da ist-. Der andere verkauft was Ähnliches, ich empfinde ihn jetzt nicht mehr als Bedrohung, sondern mehr*

als Bereicherung, weil man daraus machen kann: Die blauen und die roten Hüte.' Das ist doch eine tolles Angebot in der Summe, weil die werden blaue, rote, grüne, gelbe, und für den halben Preis aber Mist verkaufen. Ehm, das fand ich dann auch schon für mich selber eine interessante Erfahrung mitzukriegen, dass diese Leute auch in einer ganz neuen Form angefangen haben, über sich und ihren Konkurrenten nachzudenken und eben sich und den Konkurrenten in eine neue gemeinsame Interessengemeinschaft, sich da reinzugeben und sich das zuzutrauen, das zu machen" (I-OBR 1, Abs. 92).

Der Aspekt der Verödung manifestiert sich dabei in der Befürchtung von Leerständen und Trading-Down-Prozessen, die durch einen ‚Staubsaugereffekt' des neuen Einkaufszentrums ausgelöst werden könnten:

„Diese [benötigte] zusätzliche Kaufkraft müsste aus dem flächendeckend mit Einkaufszentren gepflasterten Einzugsbereich kommen. Das jedoch findet nirgends statt. Studien haben nachgewiesen, dass es i.d.R. lediglich zu einer mehr oder minder ausgeprägten Umverteilung der lokalen Einzelhandelsumsätze zu Lasten des eingesessenen Einzelhandels kommt. Die Mall – eine ‚Umsatzabsauganlage'. Die Folgen: Ladenschließungen, Verlust von versicherungspflichtigen Vollzeitarbeitsplätzen, Leerstände, Verödung bis zur Verwahrlosung und Verlust an Sicherheit und Sauberkeit auf öffentlichen Straßen und Plätzen" (Bürgerinitiative Mainzer Ludwigsstraße e.V. 2014b: 21, Einfügung DG).

Eine zweite Variante der Verödungsdystopie steht hierzu in bemerkenswertem Kontrast. Ging es bisher darum, dass die übrige Innenstadt aufgrund der Dimensionierung sowie der Wettbewerbs- und ‚Performance'-Vorteile eines einheitlich geführten Einkaufszentrums veröden könnte, wird hierbei gewissermaßen eine gegenteilige Argumentation entwickelt. Demnach stelle das Einkaufszentrum als Betriebsform ein Auslaufmodell dar, dessen Lebenszyklus sich bereits seinem Ende entgegenneige:

„Herr [...] unterstellt, dass auch ECE bewusst ist, dass die Zeit für introvertierte Shopping-Malls vorbei ist, dass damit jedoch aus kaufmännischer Sicht am meisten Gewinn erzielt werden kann, selbst wenn das Einkaufszentrum langfristig nicht funktionieren sollte. Er gibt zu bedenken, dass die Stadt Mainz Gefahr läuft, für mindestens zwei Generationen ein riesiges Einzelhandelsauslaufmodell in einer verödeten Innenstadt zu erhalten" (Landeshauptstadt Mainz 2012f: 7).

Hierdurch wird die langfristige wirtschaftliche Tragfähigkeit von Einkaufszentren aufgrund von Tendenzen der „Übersättigung" (1891.2013: 2) infrage gestellt, was sich auch an der Entwicklung anderer Einkaufszentren in der Region Rhein-Main abzeichne, die hinter den Erwartungen zurückblieben (vgl. Bürgerinitiative Mainzer Ludwigsstraße e.V. 2014b: 21). Dabei gewinnt im zeitlichen Verlauf der Debatte zunehmend auch das Argument an Bedeutung, dass in Anbetracht des wachsenden Online-Handels die Ausweitung von Flächen für den stationären Handel grundsätzlich auf den Prüfstand gehöre (ebd.: 27). Seine Steigerung und Kulmination erfährt das Argument des Auslaufmodells schließlich in der Dystopie einer von Leerstand geprägten „Investitionsruine" mitten in der Innenstadt. Diese stellt einen Gegenentwurf dar, der auf eine Destabilisierung des sachzwang- und potenzialorientierten Aufwertungs- und Modernisierungsdiskurses abzielt, der den grundlegenden Legitimationszusammenhang für das geplante Einkaufszentrum bildet. Der Begriff der „Ruine“ setzt dem Szenario der Aufwertung ein Szenario des Verfalls entgegen. Er evoziert Assoziationen von Altertümlichkeit und markiert Einkaufszentren damit als „Konzepte von gestern“ (Bürgerinitiative Mainzer Ludwigsstraße e.V. 2011a: 13). Darüber hinaus weckt der Begriff der „Ruine“ in einer Stadt, deren jüngere Entwicklungsgeschichte in erheblichem Maße durch die Kriegsschäden des Zweiten Weltkrieges geprägt ist, weitere Negativassoziationen von Zerstörungen einschneidenden Ausmaßes. Durch den Begriff der „Investitionsruine“ werden solche Assoziationen von Rückwärtsgewandtheit und Zerstörung implizit zu Attributen des Agierens institutioneller Investoren gemacht. Hierbei bildet das Motiv der „Investitionsruine“ eine Brücke zwischen dem bedrohungsorientierten Diskursstrang und Problematisierungen, die auf gegenläufige Interessen von Investoren und Stadtgesellschaft verweisen:

> *„Großinvestoren haben meistens das große Geschäft im Auge und wenn die Paläste stehen und nicht laufen, laufen die Investoren davon und die Ruinen haben die Bürger gegen ihren Willen vor Augen“* (in Landeshauptstadt Mainz 2011c: 3).

Es bleibt jedoch nicht beim Entwurf reiner Negativszenarien – vielmehr werden diese unmittelbar positiv gewendet in konkrete Vorstellungen, was bei einer Standortentwicklung an der Ludwigsstraße beachtet werden müsse, um das Eintreten dieser Szenarien zu verhindern. Dies beinhaltet z.B. die Forderung nach der Einplanung flexibler Nutzungsänderungen:

> *„Die Auseinandersetzung mit diesen Aspekten ist auch deshalb so wichtig, da die Betriebsform Einkaufscenter nicht dauerhaft reüssiert, sondern, wie alle bisher am Markt aufgetretenen, seit einiger Zeit eindrucksvoll an den Warenhäusern nachzuvollziehen, mittel- bis langfristig auch eine Abwärtsbewegung erfahren können. Die Umbaufähigkeit solcher Objekte ist deshalb von städtischer Seite hoch einzustufen“* (Junker und Kruse Stadtforschung Planung 2012a: 12).

Der vermeintliche Widerspruch zwischen einer Verödung durch ein ‚zu gut‘ funktionierendes Einkaufszentrum auf der einen Seite und einer Verödung durch ein nicht funktionierendes Einkaufszentrum auf der anderen Seite wird auf der zeitlichen Ebene aufgelöst, sodass sich beide Argumentationslinien nicht aufheben, sondern wechselseitig verstärken. Kurzfristig werde Kaufkraft aus der Innenstadt in das Einkaufszentrum abgesaugt, langfristig werde aber auch das Einkaufszentrum seine Attraktivität verlieren, sodass es letztlich zu einer flächenhaften Verödung der Innenstadt komme: „Das haben wir immer als Horrorszenario an die Wand gemalt: Erst stirbt die Altstadt und dann stirbt das Zentrum. Und wer repariert dann?“ (I-OBR 1, Abs. 98). Eine dritte Variante der Verödungsdystopie schließlich entwirft das Bild einer Innenstadt, die aufgrund monofunktionaler Großstrukturen des Handels außerhalb der Ladenöffnungszeiten unbelebt, verwaist und „entvölkert“ (I-BI 2, Abs. 85) ist. Hierbei wird insbesondere auf die Schutzbedürftigkeit der Mainzer Innenstadt abgezielt (vgl. Kap. 5.2.5.3).

Die *Dystopie einer überlasteten Innenstadt*, die eine weniger zentrale Position innerhalb des bedrohungsorientierten Diskursstrangs einnimmt, speist sich insbesondere aus Befürchtungen zunehmender Umwelt- und Verkehrsbelastungen, die im Rahmen des Bürgerbeteiligungsverfahrens artikuliert werden. Hierbei wird die Zunahme des auf die Innenstadt ausgerichteten motorisierten Individualverkehrs als zu beachtende Kehrseite der von der Stadt angestrebten Zentralitätssteigerung beschrieben (vgl. Landeshauptstadt Mainz 2012b: 69). Ferner werden Befürchtungen geäußert, dass es in der angrenzenden Altstadt zu massiven Belastungen durch Parksuchverkehr kommen könnte (Landeshauptstadt Mainz 2011f: 8). Der Stadtverband DIE LINKE warnt vor den Umweltbelastungen, die mit der Realisierung eines Einkaufszentrums verbunden seien (Landeshauptstadt Mainz 2011b: 20).

Die *Dystopie einer kommerzialisierten Innenstadt* speist sich aus der Befürchtung einer zunehmenden Transformation der Innenstadt in einen reinen Konsum- und Erlebnisraum. Dabei wird auch auf Ausschlussmechanismen hingewiesen, die mit der zunehmenden Ausrichtung innerstädtischer Räume auf Konsumzwecke verbunden seien:

> *„Seit Jahrzehnten vermurkst eine Allparteien-Koalition die Innenstadt kontinuierlich zu einem einzigen Verkaufsraum. Sie raubt ihr damit ihre Mehrdimensionalität bis nur noch eine übrigbleibt: Der Aufenthalt in der Innenstadt dient nur noch dem Konsum. Für arme Menschen wird sie zur no-go-area, sie verliert ihre Aufenthaltsqualität außerhalb der Verkaufsräume. Dieser Prozeß zerstört die Identität der Stadt"* (in Landeshauptstadt Mainz 2013d: 4).

> *„Zur Frage des Verlustes von städtischer Identität gehört auch die Frage nach dem Umgang mit Armen, Bettlern und Obdachlosen. Die Verengung der Wahrnehmung von Stadt ausschließlich als Konsumerlebnisraum hat gegenüber diesen Menschen zu einer gravierenden Verhaltensänderung geführt. Man begegnet diesen Menschen zunehmend ablehnend bis aggressiv: es geht nicht mehr um die Ursachen von Armut und wie man diese bekämpft. Nein, der zum Konsument reduzierte Bürger fühlt sich in seiner noch verbliebenen Lebensäußerung, dem Konsum gestört. Städtische Identität konstituiert sich in einer solidarischen Bürgerschaft. Die Konsumwelt braucht atomisierte asoziale Konsumenten. Dies wird aggressiv durch ein Bettelverbot in Shoppingcentern und den permanenten Versuchen, dies auch auf das Umfeld der Center auszudehnen, zum Leitbild des Konsumraumes Stadt erhoben."* (ebd.: 8)

Die Kommerzialisierung innerstädtischer Räume wird dabei als Aushöhlung städtischer Identität beschrieben. Diese Aushöhlung von Identität sei jedoch nicht nur eine abgeleitete Folgewirkung der Transformation von Innenstädten zu Konsumräumen, sondern zugleich eine ihrer wesentlichen Voraussetzungen: Denn das entstandene Vakuum werde durch die Inszenierung einer Markenwelt angefüllt, hinter die die Stadt zurücktrete als „[historisierte] Fassade stakkatohafter Eventkultur der Konsumwelt" (ebd.: 4). Gleichzeitig verschleierten die Inszenierungsweisen von Marken in Einkaufszentren die z.T. prekären Bedingungen der globalisierten Produktion, unter denen die zugehörigen Produkte hergestellt werden (ebd.). Zugleich ist jedoch anzumerken, dass diese Form der Analyse eine vergleichsweise marginale Stellung innerhalb des diskursiven Feldes einnimmt. Zum einen bleibt die Kritik an einer Kommerzialisierung meist auf die Forderung beschränkt, öffentliche Treffpunkte ohne Konsumzwang zu ermöglichen. Zum anderen stellt eine grundsätzliche Kritik des Gesellschafts- und Wirtschaftssystems für die Mehrzahl der Projektkritiker*innen nicht den zentralen Antrieb dar:

> *„Also, es war nicht, ich sage mal, eine große antikapitalistische Bewegung oder so etwas, sondern einfach die Sorge um ihr wohl nettes, friedliches-, dahindümpelnde Mainzer Innenstadt. So fing das an, also wirklich klassisch bürgerlich"* (I-BI 2, Abs. 15).

5.2.5.3 Mainz bleibt Mainz: Von der Schutzbedürftigkeit der Mainzer Altstadt

> *„Wir müssen weiter aufmerksam sein. Ja, das ist schon grundsätzlich richtig, ja. Grundsätzlich völlig richtig, weil es ist immer wieder dieses schöne, alte bewohnte Mainz in Gefahr, immer wieder"* (I-OBR, Abs. 98).

Vor dem Hintergrund der oben skizzierten Dystopien zeichnet sich die dritte Ausprägung bedrohungsorientierter Problematisierungen dadurch aus, dass die besondere Schutzbedürftigkeit gewachsener Strukturen und insbesondere der historischen Altstadt hervorgehoben wird. Die Qualitäten, die der Mainzer Innenstadt, bzw. in besonderem Maße der historischen Altstadt, hierbei zugeschrieben werden und deren Schutz angemahnt wird stehen in diametralem Gegensatz zu den bereits beschriebenen Charakterisierungen der Shopping Mall als Fremdkörper: Kleinteiligkeit, individuelles und einzigartiges Flair, Tradition und Identität. Auch der inhabergeführte Einzelhandel in der Mainzer Innenstadt wird als besonders erhaltenswürdig erachtet und scheint durch das geplante Einkaufszentrum potentiell in seinem Fortbestand bedroht. Dabei wird die Narration des Standortwettbewerbs, der seinen Tribut zolle, von Kritiker*innen des ECE-Projekts dahingehend umgedeutet, dass es gerade die Vielfalt und Einzigartigkeit des Einzelhandelsangebots sei, die einen Wettbewerbsvorteil gegenüber anderen Städten darstelle:

> *„Die Attraktivität der Mainzer Innenstadt lebt von der Vielfalt der Quartiere und dem attraktiven Mix aller Betriebsgrößen und -formen. Das ist das Alleinstellungsmerkmal der Mainzer Innenstadt und macht den Reiz gegenüber einer Vielzahl anderer deutschen Innenstädte aus. Bei einer Konzentration droht nun gerade dieser Grund, Mainz als Einkaufsstadt zu bevorzugen, verlorenzugehen. Mittlerweile gibt es in fast jeder Stadt ein Center mit austauschbaren Geschäften"* (Werbegemeinschaft Mainz e.V. 2013: 2).

> *„Doch gerade die von Inhabern geführten Einzelhandelsfachgeschäfte schaffen eine lebendige Vielfalt und sind nicht wegzudenken als Alleinstellungsmerkmal unserer Stadt Mainz. Als Einkaufstadt stehen wir in unmittelbarer Konkurrenz zu unseren Nachbarstädten Wiesbaden, Darmstadt, Alzey, Ingelheim und Bingen und punkten gerade mit unseren Inhabergeführten Einzelhandelsgeschäften, deren Existenz aber mehr und mehr bedroht ist. Wir haben den Dom, den Markt,*

unseren Rhein und unsere Altstadt und die Vielfalt unserer Fachgeschäfte. Diese heißt es zu erhalten" (Bürgerinitiative Mainzer Ludwigsstraße e.V. 2014b: 20).

Hieran wird auch deutlich, dass die Argumentation des Standortwettbewerbs und die Idee der Stadt als Wettbewerbseinheit nicht nur eine reine Legitimationsstrategie der Projektbefürworter*innen darstellen. Vielmehr greifen auch Projektgegner*innen auf eine solche Wettbewerbslogik zurück und verfestigen damit zugleich die Vorstellung, dass Stadtentwicklung an Kriterien der Attraktivität und Wettbewerbsfähigkeit auszurichten sei.

Neben dem inhabergeführten Handel wird vor allem das besondere ‚Flair' als schutzbedürftige Qualität der Mainzer Innenstadt beschrieben. Stellvertretend hierfür kann eine längere Sequenz aus einem Interview mit einem Mitglied der Bürgerinitiative Mainzer Ludwigsstraße herangezogen werden, worin unterschiedliche Aspekte dieser Schutzbedürftigkeit durchscheinen:

> *„Also, das Nette ist, wenn man in Mainz abends auch durch die Straßen geht, auch durch die Innenstadt geht, die ist nicht leer. Ich bin ja in Frankfurt groß geworden und da sehe ich, ob das das Bankenviertel ist oder so etwas, also das ist im Grunde dann abends leer, wenn die Leute nach Hause gehen. Das ist ja auch vernünftig. Hier ist es so, dass die Mainzer Innenstadt bewohnt ist. Wir haben schon Kaufhäuser, da ist auch-, also nicht beim Kaufhaus selbst ist es jetzt nicht, aber nebendran, überall ist es bewohnt. Die Stadt ist so in etwa, dass sie fünfstöckige Bebauung hat oder sechsstöckige. Aber das untere, maximal der erste Stock noch sind Läden und darüber gibt es die Wohnungen. Das ist auch immer so gewesen, weil Mainz klein war. (...) Also, man wohnt hier, man lebt hier und arbeitet in der Regel hier in der Mainzer Innenstadt auch. Die Altstadt ist, eh, das ECE sollte ja in der Altstadt gebaut werden. Die Altstadt ist eine der begehrtesten, dicht bewohntesten Viertel in Mainz, weil Sie auch hier alles haben. Hier haben Sie Kinos, hier haben Sie das Theater. Sie haben unendlich viele Kneipen, Sie gehen abends vor die Tür, wir machen das natürlich auch. Drei Schritte ist es bis dahin, drei Schritte ist es bis dahin. Also, es ist eine begehrte Wohnlage. Begehrt im Sinne, wenn ich städtisch leben will. (...) Also, man mag diese Atmosphäre"* (I-BI 2, Abs. 26-29).

Diese Beschreibung der „Atmosphäre" der Mainzer Altstadt ist insofern charakteristisch für diesen Diskursstrang, als sie das Bild eines lebendigen, belebten Stadtviertels zeichnet, das durch einen hohen Wohnanteil und eine hohe Dichte unterschiedlicher Funktionen gekennzeichnet sei (auch wenn dies angesichts der vielfach vorzufindenden romantisierenden Beschreibungen eine gar zu nüchterne Verdichtung sein mag). Weiterhin wird die Altstadt als ein Ort gedacht, der eine bestimmte Qualität sozialer Interaktionen ermögliche, die angesichts der Planungen für ein großmaßstäbliches Einkaufszentrum aber verloren zu gehen drohe:

> *„Wenn [man] in ein Lokal kommt und das ist leer-, das ist immer so eine nette Anekdote: Da sitzen nur zwei, drei und man kommt jetzt rein, würde man sich in Frankfurt separat an einen Tisch setzten. Hier sagt man: ‚Ach komm, rück doch bei. Setz dich doch zu uns', also so. (...) Und das ist so eine, so eine Nettigkeit*

untereinander, die durch ein solches, plötzliches, gigantisches, also, damals als. Es fing an mit 30.000 m² Einkaufsfläche und natürlich sehr viele Restaurants und Schnellimbiss und alles drin. Also, es hätte das Leben gigantisch verändert. Das war so der unmittelbare Anlass, weshalb all die, die auch in der Bürgerinitiative waren, aus diesen Motiven kamen. Also, unsere schöne Mainzer Innenstadt sollte nicht so-. Klein kann man das machen, aber nicht so. Den Hertie renovieren und da mal-, also, Karstadt renovieren, okay. Aber nicht so ein Ding" (ebd.).

Das in dieser Passage greifbare Gefühl einer drohenden Entfremdung kehrt auch im Gespräch mit einem ehemaligen Mitglied des Ortsbeirats Mainz-Altstadt wieder, hier nun wiederum mit Bezug auf den ansässigen inhabergeführten Einzelhandel:

> *„So dass, wenn Sie in diese kleinen Lädchen gehen und fragen die Bedienungen: ‚Sind Sie verwandt mit dem Inhaber?', dann hören Sie meistens ‚die Ehefrau', ‚die Tochter', ‚die Schwester'. Also das. Die überleben zum größten Teil nur durch Selbstausbeutung im Familienverbund. Machen es aber trotzdem mit Begeisterung und wenn Sie dahingehen, sehen Sie, dass das schon ein Stückelchen besonders schön ist und irgendwie so. Da durchzulaufen und nur Geschäfte zu gucken ist entspannend, weil es eben nicht 08/15 das ist, was wir in der Fußgängerzone und in jeder anderen Fußgängerzone in der Bundesrepublik haben, sondern das ist schon so etwas ganz Anderes, was ganz Anderes. Die Schaufenster sehen anders aus, die Waren sind anders. Das ist einfach ein kleines Stückchen noch alte Stadt, wo der Mensch, der in dem Laden stand eben-, das war dann sein Laden, so. Und das ist da so noch, auch in den Parallelstraßen, Schönbornstraße und so"* (I-OBR 1, Abs. 34).

Die dort ansässigen Läden hätten ohnehin schon mit hohen Mieten zu kämpfen; die Altstadt mit ihren Läden wird als ein Kleinod beschrieben, für dessen Erhalt es sich zu kämpfen lohne, auch gegen Investoreninteressen. Wenn es infolge einer ECE-Ansiedlung aber vermehrt zu Leerständen käme, so würde dies eine negative Kettenreaktion auslösen, da die Einzelhandelsmieten zu einem großen Teil der Refinanzierung von Investitionen für den Erhalt der Immobilien dienen. Somit stünden auch die positiven Ergebnisse der Altstadtsanierung auf dem Spiel (ebd.). Immer wieder ziehen Kritiker*innen eines Einkaufszentrums an der Ludwigsstraße dabei auch den Vergleich zur Frankfurter Innenstadt, die aufgrund ihrer stärkeren Monofunktionalität in den Abendstunden entvölkert sei und einen unsicheren Eindruck vermittle:

> *„Sie gehen raus, die Menschen sagen ihnen: ‚Ach, ich habe hier keine Angst', weil auch hier so viele, nicht nur so viele Leute, die in Kneipen sind, rumlaufen, sondern die vielen, die hier in die-, nach Hause gehen, die hier einfach wohnen. Und dass sie-, sieht man Licht. Und wenn ich hier Hilfe schreien hören würde, dann würde ich mein Fenster aufmachen und rausgucken. In Frankfurt gibt es niemanden mehr der rausguckt. (...) So, und das stand auf dem Spiel"* (I-OBR 1, Abs. 96).

Wenngleich der skizzierte Diskursstrang insbesondere auf die Vorstellung einer schützenswerten Einzigartigkeit und Besonderheit der Mainzer Altstadt und ihren unverwechselbaren *genius loci* verweist, so werden zugleich auch Bezüge hergestellt zur

Tradition der europäischen Stadt und damit verbundenen Vorstellungen von Urbanität (Bürgerinitiative Mainzer Ludwigsstraße e.V. 2012: 1). Hierdurch erfährt die Forderung nach Schutz und Erhalt des Bestehenden insofern eine Verstärkung, als es nicht mehr nur um ein einzelnes innerstädtisches Quartier geht, sondern um die Bewahrung einer historischen Idee und eines Grundprinzips des ‚Funktionierens' von Stadt. Auffallend sind darüber hinaus die vielfachen Personifizierungen der Altstadt als ‚liebenswürdig', ‚sensibel' und von unverwechselbarem ‚Charakter', die in starkem Kontrast stehen zur Dystopie einer unbelebten Innenstadt und den entseelten Charakterisierungen der geplanten Shopping Mall als Klotz, Ufo oder Monster (s.o.). Durch diese Techniken der Emotionalisierung entsteht ein starker Kontrast insbesondere zu den technokratischen Problematisierungen des Projekts als großflächiges Einzelhandelsvorhaben, deren analytische Verfahren eine Grenzziehung zwischen objektivierbaren Wirkungszusammenhängen und der Sphäre subjektiven Erlebens vornehmen.

Zur Charakterisierung des bedrohungsorientierten Diskursstranges kann somit zusammenfassend an dieser Stelle festgehalten werden, dass dieser im Wesentlichen entlang dreier Argumentationslinien ausgerichtet ist: Erstens wird das geplante Einkaufszentrum als Fremdkörper beschrieben, der dem Wesen nach mit einer gewachsenen Innenstadt nicht vereinbar sei. Zweitens werden verschiedene Befürchtungen hinsichtlich möglicher schädlicher Auswirkungen des geplanten Einkaufszentrums artikuliert, die sich zu dystopischen Szenarien einer verödeten, überlasteten oder kommerzialisierten Innenstadt verdichten lassen. Drittens wird die Schutzbedürftigkeit der Mainzer Innenstadt und insbesondere der historischen Altstadt vor solchen schädlichen Einflüssen, die mit einem Verlust städtischer Identität gleichgesetzt werden, hervorgehoben. Hierdurch erfolgt eine Irritation des zentralen Legitimationszusammenhangs des geplanten Einkaufszentrums, der auf Chancen und Notwendigkeiten der Aufwertung im Rahmen des Standortwettbewerbs ausgerichtet ist. Dabei treten auch Momente der Emotionalisierung hervor, die in starkem Kontrast zu technokratischen Problematisierungen des geplanten Einkaufszentrums stehen. Eine größere Nähe besteht hingegen zu Problematisierungen, die das geplante Einkaufszentrum in Bezug setzen zu gegenläufigen Interessenlagen und damit verbundenen Konflikten.

5.2.6 Schlussfolgerungen zur diskursiven (Un-)Ordnung der Verträglichkeitsproblematik

Die bisherige empirische Analyse hat zunächst gezeigt, dass die Ansiedlung eines Einkaufszentrums in der Mainzer Innenstadt auf sehr unterschiedliche Weise diskursiv gerahmt und in stadtentwicklungspolitische Zusammenhänge eingeordnet wird. Aus einer diskursanalytischen Betrachtungsweise heraus sind solche Problematisierungsmuster weniger als Zustandsbeschreibungen von Interesse, die nach ihrem Wahrheitsgehalt befragt werden müssten. Wie in Kap. 3.2 ausführlich dargelegt, geht es bei der Diskursanalyse in erster Linie eben gerade nicht um eine Wertung der Wahrheitsansprüche der Aussagen innerhalb eines diskursiven Feldes, sondern um die Analyse der Wahrheits*effekte*, die aus der Regelhaftigkeit der Aussageformationen hervorgehen (vgl. FOUCAULT

1991: 79 f.). Aus einer diskursanalytischen Betrachtung ist die ‚(Innenstadt)Verträglichkeit' eines Einkaufszentrums nicht etwas, das entweder gegeben ist oder nicht und über das zutreffende oder weniger zutreffende Aussagen getroffen werden können – vielmehr dreht die Diskursanalyse die Perspektive gewissermaßen auf den Kopf:

> *„Nicht die Gegenstände, nicht die Objekte des Denkens (gedacht als das ‚tatsächlich Gegebene', als Phänomene ‚an sich') initiieren und formieren die darüber geführten Diskurse, sondern umgekehrt: Diskurse produzieren und formen ihre Gegenstände, Objekte, indem sie entlang ‚machtvoller Regeln' über sie sprechen, und indem die jeweiligen diskursiven Praktiken bestimmen, was in welchem Diskurs gesprochen, was verschwiegen, was als wahr anerkannt und als falsch verworfen wird"* (BÜHRMANN & SCHNEIDER 2008: 27).

Erst durch die diskursive Praxis der Einordnung geplanter innerstädtischer Einkaufszentren in einen stadtentwicklungspolitischen Kontext und übergeordneten Deutungsrahmen kann die Verträglichkeitsfrage als „Objekt des Denkens" (ebd.) erscheinen. FOUCAULT (1981 [1969]: 49) schreibt in der *Archäologie des Wissens*, eine diskursive Formation sei „weit davon entfernt, sich auf ein einziges Objekt zu beziehen, das ein für alle Mal gebildet ist, und es unbeschränkt als ihren Horizont unerschöpflicher Identität zu bewahren". Die Verträglichkeitsfrage geht aus einer diskursiven Wissensordnung hervor, die nicht durch eine quasi-evidente Natur der Dinge gegeben ist, sondern in einem permanenten Hervorbringungsprozess aktiv hergestellt und stabilisiert werden muss. Durch die Regelhaftigkeit dieser diskursiven Praxis wird eine spezifische Problemstruktur aufgeworfen, wird die Verträglichkeitsfrage auf spezifische Weise ‚denkbar'. Eine Auseinandersetzung mit dieser diskursiven Problemstruktur ist deshalb wichtig, weil hierdurch das diskursive Möglichkeitsfeld abgesteckt wird, innerhalb dessen die politische Bearbeitung und Steuerung der Verträglichkeitsproblematik stattfinden kann – denn jede Form politischer Steuerung gründet in einer diskursiven Wissensordnung über den Gegenstandsbereich, den es zu steuern gilt:

> *"'Government' that is to say, is always dependent on knowledge, and proponents of diverse programmes seek to ground themselves in a positive knowledge of that which is to be governed, ways of reasoning about it, analysing it and evaluating it, identifying its problems and devising solutions"* (MILLER & ROSE 1990: 6 f.)

Bevor im nächsten Kapitel eine Annäherung an die Rationalitätsstrukturen erfolgen kann, die die politische Steuerung der Verträglichkeitsproblematik anleiten, muss daher nun zunächst eine integrierte Betrachtung der spezifischen Problemstruktur erfolgen, die durch die beschriebenen Problematisierungsmuster aufgeworfen wird. Hierbei soll gezeigt werden, dass die beschriebenen Problematisierungsweisen an sehr unterschiedliche normative Vorstellungen einer ‚guten' Stadtentwicklungspolitik gebunden sind und in der Folge auch mit sehr unterschiedlichen Implikationen für das Verständnis von ‚(Innenstadt)Verträglichkeit' einhergehen.

Rückblickend ist zunächst deutlich geworden, dass sich der Begründungs- und Legitimationszusammenhang für das geplante EKZ insbesondere auf die Annahme eines zunehmenden Standortwettbewerbs stützt. Dieser mache es erforderlich, mit Hilfe privater Investoren ungenutzte Potenziale zu erschließen bzw. vorhandene funktionale und städtebauliche Defizite durch gezielte Aufwertungsimpulse zu überwinden. Hierdurch soll eine Attraktivitätssteigerung ermöglicht werden, von der die Innenstadt als Ganzes profitiere. Wie am Beispiel der Kalkulationsweisen zur Berechnung von Verkaufsflächenpotenzialen deutlich geworden ist, liefern die hier aufgerufenen Techniken der Wissensproduktion nicht einfach nur Abbilder einer unabhängig davon gegebenen ökonomischen Wirklichkeit, sondern sind aktiv an der Hervorbringung von (Innen-)Städten als Wettbewerbseinheiten beteiligt: Kalkulationsweisen wie das Benchmarking von Kaufkraftkennziffern sind Teil der diskursiven „Wirklichkeitskonstruktion (...) über Differenzbildungen und Bedeutungs- bzw. Sinnverkettungen" (KELLER 2011: 72). Durch sie wird die (Innen-)Stadt als ein Raum lesbar gemacht, dessen Entwicklung nicht primär von internen sozio-politischen Prozessen, sondern durch seine Positionalität in einem Geflecht externer Wettbewerbsbeziehungen bestimmt wird. Dabei lösen sich konfligierende Interessen und Ansprüche in der Vorstellung eines übergeordneten, gemeinschaftlichen Gesamtinteresses auf. Zugleich ist in diese Techniken ein normatives Verständnis davon eingelassen, was eine ‚gute' (Innen-)Stadtentwicklung ausmacht, nämlich in erster Linie eine Stärkung ihrer Wettbewerbsfähigkeit und Attraktivität. Hierfür müssen private Investoren gewonnen werden, mit deren Hilfe Aufwertungsprozesse in Gang gesetzt werden sollen.

Mit einer solchen Wissensordnung über den innerstädtischen Raum sind auch verschiedene Implikationen dahingehend verbunden, wie die Frage der ‚(Innenstadt)Verträglichkeit' gedacht werden kann. Dabei stehen der Sorge um eine ‚verträgliche' Einzelhandelsentwicklung in der Innenstadt die Sachzwänge und Handlungserfordernisse des interkommunalen Standortwettbewerbs gegenüber. Die Verträglichkeitsfrage kann somit als ein Optimierungsproblem gedacht werden, bei dem es darum geht, nach außen hin eine möglichst große Attraktivitätssteigerung im regionalen Wettbewerbsumfeld zu erzielen bei gleichzeitig möglichst geringen schädlichen Umverteilungswirkungen nach innen.[89] Die Verträglichkeitsfrage erscheint dabei als ein Problem, das von Expert*innen mit Hilfe objektiver, hochspezialisierter Berechnungs- und Modellierungsverfahren im Interesse der gesamten Stadt gelöst werden kann.

Diese Problemstruktur stellt jedoch keine in sich abgeschlossene, vollends verfestigte Diskursordnung dar, sondern wird durch Problematisierungsweisen aufgebrochen, die aus dieser Ordnung herausfallen und sich auf die Etablierung von Gegendiskursen richten. Hierbei handelt es sich zum einen um Problematisierungen, die den Ansiedlungsprozess und den innerstädtischen Raum als Arenen widerstreitender Interessen, Nutzungs- und Machtansprüche rahmen. Vorstellungen einer ‚guten' Stadtentwicklungspolitik werden hierbei nicht primär an Kriterien der Attraktivität und Wettbewerbsfähigkeit, sondern an Kriterien des Interessenausgleichs und der demokratischen Legitimation (Partizipation, Bürgerwille, kommunale Planungshoheit) geknüpft. Die Verträglichkeitsfrage erscheint dabei weniger als ein quasi-wissenschaftliches Problem, das durch geeignete Methoden gelöst werden kann, sondern als Prozess der Willensbildung und Aushandlung lokaler Interessen, der in ein spezifisches Machtgefüge eingelassen

89 Dieses Verständnis ist von grundlegender Bedeutung für die politische Steuerung des Ansiedlungsprozesses im Sinne einer ‚verträglichen' Innenstadtentwicklung, wie Kap. 5.3 ausführlicher darlegt.

ist. Dabei wird ‚Verträglichkeit' als begriffliche Kategorie zugleich ein Stück weit obsolet: Mainz benötige nicht etwas, das ‚verträglich' ist, sondern etwas, das für Mainz ‚gut' ist, so ein Ortsbeiratsmitglied im Rahmen des Beteiligungsprozesses (Landeshauptstadt Mainz 2011j: 7). Was ‚gut' ist für Mainz könne aber nur in politischen Aushandlungsprozessen und nicht durch technokratische Expertise geklärt werden.

Zum anderen wird die oben beschrieben Diskursordnung durch bedrohungsorientierte Problematisierungen aufgebrochen, die die Ansiedlung eines innerstädtischen Einkaufszentrums mit dystopischen Szenarien einer verödeten bzw. kommerzialisierten Innenstadt assoziieren. Ein zentrales Leitmotiv bildet hierbei die Vorstellung von der Shopping Mall als Fremdkörper, der nicht mit dem Wesen einer historisch gewachsenen Stadt vereinbar sei. Dabei müsse insbesondere die historische Altstadt vor einem Identitätsverlust bewahrt werden. Die Vorstellung von einer ‚guten' Stadtentwicklungspolitik wird hier an den Schutz und die Bewahrung des Bestehenden (im Sinne historisch gewachsener Strukturen und Identitäten) vor einer Aushöhlung durch schädliche Einflüsse von außen geknüpft. Eine ‚verträgliche' Shopping-Center-Ansiedlung kann nach dieser Logik – wenn überhaupt – nur durch umfassende Absicherungen und Interventionen hergestellt werden kann, die sich an den einzelnen Bedrohungsszenarien abarbeiten müssen. Hierfür muss es gelingen, die Gegensätzlichkeit von geplanten Einkaufszentrum und gewachsenen städtischen Strukturen, den Antagonismus, das Trennende durch ein Aufbrechen klassischer Mall-Strukturen soweit zu minimieren, das eine behutsame und harmonische Einfügung möglich wird. Die Operation am offenen „Herzen der Stadt" (0479/2017: 2) soll zum minimalinvasiven Eingriff, der Fremdkörper zu einem organischen Bestandteil des städtischen Gewebes werden. Die Verträglichkeitsproblematik stellt sich hier also in Gestalt der Frage, inwieweit das Konzept eines Einkaufszentrums in urbanen Strukturen aufgehen kann, ohne diese aufzubrechen und ihren grundlegenden ‚Charakter' zu verändern. In der Zusammenschau konstituiert sich aus den beschriebenen Diskurssträngen ein diskursives Feld, das den möglichen Rahmen für die politisch-planerische Bearbeitung der Verträglichkeitsproblematik absteckt (vgl. Abbildung 5).

Sachzwang- und potenzialorientierte Problematisierungen bilden über das Motiv der Aufwertung der Innenstadt im Standortwettbewerb den zentralen Begründungs- und Legitimationszusammenhang für das geplante Einkaufszentrum, der durch technokratische Problematisierungen gestützt wird. Irritationen erfährt dieser Begründungs- und Legitimationszusammenhang durch bedrohungsorientierte Problematisierungen sowie durch die diskursive Rahmung des Projektvorhabens als Interessenskonflikt von politischer Tragweite. Aus der Polarität dieses diskursiven Feldes heraus werden unterschiedliche Konzeptionen von Verträglichkeit denkbar, die sich in einem Kontinuum bewegen zwischen:

1. Universellen raumwirtschaftlichen Gesetzmäßigkeiten und ortsspezifischen Integrationskriterien
2. Quantitativen Kriterien einer optimalen Dimensionierung und qualitativen Kriterien des Bewahrens gewachsener Strukturen
3. Objektivierbaren Fragestellungen und miteinander in Konflikt stehenden Interessen

Abbildung 5: Problematisierungsweisen innerstädtischer Einkaufszentren am Beispiel Mainz

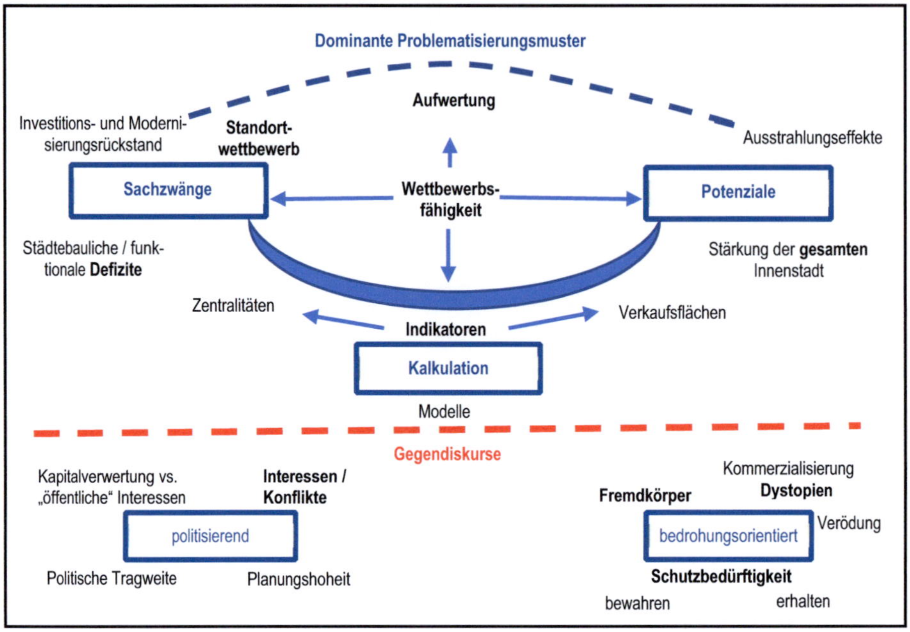

Quelle: Eigene Darstellung.

Diese wiederum gehen mit unterschiedlichen normativen Vorstellungen darüber einher, woran sich eine ‚gute' Stadtentwicklungspolitik in erster Linie zu orientieren hat – im konkreten Fall an Kriterien der Wettbewerbsfähigkeit, an Kriterien demokratischer Legitimität oder am Umgang mit bestehenden identitätsstiftenden Strukturen. Die Verträglichkeitsfrage kann also im Umkehrschluss keine objektivierbare Frage darstellen, denn in jede Konzeption von ‚(Innenstadt)Verträglichkeit' ist bereits ein grundlegendes normatives Wissen eingeschrieben, an welchen Kriterien und Zielvorstellungen die Entwicklung innerstädtischer Räume auszurichten ist und wie diese Entwicklung politisch gesteuert werden kann. Im nächsten Kapitel folgt nun eine Auseinandersetzung mit der Frage, welchen Rationalitätsstrukturen die politisch-planerische Bearbeitung der Verträglichkeitsproblematik folgt.

5.3 Steuerungsmodi zur Sicherstellung von ‚Verträglichkeit'

Im bisherigen Verlauf dieser Arbeit ist untersucht worden, wie die ‚verträgliche' Ansiedlung eines Einkaufszentrums in der Mainzer Innenstadt diskursiv als stadtentwicklungspolitisches Problemfeld gerahmt wird. Das nachfolgende Kapitel wendet sich nun der Fragestellung zu, welche unterschiedlichen Steuerungsmodi zur Sicherstellung einer ‚(innenstadt)verträglichen' Shopping-Center-Entwicklung aus diesem diskursiven Feld hervorgehen. Um sich dieser Fragestellung anzunähern, wurde im Rahmen der Kodierung in einem ersten Schritt zunächst inhaltsanalytisch ausgewertet, welchen Themenkomplexen eine Relevanz für die Lösung der Verträglichkeitsproblematik zugeschrieben wird und wie diese jeweils verhandelt werden. Hierbei sind im Wesentlichen acht Themenfelder zu benennen, innerhalb derer konkrete Forderungen und Kriterien für eine ‚(innenstadt)verträgliche' Ansiedlung formuliert werden: Einen der zentralen Themenkomplexe bildet die *(1) Dimensionierung* des geplanten Einkaufszentrums. Im Fokus steht hierbei insbesondere die Begrenzung der maximalen Gesamtverkaufsfläche. Als weitere Aspekte der Dimensionierung werden u.a. die sortimentsspezifischen Verkaufsflächen, die räumliche Ausdehnung des Einkaufszentrums in Richtung Altstadt und die damit verbundene Verlängerung der 1A-Lagen, die Anzahl der Läden und das Ausmaß der Gastronomieflächen, sowie die Kleinteiligkeit der Baukörper und deren Gebäudehöhen verhandelt. Die beiden letzten Punkte leiten bereits über zu einem zweiten zentralen Themenkomplex, nämlich der *(2) städtebaulichen Integration.* Neben dem Aspekt der Kleinteiligkeit geht es hier u.a. um die Orientierung der Bebauung am städtebaulichen Umfeld, die Offenheit des Einkaufszentrums zur Umgebung hin, den Erhalt bestehender Blickbeziehungen zum Dom, den Verlauf der Baukante entlang der Ludwigsstraße oder auch die architektonische Gestaltung von Fassaden und Dächern. Einen weiteren Verhandlungsgegenstand bilden die *(3) Nutzungen und Funktionen*, die im Projektgebiet realisiert werden sollen. Dies betrifft u.a. die Zusammensetzung des geplanten Einzelhandelsbesatzes, die mögliche Integration weiterer Nutzungen wie z.B. Wohnungen oder soziale und kulturelle Einrichtungen im Sinne einer urbanen Mischnutzung, die konkrete Verortung einzelner Nutzungen innerhalb des Projektgebiets (z.B. die Dachnutzung betreffend) sowie den Aspekt der Nutzungsvariabilität. Innerhalb des Themenkomplexes *(4) Verkehr* spielen der ruhende Verkehr und ein angemessener Umfang der Stellplatzkapazitäten eine besondere Rolle, aber auch die Aspekte der Erreichbarkeit, Andienung und Erschließung sowie die Einordnung in ein gesamtstädtisches Verkehrskonzept. Zudem werden *(5) wettbewerbsbezogene Kriterien* für eine verträgliche Ansiedlung verhandelt. Im Mittelpunkt stehen hierbei die Auswirkungen auf das innerstädtische Standortgefüge des Einzelhandels, wobei das Tripol-Konzept den zentralen Referenzrahmen bildet. In Bezug auf den *(6) öffentlichen Raum* stehen Aspekte wie z.B. die öffentliche Durchwegung des geplanten Einkaufszentrums, der Erhalt bestehender bzw. die Kompensation wegfallender öffentlicher Flächen oder auch die gestalterische Aufwertung vorhandener öffentlicher Räume im Umfeld des geplanten Einkaufszentrums zur Diskussion. Im Hinblick auf *(7) ökologische Anforderungen* werden u.a. die Durchgrünung, die Auswirkungen auf das Stadtklima sowie gebäudetechnische Effizienzstandards thematisiert. Zudem werden unter *(8) sozialen Kriterien* die Qualität von Beschäftigungsverhältnissen im Einzelhandel, die barrierefreie Zugänglichkeit des geplanten Einkaufszentrums sowie die Verfügbarkeit bezahlbaren Wohnraums in der Innenstadt angesprochen. Ergänzend ist anzumerken, dass zusätzlich zu diesen acht Themenkomplexen auch prozessbezogene Kriterien für eine ‚(innenstadt)verträgliche' Ansiedlung formuliert werden (z.B. hinsichtlich der Konzeption von

Beteiligungsprozessen und Wettbewerbsverfahren oder der Einordnung des Projektvorhabens in ein strategisches Gesamtkonzept für die Innenstadtentwicklung). Diese erste Annäherung zeigt bereits, dass ein sehr breites Spektrum unterschiedlicher Themenkomplexe als relevant für die Sicherstellung einer ,(innenstadt)verträglichen' Entwicklung eines innerstädtischen Einkaufszentrums verhandelt wird.

Im Zuge der vergleichenden Betrachtung dieser einzelnen Themenkomplexe konnten dann in einem zweiten Kodierdurchgang drei Steuerungsmodi analytisch unterschieden werden, die auf wiederkehrende Rationalitätsstrukturen verweisen und sich nicht innerhalb eines Themenfeldes erschöpfen, sondern quer zu den einzelnen thematischen Feldern wie Dimensionierung, städtebauliche Integration oder Verkehr verlaufen: Es handelt sich hierbei um die Steuerungsmodi einer *Sicherstellung von Verträglichkeit (1) durch raumwirtschaftlich-funktionales Optimieren* (145 Codings), *(2) durch Anregen und Steuern von Zirkulationen* (219 Codings), *sowie (3) durch behutsames und bewahrendes Integrieren* in bestehende Strukturen (568 Codings).[90] Die nachfolgenden Darstellungen sind diesem Dreiklang entsprechend gegliedert, wobei jeweils exemplarisch einzelne verhandelte Themenkomplexe, die für den jeweiligen Steuerungsmodus von zentraler Bedeutung sind, zur Plausibilisierung der zugrundeliegenden Rationalitätsstrukturen herangezogen werden. Gleichzeitig ist aber auch darauf hinzuweisen, dass es sich bei den drei analytisch unterschiedenen Steuerungsmodi nicht um „fertige", in sich geschlossene Rationalitäten oder determinierende Prinzipien handelt. Vielmehr müssen die im Folgenden näher beschriebenen Steuerungsmodi von ihrer Kontingenz und Verflechtung mit spezifischen Problematisierungsweisen und Techniken der Wissensproduktion her gelesen werden. Sie bilden für sich betrachtet kein in sich geschlossenes System, sondern bringen auch Bruchlinien und Widersprüchlichkeiten hervor. Zudem stehen sie nicht isoliert nebeneinander, sondern geraten an unterschiedlichen Punkten miteinander in Reibung. Aus einer geographischen Betrachtungsweise wird zudem auch deutlich, dass die drei Steuerungsmodi zur Sicherstellung von ,Verträglichkeit' zum einen jeweils an sehr unterschiedlichen Konzeptionen von (innerstädtischem) Raum geknüpft sind, deren Rolle für den Verträglichkeitsdiskurs näher zu beleuchten sein wird, und zum anderen in je spezifische Anforderungen an die materielle Produktion städtischen Raums übersetzt werden können.

---

[90] Hierbei wurden die Codings vierstufig gewichtet um das Material für die weitere Auswertung übersichtlicher zu strukturieren: Codings mit der höchsten Gewichtungsstufe können als pointierte Verdichtung der jeweiligen Steuerungslogik zur Sicherstellung von ,Verträglichkeit' gelesen werden. Die Formulierung von Maßnahmen zur Sicherstellung von ,Verträglichkeit' ist in einen umfassenden und expliziten Begründungszusammenhang eingelassen, sodass die zugrundeliegenden Rationalitätsstrukturen durchscheinen können. Bei Codings der zweithöchsten Gewichtungsstufe ist dies in abgeschwächter Form der Fall: Die Begründungszusammenhänge werden weniger deutlich expliziert oder erstrecken sich nur auf einzelne Teilaspekte. Codings der dritten Gewichtungsstufe verknüpfen einzelne Forderungen zur Sicherstellung einer ,verträglichen' Shopping-Center-Entwicklung mit einem nur grob umrissenen Begründungshorizont. Codings der niedrigsten Gewichtungsstufe beinhalten z.B. Forderungen für eine ,verträgliche' Gestaltung des geplanten Einkaufszentrums, die im Einklang mit einer der drei Steuerungslogiken stehen, aber nicht näher begründet werden.

5.3.1 Sicherstellung von ‚Verträglichkeit' durch raumwirtschaftlich-funktionales Optimieren

Der erste grundlegende Steuerungsmodus ist dadurch gekennzeichnet, dass die Sicherstellung von ‚Verträglichkeit' einer raumwirtschaftlich-funktionalen Optimierungslogik folgt: Dabei sollen bestimmte Stellschrauben so eingestellt werden, dass nach außen eine größtmögliche Anziehungskraft im regionalen Einzugsbereich zur Entfaltung kommen kann, gleichzeitig aber nach innen möglichst geringe Schädigungen durch Umverteilungseffekte im bestehenden (innerstädtischen) Standortgefüge entstehen. Hierfür sollen bestimmte Steuerungsparameter so justiert werden, dass sich ein optimales Gleichgewicht aus Anziehungswirkung nach außen und Umverteilungswirkung im Bestand einstellen kann. Wesentliche Steuerungsgröße bildet hierbei insbesondere die Dimensionierung der (sortimentsspezifischen) Verkaufsfläche des Einkaufszentrums, aber auch die räumlich-funktionale Steuerung des innerstädtischen Einzelhandelsgefüges spielt in dieser Steuerungslogik eine wichtige Rolle.

5.3.1.1 Verkaufsflächendimensionierung als zentrale Optimierungsstellschraube

Als zentrale Steuerungsgröße im Zusammenhang mit dem skizzierten Optimierungsproblem wird die angemessene Dimensionierung des Einkaufszentrums verhandelt, insbesondere was die Verkaufsflächendimensionierung betrifft. So formuliert die Stadtverwaltung im April 2012 folgenden Leitlinienentwurf:

> *„Zur Entfaltung einer positiven Magnetwirkung muss das Zentrum eine gewisse Mindestgröße und Attraktivität aufweisen, andererseits darf der Verkaufsflächenumfang nicht dazu führen, dass die Struktur der Innenstadt dauerhaft geschädigt wird"* (Landeshauptstadt Mainz 2012a: 82).

Hierin eingelassen ist ein Verständnis von ‚Verträglichkeit', das als Übertragung betriebswirtschaftlicher Optimierungsprobleme auf die politisch-planerische Steuerung der räumlichen Entwicklung von Städten gelesen werden kann: Demgemäß gilt es, eine optimale Verkaufsflächengröße zu ermitteln, ab deren Überschreitung der ‚Grenznutzen' einer zusätzlichen Verkaufsflächenausweitung (in Form einer höheren Magnetwirkung auf Kunden aus dem Umland) durch die damit verbundenen ‚Kosten' (in Form von strukturellen Schädigungen des vorhandenen zentralen Versorgungsbereichs) aufgezehrt wird. Exemplarisch kann hier auch folgender Auszug aus einem Antrag von ÖDP/Freie Wähler zur Stadtratssitzung vom 15.06.2011 herangezogen werden:

> *„Es kommt wesentlich für Mainz darauf an, eine dauerhaft angemessene maximale Verkaufsfläche im EKZ verträglich zu entwickeln, um den Einzelhandel nicht weiter in seinem Bestand zu gefährden. Nach Auffassung des Stadtrats ist jegliche Überdimensionierung in der Fläche des Angebotes (...) zu vermeiden"* (1086/2011/1: 2).

Die zugrundeliegende Optimierungslogik manifestiert sich hier als Frage nach der *maximalen* Verkaufsfläche, die ‚verträglich' entwickelt werden kann. Dabei knüpft der

Steuerungsmodus des raumwirtschaftlich-funktionalen Optimierens die Verträglichkeitsfrage an quantifizierbare Indikatoren, und zwar insbesondere an die Verkaufsfläche des Einzelhandelsvorhabens. Die Steuerung der Verträglichkeitsfrage setzt somit ein spezialisiertes Wissen darüber voraus, wie sich eine Änderung des Steuerungsparameters Verkaufsfläche auf die Attraktivität des Einzelhandelsstandortes nach außen sowie auf die Umverteilungswirkungen nach innen, also im Bestand, auswirkt. Durch die Modellierung dieser Wirkungszusammenhänge soll dann eine etwaige Überdimensionierung, aber auch eine Unterdimensionierung des neuen Einkaufszentrums vermieden werden können. Eine signifikante Ausweitung der am Pol Ludwigsstraße vorhandenen Verkaufsflächen wird hierbei grundsätzlich als notwendig erachtet, um die Attraktivität der Innenstadt als Einkaufsstandort in hinreichendem Maße steigern zu können. Insbesondere ECE, aber auch das städtische Wirtschaftsdezernat argumentieren, dass hierzu eine gewisse Mindestgröße erforderlich sei, da sonst keine ausreichende Magnetwirkung für die Innenstadt entfaltet werden könne (Aussch./OBR MZ-A 31.05.2012: 4).

Die Verkaufsflächendimensionierung als wesentliche Steuerungsgröße raumwirtschaftlich-funktionalen Optimierens steht hierbei zugleich im Mittelpunkt einer Vielzahl unterschiedlicher Interessen, Ansprüche und Forderungen im Hinblick auf – je nach Sichtweise und Standpunkt – minimal erforderliche beziehungsweise maximal zu verkraftende Flächenzuwächse. So schlägt etwa der Einzelhandelsverband Mittelrhein-Rheinhessen-Pfalz eine Begrenzung der Verkaufsfläche auf maximal 25.000 m² inklusive der Flächen für das Karstadt Warenhaus sowie Dienstleistungen und Gastronomie vor (Landeshauptstadt Mainz 2012b: 45). Die Galeria Kaufhof GmbH, die im Bereich des Pols Stadthausstraße ein Warenhaus betreibt, geht auf der Grundlage eigener Analysen von einem maximalen verträglichen Verkaufsflächenzuwachs von etwa 10.000 m², also einer Gesamtverkaufsfläche von 22.500 m² aus (ebd.: 64). Bereits im Jahr 2006 wurde eine verwaltungsinterne Festlegung im Stadtvorstand getroffen, wonach im Bereich des Karstadt-Standortes die maximal zulässige Verkaufsfläche im Falle einer zukünftigen Angebotsausweitung auf 30.000 m² beschränkt bleiben sollte (Landeshauptstadt Mainz 2011a: 7). Im Rahmen der Beschlussfassung zu den Leitlinien und Empfehlungen wird die maximal zulässige Verkaufsfläche in Anlehnung an die Potenzialanalysen der beiden ersten Gutachten auf den Bereich von 25.000 bis 28.000 m² eingegrenzt, die Gastronomiefläche soll sich am vorhandenen Bestand orientieren. Im Sommer 2013 formulieren Stadt und Investor dann ein Eckpunktepapier als Grundlage der weiteren Verhandlungen, welches eine maximale Verkaufsfläche von 28.000 m² zuzüglich 3.000 m² Gastronomiefläche vorsieht. Im Zuge der Fortschreibung der Leitlinien und Empfehlungen beschließt der Stadtrat dann am 04.12.2013 eine Begrenzung der Verkaufsfläche auf 26.500 m² (1888/2013: 1). Insgesamt nehmen die Auseinandersetzungen um die Begrenzung der Verkaufsfläche einen zentralen Stellenwert innerhalb des Planungsprozesses ein, wie auch anhand der Synopse des Abstimmungsprozesses zu den verkaufsflächenbezogenen Leitlinien und Empfehlungen in Anhang A-6 nachvollzogen werden kann.

5.3.1.2 Kalkulationsweisen zur Sicherstellung einer ‚verträglichen' Verkaufsflächendimensionierung

Eine wichtige Funktion bei der Ermittlung einer Obergrenze für die Verkaufsfläche kommt den eingeholten gutachterlichen Stellungnahmen und Empfehlungen zu, die gemäß Leitlinie 1.4 den Orientierungsrahmen für die Verkaufsflächendimensionierung bereitstellen sollen. Um den Steuerungsmodus des raumwirtschaftlich-funktionalen Optimierens näher charakterisieren zu können, ist daher anknüpfend an Kap. 5.2.3 eine eingehendere Auseinandersetzung mit den Techniken und Verfahrensweisen erforderlich, auf die sich die gutachterlichen Empfehlungen zur Verkaufsflächendimensionierung stützen. Die Frage nach der angemessenen Dimensionierung, die im Zentrum der Steuerungslogik des raumwirtschaftlich-funktionalen Optimierens steht, zieht eine differenzierte Betrachtung des Branchenmixes innerhalb des geplanten Einkaufszentrums nach sich. In einem Vermerk über ein Abstimmungsgespräch von Stadt, Investor und gutachterlichem Beratungsunternehmen vom 4. Februar 2014 wird die Funktion des Verträglichkeitsgutachtens wie folgt umrissen:

> *„Einig sind sich die Teilnehmer, dass das Gutachten im Ergebnis Vorschläge macht, wie einerseits die Sortimentsgestaltung des Einkaufsquartiers Ludwigsstraße beschaffen sein soll, um ein Optimum an Anziehungskraft für das Quartier selbst als auch für die Innenstadt zu erzielen, ohne jedoch die zentralen Versorgungsbereiche Innenstadt, insb. den Tripol, die Stadtteilzentren und die zentralen Versorgungsbereiche der Städten und Gemeinden im Einzugsbereich mehr als unwesentlich zu beeinträchtigen und es werden Empfehlungen bzw. Vorschläge zur Stärkung potentiell gefährdeter Innenstadtbereiche andererseits abgeleitet"* (Bürgerinitiative Mainzer Ludwigsstraße e.V. 2015: 468).

Das zugrundeliegende Optimierungsproblem stellt sich hier als ein Austarieren zwischen der Stärkung der oberzentralen Funktion auf der einen Seite und der Vermeidung schädlicher Überkapazitäten in bestimmten Sortimentsbereichen auf der anderen Seite dar:

> *„Dann ging es dann darum, wieviel Quadratmeter Verkaufsfläche für die einzelnen Sortimente maximal angeboten werden dürfen, um die Einzelhandelsstruktur innerhalb der-, nicht zu gefährden, also, dass dann nicht so ein Durcheinander entstehen würde. Dass da Strukturverschiebungen passieren würden, ist eh klar. Nur, die Frage war halt, ob die Struktur insgesamt geschädigt würde. (...) Also, da ging es dann darum, dass halt durch bestimmte Sortimente nicht überzogen werden sollten, und dass man darauf achten sollte, auch noch mal bestätigt, dass man darauf achten sollte, dass bestimmte Ankerbetriebe nicht von einem Standort an einen anderen weggezogen würden"* (I-SV 3, Abs. 76).

Durch das zusammen mit den Verhandlungsdokumenten veröffentlichte Verträglichkeitsgutachten (bulwiengesa AG 2014) wird ein grundlegender Korridor für eine ‚verträgliche' Dimensionierung der sortimentsspezifischen Verkaufsflächen ermittelt. Dabei geht es entsprechend dem Stadtratsbeschluss vom 4. Dezember 2013 von einer maximalen Gesamtverkaufsfläche von 26.500 m² sowie dem in Tabelle 13 dargestellten Verkaufsflächenkonzept aus.

Auf dieser Grundlage erfolgt mittels einer Kaufkraftstrommodellrechnung (vgl. Kap. 2.2.2) eine Prognose der Auswirkungen des Projektvorhabens auf zentrale Versorgungsbereiche im Einzugsgebiet, wobei die zu erwartenden Umsatzumverteilungsquoten im Einklang mit der geltenden Rechtslage (vgl. Kap. 2.2.1) das zentrale Beurteilungskriterium bilden. Im Rahmen der warengruppenspezifischen Betrachtung wird die Warengruppe „modischer Bedarf" so aufgeteilt, dass das Teilsortimente „Schuhe/Sportschuhe" gesondert betrachtet wird (bulwiengesa AG 2014: 54).

Tabelle 13: Geplanter Verkaufsflächenrahmen für das Einkaufszentrum an der Mainzer Ludwigsstraße

Warengruppe	Verkaufsfläche in m²	
	von	bis
Periodischer Bedarf (Lebensmittel, Drogerieartikel, Zeitungen/Zeitschriften, Pharmaziewaren)	3.000	6.000
Modischer Bedarf (Bekleidung, modische Accessoires, Sportartikel, Schuhe, Sportschuhe)	16.000	19.000
Elektro / Technik (Consumer Electronics, EDV, Hard- und Software, Haushaltselektrogeräte, Foto/Video/Zubehör)	3.000	5.000
Sonstige Hartwaren / persönlicher Bedarf (u.a. Bücher, Schreibwaren, Spielwaren, Uhren/Schmuck, Haushaltswaren, Lederwaren, Bettwaren, Heimtextilien, Blumen, etc.)	4.500	6.500

Quelle: Eigene Darstellung nach bulwiengesa AG 2014: 2, 5.

Am Beispiel des Leitsortiments „Bekleidung" (Modischer Bedarf ohne Schuhe) werden an dieser Stelle die wesentlichen Schritte der Auswirkungsanalyse kurz nachgezeichnet: Abzüglich der Flächen für Schuhe soll das Gutachten eine geplante Verkaufsfläche von 12.000 m² bis maximal 16.000 m² bewerten. Bei einer angenommenen Raumleistung von 3.820 Euro/m² ermittelt das Gutachten für die untere Variante mit 12.000 m² Verkaufsfläche eine jährliche Umsatzerwartung von knapp unter 46 Millionen Euro. In der mittleren Variante mit 14.000 m² Verkaufsfläche erhöht sich die Umsatzerwartung auf ca. 53,5 Millionen Euro, in der oberen Variante mit 16.000 m² Verkaufsfläche auf etwa 58,0 Millionen Euro.[91] Die errechneten Umsatzerwartungen gehen mit spezifischen Kaufkraftbindungsquoten einher. Diese beträgt in der unteren Variante durchschnittlich 10 % und in der oberen Variante durchschnittlich 12,5 % des Nachfragevolumens im Einzugsgebiet (ebd.: 58-65).[92] Der Modellrechnung zufolge kann durch das Projekt im Bereich Bekleidung eine mäßige Neubindung von Kaufkraft erzielt werden (zwischen 11,4 Millionen Euro in der unteren und 13,9 Millionen Euro in der oberen Variante). Hiervon stammen 79 % aus dem bestehenden Einzugsgebiet. Externe Auswirkungen dieser Kaufkraftneubindung auf die angrenzenden Versorgungsstandorte in Wiesbaden, Frankfurt am Main, Worms und dem Main-Taunus-Zentrum sind der Modellrechnung zufolge marktanalytisch kaum nachweisbar (ebd.: 58 f.). Deutlicher fallen hingegen die internen Wirkungen aus, da in allen Größenvarianten knapp 70 % der Umsatzerwartung (reduziert um die Karstadt-Bestandsumsätze) aus Umverteilungen gegenüber den im Einzugsgebiet vorhandenen Betrieben erzielt werden. Dabei liegt die pro-

[91] Wobei hier eine etwas geringere Raumleistung von 3.625 Euro/m² angenommen wird.

[92] Hierbei liegt eine Bindungsspreizung über das Marktgebiet vor, d.h. in der Nahzone kann eine höhere Kaufkraftbindung erzielt werden als in der Randzone. Zusätzlich wird von höheren externen Kaufkraftzuflüssen (z.B. durch Touristen) in Höhe von 13 % des Projektumsatzes ausgegangen.

gnostizierte durchschnittliche Umverteilungsquote zwischen 6,9 % und 9,3 %, wobei die Anbieter in der Mainzer Innenstadt dem Gutachten zufolge die stärkste Belastung tragen. In der unteren Variante werden diese mit durchschnittlich 9 % belastet (bei geringerer Belastung der Betriebe im unmittelbaren Umfeld des Einkaufszentrums). Dies sei „zwar durchaus spürbar“ (ebd.: 60), lasse jedoch keine Störungen der Funktionsfähigkeit der einzelnen Pole und Randlagen erwarten. Bei der mittleren Variante mit 14.000 m² Verkaufsfläche erhöht sich die durchschnittliche Belastung der innerstädtischen Anbieter auf 11 %, was bereits zu Anpassungen im Bestand führen könne, nicht jedoch zu wesentlichen funktionalen Störungen des innerstädtischen Standortgefüges. Bei der oberen Variante mit 16.000 m² Verkaufsfläche erhöht sich die durchschnittliche Belastung der innerstädtischen Anbieter auf 12,5 %, die durchschnittliche Umsatzumverteilung von 9,3 % im Einzugsgebiet wird als grenzwertig betrachtet, wobei die gutachterliche Bewertung wie folgt differenziert:

> *„Marktanalytisch ist jedoch darauf hinzuweisen, dass die Mainzer Innenstadt einerseits zwar das Hauptgewicht zu tragen hat, andererseits aber auch von der Entwicklung des Einkaufsquartiers am stärksten profitieren kann. (...) Angesichts der Datenlage sind Umstrukturierungen im Angebotsbestand, aber auch Geschäftsschließungen in der Innenstadt nicht auszuschließen. Eine generelle bzw. substanzielle Störung der Funktionsfähigkeit einzelner Lagebereiche ist daraus jedoch nicht erkennbar, zumal die dort angesiedelten großflächigen Textilanbieter gemäß dem verabschiedeten Eckpunktepapier bzw. den zu Grunde liegenden Leitlinien und Empfehlungen im Rahmen der Erstvermietung nicht umgesiedelt werden dürfen. Weiterhin sprechen die realisierten guten Raumleistungen im Segment Bekleidung dafür, dass die ermittelten möglichen Umsatzumverteilungen noch verkraftbar sein dürften. Für die Randlagen gilt, dass diese einerseits ein sehr spezialisiertes Angebot (Altstadt, Schillerplatz/Schillerstraße), teils auch diskontierende Angebote bieten (Große Bleiche) und damit weniger im Wettbewerb zum geplanten Einkaufsquartier stehen und eine ‚geringere‘ Betroffenheit aufweisen“* (ebd.: 62 f., Absatzformat. entfernt).

Auf Grundlage dieser Überlegungen kommt das Gutachten zu der Empfehlung, die obere Variante nur dann auszuschöpfen, wenn das Karstadt-Warenhaus Bestandteil der Planung ist, da in diesem Fall etwas geringere Flächenproduktivitäten und damit auch geringere Umverteilungswirkungen anzunehmen seien (ebd.: 63).

Am Beispiel dieser Abwägungen zur Dimensionierung der sortimentsspezifischen Verkaufsflächen wird die zugrundeliegende Optimierungslogik, die eingangs als ein Problem des Grenznutzens beschrieben wurde, konkret greifbar. Tabelle 14 verdeutlicht, wie sich der Modellrechnung zufolge eine Erhöhung der Verkaufsfläche im Bereich Bekleidung in steigenden Umsätzen, die in der Innenstadt gebunden werden können, aber auch in steigenden Umsatzumverteilungswirkungen im Bestand niederschlägt.

Tabelle 14: Auswirkungsanalyse für den Bereich Bekleidung (ohne Schuhe) – Auszug

	Untere Variante	Mittlere Variante	Obere Variante
Verkaufsfläche	12.000 m²	14.000 m²	16.000 m²
Umsatzerwartung	46,0 Mio. Euro	53,5 Mio. Euro	58,0 Mio. Euro
davon Umverteilung im Einzugsgebiet	27,2 Mio. Euro	33,2 Mio. Euro	36,8 Mio. Euro
Umsatzerwartung Innenstadt (mit EKZ)	219,4 Mio. Euro (+10,9%)	223,0 Mio. Euro (+12,7%)	224,8 Mio. Euro (+13,6%)
Umsatzerwartung Innenstadt (ohne EKZ)	173,4 Mio. Euro (-9,0%)	169,5 Mio. Euro (-11,0%)	166,8 Mio. Euro (-12,5%)

Quelle: Vereinfacht nach bulwiengesa AG 2014: 64 f.

Aus einer diskursanalytischen Sichtweise können solche Kalkulationen nicht einfach nur als Modellierungen und Abbilder einer unabhängig davon existierenden ökonomischen Realität gelesen werden, sondern als Techniken, die selbst wirklichkeitskonstituierende Effekte zeitigen (vgl. Kap. 3.3 und 3.4). Ein solches wirklichkeitskonstituierendes Moment besteht zunächst in der Etablierung einer Wissensordnung, die den innerstädtischen Raum als einen abstrakten ökonomisch-kalkulatorischen Raum in Erscheinung treten lässt und dabei Umsatzzahlen nicht einzelnen Betrieben, sondern Flächen und Lagebereichen zuschreibt. Durch den Indikator der Raumleistung bzw. Flächenproduktivität wird ein Vergleichsmaßstab eingeführt, der qualitative Unterschiede zwischen gänzlich verschiedenen Betriebsformen und städtebaulichen Zusammenhängen, zwischen öffentlich zugänglichen und privat regulierten Räumen einebnet, indem er sie auf einen rein quantitativen Unterschied des ‚wie viel' herunterbricht. Es entsteht eine Wissensordnung, die den innerstädtischen Raum nicht von einer konkreten materiellen Struktur, Historizität oder sozialen Praxis her denkt, sondern vielmehr als abstraktes Wirkungsfeld ökonomischer Variablen und gravitationstheoretischer statistischer Zusammenhänge. Zugleich verschwinden die mit der Kalkulierbarmachung des städtischen Raums einhergehenden Praktiken der Übersetzung und des Ausschlusses, der Vergleichbarmachung, Messung und Kategorisierung hinter einer „Objektivitätsaura" (HEINTZ 2007: 74), der etwas scheinbar Natürliches anhaftet. Der Konflikt um die angemessene Dimensionierung eines Einkaufszentrums in der Innenstadt wird dabei als ein wissenschaftliches Problem gerahmt, dass durch Anwendung hochspezialisierter Kalkulationsweisen einer objektiven und optimalen Lösung zugeführt werden kann. Darüber hinaus leitet diese Wissensordnung eine Praxis städtischen Regierens an, die durch die Übertragung einer nutzenmaximierenden, unternehmerischen Kalkulationsweisen auf die politisch-planerische Steuerung der Entwicklung innerstädtischer Räume gekennzeichnet ist.

Hiermit geht eine bemerkenswerte Paradoxie einher: Obwohl Umverteilungsquoten den zentralen Gradmesser der Verträglichkeitsprüfung bilden (vgl. Kap. 2.2.1 und 2.2.2), rücken ökonomische Verteilungsfragen zugleich in den Hintergrund. Dies hängt wiederum mit der Rahmung der Verträglichkeitsfrage als quantitatives Optimierungsproblem zusammen. Verdeutlichen lässt sich dies, indem man die vorhergehenden Ausführungen zur ‚verträglichen' Dimensionierung der Verkaufsflächen des Bekleidungssortiments mit der Auseinandersetzung um eine ‚verträgliche' Dimensionierung der Gastronomieflächen des geplanten Einkaufszentrums kontrastiert. Ähnlich wie bei den sortimentsspezifischen Verkaufsflächen stellt sich auch hier die Frage nach der angemessenen Dimensionierung:

„Dann ist die Frage: Foodcourt? Ja, ein ganz wichtiger Punkt für ECE, ja? Weil es einfach die Aufenthaltsqualität steigert und auch die Verweildauer erhöht. Und da wird ja auch in letzter Zeit der Anteil der gastronomischen Nutzung, wird ja immer größer und immer bedeutsamer. Und das ist auch so eine Frage, ja: Wie groß darf das sein? Ja, oder wie, wie groß soll das sein, ohne dass wir jetzt die Altstadtgastronomie da nicht irgendwo in Mitleidenschaft ziehen, ja?" (I-SP 1, Abs. 42).

Im Rahmen der Bürgerbeteiligung wird auch die Forderung erhoben, bei der Ermittlung und Festsetzung der Verkaufsflächenobergrenze auch die Flächen für gastronomische Nutzungen mit einzubeziehen (Landeshauptstadt Mainz 2012b: 13). Im Gegensatz zu den sortimentsspezifischen Einzelhandelsverkaufsflächen sind die Gastronomieflächen jedoch kein integraler Bestandteil der formalisierten Verfahren zur Kalkulation von Umsatzumverteilungseffekten im Rahmen der gutachterlichen Verträglichkeitsprüfung. Dies führt dazu, dass die damit verbundene kalkulative Optimierungslogik in der Auseinandersetzung um die Gastronomieflächen nicht zum Tragen kommt, wodurch diese letztlich eine Verhandlungsmasse darstellt. Nachvollzogen werden kann dieser Aushandlungsprozess anhand der entsprechenden Leitlinien und ihrer Modifizierungen im Laufe des Verhandlungsprozesses. So beschließt der Stadtrat im Jahr 2012 folgende Formulierung:

„Die Gastronomie im Einkaufsquartier ist auf ein verträgliches Maß zu begrenzen. Diese Funktion ist in erster Linie den umliegenden Quartieren zuzuordnen. Vergleichbar mit der Größenbegrenzung der Verkaufsflächen ist zur Reglementierung der Gastronomieflächen im weiteren Verfahren eine Obergrenze zu definieren. Die jetzige Situation ist Orientierungsgröße. Bestehenden gastronomischen Einrichtungen in der Innenstadt und Altstadt sollen nicht gefährdet werden" (1540/2012-Anl. 3: 7).

Im Zuge der Verhandlungsrunden zwischen Stadt und Investorin sowie der Fortschreibung der Leitlinien und Empfehlungen im Dezember 2013 erfährt diese Leitlinie deutliche Anpassungen:

„Die Gastronomie im Einkaufsquartier ist auf eine Mietfläche von 3.000 m² (ohne Nebenflächen) zu begrenzen. Unabhängig davon ist diese Funktion in erster Linie den umliegenden Quartieren zuzuordnen. Bestehende gastronomische Einrichtungen in der Innenstadt und Altstadt sollen nicht gefährdet werden. Es besteht Einigkeit, dass ECE die DEHOGA in die Vermietungsgespräche einbezieht, um den Gastronomen aus Mainz und der Region die Abgabe von Angeboten zu ermöglichen" (Landeshauptstadt Mainz 2013b: 21).

Dies veranlasst die Ortsbeiratsfraktion von Bündnis 90 / Die Grünen zu der Anfrage, wie diese Änderung zustande gekommen ist und inwieweit die vorrangige Zuordnung der gastronomischen Nutzung an die umliegenden Quartiere unabhängig von der zulässigen Gastronomiefläche im Einkaufszentrum sein könne. Dies wird vom städtischen Baudezernat folgendermaßen beantwortet:

„Die Leitlinie 3.23 sah vor, im weiteren Verfahren eine Obergrenze zur Reglementierung der Gastronomieflächen zu definieren. Mit der Größenordnung von

maximal 3.000 m² wurde die Obergrenze um Rahmen der Verhandlungen festgelegt. In dem Einkaufsquartier soll die Gastronomienutzung der Einzelhandelsnutzung untergeordnet sein, damit bestehende gastronomische Einrichtungen in der Innenstadt und der Altstadt nicht gefährdet werden. Zudem soll hinsichtlich der Stärkung des regionalen gastronomischen Angebots die DEHOGA in Vermietungsgespräche mit eingebunden werden" (1789/2013-A: 1-2).

Aus den veröffentlichten Verhandlungsprotokollen ist ersichtlich, dass die Investorin einen Gastronomieflächenanteil von rund 10 % der Gesamtverkaufsfläche anstrebte (Bürgerinitiative Mainzer Ludwigsstraße e.V. 2014c: 92).[93] Von Seiten der Stadtverwaltung wird der Vorschlag eingebracht, eine Bestandserhebung der vorhandenen Gastronomieflächen in der Umgebung durchzuführen (ebd.: 112). Der Vorschlag einer Begrenzung der Gastronomieflächen auf 3.000 m² wird vom Investor eingebracht und von Seiten der Stadt unter der Voraussetzung akzeptiert, dass die DEHOGA in den Vermietungsprozess mit eingebunden wird (ebd.: 134). Die Bürgerinitiative kritisiert die Zustimmung zu dieser Anpassung, da sie nicht dem Wesen der ursprünglich beschlossenen Leitlinie entspreche, die eine Orientierung am bestehenden Ausmaß vorsah[94] (1722/2013: 46).

In der Kontrastierung des Umgangs mit den sortimentsspezifischen Verkaufsflächen einerseits und den Gastronomieflächen andererseits zeigt sich: Die kalkulativen Verfahren der Verträglichkeitsprüfung sind mehr als nur reine Techniken zur Sichtbarmachung und Beschreibung einer unabhängig davon gegebenen ökonomischen Realität. Vielmehr greifen Sie selbst formend in die Sphäre dessen ein, was sie lediglich von der Warte des objektiven Beobachters aus zu modellieren scheinen – "Numbers are integral to the problematizations *that shape what is to be governed"* (ROSE 1991: 675, Hervorhebung DG). Dieses formende Eingreifen besteht in der Übersetzung einer Sphäre des Konflikts und der Aushandlung einzelner unterschiedlicher Interessen in ein quasi-wissenschaftliches, objektivierbares Optimierungsproblem, das durch die Anwendung spezialisierter Berechnungsmethoden von externen Berater*innen mit entsprechender Expertise im allgemeinen Interesse der Stadt gelöst werden kann.

5.3.1.3 Funktionsräumliche Optimierung des innerstädtischen Einzelhandelsgefüges

Neben der Verkaufsflächendimensionierung bildet auch die Steuerung der räumlichen Verteilung von Nutzungen und Funktionen ein zentrales Instrument des raumwirtschaftlich-funktionalen Optimierens. Eine wesentliche Maxime bildet hierbei die Weiterentwicklung und komplementäre Ergänzung des vorhandenen Einzelhandelsangebots. So fordert der Einzelhandelsverband, dass durch das neue Einkaufszentrum die vorhandene Einzelhandelsstruktur nicht gefährdet werden darf, sondern sinnvoll ergänzt werden soll

[93] Dies entspricht dem jüngeren Trend zur „Gastronomisierung" von Einkaufszentren: Demnach habe sich der Gastronomieanteil in Einkaufszentren in Deutschland in den vergangenen zehn Jahren auf etwa acht Prozent verdoppelt. Hierin spiegele sich der verglichen mit den Einzelhandelsausgaben überdurchschnittliche Anstieg der Konsumausgaben für den Außer-Haus-Verzehr wider (GÜLERYÜZ & PINK 2018).

[94] Nach Angaben des Amts für Stadtentwicklung, Statistik und Wahlen lag diese im Februar 2012 bei 470 m² Gastronomiefläche im Bereich der vorgelagerten Pavillons zzgl. der Gastronomie des Karstadt-Warenhauses.

(0847/2012-Anl. 4: 22). In einem gemeinsamen Antrag der Ampel-Fraktionen im Stadtrat heißt es hierzu bereits im Jahr 2011:

„Neben Karstadt als Ankermieter und einem dringend benötigten Lebensmittler ist bei den übrigen Ladengeschäften darauf zu achten, dass nach Möglichkeit Marken- und Fachgeschäfte angesiedelt werden, die es bislang in Mainz nicht gibt" (0247.2011.1: 1).

Die Schließung von Angebotslücken wird dabei als wichtige Voraussetzung dafür erachtet, dass die innerhalb des potenzialorientierten Diskursstranges formulierten Chancen zur Stärkung der ‚Einkaufsinnenstadt' ergriffen werden können:

„Je stärker dabei Angebotslücken (Betriebstypen, Sortimente, nationale und internationale Filialisten) der Innenstadt aufgenommen werden, umso eher wird das Zentrum zu einer Attraktivitätssteigerung der gesamten Innenstadt beitragen" (Landeshauptstadt Mainz 2012a: 12).

Neben einer Ergänzung und Abrundung des innerstädtischen Einzelhandelsangebotes bildet das Tripol-Konzept die zentrale Referenz für die räumlich-funktionale Optimierung des innerstädtischen Einzelhandelsgefüges. Insbesondere wird eine arbeitsteilige Angebotsprofilierung der drei innerstädtischen Einzelhandelspole angestrebt:

„Leitlinie der Stadt Mainz im weiteren Verfahren ist, dass zur gegenseitigen angebotsorientierten Stärkung von Einkaufszentrum und Innenstadt/City der Branchen-, Betriebsarten-, Betriebsgrößen- und Sortimentsmix auf eine Füllung von Angebotslücken zur Ergänzung des Innenstadtangebotes ausgerichtet werden soll. Insbesondere soll auf eine Arbeitsteilung zwischen den drei Polen des Tripols (Brand, Römerpassage, Ludwigsstraße) hingewirkt werden" (Landeshauptstadt Mainz 2012b: 32).

Die einzelnen Pole sollen dabei nicht nur im Hinblick auf ihre Branchen- und Sortimentsstruktur aufeinander abgestimmt sein, sondern auch in einem Gleichgewicht zueinander stehen was den Umfang der Verkaufsflächen betrifft. Die gutachterlich ermittelten Verkaufsflächenpotenziale sollten daher „zur Förderung einer Gleichgewichtung der drei Haupteinkaufsschwerpunkte so verteilt werden (...), dass ein wirkliches Gleichgewicht entsteht. Um das bestehende Ungleichgewicht aufzuheben, sollte am Pol ‚Brand' keine weitere Entwicklung stattfinden, am Pol ‚Stadthausstraße' ist eine Entwicklung von rd. 4.000 m² Verkaufsfläche, am Pol ‚Ludwigsstraße' von rd. 16.500 m² Verkaufsfläche möglich" (Landeshauptstadt Mainz 2012d: 5). Dieses Verkaufsflächenpotenzial von 16.500 m² sollte nach Einschätzung des Büros Junker + Kruse jedoch nicht vollumfänglich dem geplanten Einkaufszentrum zugeschlagen werden. Vielmehr sollten noch Flächenanteile für die Randbereiche übrigbleiben, um die „Vernetzung" (ebd.) der Pole untereinander zu stärken. Hier deutet sich bereits ein enger Zusammenhang an zwischen der Logik des raumwirtschaftlich-funktionalen Optimierens und dem nachfolgend näher beschriebenen Steuerungsmodus des Anregens und Steuerns von Zirkulationen (vgl. Kap. 5.3.2). Ein weiteres Ziel der Stadt im Zusammenhang mit der räumlich-funktionalen Optimierung der innerstädtischen Einzelhandelsstrukturen besteht darin, eine Verlagerung wichtiger Ankerbetriebe der vorhandenen Einkaufslagen in das neue Einkaufszentrum zu vermeiden. Hierdurch soll verhindert werden, dass ein einzelner Pol ein unverhältnismäßiges Übergewicht im innerstädtischen Standortgefüge erlangt (Landeshauptstadt Mainz 2011a: 7). In den Leitlinien und Empfehlungen wird hierzu festgehalten, dass auf die Ansiedlung eines bereits in der Innenstadt vorhandenen Elektrofachmarktes oder Bekleidungskaufhauses verzichtet werden soll. Im Rahmen der Fortschreibung der Leitlinien wird dies dahingehend konkretisiert, dass auf eine Verlagerung der großflächigen Anbieter „C&A", „P&C", „Sinn Leffers" und „Saturn" im Rahmen der Erstvermietung (bei einer Mietzeit von zehn Jahren) verzichtet wird (Landeshauptstadt Mainz 2013b: 5). Auch die Festsetzung einer Neuansiedlungsquote im Rahmen eines städtebaulichen Vertrages wird in Erwägung gezogen (Landeshauptstadt Mainz 2011a: 6).

5.3.1.4 Sicherstellung von ‚Verträglichkeit' durch raumwirtschaftlich-funktionales Optimieren – Zwischenfazit

Zusammenfassend kann der Steuerungsmodus des raumwirtschaftlich-funktionalen Optimierens zunächst dadurch charakterisiert werden, dass die Sicherstellung von Verträglichkeit als ein Optimierungsproblem gedacht wird, bei dem es darum geht, bestimmte vorwiegend quantitative Stellschrauben so einzustellen, dass die Attraktivität der ‚Einkaufsinnenstadt' nach außen hin möglichst stark zunimmt, gleichzeitig aber nach innen möglichst geringe strukturelle Verwerfungen im bestehenden (innerstädtischen) Standortgefüge entstehen. Die wichtigsten Stellschrauben bilden dabei neben der funktionsräumlichen Optimierung des Einzelhandelsgefüges die Gesamtverkaufsfläche sowie die aus dem Branchenmix resultierenden sortimentsspezifischen Verkaufsflächen des geplanten Einkaufszentrums. Der Steuerungsmodus des raumwirtschaftlich-funktionalen Optimierens ist somit an Techniken gebunden, die Modelle dafür bereitstellen, wie sich Änderungen der (sortimentsspezifischen) Verkaufsflächendimensionierung auf regionale Kaufkraftströme auswirken. Einen besonderen Stellenwert nehmen hierbei die gutachterlichen Potenzial- und Verträglichkeitsanalysen ein, die den Orientierungsrahmen für eine ‚verträgliche' Dimensionierung abstecken sollen. Die hierbei verwendeten Kalkulationsweisen stellen keine reine Modellierung unabhängig davon gegebener ökonomischer Realitäten dar. Vielmehr werden sie selbst produktiv, indem sie den Konflikt gegenläufiger ökonomischer Interessen in eine quasi-wissenschaftliche, objektivierbare Problemstellung übersetzen, die durch die versierte Anwendung spezialisierter Berechnungsverfahren zugunsten eines übergeordneten Gesamtinteresses gelöst werden kann. Hierdurch wird eine Wissensordnung hervorgebracht, die den innerstädtischen Raum als eingebettet in ein Geflecht raumwirtschaftlicher Gesetzmäßigkeiten und Variablen konzeptualisiert. Die Steuerung der Entwicklung innerstädtischer Räume erscheint als Optimierungsproblem eines nutzenmaximierenden Wirtschaftssubjekts, das sich in einem Feld gegebener Kausalmechanismen bewegt und dessen Streben auf die Stärkung der Wettbewerbsfähigkeit ausgerichtet ist. Dabei schließt der Steuerungsmodus des raumwirtschaftlich-funktionalen Optimierens nicht nur an den zentralen Begründungs- und Legitimationszusammenhang für das geplante Einkaufszentrum an, der auf Notwendigkeiten und Potenziale zur Stärkung der Attraktivität und Wettbewerbsfähigkeit rekurriert (vgl. Kap. 5.2), sondern dieser ist als unhintergehbare normative Setzung bereits in die grundlegenden Kalkulationsweisen dieses Steuerungsmodus eingeschrieben.

5.3.2 Sicherstellung von ‚Verträglichkeit' durch Anregen und Steuern von Zirkulationen

> *„Ich verändere die Laufwege, ich verändere die Kundenströme. Das sind alles Dinge, die ich irgendwo bedenken muss"* (I-EH 2, Abs. 60).

Der zweite Steuerungsmodus zur Sicherstellung einer ‚(innen-)stadtverträglichen' Shopping-Center-Entwicklung zielt auf die Anregung bzw. gezielte Steuerung von Zirkulationen, insbesondere im Hinblick auf Passanten- und Verkehrsströme in der Innenstadt. Dieser Steuerungsmodus zieht sich ebenfalls durch mehrere verhandelte Themenkomplexe hindurch. Eine wesentliche Rolle spielt hierbei die Ermöglichung einer Passantenzirkulation zwischen dem neuen Einkaufszentrum und den bereits vorhandenen Einzelhandelslagen durch eine offene und durchlässige Bebauung. Darüber hinaus werden spezifische Stellschrauben zur Steuerung von Passanten- und Verkehrsströmen verhandelt. Dies betrifft insbesondere die Zahl der zu errichtenden PKW-Stellplätze, aber auch die Wegelängen der innerstädtischen 1A-Lagen. Nachfolgenden werden nun die grundlegenden Rationalitätsstrukturen dieses Steuerungsmodus beschrieben.

5.3.2.1 Anregung von Zirkulationen durch Offenheit und Durchlässigkeit

Eine möglichst offene und durchlässige Bebauung wird als zentrale Voraussetzung für die Ermöglichung einer regen Passantenzirkulation zwischen dem neuen Einkaufszentrum und den bestehenden Einzelhandelslagen erachtet:

> *„Das hat sich immer sehr stark daran festgemacht, wie gebaut wird. Nicht, dass gebaut wird, sondern wie gebaut wird, ja. Und das sollte jetzt so ein-, ein großer Kubus, der wie so eine Fischreuse alles hineinzieht, wo keiner mehr rauskommt-. Da hatte man Bedenken. Dieses kleinteilige Objekt, was dann zum Schluss aber von der Verkaufsflächenzahl jetzt auch nicht so viel weniger hatte, ja, aber was einfach durchlässig war, sodass man auch in die Altstadt flanieren kann und dass es eine gescheite Anbindung gibt zum bestehenden Einzelhandel. Da haben sich dann doch einige davon versprochen, dass die Frequenz in der Innenstadt wieder zunimmt und der bestehende Handel davon dann auch profitieren kann, ja. Also, nicht die Frage: ECE ja oder nein, sondern wie, ja. Wie wird gebaut? Das war, glaube ich, nochmal eine entscheidende Frage"* (I-SP 1, Abs. 80).

Diesem Steuerungsmodus zufolge ist das geplante Einkaufszentrum baulich so zu gestalten, dass die Gefahr eines Staubsaugereffekts überwunden und stattdessen die Zirkulation der Passanten zwischen den bestehenden Einzelhandelslagen und dem neuen Angebotsschwerpunkt angeregt wird. Hierdurch sollen Synergieeffekte entstehen, wovon dann auch die umliegenden Einzelhandelslagen profitieren. Entsprechend ist in den Leitlinien festgehalten:

> *„Zur Entfaltung größtmöglicher positiver Wechselwirkungen zwischen dem Einkaufszentrum und der City/den angrenzenden Einkaufslagen ist ein Höchstmaß an architektonischer Einfügung, Außenorientierung, Öffnung und Durchlässigkeit erforderlich"* (Landeshauptstadt Mainz 2012a: 83).

Unter dem Kriterium der Offenheit kann dabei eine ganze Reihe unterschiedlicher Anforderungen subsummiert werden, die jeweils dazu beitragen sollen, die Zirkulation von Passanten anzuregen:

> *„Das Einkaufsquartier muss seine Offenheit zur umgebenden Stadtstruktur dadurch nachweisen, dass die unterschiedlichen Eingangssituationen an vorhandenen Wegebeziehungen anknüpfen. Zwingende Voraussetzungen sind: Mehrere Zugänge von der Ludwigsstraße, Eingänge von der Fuststraße, Eingangssituation zum Bischofsplatz, Eingangssituation Ludwigsstraße / Ecke Weißliliengasse. Die Öffnung zur Ludwigsstraße ist insbesondere deshalb von Bedeutung, da Kundenströme zur Belebung der ‚Flaniermeile' Ludwigsstraße beitragen"* (ebd.: 87).

Das Aufgreifen vorhandener Wegebeziehungen sowie die Öffnung des Einkaufszentrums zur äußeren Umgebung und zum öffentlichen Raum bilden dabei wichtige Ansatzpunkte, um die erwünschte Zirkulation von Passanten zu ermöglichen. Insbesondere die Zugänge zur Ludwigsstraße und zur Fuststraße werden im Rahmen der Verhandlungsphase als eine zentrale Forderung der Stadt eingebracht (Bürgerinitiative Mainzer Ludwigsstraße e.V. 2014c: 361). Warenbestückte Schaufenster nach außen hin statt abweisender Fassaden mit großflächigen Werbeanlagen sollen ein hohes Maß an Transparenz schaffen und zum Vorbeiflanieren entlang der Ludwigsstraße einladen:

> *„Im Erdgeschoss haben sich die Ladeneinheiten durch gestaltete Schaufenster zu präsentieren. Durchblicke in den Laden sind zur Verstärkung der Offenheit sicherzustellen. Baulich geschlossene ‚blinde' Erdgeschosszonen sind grundsätzlich zu vermeiden"* (Landeshauptstadt Mainz 2012a: 88).

Auch die Vorgaben zur Verortung von Nutzungen innerhalb des Projektgebiets orientieren sich an vorhandenen Passantenströmen und deren Steuerung. So soll die Einzelhandelsnutzung den Leitlinien entsprechend schwerpunktmäßig in West-Ost-Richtung auf die Ludwigsstraße bezogen sein um die Funktion der Ludwigsstraße als Flaniermeile zu stärken (1540/2012-Anl. 3: 7).

Während der zuvor beschriebene Steuerungsmodus des raumwirtschaftlich-funktionalen Optimierens weitgehend auf die Ermittlung einer angemessenen Verkaufsflächendimensionierung beschränkt blieb, wird hier anhand der beispielhaft angeführten Zielformulierungen und Forderungen bereits ersichtlich, dass der Steuerungsmodus des Anregens und Steuerns von Zirkulationen weitaus komplexere und vielfältigere Ansprüche an die materielle Raumproduktion hervorbringt. Diese greifen auch räumlich über das Projektgebiet des geplanten Einkaufszentrums hinaus. So soll beispielsweise die nördliche Fuststraße in ihrer Attraktivität als Wegebeziehung gestärkt werden, damit sie ihre verbindende Funktion zwischen den Einzelhandelspolen Ludwigsstraße und Stadthausstraße besser ausfüllen kann (Junker und Kruse Stadtforschung Planung 2012a: 58). Insbesondere zur historischen Altstadt hin soll eine Barrierewirkung verhindert werden:

> *„Die Altstadt besitzt einen für die gesamte Mainzer City prägenden Charakter und somit eine sehr hohe Anziehungskraft. Es sollte im Hinblick auf die Durchlässigkeit für die Passantenfrequenz und damit die Anbindung an die Altstadt eine entsprechende Bauform realisiert werden. Dies könnte etwa durch Passagen oder etwa eine offene, sich auf mehrere Teilgebäude erstreckende Center-*

Architektur gewährleistet werden. Die Geschäfte im EG des Centers sollten nicht nur von einer inneren Mall erreichbar sein, sondern auch von außen. Dadurch wird die Durchlässigkeit zwischen Center und Stadtraum erhöht" (Landeshauptstadt Mainz 2011c: 9).

Eine Überbauung der Fuststraße wird daher von den beteiligten Akteuren des LuFo-Prozesses aufgrund der beeinträchtigten Blickbeziehungen in Richtung Altstadt überwiegend kritisch gesehen. Der Bischofsplatz soll als Tor zur Altstadt und somit auch als Zubringer für den dort ansässigen Einzelhandel fungieren (Landeshauptstadt Mainz 2011e: 8). Das Gutachten des Büros Junker und Kruse empfiehlt zudem zu prüfen, ob die historische Hintere Präsenzgasse als Verbindung zwischen Bischofsplatz und Ballplatz aktiviert werden kann (Junker und Kruse Stadtforschung Planung 2012a: 62). Darüber hinaus wird gefordert, dass Kundenströme auch ungehindert in Richtung der Rand- und Ergänzungslagen im Bereich Schillerplatz, Gaustraße und Große Langgasse fließen können sollen (0247/2011/2: 2). Insgesamt zeigt sich, dass der Steuerungsmodus des Anregens und Steuerns von Zirkulationen nicht nur das geplante Einkaufszentrum selbst und dessen Dimensionierung in den Fokus rückt, sondern in erster Linie die Vernetzung zwischen Stadtraum und Center durch das Aufgreifen vorhandener Wegebeziehungen:

> *„Es ist wichtig, eine neue Shopping-Mall in das städtebauliche Gefüge und die bestehenden Wegeverbindungen einzufügen, nur so können Kunden / Besucher auch in die anschließenden Verkaufslagen geleitet werden"* (Landeshauptstadt Mainz 2011a: 4).

5.3.2.2 Stellplätze und Wegelängen als Stellschrauben zur Steuerung von Zirkulationen

Über die städtebaulichen Aspekte der Offenheit, Kleinteiligkeit und Durchlässigkeit hinaus fließen weitere Größen als potentielle Stellschrauben zur Steuerung von Zirkulationen im Sinne einer ‚(innenstadt)verträglichen' Shopping-Center-Entwicklung in die Erarbeitung der Leitlinien und Empfehlungen mit ein. Hierzu zählt neben der Anzahl der PKW-Stellplätze auch das Ausmaß der hinzukommenden Wegelängen in frequenz- und mietstarker 1A-Lage.

Die Auswirkungen des geplanten Einkaufszentrums auf den innerstädtischen Verkehr werden im Zuge des Beteiligungsprozesses einerseits unter Machbarkeitsgesichtspunkten als eine zu bewältigende Herausforderung verhandelt: Erreichbarkeit und Andienung müssen sichergestellt sein; die vorhandene Verkehrsinfrastruktur soll möglichst gleichmäßig ausgelastet werden, wobei eine Überlastung der Altstadttangente vermieden werden muss. Andererseits werden insbesondere der ruhende Verkehr, das innerstädtische Parkleitsystem und die Verfügbarkeit von PKW-Stellplätzen im geplanten Einkaufszentrum unter stärker strategischen Gesichtspunkten der Vernetzung von Stadt und Center thematisiert:

> *„Die Verkehrsanbindung für PKW Verkehr ist so zu regeln, dass durch die Nutzung vorhandener Parkhäuser Wegebeziehungen entstehen, die die bestehenden Einkaufsorte mit dem neuen Quartier verbinden"* (1577/2011/2: 2).

Um eine flächenhafte Streuung der Kundenströme in der Innenstadt erreichen zu können, wird mit der Investorin vereinbart, die Stellplatzkapazitäten vor Ort stark zu begrenzen:

> *„Um eine unerwünschte Sogwirkung zu vermeiden, unterliegt das Center-Parkhaus einer Kapazitätsbeschränkung von max. 400 Stellplätzen. Diese Vorgabe ist eine Prämisse zur flächigen Verteilung von Kunden und Kundenverkehren im motorisierten Individualverkehr"* (1540/2012-Anl. 3: 3).

Auch die Diskussion um die Anbindung des neuen Einkaufszentrums an den öffentlichen Nahverkehr ist von ähnlichen Überlegungen geprägt. So sollen entlang der Ludwigsstraße keine weiteren Bushaltestellen vor dem Einkaufszentrum entstehen. Neben städtebaulichen Erwägungen wird dies mit der zentralen Lage der bestehenden Haltestelle „Höfchen" begründet, von der aus alle drei Einzelhandelspole der Innenstadt ähnlich gut erreichbar sind. Die Errichtung einer zusätzlichen Haltestelle könnte hingegen die Entstehung eines Ungleichgewichts in der Frequentierung der Pole begünstigen (ebd.).

Eine weitere Stellschraube zur Steuerung von Passantenströmen stellen, neben der Dimensionierung der Verkaufsflächen, auch die Wegelängen der innerstädtischen Einzelhandelslagen dar. Neben der absoluten Länge des Einkaufszentrums bilden hierbei auch der relative Längenzuwachs der Fußgängerzone und der 1A-Lage wesentliche Bezugspunkte. Die Verlängerung der Wegebeziehungen ist im Falle der Mainzer Innenstadt von besonderer Relevanz, da diese ein relativ weitläufiges Wegenetz aufweist. Daher ist der Aspekt der fußläufigen Bewältigung von Wegstrecken hier von besonderer Bedeutung:

> *„Die Mainzer Innenstadt besitzt eine große Flächenausdehnung mit weitläufigen Einkaufsstraßen. Insgesamt liegt die gesamte Streckenlänge bei etwa sieben Kilometern Straßen, bei denen die Randbebauung im Erdgeschoss prägend durch Einzelhandel genutzt ist. Da Innenstadtbesucher üblicherweise nicht viel mehr als 1.000 Meter zu Fuß zurücklegen bedeutet dies, dass die Mainzer Kerninnenstadt bereits heute nur von wenigen Besuchern in Gänze aufgesucht wird. Daraus folgt für die Ansiedlung eines Einkaufscenters, dass, wenn die bestehende Struktur der Innenstadt nicht deutlich verändert werden soll, mit einer Erweiterung der Wegelängen eher maßvoll umzugehen ist"* (Junker und Kruse Stadtforschung Planung 2012a: 45).

Vor dem Hintergrund dieser Überlegungen empfiehlt das Gutachten von Junker und Kruse, dass die südliche Ludwigsstraße auch weiterhin den Abschluss der Einkaufsinnenstadt markieren sollte. Der sich entlang der Weißliliengasse in Richtung Altstadt anschließende Bereich der Pax-Bank und der Polizei sei nicht geeignet für eine Handelsnutzung, da die Lauflängen ansonsten zu sehr ausgedehnt würden (ebd.: 54).

Die Debatte um die städtebaulichen Voraussetzungen des Anregens und Steuerns von Zirkulationen spiegelt in bemerkenswerter Weise auch Steuerungslogiken wider, die aus der Shopping-Center-Planung bekannt sind. GOSS (1993) beschreibt Einkaufszentren als „strategic space" (ebd.: 35), dessen Gestalt von strategischen Überlegungen der Kundenführung geprägt ist. Das primäre Ziel, über dessen Erreichungsgrad regelmäßige ‚Performancereports' Auskunft geben, besteht darin, durch die Steuerung der

Kundenströme eine größtmögliche Verkaufsflächenproduktivität und damit entsprechend hohe Mieterträge bzw. Renditen zu ermöglichen. Den instrumentellen Diskurs über die Raumproduktion im Kontext einer gewinnmaximierenden Shopping-Center-Planung beschreibt GOSS (ebd., S. 30) wie folgt:

> *"In this professional literature, the consumer is characterized as an object to be mechanistically manipulated – to be drawn, pulled, pushed, and led to flow magnets, anchors, generators, and attractions; or as a naïve dupe to be deceived, persuaded, induced, tempted, and seduced by ploys, ruses, tricks, strategies, and games of the design. Adopting a relatively vulgar psychogeography, designers seek to environmentally condition emotional and behavioral response from those whom they see as their malleable customers"* (Hervorhebung im Original).

So folge beispielsweise die Wahl von Bodenbelegen und Musikstilen oder die Platzierung von Ein- und Ausgängen und Gestaltungselementen in erster Linie strategischen Überlegungen zur Steuerung der Kundenströme, die auch in die oberen Etagen geführt werden müssen, sowie zur Erhöhung der Verweildauer und der zurückgelegten Wegelängen (ebd.). Bereits zu Beginn dieser Arbeit wurden die Prozesse nachgezeichnet, die dazu geführt haben, dass Einkaufszentren nicht mehr als Konkurrenz zur gewachsenen Innenstadt auf der Grünen Wiese, sondern als Instrument zur Attraktivierung von Innenstädten erscheinen konnten. Im Zuge jener Verschiebung lässt sich am Beispiel von Mainz beobachten, wie die Innenstadt selbst Teil eines solchen „strategic space" wird: „Es ist wichtig, eine neue Shopping-Mall in das städtebauliche Gefüge und die bestehenden Wegeverbindungen einzufügen, nur so können Kunden / Besucher auch in die anschließenden Verkaufslagen geleitet werden" (Landeshauptstadt Mainz 2011a: 4). Insofern übersieht die Kritik an der Shopping Mall als Fremdkörper (vgl. Kap. 5.2), die auf der Vorstellung einer grundlegenden Gegensätzlichkeit von geplanten Einkaufszentren und historisch gewachsenen Innenstädten basiert, dass sich die Rationalitätsstrukturen, die der Steuerung der räumlichen Entwicklung von Einkaufszentren und Innenstädten zugrunde liegen, einander durchaus annähern: Einerseits stellt die Imitation öffentlicher Straßen, Plätze und Gassen ein wiederkehrendes Motiv in Einkaufszentren dar (GOSS 1993: 25 f.):

> *"Architects manipulated space and light to achieve the density and bustle of a city downtown – to create essentially a fantasy urbanism devoid of the city's negative aspects: weather, traffic, and poor people"* (CRAWFORD 1992: 22).

Andererseits kann eine Übertragung von Steuerungsmechanismen, die charakteristisch für Einkaufszentren sind, auf Innenstädte beobachtet werden. Dies betrifft zum einen die Generierung von Wettbewerbsvorteilen durch ein einheitliches Management[95], sowie zum anderen die hier ausführlicher beschriebenen, auf die Anregung und Lenkung von Zirkulationen gerichteten Steuerungsweisen:

[95] Durch das einheitliche Management von Einkaufszentren entstehen zahlreiche Wettbewerbsvorteile und Synergien, u.a. durch koordinierte Öffnungszeiten oder gemeinsame Marketingaktionen (vgl. JUNKER et al. 2008: 19). Ähnliche Ziele werden vielerorts durch die Implementierung eines City Managements oder auch die Einführung von Business Improvement Districts (BIDs) verfolgt. In Mainz hat der Stadtrat im September 2015 beschlossen, dass die Verwaltung auf der Grundlage des rheinland-pfälzischen Landesgesetzes über lokale Entwicklungs- und Aufwertungsprojekte (LEAPG) weitere Schritte zur Realisierung von BIDs in der Mainzer Innenstadt einleiten solle (1702/2015).

„Im Betriebskonzept der Mall werden mehrere Magnetbetriebe durch innere Wege verbunden, an denen sich weitere Einzelhandels-, Dienstleistungs- und Gastronomiebetriebe befinden, die von der Besucherfrequenz der Magnete profitieren" (PESCH 2014: 56).

5.3.2.3 Sicherstellung von ‚Verträglichkeit' durch Anregen und Steuern von Zirkulationen – Zwischenfazit

Zusammenfassend ist der zweite grundlegende Steuerungsmodus dadurch charakterisiert, dass die räumliche Steuerung von Zirkulationen in Form von Passanten- und Verkehrsströmen als strategisches Instrument zur Sicherstellung einer ‚(innenstadt)verträglichen' Shopping-Center-Entwicklung herangezogen wird. Zum einen soll die Passantenzirkulation zwischen dem neuen Einkaufszentrum und dem unmittelbaren Umfeld angeregt werden, und zum anderen soll eine stetige Passantenzirkulation zwischen den drei innerstädtischen Einzelhandelspolen gefördert werden, wovon auch die Verbindungsachsen und Zwischenlagen profitieren sollen:

> *„Wichtig ist, die Bereiche zwischen den Polen sinnvoll zu verbinden und die Passantenströme so zu lenken, so dass auch die Randlagen von diesem Konzept profitieren. Aktuell finden sich insbesondere in den Randlagen der Pole Fachgeschäfte, wie beispielsweise am Schillerplatz oder in der Augustinerstraße"* (Landeshauptstadt Mainz 2011d: 4).

Neben der Verkaufsflächendimensionierung und einer komplementären Angebotsergänzung durch das Einkaufszentrum werden hierfür insbesondere die Zahl der PKW-Stellplätze und das Ausmaß der Wegelängen als geeignete Stellschrauben erachtet. Darüber hinaus ergeben sich aus diesem Steuerungsmodus sehr konkrete Anforderungen an die städtebauliche Gestalt des Einkaufszentrums, welches möglichst kleinteilig, offen und durchlässig sein soll um eine rege Zirkulation zwischen dem Einkaufszentrum und den sonstigen Einzelhandelslagen zu ermöglichen. Ziel ist, wie die Standesorganisationen der Architekt*innen in einer gemeinsamen Stellungnahme fordern, die Weiterentwicklung der Innenstadt als ein „vernetzter STADTRaum". Hierfür sind eine hinreichende „Flexibilität der Struktur und die Durchlässigkeit der Weg- und Raumbeziehungen" (Architektenkammer Rheinland-Pfalz et al. 2011: 1) sicherzustellen.

Der Steuerungsmodus des Anregens und Steuerns von Zirkulationen ist dabei an Techniken der Wissensproduktion gebunden, die den innerstädtischen Raum in seiner graduellen Abstufung von Frequenzen und als Muster von Kunden-, Passanten- und Verkehrsströmen sichtbar machen. Diese Techniken umfassen insbesondere Passantenzählungen und ihre kartographische Aufbereitung oder auch die Visualisierung bestehender und zukünftiger Wegebeziehungen, die wichtige Abwägungsgrundlagen für eine hinreichende Vernetzung von innerstädtischem Raum und Einkaufszentrum bereitstellen sollen (Landeshauptstadt Mainz 2011h: 11; Junker und Kruse Stadtforschung Planung 2012b: 34). Darüber hinaus werden im Rahmen des Beteiligungsprozesses weitere Bedarfe an gutachterlicher Expertise artikuliert, etwa in Form von Verkehrsgutachten zur Optimierung des Parkleitsystems oder aber auch in Form umfangreicher Analysen, wie sich das geplante Projekt auf die bestehenden Passantenströme und -frequenzen auswirkt (Landeshauptstadt Mainz 2012b: 64). Die Techniken des Messens, Zählens und

Visualisierens, die im Sinne einer Anregung und Steuerung von Zirkulationen aufgerufen werden, konstituieren eine Wissensordnung, die den innerstädtischen Raum als ein sich selbst regulierendes, relationales Geflecht von Zirkulationen, Passantenfrequenzen und Kopplungsbeziehungen konzeptualisiert. Dieses Geflecht folgt einer räumlichen Verteilung von Magneten und Verbindungachsen, Durchlässigkeiten und Widerständen. Während der Steuerungsmodus des raumwirtschaftlich-funktionalen Optimierens als eine Übertragung betriebswirtschaftlicher Optimierungsprobleme auf innerstädtische Räume gelesen werden konnte, weist der Steuerungsmodus des Anregens und Steuerns von Zirkulationen deutliche Analogien zu strategischen Ansätzen der Shopping-Center-Planung auf und überträgt diese auf den innerstädtischen Raum, der selbst wie ein großes Einkaufszentrum betrachtet wird.

Auf der Ebene der Problematisierungsweisen knüpft die Steuerungslogik des Ermöglichens und Lenkens von Zirkulationen in erster Linie an den potenzialorientierten Diskursstrang an:

> *„Ob das Einkaufszentrum positive Auswirkungen für die Umgebung bzw. auch für die gesamte City hat, hängt auch von der Öffnung des Zentrums zur Ludwigsstraße und zum Gutenbergplatz ab. Je geringer die Riegelwirkung zwischen öffentlichem Raum und Zentrumsinneren ist, umso besser wird die Durchlässigkeit zu einer gegenseitigen Erhöhung des Passanten- und Kundenstroms beitragen"* (Landeshauptstadt Mainz 2012a: 12).

Durch eine offene und durchlässige Bebauung sowie den gezielten Einsatz weiterer Stellschrauben sollen die Voraussetzungen dafür geschaffen werden, dass auch die angrenzenden Bereiche und letztlich die Innenstadt als Ganzes von der Projektentwicklung profitieren können. Beispielhaft hierfür kann aus einem Statement des Wirtschaftsdezernenten im Rahmen des 1. LudwigsstraßenForums zitiert werden: „Wichtig ist, die Bereiche zwischen den Polen sinnvoll zu verbinden und die Passantenströme so zu lenken, so dass auch die Randlagen von diesem Konzept profitieren" (Landeshauptstadt Mainz 2011d: 4).

Deutlich wird zudem, dass der Steuerungsmodus des Anregens und Steuerns von Zirkulationen eng auf den Steuerungsmodus des raumwirtschaftlich-funktionalen Optimierens bezogen bzw. aus diesem abgeleitet ist: Die gezielte Anregung und Steuerung von Passantenzirkulationen stellt ein wesentliches Instrument dar, um schädigende Umverteilungswirkungen zulasten des bestehenden Einzelhandelsgefüges abzufedern. Das Anregen und Steuern von Zirkulationen ist somit der Logik des raumwirtschaftlich-funktionale Optimierens nachgeordnet und eröffnet zusätzliche Spielräume für die Attraktivitätssteigerung durch Angebotsausweitung. Gleichzeitig entfaltet der Steuerungsmodus des Anregens und Steuerns von Zirkulation auch gegenteilige, limitierende Effekte, denn die Begrenzung der Wegelängen durch den Verzicht auf den Einbezug des Polizeigrundstücks in die weiteren Planungen bewirkt zugleich eine Reduktion des Verkaufsflächenzuwachses, der innerhalb des Projektgebiets realisiert werden kann. Auf den verbleibenden Grundstücken kann nämlich die Verkaufsfläche aufgrund städtebaulicher Erwägungen nicht beliebig vermehrt werden:

> *„Wir sind was die Dimensionierung und die Zuordnung der Flächen angeht, halt vorne an der Ludwigsstraße mit dem in Mainz ganz wichtigen Domblick irgendwo fixiert. Und wenn sie dann oben nicht höher können und vorne nicht*

weiterkönnen, ja, dann haben sie natürlich eine sehr limitierte Möglichkeit in die, ich sage mal, diese am Ende stehende Fläche gerade so reingepasst hätte" (I-SV 1, Abs. 117).

Hier deutet sich auch bereits eine enge Verflechtung mit dem dritten Steuerungsmodus des behutsamen und bewahrenden Integrierens an, der nachfolgend nun näher beleuchtet wird.

5.3.3 Sicherstellung von ‚Verträglichkeit' durch behutsames und bewahrendes Integrieren

Der dritte grundlegende Steuerungsmodus zur Sicherstellung einer ‚(innstadt)verträglichen' Shopping-Center-Entwicklung beruht auf der Vorstellung einer behutsamen und bewahrenden Integration in bestehende innerstädtische Strukturen. Demnach soll sich das neue Einkaufszentrum „[s]tädtebaulich und funktionsräumlich (...) in den innerstädtischen Organismus einpassen; es muss sich als Bestandteil der gebauten Umgebung verstehen und darf sich nicht als introvertierte Insellage präsentieren" (Landeshauptstadt Mainz 2011a: 5). Das Vorhaben muss sich, so die einhellige Forderung einer Vielzahl von Akteuren wie z.B. der Bürgerinitiative Mainzer Ludwigsstraße oder des Einzelhandelsverbandes Mittelhrein-Rheinhessen-Pfalz, passgenau in die vorhandene Innenstadt einfügen (vgl. z.B. 0847/2012-Anl. 4: 23). Besonders im Fokus stehen hierbei städtebauliche Integrationskriterien. So ist nach Einschätzung des Gutachterbüros Junker + Kruse der ausgewählte Standort aufgrund seiner Lage und Einbindung im innerstädtischen Einzelhandelsgefüge zwar grundsätzlich für die Entwicklung eines innerstädtischen Einkaufszentrums geeignet. Gleichzeitig mache jedoch die besondere Lage an der Ludwigsstraße, aber auch die Nähe zur Altstadt und bedeutenden Kirchenbauwerken „eine besondere Qualität der Einfügung" (Junker und Kruse Stadtforschung Planung 2012a: 13) erforderlich. Der Steuerungsmodus des behutsamen und bewahrenden Integrierens erschöpft sich aber nicht in einer rein städtebaulichen Betrachtung, sondern kommt auch innerhalb weiterer Themenfelder wie dem Umgang mit öffentlichen Flächen, der Dimensionierung des Einkaufszentrums oder auch der Wettbewerbssituation im innerstädtischen Einzelhandel zum Tragen. Nachfolgend sollen nun die grundlegenden Konturen dieses Steuerungsmodus näher beleuchtet werden. Hierfür kann erstens die Diskussion um eine ‚mainzverträgliche' Lösung des Planungskonflikts herangezogen werden. Weitere wichtige Anhaltspunkte zum Verständnis dieses Steuerungsmodus liefert zweitens die Diskussion um eine Vorverlagerung der Baukante entlang der südlichen Ludwigsstraße und die damit verbundene Aufgabe der Pavillonstruktur, sowie drittens die Auseinandersetzung um die Frage, wie klassische Mall-Strukturen zugunsten der Entwicklung eines Einkaufs*quartiers* aufgebrochen werden können.

5.3.3.1 Das Bewahren als Suche nach einer ‚mainzverträglichen' Lösung

Der Steuerungsmodus einer behutsamen und bewahrenden Integration kommt besonders pointiert in der vielfach erhobenen Forderung nach einer ‚mainzverträglichen' Lösung zum Ausdruck. Diese ist insbesondere an die Bewahrung der städtebaulichen

Strukturen der historischen Altstadt geknüpft. So wird im Rahmen der Ludwigsstraßen-Foren festgehalten, dass die für die Mainzer Altstadt als charakteristisch erachtete „kleinteilige netzartige Struktur" (Landeshauptstadt Mainz 2012a: 62) erhalten bleiben und weiterentwickelt werden soll. Im Mittelpunkt steht die „Bewahrung und Stärkung der historischen und stadträumlichen Qualitäten und Strukturen wie Wegenetze, Blicke, Körnung, Proportion, Maßstab, etc." (Landeshauptstadt Mainz 2011k: 57). Bereits im September 2011 spricht sich auch der Stadtrat für eine ‚mainzverträgliche' Gestaltung und Dimensionierung des Einkaufszentrums aus:

> *„Die Projektentwicklung soll ‚mainzverträglich' sein – es muss ein für unsere Stadt typisches Einkaufszentrum/Einkaufsquartier entstehen. Hierzu gehört die Berücksichtigung der umgebenden Baumassen in ihrer Gebäudekörnung genauso, wie auch die Schaffung von öffentlich zugänglichen Räumen und Wegen. Nutz- und Nebenflächen sind darzustellen und vertraglich zu fixieren. Die fixierte Obergrenze darf nicht überschritten werden"* (1571.2011.2: 1).

In der Zusammenschau bildet also, neben den Aspekten der Dimensionierung und der öffentlichen Zugänglichkeit, die Einfügung in die spezifische Morphologie der Stadt ein wesentliches Kriterium für eine ‚mainzverträgliche' Ansiedlung. Dabei soll das Einkaufszentrum so gestaltet sein, dass es die Formensprache der umgebenden Bebauung aufnehmen kann:

> *„Es wird betont, dass es um Vielfalt, aber auch um die Einheit geht. In der Erdgeschosszone muss Lebendigkeit erzeugt werden; durch Eingänge, eine sinnvolle Gliederung und eine Varianz der einzelnen Bausteine müssen Strukturen mit Qualitäten geschaffen werden, die in der Maßstäblichkeit und Wertigkeit auch zu Mainz passen. Altes und Neues darf sich nicht widersprechen, sondern muss miteinander kommunizieren und in einen Dialog eintreten"* (Landeshauptstadt Mainz 2012a: 58).

Erkennbar ist zudem, dass Diskussion um eine ‚mainzverträgliche' Lösung sich nicht auf die reine Morphologie und Materialität vorhandener städtebaulicher Strukturen beschränkt, sondern auch Zuschreibungen symbolischer und identitätsstiftender Bedeutung aufweist. Deutlich wird dies unter anderen am Beispiel der in den Leitlinien festgeschriebenen Forderung nach dem Erhalt von Blickbeziehungen zum Dom, die als „Identität stiftendes Merkmal der Mainzer Innenstadt" aufgefasst werden (ebd.: 87). Darüber hinaus müsse die Projektentwicklung dem historischen Wert des Standortumfeldes Rechnung tragen:

> *„Der Planungs- und Gestaltungsbeirat ist der Auffassung, dass eine neue Identität an diesem wichtigen Ort für Mainz nur mit dem nötigen Respekt vor der Geschichte erfolgreich sein kann. Es wird daher empfohlen, mit der Stadt sensibel, nachhaltig und zukunftsorientiert umzugehen, so dass für die nächsten Generationen Räume geschaffen werden, die angenommen werden und nachhaltig wirken. Historische und stadträumliche Qualitäten und Strukturen sollen bewahrt und gestärkt werden"* (ebd.: 58).

Die Wahrnehmbarkeit von stadtbildprägenden Bauwerken wie Dom, Staatstheater und Johanniskirche darf durch das geplante Einkaufszentrum nicht beeinträchtigt werden; es soll keine neue städtebauliche Dominante entstehen (1540/2012-Anl. 3: 8). Darüber hinaus fordern der Ortsbeirat Mainz-Altstadt und die Bürgerinitiative Mainzer Ludwigsstraße, dass eine Neubebauung des Karstadt-Areals den spezifischen „Erinnerungswerte[n]" (1261/2013: 2) von Gutenbergplatz und Bischofsplatz Rechnung tragen solle. Neben den baukulturellen Anforderungen müsse man auch dem spezifischen „genius loci" gerecht werden (Bürgerinitiative Mainzer Ludwigsstraße e.V. 2011a: 4). Durch das neue Einkaufszentrum dürfe der individuelle und unverwechselbare Charakter der Mainzer Innenstadt nicht verlorengehen (Landeshauptstadt Mainz 2011d: 7).

In der Debatte um eine ‚mainzverträgliche' Lösung tritt somit eine Konzeption von ‚Verträglichkeit' zutage, die sich in ganz erheblichem Maße von dem Verträglichkeitsbegriff unterscheidet, auf dem der Steuerungsmodus des raumwirtschaftlich-funktionalen Optimierens basiert. ‚Verträglichkeit' erscheint hier nicht primär als quantifizierbare Größe, die in universelle raumwirtschaftliche Gesetzmäßigkeiten und Kausalzusammenhänge eingelassen ist und im Wesentlichen von einer zentralen Stellschraube (nämlich der Verkaufsflächendimensionierung) abhängt, sondern vielmehr als etwas Qualitatives und Ortsspezifisches, das mit vielfältigen komplexen Anforderungen einhergeht, die sich aus dem jeweiligen ortsgeschichtlichen Kontext ableiten. Einem derartigen Verständnis von ‚Verträglichkeit' liegen spezifische Techniken der Wissensproduktion zugrunde, die den innerstädtischen Raum nicht als Wettbewerbseinheit konzeptualisieren, die in ein abstraktes Wirkungsfeld raumwirtschaftlicher Variablen eingelassen ist, sondern vielmehr als historisch kontextualisierte, gebaute Umwelt, die symbolisch mit Bedeutung aufgeladen wird. Diese umfassen beispielsweise die baukulturelle Bestandsaufnahme sowie die Erfassung und visuelle Aufbereitung städtebaulicher Strukturelemente wie Blockstrukturen, Fassadengliederung und -gestaltung, Gebäudehöhen, Körnigkeit oder auch Wege- und Blickbeziehungen.

5.3.3.2 Bruchlinien des Bewahrens I – Zur Pavillonstruktur an der Ludwigsstraße

Der Steuerungsmodus des behutsamen und bewahrenden Integrierens stellt jedoch keine in sich geschlossene, konfliktfreie Rationalität dar, sondern wird von einer Bruchlinie durchzogen. Diese verläuft entlang der keineswegs trivialen Frage, worin denn überhaupt die zu bewahrenden Qualitäten und Strukturen bestehen (und worin nicht). Veranschaulichen lässt sich diese Bruchlinie anhand der Auseinandersetzung um den Verlauf der Baukante entlang der südlichen Ludwigsstraße und den Umgang mit der dortigen Pavillonstruktur, die ein wiederkehrendes Thema des Planungskonflikts bildet. Am 21. November 2017, also bereits lange nachdem sich ECE von den ursprünglichen Shopping-Center-Planungen distanziert hatte, fand im Mainzer Rathaus eine öffentliche Diskussionsveranstaltung der Bürgerinitiative mit Vertreter*innen der städtischen Politik zur zukünftigen Entwicklung der Ludwigsstraße statt. Hierzu wurde auch ein Referent vom Architekturinstitut der Hochschule Mainz für einen Vortrag mit dem Titel „Plädoyer für ein Gesamtkunstwerk Ludwigsstraße" eingeladen. Der Vortrag sollte aufzeigen, dass die gegenwärtige städtebauliche Gestalt der Ludwigsstraße durch die historische

Überlagerung und Verschneidung sehr unterschiedlicher städtebaulicher Konzepte entstanden sei: Einerseits dem Konzept einer Korridorstraße nach französischem Vorbild, die als axialer Durchbruch eine Platzfolge mit mehreren Torsituationen schafft, sowie andererseits dem Konzept eines asymmetrischen, durch Baumreihen und Pavillons aufgelockerten Boulevards, welches in der Nachkriegszeit Einzug hält und weitere Blickbeziehungen zum Dom schafft.[96] Im Zuge einer Neubebauung des Karstadt-Areals müsse daher für die gesamte Ludwigsstraße geklärt werden, welches städtebauliche Konzept in Zukunft weiterverfolgt werden soll. Der Vortrag rührt damit an einem Kernproblem der Logik des Bewahrens, nämlich dem Problem der notwendigen Selektivität: Welche Qualitäten und Strukturen sind bewahrenswert, und welche können zugunsten eines Aufwertungsimpulses aufgegeben werden? Für die Ludwigsstraße spricht das Gutachten des Büros Junker und Kruse (2012a: 63) hierzu eine klare Empfehlung aus:

> *„Die Ludwigsstraße muss wieder zu einer echten Geschäftsstraße entwickelt werden. Hierzu gehört vor allem das Vorziehen der Baukante bis zum heutigen Gehweg. Darüber hinaus sollen mehrere Eingänge entlang der Ludwigsstraße nicht nur in das Center, sondern auch in eigenständige Ladenlokale führen. Die heutigen Durchgangsmöglichkeiten zwischen den Pavillons und dem zurückgesetzten Baukörper können entfallen. Neben den Eingängen sollen vor allem auch genutzte Schaufenster die Ludwigsstraße beleben."*

Diese Einschätzung wird durch die Stadtverwaltung grundsätzlich geteilt:

> *„Die Stadt Mainz ist bereit, zur Stärkung des Standortes eigene Flächen (Pavillonzwischenräume) einzubringen, auf das Pavillonkonzept zu verzichten und eine Bebauung bis zum Straßenrand der Ludwigsstraße zu akzeptieren"* (Landeshauptstadt Mainz 2011a).

Dabei handelt es sich um eine durchaus bemerkenswerte Änderung der städtischen Position zur Entwicklung der Ludwigsstraße:

> *„Bereits in den 90er-Jahren wurden zwei städtebauliche Wettbewerbe zur Gestaltung des Areals durchgeführt. Damals erkannten die Verantwortlichen noch die Baustruktur an der Südseite der Ludwigsstraße als erhaltenswertes Zeugnis für einen städtebaulich qualitativen Wiederaufbau. Der Auslobungstext beschrieb noch als Ziel: ‚Die Pavillonstrukturen des Bestandes sollten im Charakter dieses für Mainz signifikanten Straßenzuges erkennbar bleiben'"* (0479/2017: 2).

Am Beispiel der Bereitschaft zur Aufgabe der Pavillonstrukturen entlang der südlichen Ludwigsstraße stellt sich dann die Frage, welcher Logik diese strategische Selektivität des Bewahrens folgt. Den zentralen Begründungszusammenhang für die Verlagerung der Baukante bildet die angestrebte Stärkung der Ludwigsstraße als Flaniermeile, die durch eine einheitliche Schaufensterfront mit mehreren Eingängen, aber auch durch das Herausarbeiten der Platzfolge entlang der Ludwigsstraße erreicht werden soll:

---

[96] Zur Planungsgeschichte der Mainzer Ludwigsstraße vgl. ausführlich METZENDORF 2011.

„Die überbaubare Fläche ist bis zur jetzigen Pavillonvorderkante vorzurücken, um die historische Platzfolge Schillerplatz – Gutenbergplatz – Höfchen und weiter in Richtung Domplätze herauszuarbeiten und so einen spannungsvollen Kontrast zwischen Enge und Weite und somit eine Steigerung der räumlichen Erlebbarkeit zu erreichen. In Kombination mit der vorhandenen Baumallee wird dadurch auch die gewünschte Funktion als ‚Flaniermeile' gestärkt werden" (1540/2012-Anl. 3: 5).

Durch den Erhalt der Baumreihen soll zudem die Aufenthaltsqualität auf der künftigen Flaniermeile erhöht werden (ebd.: 8). Hierdurch würde letztlich eine neue städtebauliche Struktur entstehen, die Elemente einer Korridorstraße und Elemente eines Boulevards zu einer neuen Komposition arrangiert. Die Bürgerinitiative steht dem Vorrücken der Baukante an der Ludwigsstraße insofern kritisch gegenüber, als hierdurch die öffentlichen Flächen der Pavillonzwischenräume überbaut würden. In den Leitlinien wird hierzu festgehalten, dass wegfallende öffentliche Flächen an anderer Stelle innerhalb des Einkaufsquartiers mit einer gleichwertigen öffentlichen Nutzung zu ersetzen sind, beispielsweise in Form einer Durchwegung mit öffentlichen Gassen (ebd.: 7). Im Zuge der Verhandlungen mit der Stadt Mainz stellt die Investorin diese Leitlinie jedoch infrage und schlägt stattdessen vor, wegfallende öffentliche Flächen durch eine „Verbesserung der städtebaulichen bzw. Aufenthaltsqualität im öffentlichen Raum" (Bürgerinitiative Mainzer Ludwigsstraße e.V. 2014c: 134) zu kompensieren. Somit zeigt sich, dass der Steuerungsmodus des behutsamen und bewahrenden Integrierens nicht durchweg gleichberechtigt neben den beiden anderen Steuerungsmodi steht. Vielmehr wird die Logik des Bewahrens punktuell dort zurückgewiesen, wo sie offensichtlich in Konflikt mit den funktionalen Erfordernissen der Steuerung von Passantenströmen und der Attraktivitätssteigerung durch eine Ausweitung der Verkaufsflächen gerät.

5.3.3.3 Bruchlinien des Bewahrens II – Von der Shopping Mall zum Einkaufsquartier

Besonders anschaulich lässt sich der Steuerungsmodus des behutsamen und bewahrenden Integrierens (aber auch die ihm anhaftende Brüchigkeit) anhand der begrifflichen Differenzierung zwischen ‚Shopping Mall' und ‚(Einkaufs-)Quartier' verdeutlichen. Im Gutachten des Büros Junker und Kruse wird der Begriff des Quartiers noch vorwiegend maßstäblich verstanden als das räumliche Standortumfeld, die unmittelbare Umgebung des geplanten Einkaufszentrums an der Ludwigsstraße. Dabei zeichne sich das Quartier „durch kleinteilige Bebauungsstrukturen aus, in die einzelne, großmaßstäblichere Baukörper eingefügt wurden. Straße, Wege, Gassen und Plätze prägen einen feingliedrigen öffentlichen Raum der sich in vielen Bereichen, insbesondere in der angrenzenden Altstadt, auch durch die Blockinnenbereiche hindurch zieht" (Junker und Kruse Stadtforschung Planung 2012a: 46). Empfohlen wird, dass das neue Einkaufszentrum auch für eine Aufwertung des gesamten Quartiers genutzt werden soll (ebd.: 57). Hierzu werden flankierende Maßnahmen empfohlen, wie z.B. eine gestalterische Aufwertung angrenzender öffentlicher Räume.

Im Verlauf des Planungskonflikts findet jedoch eine inhaltliche Verschiebung des Quartiersbegriffs dahingehend statt, dass mit ‚Quartier' nicht mehr das städtebauliche Umfeld des Projektstandorts gemeint ist, das zusammen mit dem Karstadt-Areal in einen Aufwertungsschub geraten soll, sondern das geplante Einkaufszentrum selbst – bzw. eine bestimmte städtebauliche Vorstellung davon, wie ein solches Einkaufszentrum jenseits klassischer Shopping Mall-Konzepte ‚(innenstadt)verträglich' entwickelt werden kann:

> *„Ziel ist die Schaffung eines attraktiven und hochwertigen innerstädtischen, auf die städtebauliche Situation und das Stadtbild in Mainz zugeschnittenen Einkaufsquartiers. Das neue Einkaufsquartier wird daher aus einer Baustruktur mit fünf Baukörpern bestehen, die durch die öffentlichen und offenen Straßen Fuststraße und Eppichmauergasse geprägt ist"* (1722/2013: 11 f.).

Zur Aufschlüsselung der begrifflichen Differenzierung zwischen Mall und Quartier soll einführend eine ausführlichere Sequenz aus einem Interview mit Mitarbeitern der Stadtverwaltung zitiert werden, der auf unterschiedliche Dimensionen dieser begrifflichen Verschiebung von der Mall zum Quartier verweist:

> *SV 2: „(...) Deswegen haben wir oft in kleinen Fällen, wo es um kleineren Einzelhandel ging auch schon Bebauungspläne gemacht, haben aber auch immer schon das Thema Innenstadthandel, großflächiger Einzelhandel, auch Shopping-Mall, wollen wir nicht benutzen, aber Einkaufsquartier an der Ludwigsstraße, schon sehr, sehr lange auf dem Bildschirm gehabt. (...) Also, wenn wir in Mainz über Einkaufsquartiere, Sie nannten es Shopping-Center und sowas, sprechen, dann war immer eigentlich das Thema Ludwigsstraße, Karstadt, war schon eins auch." (...)*
>
> *DG: „Sie haben gerade so eine begriffliche Unterscheidung aufgemacht, da würde ich gerne mal einhaken, zwischen-, zwischen Shopping-Mall, den Begriff, den sie dann gleich zurückgenommen haben und zwischen Einkaufsquartieren. Da würde ich gerne nochmal nachfragen, wo sie da die Differenzierung..."*
>
> *SV 2: „Das ist vielleicht auch ein rhetorischer Unterschied. Aber es war schon der Stadt Mainz eigentlich zu allen Zeitpunkten wichtig, dass wir keine Kaufmaschine bekommen. Es gab auch mal Überlegungen, wirklich eine riesen Shopping-Mall vom Gutenbergplatz bis zum Schillerplatz zu bauen, was dann auch eher kritisch gesehen wurde und man sich dann #."*
>
> *DG: „Das war diese Gutenbergpassage, wenn ich recht -."*
>
> *SV 2: „Weiß nicht, wie die damals hieß, das war vor meiner Zeit."*
>
> *DG: „Mitte Neunziger."*
>
> *SV 3: „Mitte der Neunziger. Ja, da war mal-. Das kann sein. Das habe ich aber überhaupt nicht mehr im Kopf, wie das damals genannt wurde."*
>
> *SV 2: „Und die Idee, oder die-, die-, ja, diese Unterscheidung zwischen Shopping-Mall und Einkaufsquartier ist dann auch vielleicht in der Form erst so richtig ausgearbeitet worden im Zusammenhang mit diesem LuFo-Prozess, dass man*

unter dem Begriff Shopping-Mall eine introvertierte Kaufmaschine versteht, die sich auf die innere Erschließung konzentriert. Die versucht, die Laufängen, Wegelängen innerhalb des Centers so lang wie möglich zu machen. Und dass man bei einem Einkaufsquartier eher ein Bild vor Augen hat von einem etwas aufgelösteren Einkaufsquartier, dass dann auch sich nach außen darstellt, nach außen Bezüge hat und nicht so diese klassische, zwei-, das Knochenprinzip verfolgt. Also, zwei Ankermieter vorne und hinten und dazwischen den Knochen, und da spielt dann alles ab. Und wenn man dann einmal alle Geschäfte gesehen hat, ist man müde und will kein anderes Geschäft in der Stadt mehr sehen. Sondern, dass man unter dem Begriff Einkaufsquartier etwas aufgelockertes, integriertes, besser in die Stadtstruktur eingebundenes Bild verfolgt, ja. Und deswegen diese Unterscheidung."

DG: „Aber trotzdem mit der vorrangigen Funktionszuweisung Einzelhandel dann?"

SV 2: „Ja, ja, klar"

(I-SV 2,3, Abs. 25-36).

In dieser Sequenz wird der Quartiersbegriff auf der inhaltlichen Ebene an eine bestimmte städtebauliche Vorstellung geknüpft, die sich durch Merkmale wie Offenheit, Kleinteiligkeit und Bezugnahme auf die Umgebungsstrukturen auszeichnet und dabei die klassischen Strukturen der inneren Erschließung von Shopping Malls aufbricht. PESCH (2014: 61) spricht mit Bezug auf Projekte in den USA, Großbritannien und den Niederlanden, die diesen städtebaulichen Gedanken aufgreifen, von einer „Transformation des Shoppingcenters in Einkaufsquartiere mit kleineren und anpassungsfähigeren Einheiten". In einem weiteren Interview mit einem Mitarbeiter der Stadtverwaltung wird diese städtebauliche Idee des ‚Quartiers' wie folgt näher beschrieben:

> *„Einer der Kernfragen war halt von Anfang an: Es geisterte der Begriff des Stadtquartieres raus. Das heißt also: Ein mehrteiliges Stadtquartier mit öffentlichen Räumen zwischen den Gebäuden. Das ist natürlich ein Gräuel für diese Centerplaner, ja? Weil öffentliche Räume zu integrieren, in diese private Organisation einer Shopping-Mall, das gibt es nur wenige Beispiele. Es gab sie, wir haben ja bevor ECE hier eingestiegen ist, vorher mit verschiedenen Projektentwicklern diskutiert. Und dann gab es dann auch so Duisburg, wo die alle waren, verschiedenste Beispiele, die das irgendwie so gelöst hatten, dass man dann von außen in jeden einzelnen Laden reingehen kann, dass die Zwischenräume von mehreren Gebäuden alle begehbar waren, nachts nicht abgeschlossen werden durften und so weiter. Und das war so ein bisschen die Vision"* (I-SV 1, Abs. 40).

Die Auflösung der klassischen Mall-Struktur in separate Einzelbaukörper stellt dementsprechend ein zentrales Ziel der städtischen Verhandlungsgruppe im Rahmen der Verhandlungsrunden mit ECE dar. Im Rahmen eines Zwischenentwurfes vom November 2012 begrüßen die städtischen Verhandlungsführer die Auflösung in Einzelbaukörper mit eigenständigen Fassaden sowohl zum umliegenden öffentlichen Raum als auch zur inneren Erschließung hin. Außerdem wird positiv bewertet, dass durch die Verwendung von Arkaden die Kundenwege hinter der eigentlichen Fassade angeordnet sind und somit die optische Erscheinung der Fassaden nicht beeinträchtigen. Gleichwohl handele es sich lediglich um ein modifiziertes Mall-Konzept mit einer zentralen Haupterschließungsachse und nur wenigen Ein- und Ausgängen. Zudem seien die Verbindungswege mit Ausnahme der im 1. OG überbauten Fuststraße als private Flächen und Warmbereiche dargestellt. Im Protokoll zur dritten Verhandlungsrunde am 30. November 2012 heißt es hierzu: „Knackpunkt bleibt weiterhin die Frage, wie weit der Komplex in seiner Baustruktur aufgelöst werden kann" (Bürgerinitiative Mainzer Ludwigsstraße e.V. 2014c: 90 f.). Dies gilt auch für die weiteren Verhandlungsrunden, in denen die Investorin abgewandelte Entwürfe vorlegt, die in unterschiedlichem Maße die Forderung nach einer kleinteiligen Struktur umsetzen. Im Oktober 2013 einigen sich beide Parteien auf ein gemeinsames Planungskonzept, das weiter vertieft werden soll. Hierin sieht die Stadt ihre Vorstellung von einem Einkaufsquartier weitgehend verwirklicht:

> *„Das neue Quartier besteht aus fünf einzelnen Baukörpern von denen 4 funktional über filigrane Brücken in den Obergeschossen verbunden sind, es entsteht ein Quartier, welches sich in der Körnigkeit in die umgebene Bebauung harmonisch einfügt"* (ECE Projektmanagement GmbH & Co. KG 2013: 2).

Gemäß der gemeinsamen Absichtserklärung soll ein Einkaufsquartier entstehen, das auf die städtebauliche Situation und das Stadtbild in Mainz zugeschnitten ist (1722/2013: 11 f.). Dementsprechend heißt es in einer Pressemitteilung der Stadt Mainz zum Verhandlungsergebnis:

> *„Das Ensemble aus fünf Einzelbaukörpern ist keine zusammenhängende bauliche Anlage, sondern tatsächlich ein städtisches Viertel. Alle Gebäude haben auch in den glasüberdeckten Gassen Außenfassaden, und die Straßenbeläge werden ähnlich oder gleich sein wie in der Ludwigsstraße und auf dem Bischofsplatz. Die Eingänge und deren Glasfassaden treten hinter die Baukörper zurück, der Gutenbergplatz wurde architektonisch aufgewertet und die Durchlässigkeit durch die Mietflächen durch Anordnung weiterer Eingänge und Ausgänge für den Passanten verbessert. Das neue Karstadthaus ist an prominenter Stelle zum Gutenbergplatz angeordnet und hat als fünfter alleinstehender Baukörper eine eigene Adresse"* (Landeshauptstadt Mainz 2013f: 2).

Über diese inhaltliche Ebene hinaus wurde dem Quartiersbegriff in der eingangs zitierten Interviewsequenz aber auch eine rhetorische Funktion beigemessen. Anhand der nun zitierten Textpassage kann diese rhetorische Funktion näher konkretisiert werden: Durch die Verwendung des Quartiersbegriffs erfolgt eine Gleichsetzung eines wenn auch städtebaulich aufgelockerten, so doch nach wie vor privat geführten, monofunktionalen Einkaufszentrums mit einem gewachsenen städtischen Viertel. Zudem legt der Begriff des Quartiers nahe, dass es sich bei der geplanten Projektentwicklung um etwas handelt, dass sich als Teil in ein größeres Ganzes einfügt und einen organischen Bestandteil der Innenstadt bilden kann. Es soll „integraler Bestandteil der Mainzer Einkaufslandschaft" (Landeshauptstadt Mainz 2012f: 5) und „organischer Bestandteil des

Mainzer Lebensgefühls" (ebd.: 4) werden. Durch die diskursive Rahmung der geplanten Einzelhandelsentwicklung als ‚Quartier' wird somit die Kritik an Shopping Malls als Fremdkörper ausgehebelt. Insofern kann die rhetorische Funktion des Quartiersbegriffs vor allem als eine legitimierende Funktion verstanden werden. Dabei wäre es jedoch unzutreffend, die Bedeutung des Quartiersbegriffs ausschließlich auf diese Funktion zu beschränken, da sich in ihm zugleich die Vorstellung eines städtebaulich integrierten Einkaufszentrums verdichtet. Gleichzeitig bilden sich entlang des Quartiersbegriffs auch Widerständigkeiten aus, die jedoch nur selten zu einer vollständigen Ablehnung der Quartiersidee führen wie etwa in der nachfolgenden scharfen Kritik eines Mainzer Bürgers:

> *„Es spielt dabei keine Rolle, ob man sich die Marketingsprache der Centerbetreiber zu eigen macht und von Einkaufsquartier spricht. Der Begriff Quartier ist nur insofern ehrlich, als er die immense Größe der Anlage widergibt, die in die Hand eines Investors fällt. (...) Ob dieser Befall als monolithischer Baukörper oder als Simulation eines Quartiers in Einzelgebäuden daherkommt, ist eine Frage des Make-ups für den Investor, solange er die Verzinsung, die der Markt vorgibt, erzielt. Dieses Make-up ist auf der anderen Seite das wichtigste Ingredienz, um einen Legitimierungsprozeß auf der politischen Ebene zu simulieren. Es geht nie um das Wesen der Investition, es geht um Formfragen und quantitative Korrekturen und es geht um Konsenssimulation"* (in Landeshauptstadt Mainz 2013d: 5).

Stärker im Fokus steht dabei die Auseinandersetzung um die Deutungshoheit über den Quartiersbegriff, also die Frage, was überhaupt unter einem städtischen Quartier zu verstehen sei. Dabei entwickeln die Kritiker*innen des geplanten Einkaufszentrums eine eigenständige Idee von Quartier, die über eine rein städtebauliche Bestimmung hinausgeht und eine urbane Mischnutzung und innerstädtisches Wohnen als wesentliche Merkmale „lebendiger Quartiere" identifiziert. Zum einen offenbart sich hierin eine weitere Dimension in der Auseinandersetzung um eine „mainzverträgliche" Projektentwicklung:

> *„Also, das war immer so unser Hauptanliegen: Es muss dieses Modell Wohnen, Arbeiten und Leben in der Stadt erhalten bleiben, mainzgerecht. Das war durchgängig dasselbe. Und wir bezogen uns immer auf diese erste-, aller, aller erste Entscheidung des Stadtrates mit den sogenannten Leitlinien. Und da ist das Wort auch mainzgerecht, also, mainzgemäß, sage ich mal-, ist das entscheidende. Andere waren eigentlich nicht-. Also, wir haben auch nicht ökonomisch, ob das Mainz so viel bringen würde oder so. Das haben wir eigentlich-. Da hatten wir auch gar nicht den Sachverstand und das haben wir auch natürlich immer gemacht, dass wir uns auch immer sehr diszipliniert nur auf den Ebenen bewegt haben, auf denen wir wirklich gute Argumente haben"* (I-BI 2, Abs. 89).

> *„Es geht um die soziale Mischung, damit Leben quasi jenseits des reinen Konsumwahnes dann erhalten bleibt. Das ist der Punkt eigentlich an der ganzen Sache"* (ebd., Abs. 141).

Die Stadtratsfraktion ÖDP/Freie Wähler schließt sich dem an und fordert „dass der urbane Charakter im Herzen der Mainzer Innenstadt erhalten bleibt“ (0847/2012-Anl. 4: 49). Hierzu solle die funktionale Mischung der anderen beiden Pole auch im Bereich Ludwigsstraße aufgegriffen und fortgeführt werden. Zum anderen verweist dieser Gegenentwurf zu einem rein städtebaulich bestimmten Quartiersbegriff wiederum auf die zentrale Bruchlinie, die sich durch den Steuerungsmodus des behutsamen und bewahrenden Integrierens zieht und entlang der Frage verläuft, worin überhaupt die zu bewahrenden und aufzugreifenden Strukturen bestehen und worin nicht.[97] Der Aspekt der urbanen Mischnutzung wird im Rahmen des Abschlussberichts nach dem sechsten LudwigsstraßenForum in die Präambel mit aufgenommen, die den Leitlinien und Empfehlungen vorangestellt wird. Dort heißt es:

> *„Wir bekennen uns zur Stärkung und Weiterentwicklung der Mainzer Innenstadt. Wir wollen ein Stadtquartier mit einem Warenhaus und einer kleinteiligen Baustruktur, die durch die öffentlichen und offenen Straßen Fuststraße und Eppichmauergasse geprägt ist und eine als offenen Stadtraum erlebbare und nutzbare innere Erschließung hat. Es soll eine urbane Mischnutzung von Einkaufen, Wohnen, Dienstleistungen, Sozialem und Kultur entwickelt werden“* (1540/2012-Anl. 3).

In der Beschlussvorlage zur Fortschreibung der Leitlinien und Empfehlungen im Dezember 2013 taucht diese Präambel nicht mehr auf, was zu Irritationen bei der Ortsbeiratsfraktion von Bündnis 90 / Die Grünen geführt hat. Eine entsprechende Anfrage an die Stadtverwaltung wird damit begründet, dass das in der Präambel formulierte Leitbild zwar weiterhin gelte, aber kein Bestandteil der eigentlichen Leitlinien und Empfehlungen sei und somit auch nicht Gegenstand der Fortschreibung der Leitlinien und Empfehlungen (1789/2013-A: 1). Dabei wird die Idee der Nutzungsmischung von Vertretern der Stadtverwaltung durchaus kritisch gesehen, da beispielsweise die Integration von Wohnungen dazu führen würde, dass deutlich weniger Handelsfläche zur Verfügung stehen würde und die erhoffte Magnetwirkung damit ausbleiben könnte:

> *„Das war in der Diskussion immer ein Thema. Also von den Kritikern, die gesagt haben: ‚Damit das ein lebendiges Quartier bleibt oder wird, dann muss da auch ein bisschen Wohnen rein.‘ Die Kirche war da auch beteiligt, die ja Miteigentümer ist. Und wir haben immer gesagt: ‚Ok, wir haben nichts dagegen ein bisschen Wohnen da reinzumachen, aber wir können nicht den Wohnanteil so hochfahren, dass irgendwie für die Mall nichts mehr bleibt‘, ja. Natürlich, wir haben Wohnungsbedarf, sehr groß in Mainz und die Lage ließ sich bestimmt auch am Markt absetzen, da habe ich jetzt keine Frage. Nur, wenn am Ende für das Shoppen nur noch dasselbe bleibt, was jetzt schon da ist, dann wird es als zusätzlicher Magnet nicht ausreichen, ja. Das ist dann das Problem“* (I-SV 1, Abs. 110).

[97] Deutlich wird dies z.B. auch an der Aussage eines ehemaligen Ortsbeiratsmitgliedes, wonach das Gebiet am Brand „die Struktur der Altstadt aufgenommen“ (I-OBR 1, Abs. 118) habe – gemeint ist damit eine kleinteilige Mischung von Einzelhandels-, Dienstleistungs- und Wohnnutzungen.

5.3.3.4 Sicherstellung von ‚Verträglichkeit' durch behutsames und bewahrendes Integrieren – Zwischenfazit

Zusammenfassend zielt der Steuerungsmodus des behutsamen und bewahrenden Integrierens darauf ab, dass das neue Einkaufszentrum bestehende Strukturen nicht aufbrechen, sondern aufgreifen und weiterentwickeln soll. Hiermit einher geht eine Konzeption von ‚Verträglichkeit', die sich nicht mehr auf universelle raumwirtschaftliche Gesetzmäßigkeiten stützt, sondern Verträglichkeit als etwas lokalspezifisches denkt, das sich nur aus den individuellen Qualitäten und Strukturen vor Ort ableiten kann. Pointiert kommt dies in der Diskussion um eine ‚mainzverträgliche' Lösung zum Ausdruck. Gleichzeitig zeigt sich der Steuerungsmodus des behutsamen und bewahrenden Integrierens als besonders brüchig, wobei die zentrale Bruchlinie entlang der Frage verläuft, worin die als erhaltenswert erachteten Strukturen überhaupt bestehen, was diese konkret umfassen und was nicht. Deutlich erkennbar wurde dies anhand der Frage des Umgangs mit der in der Nachkriegszeit entstandenen Pavillonstruktur an der südlichen Ludwigsstraße, aber auch in der Auseinandersetzung um den Begriff des Quartiers, der als Gegenpol zur klassischen Shopping Mall entwickelt wird und in dem sich unterschiedliche Zielvorstellungen eines ‚(innenstadt)verträglichen' Einkaufszentrums verdichten.

Im Hinblick auf die Verortung innerhalb des diskursiven Feldes ist zunächst anzumerken, dass die Steuerungslogik des behutsamen und bewahrenden Integrierens an das Argument der besonderen Schutzbedürftigkeit der Altstadt anschließt, welches als ein wesentliches Element des bedrohungsorientierten Diskursstranges identifiziert wurde (vgl. Kap. 5.2). Gleichzeitig werden die ebenfalls mit diesem Diskursstrang verbundenen Befürchtungen der Entstehung eines Fremdkörpers und eines Identitätsverlustes durch einen stärker technokratisch geprägten städtebaulichen Diskurs um „Maßstab, Materialität und Körnigkeit" (1540/2012-Anl. 3: 8) eingehegt. Technokratisch ist dieser Diskurs insofern als er sich primär als ein Expert*innendiskurs von Planer*innen und Architekt*innen präsentiert, der die Eigenheiten städtischer Räume durch abstrakte Strukturkategorien hindurch beschreibt, die weitgehend losgelöst scheinen von den Praktiken der alltäglichen Lebensführung der Menschen in der „Wohnaltstadt" (I-OBR 1, Abs. 96). Beispielhaft verdeutlichen lässt sich dies anhand der folgenden Charakterisierungen der spezifischen erhaltenswerten „Strukturen" der Mainzer Altstadt:

> *„Charakteristisch für die (Mainzer) Altstadt ist deren kleinteilige, netzwerkartige Struktur. Dieses Konglomerat von ‚Unvollständigkeiten' ergänzt sich in für Mainz typischer Weise. Entscheidendes Merkmal sind die Flexibilität der Struktur und die Durchlässigkeit der Weg- und Raumbeziehungen, die weiter entwickelt werden müssen"* (Architektenkammer Rheinland-Pfalz et al. 2011: 1).

Dabei stützt sich der Steuerungsmodus des behutsamen und bewahrenden Integrierens auf Techniken der Wissensproduktion, die den innerstädtischen Raum als morphologische städtebauliche Struktur erfassen und visuell sichtbar machen, z.B. durch Bestandsaufnahmen der Blockstrukturen, Fassaden, Traufhöhen oder Blick- und Wegebeziehungen. Einen wichtigen Stellenwert nehmen hierbei auch städtebauliche Wettbewerbsverfahren ein, durch die konkrete Vorschläge zur städtebaulichen Fortführung der identifizierten städtebaulichen Strukturen erarbeitet werden sollen. Dazu ist es jedoch aufgrund des ins Stocken geratenen Planungsprozesses letztlich nicht mehr gekommen.

5.3.4 Die Sicherstellung von ‚Verträglichkeit' zwischen Optimierung, Vernetzung und Integration

Das zurückliegende Kapitel stellt den Versuch einer diskursanalytischen Annäherung an die Frage der politischen Steuerung der Verträglichkeitsproblematik dar. Hierdurch verschiebt sich der Fokus von der Analyse formeller und informeller Steuerungsinstrumente und ihrer Wirkmächtigkeit (z.B. BECKMANN et al. 2008) hin zu den Rationalitätsstrukturen, die den politisch-planerischen Umgang mit der Verträglichkeitsfrage anleiten. Anhand des Mainzer Fallbeispiels wird deutlich, dass die Sicherstellung von ‚Verträglichkeit' keiner in sich geschlossenen, singulären Rationalität folgt. Vielmehr zeichnet sich eine Gleichzeitigkeit verschiedener Steuerungsmodi ab, die selbst wiederum spezifische Bruchlinien aufweisen. Im konkreten Fall konnten drei unterschiedliche Steuerungsmodi herausgearbeitet werden. Diese zielen auf die Sicherstellung von ‚Verträglichkeit' durch (1) raumwirtschaftlich-funktionales Optimieren, (2) Anregen und Steuern von Zirkulationen im Sinne eines vernetzten Stadtraums und (3) behutsames und bewahrendes Integrieren in ortsspezifische Strukturen. Ergänzend ist darauf hinzuweisen, dass sich die drei Steuerungsmodi nicht in den zur Veranschaulichung herangezogenen Themenfeldern erschöpfen. So finden sich beispielsweise in der Diskussion um den Umgang mit öffentlichen Flächen Elemente jeder dieser Steuerungsmodi wieder. Während die Forderungen nach dem Erhalt bzw. der Kompensation wegfallender öffentlicher Flächen dem Muster des behutsamen und bewahrenden Integrierens in bestehende städtische Strukturen entsprechen, knüpft die vom Investor vorgeschlagene Strategie einer gestalterischen Aufwertung vorhandener öffentlicher Räume insofern eher an die Logik des raumwirtschaftlich-funktionalen Optimierens an, als sie primär auf eine Steigerung der Attraktivität der ‚Einkaufsinnenstadt' hin ausgerichtet ist. Eine schematische Darstellung der drei beschriebenen Steuerungsmodi und ihrer Beziehung zu den verhandelten Themenkomplexen kann der nachfolgenden Übersicht (Tabelle 15) entnommen werden.

Tabelle 15: Schematische Darstellung der Steuerungsmodi zur Sicherstellung von ‚Verträglichkeit'

<table>
<tr><td colspan="2" rowspan="2"></td><td colspan="3">Steuerungsmodi zur Sicherstellung von Verträglichkeit</td></tr>
<tr><td>Raumwirtschaftlich-funktionales Optimieren</td><td>Anregen und Steuern von Zirkulationen</td><td>Behutsames und bewahrendes Integrieren</td></tr>
<tr><td rowspan="6">Verhandelte Themenfelder</td><td>Dimensionierung</td><td>Optimierung der (sortimentsspezifischen) Verkaufsflächendimensionierung
→ max. Magnetwirkung nach außen, min. Umverteilung nach innen</td><td>Steuerung der Lauflängen über Begrenzung der räumlichen Ausdehnung des EKZ</td><td>Kleinteilige städtebauliche Dimensionierung, die vorhandene Strukturen aufnimmt und weiterentwickelt</td></tr>
<tr><td>Städtebauliche Integration</td><td>-</td><td>Kleinteilige, offene und durchlässige Strukturen → ermöglicht Zirkulation zwischen EKZ und sonstiger Innenstadt, hierdurch soll eine Schwächung der übrigen Innenstadt durch einen „Staubsaugereffekt" vermieden werden</td><td>„mainzverträgliche" Lösung, die sich an der Bebauung, der Geschichte und dem Charakter der Umgebung orientiert und mit ihr in Dialog tritt</td></tr>
<tr><td>Nutzung und Funktionen</td><td>Gewünschte Magnetwirkung zieht Priorität der Handelsfunktion nach sich (sonstige Funktionen lediglich zur Angebotsarrondierung);
Erhalt des Warenhauses als Magnet für breite Käuferschichten;
Komplementäre Angebotsergänzung</td><td rowspan="2">Verwirklichung des Tripols durch Stärkung der Handelsfunktion am Pol Ludwigsstraße, Intensivierung der Passantenströme zwischen den drei Polen und dadurch Stärkung des innerstädtischen Einzelhandelsgefüges</td><td>Bewahrung von Urbanität durch vielfältige Mischnutzung; Erhalt bzw. Kompensation wegfallenden Wohnraums</td></tr>
<tr><td>Wettbewerb</td><td>gegenseitige funktionale / angebotsorientierte Stärkung von EKZ und City ermöglichen:
Funktionsräumliche Optimierung des Standortgefüges</td><td>Bewahrung des inhabergeführten Einzelhandels und der Altstadt-Gastronomie</td></tr>
<tr><td>Verkehr</td><td>Bewältigung von Verkehrsströmen als Voraussetzung für die Gewinnung neuer Innenstadtbesucher</td><td>Verkehr als strategische Größe zur flächenhaften Verteilung von Verkehrs- und Kundenströmen (z.B. durch Stellplatzbeschränkung und Parkleitsystem)</td><td>Belastungen (z.B. durch Parksuchverkehr) minimieren</td></tr>
<tr><td>Ökologie</td><td>-</td><td>-</td><td>Erhalt bestehender Grünstrukturen
Schutz des Mikroklimas
Nachhaltigkeit durch Effizienz</td></tr>
</table>

Fortsetzung Tabelle 15: Schematische Darstellung der Steuerungsmodi zur Sicherstellung von ‚Verträglichkeit'

		Steuerungsmodi zur Sicherstellung von Verträglichkeit		
		Raumwirtschaftlich-funktionales Optimieren	**Anregen und Steuern von Zirkulationen**	**Behutsames und bewahrendes Integrieren**
Verhandelte Themenfelder	**Soziales**	-	Sicherstellung einer barrierefreien Zugänglichkeit	Erhalt nicht-kommerzieller sozialer Treffpunkte Erhalt von Beschäftigungsverhältnissen im inhabergeführten Handel
	Öffentlicher Raum	Attraktivitätssteigerung durch attraktive Gestaltung des öffentlichen Raums als Erlebnisraum	Öffentliche Zugänglichkeit und Durchwegung	Erhalt bzw. Kompensation wegfallenden öffentlichen Raums
Dominierende Konzeption des städtischen Raums		Innenstadt als Wettbewerbseinheit im regionalen Standortwettbewerb; Innenstadt als räumlicher Ausschnitt eines regionalen Wirkungsfeldes raumwirtschaftlicher Variablen und Kausalbeziehungen	Relational und strategisch: Innenstadt als räumliches Gefüge von Passantenströmen zwischen Magneten und Verbindungsachsen, in das steuernd eingegriffen werden muss; vernetzter Stadtraum	Historische Altstadt und Mainzer Innenstadt als: 1. Städtebauliche Struktur / baukulturelles Erbe 2. identitätsstiftende Erinnerungsorte 3. Prototyp der urbanen, durchmischten Stadt

Quelle: Eigene Darstellung.

Darüber hinaus ist deutlich geworden, dass die beschriebenen Steuerungsmodi nicht isoliert nebeneinanderstehen, sondern an unterschiedlichen Punkten miteinander in Berührung geraten. So ist beispielsweise erkennbar, dass sich der Steuerungsmodus des Anregens und Steuerns von Zirkulationen sowie der Steuerungsmodus des behutsamen und bewahrenden Integrierens im Hinblick auf ihre Implikationen für die materielle Raumproduktion weitgehend überlagern und im Sinne einer positiven Interferenz gegenseitig verstärken. Die Anregung der Passantenzirkulation und das Aufgreifen der kleinteiligen Strukturen der Altstadt führen zu sehr ähnlichen und weitgehend miteinander kompatiblen Anforderungen an die bauliche Gestalt des geplanten Einkaufszentrums:

> *„Um das geplante Quartier städtebaulich in Struktur und Körnung in die vorhandene Stadtstruktur zu integrieren, aber auch um eine hohe funktionale Durchlässigkeit zu gewährleisten, gibt es zwei weitere Achsen durch das Quartier, eine in Nord-Süd Richtung und eine weitere Achse parallel zur Ludwigstraße in Richtung Bischofsplatz"* (ECE Projektmanagement GmbH & Co. KG 2013: 1).

So soll das geplante EKZ durch eine kleinteilige, sich nach außen hin öffnende Bebauung und eine umfassende Durchwegung, die an vorhandene Wegebeziehungen anknüpft, zu einem organischen Bestandteil der Mainzer Innenstadt werden, der die vorhandenen städtebaulichen Gegebenheiten „in Struktur und Körnung" (ebd.) aufnimmt. Gleichzeitig soll hierdurch aber auch sichergestellt werden, dass die Kunden nicht im

EKZ gefangen sind und durch bauliche Barrieren daran gehindert werden, die umliegenden Einkaufslagen zu frequentieren. Ähnlich lässt sich dies anhand der Diskussion um die Fassadengestaltung nachvollziehen. Zum einen sollen die Fassaden möglichst kleinteilig strukturiert sein, um an die Strukturen der Altstadt anzuknüpfen und die Entstehung eines optischen Fremdkörpers in der Innenstadt zu verhindern. Zum anderen sollen sich die Fassaden durch möglichst viele Zugänge nach außen hin öffnen. Auch hier besteht insofern eine positive Interferenz unterschiedlicher Steuerungsmodi, als sie sich in ähnliche oder zumindest miteinander kompatible Anforderungen an die Materialität des städtischen Raums übersetzen lassen. Der Modus des Anregens und Steuerns von Zirkulationen und der Modus des behutsamen und bewahrenden Integrierens überlagern sich in der Zielvorstellung, „ein durchgängiges Quartier in den Stadtorganismus zu integrieren“ (Architektenkammer Rheinland-Pfalz 2013b).

Am Beispiel der Auseinandersetzungen um den Verlauf der Baukante an der Ludwigsstraße ist aber auch deutlich geworden, dass die einzelnen Steuerungsmodi miteinander in Konflikt geraten können. So stößt der Erhalt bestehender Strukturen da an seine Grenzen, wo er in Konflikt tritt mit den Zielen einer Stärkung der Ludwigsstraße als Flaniermeile und der Ausweitung der innerstädtischen Verkaufsflächen im Rahmen einer raumwirtschaftlich-funktionalen Optimierung. Die identifizierten Steuerungsweisen stehen dabei nicht gleichberechtigt nebeneinander, vielmehr nimmt die Logik des raumwirtschaftlich-funktionalen Optimierens eine erkennbar dominierende Stellung für die politische Bearbeitung der Verträglichkeitsproblematik ein: Das Anregen und Steuern von Zirkulationen soll eine ‚verträgliche‘ Angebotsausweitung und damit eine Verschiebung des raumwirtschaftlichen Optimums ermöglichen; die Logik des Bewahrens stößt dort an ihre Grenzen, wo sie mit dem Ziel der Attraktivitätssteigerung und den hiermit einhergehenden funktionalen Erfordernissen kollidiert.

Aus einer geographischen Betrachtung ist schließlich deutlich geworden, dass die beschriebenen Steuerungsmodi sich auf sehr unterschiedliche Wissensordnungen über den innerstädtischen Raum stützen, die sich durch je spezifische Techniken der Wissensproduktion hindurch konstituieren. So ist die Sicherstellung von ‚Verträglichkeit‘ durch raumwirtschaftlich-funktionales Optimieren an Techniken der Kalkulierbarmachung von Raum gebunden, die keine reinen Abbilder raumwirtschaftlicher Realitäten darstellen, sondern selbst produktiv werden, indem sie die Möglichkeitsbedingungen für steuernde Eingriffe setzen und die Innenstadt diskursiv / kalkulativ als Wettbewerbseinheit konstituieren. Die kalkulativen Techniken der Verträglichkeitsprüfung bringen dabei eine Wissensordnung hervor, die den innerstädtischen Raum in ein Wirkungsfeld universell gültiger statistischer Gesetzmäßigkeiten einordnet. Die Frage der ‚verträglichen‘ Shopping-Center-Dimensionierung kann hierdurch als quasi-wissenschaftliches Problem erscheinen, dass unabhängig von bestehenden Interessenlagen durch die versierte Anwendung geeigneter Modellierungs- und Berechnungsverfahren objektiv gelöst werden kann. Somit stehen die Kalkulationsweisen, die im Zusammenhang mit der Verträglichkeitsfrage zur Anwendung kommen, nicht als rein technische Vorgänge außerhalb des Politischen, sondern sind maßgeblich dafür, wie die politische Steuerung der Verträglichkeitsfrage überhaupt gedacht werden kann – “the domain of numbers is politically composed and the domain of politics is made up numerically” (Rose 1991: 675). Die Machtwirkung solcher Techniken liegt darin, dass die institutionalisierte und wiederholte Anwendung von Praktiken des Klassifizierens, Messens, Modellierens und

Berechnens mit einer Naturalisierung der Vorannahmen einhergeht, die diesen Praktiken zugrunde liegen (vgl. POWER 2004: 769) – in diesem Fall wird die Annahme zur unhintergehbaren Voraussetzung, dass die Entwicklung von Innenstädten primär an Kriterien der Wettbewerbsfähigkeit auszurichten sei. Ebenso sind die Techniken, die innerstädtische Räume als Geflecht von Passantenzirkulationen (Frequenzzählungen, Kopplungsquoten, Visualisierung von Wegebeziehungen) oder als städtebauliche Struktur (Visualisierung von Gebäudehöhen, Blockstrukturen, architektonische Bestandsanalyse) keine ‚neutralen' Techniken, sondern "deeply entangled with competing governmental rationalities about the nature of the policy problem and the legitimate means through which it should be addressed" (BULKELEY 2006: 1035).

5.4 Außerhalb des Verträglichkeitsdiskurses

In den beiden vorherigen Kapiteln erfolgte anhand der Mainzer Fallstudie eine ausführliche Analyse der Problematisierungsweisen, die den Diskurs über die ‚(Innenstadt)Verträglichkeit' innerstädtischer Einkaufszentren strukturieren, sowie der unterschiedlichen Steuerungsmodi zur Sicherstellung einer ‚verträglichen' Shopping-Center- und Innenstadtentwicklung, die aus diesem diskursiven Feld hervorgehen. Die Untersuchung stützte sich dabei auf die Analyse wiederkehrender Aussageformationen, die den Verträglichkeitsdiskurs strukturieren, sowie eine Analyse der wirklichkeitskonstituierenden Effekte, die hieraus hervorgehen. Es konnte gezeigt werden, inwieweit durch unterschiedliche Muster der Problematisierung innerstädtischer Einkaufszentren spezifische Konzeptionen von ‚Verträglichkeit' hervorgebracht werden, die an unterschiedliche normative Vorstellungen von Stadtentwicklungspolitik geknüpft sind und die den Möglichkeitsrahmen für die politische Steuerung der Verträglichkeitsproblematik abstecken. Dabei ist deutlich geworden, dass die hieraus hervorgehenden Steuerungsmodi an spezifische Wissensordnungen über den innerstädtischen Raum gebunden sind. Die Techniken, die an der Ausformung dieser raumbezogenen Wissensordnungen beteiligt sind, können aus einer poststrukturalistischen Sichtweise dabei weniger als Techniken des Entdeckens und Beschreibens unabhängig davon gegebener räumlicher Wirklichkeiten begriffen werden, sondern vielmehr als *produktive* Techniken, die spezifische ‚Lesbarkeiten' (vgl. ROSE-REDWOOD 2008) innerstädtischer Räume herstellen, an denen die politisch-planerische Praxis der Steuerung von Stadtentwicklungsprozessen und Planungskonflikten ansetzen kann.

Eine Annäherung an die wirklichkeitskonstituierenden Effekte von Diskursen kann jedoch nicht nur über die Analyse ihrer spezifischen Strukturelemente, ihrer Aussagesysteme und Formationsregeln erfolgen, sondern umgekehrt auch aus der Perspektive des Ausschlusses: Wenn die Produktion von Bedeutung in Diskursen in Anlehnung an DERRIDA (1990) als Effekt von Differenzierungsprozessen verstanden wird, so umfasst dies nicht nur die Art und Weise, wie einzelne Diskurselemente (Begriffe, Aussagen, aber auch Zahlen und Kalkulationsweisen) innerhalb einer diskursiven Formation zueinander in Beziehung gesetzt werden, sondern auch die Frage, welche Elemente dabei notwendigerweise ausgeklammert werden müssen:

„Jede Anordnung, jede zeit-räumliche, soziale oder symbolische Ordnung und Struktur, jeder Diskurs, jede Institution bzw. jeder Kontext grenzt sich von einem Anderen, einem Außen ab, auf den oder das er jedoch angewiesen ist, um sich (begrenzend) zu schließen und um existieren zu können" (MOEBIUS & RECKWITZ 2008: 16).

„Dass der Sinn nie starr und eindeutig ist, sondern flüchtig und unkontrollierbar, hat für den Poststrukturalismus auch damit zu tun, dass Sinn immer auf den Nicht-Sinn bezogen bleibt, und zwar aus einer Perspektive des Ausschlusses heraus. Damit der Sinn sinnvoll ist, muss er den Nicht-Sinn zurückweisen, ihn aus dem System ausschließen. Mit diesem Vorgehen gelingt es scheinbar, den flüchtigen Sinn festzuhalten, doch nur zu dem Preis, diejenigen Elemente ausschließen zu müssen, die hierbei stören" (MÜNKER & ROESLER 2012: 38).

Das wesentliche Argument lautet an dieser Stelle, dass das, was von einem Diskurs ausgeschlossen wird, nicht zwangsläufig etwas sein muss, dass durch den Diskurs lediglich ausgeblendet, vernachlässigt oder nicht hinreichend gewürdigt würde und somit keine Bedeutung für den Diskurs hätte. Stattdessen kann gerade das Ausgeschlossene eine konstitutive Rolle für das Funktionieren eines Diskurses spielen:[98]

„Nicht alles, was einen Diskurs oder eine Anordnung umgibt, ist dabei ein konstitutives Außen, sondern nur dasjenige, was notwendigerweise ausgeschlossen werden muß, damit die symbolische Ordnung sich ihrer eigenen oder ‚inneren Reinheit' versichern kann" (MOEBIUS & RECKWITZ 2008: 16).

Das abschließende Kapitel zur Analyse des Verträglichkeitsdiskurses richtet daher nun den Blick auf die spezifischen Leerstellen, auf das ‚Außen' dieser diskursiven Formation. Welche Mechanismen des Ausschlusses sind in die beschriebenen Formationsregeln eingelassen, inwieweit entsteht dadurch ein für das Funktionieren des Verträglichkeitsdiskurses konstitutives Außen und welche Effekte gehen damit einher?

5.4.1 Innenstadtentwicklung zwischen Politisierung und Depolitisierung

Am Beispiel der Mainzer Fallstudie zeigt sich, dass die Auseinandersetzung um die Frage der ‚(Innenstadt)Verträglichkeit' geplanter innerstädtischer Einkaufszentren von zwei Entwicklungslinien überlagert ist: Dies betrifft zum einen die Ausweitung und Institutionalisierung partizipativer Verfahren unter Einbezug einer Vielzahl von ‚Stakeholdern', sowie zum anderen die Formierung lokaler Bürgerinitiativen, die sich aktiv in Planungsprozesse einbringen und diese kritisch begleiten. Diese Entwicklungen werden in der planungswissenschaftlichen Debatte durchaus unterschiedlich bewertet.[99] Eine weit verbreitete Lesart betrachtet diese Prozesse als Ausdruck einer zunehmenden Politisierung und / oder Demokratisierung von Stadtentwicklungsprozessen: In jüngerer Zeit

[98] Vgl. hierzu auch LACLAU (1990: 18 f.)

[99] Für einen Überblick der Diskussion vgl. GRIBAT & LUTZ (2018).

werde Stadtentwicklung „wieder verstärkt aus der Bürgerperspektive wahrgenommen, würden die Potenziale der Zivilgesellschaft entdeckt und nach Möglichkeiten gesucht, sie zu fördern und in lokale Politikprozesse einzubinden“ (SELLE 2012: 32). Diese Entwicklung sei zugleich eingelassen in eine Dezentrierung des planerischen Selbstverständnisses im Sinne einer „Koproduktion von Stadt“ (ebd.: 33), die mit einer erhöhten Aufmerksamkeit für netzwerkartige *Governance*-Formen einhergeht (ALTROCK & GRISCHA 2012). Mit dem Einbezug eines breiten Akteursspektrums in Stadtentwicklungsprozesse, aber auch mit dem Erstarken städtischer Bürgerinitiativen und Protestbewegungen, verbinden sich dabei „Hoffnungen einer Demokratisierung und (Re-)Politisierung der Stadt- und Raumplanung“ (GRIBAT & LUTZ 2018: 81). Diesen Hoffnungen stehen auf der anderen Seite aber auch Befürchtungen vor einer Aushöhlung der repräsentativen Demokratie, vor der Beeinflussung politischer Prozesse durch lautstarke Minderheiten und der Ausbremsung oder gar Verunmöglichung von Stadtentwicklungsprojekten gegenüber (ebd.).

Am Beispiel der Verträglichkeitsfrage im Kontext innerstädtischer Einkaufszentren lässt sich zeigen, dass der vermeintlichen Politisierung und Demokratisierung von Stadtentwicklungsprozessen zugleich machtvolle diskursive Mechanismen gegenüberstehen, die vielmehr in Richtung einer Depolitisierung von Fragen der Stadtentwicklung wirken. Im Folgenden soll daher der Frage nachgegangen werden, welche Momente des Ausschlusses des ‚Politischen‘ der Verträglichkeitsdiskurs hervorbringt und inwieweit diese Ausschlüsse konstitutiv für das Funktionieren des Verträglichkeitsdiskurses sind. Hierfür kann ein Argument der so genannten neuen Theorien des Politischen aufgegriffen werden, die eine Unterscheidung zwischen der Sphäre der Politik und dem ‚Politischen‘ im engeren Sinne einführen (vgl. MARCHART 2010):

> *„Während Politik sich auf die institutionellen und organisatorischen Strukturen bezieht, verweist das Politische auf das Wesen sozialer Beziehungen. Grob vereinfacht ließe sich die Politik als funktionaler Bereich, das Politische als gesellschaftlicher Prozess darstellen“* (BEVERIDGE & RICHTER 2014: 54).

Die neuen Theorien des Politischen überwinden somit traditionelle Vorstellungen des Politischen als Sphäre gegenläufiger Interessen und Machtansprüche sowie ihrer institutionellen Formen (DIKEÇ 2005: 171). Stattdessen ermöglichen sie es, Prozesse der Politisierung und Depolitisierung gesellschaftlicher und räumlicher Zusammenhänge in den Blick zu nehmen. Im Kontext diskursanalytischer Untersuchungen kann hierfür insbesondere RANCIÈRES Verständnis von (Post-)Politik fruchtbar gemacht werden. RANCIÈRE (2001: 5) beschreibt das Politische als “first and foremost an intervention upon the visible and the sayable”. Aus einer diskurs- und gouvernementalitätstheoretischen Perspektive auf Stadt kann dies so gelesen werden, dass Prozesse der Politisierung dort stattfinden, wo symbolische Ordnungen des Städtischen aufgebrochen werden und in Bewegung geraten können. Umgekehrt kann unter Prozessen der Depolitisierung hier die Sedimentierung und Verfestigung symbolischer Ordnungen zu unhintergehbaren Vorbedingungen städtischen Regierens verstanden werden. In diesem Sinne stellen Momente des ‚Politischen‘ auch in demokratisch verfassten Systemen eher die Ausnahme als die Regel dar – „Das Politische kann immer nur ‚punktuell‘ und per se nicht dauerhaft sein“ (GOMES DE MATOS 2013: 124). Es manifestiert sich in Momenten des Konflikts und des Antagonismus, die sich nicht innerhalb einer gegeben symbolischen Ordnung auflösen lassen (BEVERIDGE & RICHTER 2014: 53) und damit die uneingeschränkte Geltung dieser symbolischen Ordnung selbst in Frage stellen: "The essence of politics is the manifestation of dissensus, as the *presence of two worlds in one"* (RANCIÈRE 2001: 5, Hervorhebung DG). Indem der Begriff des Politischen von der formalen Verfasstheit politischer Systeme gelöst wird, können somit Prozesse der Politisierung und Depolitisierung in den Blick genommen werden, die weniger auf der Ebene politischer Institutionen ablaufen, sondern auf der Ebene der Wissens- und Diskursordnungen über die jeweiligen Gegenstandsbereiche politischer Steuerung. Depolitisierung soll im Kontext dieser Arbeit in Anlehnung an ROSEMANN (2013) daher als ein Prozess der Verfestigung einer Wissensordnung über den innerstädtischen Raum verstanden werden, die in der Folge zunehmend als natürlich, gegeben und unhinterfragbar erscheint.

Das mit RANCIÈRES Konzeption des Politischen einhergehende Demokratieverständnis bedarf ebenfalls einer Klärung, denn dieses ist „radikal anders, ja geradezu umgekehrt zu den dominanten Demokratietheorien, mit denen Demokratie als Staatsverfassung und Gesellschaftsform zwischen staatlichen Institutionen und strukturierter Beteiligung der Bürger_innen konstruiert wird" (ROSEMANN 2013: 42). Vielmehr stellt Rancière das traditionelle Demokratieverständnis gewissermaßen auf den Kopf: An die Stelle demokratischer Strukturen tritt der singuläre Moment des Politischen, an die Stelle vollständiger Fixierung, Legitimität und Konsensualität treten Brüchigkeit und Konflikt als konstitutive Elemente des Politischen (ebd.: 46). Dem gegenüber kennzeichnet RANCIÈRE (1997: 115, zit. nach MULLIS & SCHIPPER 2013: 84) mit dem Begriff der Postdemokratie „eine politische Praxis und Regierungsweise, die auf Konsens, Objektivierung und Fixierung von Wahrheiten beruht".

Das Politische, hier verstanden als Intervention in symbolische Ordnungen des Städtischen, trägt auch eine spezifisch räumliche Dimension in sich (DAVIDSON & IVESON 2014: 552): "In the end, everything in politics turns on the distribution of space. (...) It is always a matter of knowing who is qualified to say what a particular space is and what is done to it" (RANCIÈRE 2003, zit. nach SWYNGEDOUW 2011: 376). So greift DIKEÇ (2005) RANCIÈRES Konzeption des Politischen auf und setzt sie in Bezug zu raumbezogenen Fragestellungen, was ihn zu einer Neubewertung des ‚politischen' Gehalts von Raum veranlasst: Dieser liege nicht in erster Linie darin begründet, dass gegenläufige Interessen und Machtansprüche im Raum bzw. um die Nutzung von Raum konkurrieren. Vielmehr zeige sich der ‚politische' Charakter da, wo dem Raum eine wichtige Rolle für die Intervention in bestehende symbolische Ordnungen zukomme – "In the political process, a configuration or distribution of spaces that was once deemed natural and uncontested becomes a matter of disagreement" (DAVIDSON & IVESON 2014: 553). Politisierung kann aus einer diskursanalytischen, raumsensiblen Perspektive somit verstanden werden als ein Prozess der Irritation, Öffnung und Neuverhandlung raumbezogener Diskursordnungen. Umgekehrt kann „die Verschließung einer räumlichen Ordnung und der Produktionsweise des Raumes, indem diese Ordnung und Produktionsweise zunehmend unveränderbar erscheinen und alternative Raummodelle unsichtbar bleiben" (ROSEMANN 2013: 51) als Depolitisierung verstanden werden. Letzteres bezeichnet ROSEMANN (ebd.) in Anlehnung an RANCIÈRE als „räumliche Postdemokratie".

Vor dem Hintergrund dieser Überlegungen erscheint die Diagnose einer zunehmenden Politisierung von Stadtentwicklung, die wie eingangs erläutert insbesondere am Bedeutungsgewinn von Partizipationsverfahren, Bürgerinitiativen und neuen Governance-Formen festgemacht wird, womöglich etwas voreilig, da sie auf die institutionellen Formen von Politik beschränkt bleibt. Eine Erweiterung der (institutionellen) Sphäre der *Politik* durch neue partizipative Governance-Formen kann aber durchaus auch mit einer Verengung der (diskursiven) Sphäre des *Politischen* einhergehen (BEVERIDGE & RICHTER 2014: 55).

5.4.2 Das Politische als konstitutives Außen des Verträglichkeitsdiskurses?

Die Analyse des Verträglichkeitsdiskurses deutet auf verschiedene Mechanismen der Schließung und Verfestigung raumbezogener Diskursordnungen hin, die nicht ohne weiteres mit der Vorstellung einer vermeintlichen Politisierung von Stadtentwicklung vereinbar sind. Nachfolgend werden diese Mechanismen kurz zusammengetragen und erläutert, inwiefern diese potenziell in Richtung einer Depolitisierung von Fragen der Innenstadtentwicklung wirken können.

(1) Ein solcher Mechanismus, der in Kapitel 5.2 bereits ausführlich dargestellt worden ist, besteht zunächst in der diskursiven Rahmung der Entwicklung von Innenstädten als determiniert durch äußere Sachzwänge des Standortwettbewerbs. Demnach könne die Stadt Mainz „auf die wirtschaftlichen Rahmenbedingungen und die regionale Wettbewerbssituation keinen Einfluss nehmen, sondern nur ihre Position in diesem Umfeld verbessern“ (Landeshauptstadt Mainz 2012b: 70). Die Ansiedlung eines innerstädtischen Einkaufszentrums wird hierbei als „wichtiger Baustein zur Sicherung der Wettbewerbsfähigkeit der Mainzer Innenstadt“ (ebd.: 32) gerahmt. Wenn jedoch die politische Entscheidungsfindung zunehmend durch ökonomische Zwänge und technokratisches Wissen legitimiert wird, zieht dies zugleich eine Ausklammerung von Machtfragen nach sich (BEVERIDGE & RICHTER 2014: 53). Es geht dann nämlich nicht mehr vorrangig um die Frage, wer welchen Einfluss auf die Entwicklung innerstädtischer Räume geltend machen kann, sondern darum, wie möglichst schnell und möglichst wirksam eine Anpassung an die Erfordernisse des Wettbewerbs zu erzielen ist. Ausgeblendet wird dabei außerdem die Frage, ob die vermeintlichen ‚Sachzwänge‘ des Standortwettbewerbs denn wirklich als natürliche Gegebenheiten vom Himmel gefallen sind, oder nicht doch eher politisch hergestellte und damit grundsätzlich veränderbare Verhältnisse darstellen (SCHIPPER 2014: 99). Kritisch-geographische Arbeiten zur Herausbildung unternehmerischer Stadtpolitiken legen Zweifel an der Vorstellung nahe, Städte stünden bereits *qua natura* in einem Wettbewerb zueinander. Vielmehr zeigen diese Arbeiten auf, wie insbesondere seit den 1980er Jahren z.B. auf der Ebene von Wirtschaftspolitik und öffentlicher Finanzierung eine Übertragung ökonomischer Wettbewerbslogiken vom einzelnen Unternehmen auf die Stadt vollzogen wird und wettbewerbsähnliche Rahmenbedingungen dabei aktiv hergestellt werden (HARVEY 1989; HALL & HUBBARD 1996; SCHIPPER 2013). In der Folge erscheinen Städte nicht mehr nur als Gebietskörperschaften der öffentlichen Verwaltung, sondern zunehmend als Wettbewerbseinheiten in einem Wettbewerbsumfeld konkurrierender Standorte. Eine solche

zunehmende Wettbewerbsorientierung städtischer Politiken kann nach HARVEY insbesondere auf vier Ebenen identifiziert werden, nämlich als Wettbewerb um die Position in der internationalen Arbeitsteilung, um den Stellenwert als Konsumzentrum, um finanzielle und administrative Kontrollfunktionen sowie um finanzielle Umverteilung z.B. in Form von Fördermitteln übergeordneter Gebietskörperschaften (vgl. hierzu überblicksartig MEYER ZU SCHWABEDISSEN & MIGGELBRINK 2005: 18). In der unternehmerischen Stadt steht die Positionierung in einem Wettbewerbsraum im Fokus, sie leitet stadtentwicklungspolitische Projekte an und bildet zugleich deren wesentlichen Gradmesser. Damit einher gehe eine „schleichende Universalisierung von Standortpolitik“ (SCHIPPER 2014: 99): immer mehr Bereiche städtischer Politik werden nach Kriterien der Wettbewerbsfähigkeit ausgerichtet, was zusammen mit der zunehmenden Orientierung an *best practices* zu einer Angleichung stadtentwicklungspolitischer Strategien führe:

> *"As cities become more entrepreneurial, they tend to undertake similar regeneration activities and produce almost identical urban forms: waterfront developments; shopping centers; business districts; tourist attractions; cultural quarters; and suchlike"* (JONAS et al. 2015: 152).

Mit der Transformation von Städten zu Wettbewerbseinheiten und der „Einschreibung ökonomischen Denkens in die Regierung des Städtischen“ (ROSOL 2013: 138)[100] geht die permanente Notwendigkeit zur Mobilisierung und Aufwertung des städtischen Raums "as an arena both for market-oriented economic growth and for elite consumption practices" (BRENNER & THEODORE 2008: 21) einher. Im Falle des Verträglichkeitsdiskurses führt diese wettbewerbsorientierte Logik bemerkenswerterweise dazu, dass Vorhaben, die erwartbar mit signifikanten Umsatzeinbußen ansässiger Einzelhandelsunternehmen einhergehen (bulwiengesa AG 2014), als vernünftige, politisch zu unterstützende und letztlich gar notwendige Entwicklung erscheinen können. Hiermit einher geht zugleich eine Verschiebung des Referenzrahmens von Wirtschaftsförderungspolitik, die nicht mehr allein auf die Verbesserung der Rahmenbedingungen von Unternehmen am Standort gerichtet ist, sondern die Stadt selbst Wettbewerbseinheit auffasst, die einer unternehmerischen Logik folgt: „Der Gesamtprofit für die Stadt Mainz ist belegt, Umsatzverschiebungen und Auswirkungen auf einzelne Quartiere sind eingeschlossen und nicht zu vermeiden“ (OBR MZ-A 01.07.2015: 5).

(2) Mit dieser wettbewerbsorientierten Aufwertungslogik geht eine Verschiebung des politischen Diskurses einher, die zugleich eine Engführung desselben darstellt: Zur Debatte steht dabei nämlich weniger die grundsätzliche Frage, wie sich die der innerstädtische Raum entwickeln soll und welche Kriterien hierbei anzulegen sind, sondern vor allem die Frage, mit welchen Mitteln am wirkungsvollsten und ‚verträglichsten‘ eine Steigerung der Wettbewerbsfähigkeit und Attraktivität der Innenstadt erzielt werden kann. Die Annahme, dass die Entwicklung innerstädtischer Räume notwendigerweise zunächst an den Anforderungen des Wettbewerbs auszurichten sei, wird dabei bereits implizit vorausgesetzt und aus der Sphäre des politisch Verhandelbaren ausgeklammert – "There is no contestation over the givens of the situation" (SWYNGEDOUW 2009: 610).

[100] Siehe hierzu auch die umfangreiche Literatur zu Neoliberalisierungen des Städtischen vgl. einführend z.B. HEEG und ROSOL (2007); BRENNER und THEODORE (2008); JESSOP (2008); ROSSI und VANOLO (2012).

Eine solche Engführung von Stadtentwicklungspolitik auf die Anpassung an die Erfordernisse des Wettbewerbs kann gleichzeitig dazu führen, dass „[v]on Bewohner_innen artikulierte Bedürfnisse sowie soziale, ökologische oder andere der Wettbewerbsfähigkeit entgegenstehende Forderungen, Interessen und Wünsche (...) als realitätsfern, ideologisch oder nicht finanzierbar disqualifiziert“ (SCHIPPER 2014: 98) werden – “competitive urbanism is a disciplining force” (PADDISON 2009: 6). In Mainz führt der Imperativ der Stärkung von Attraktivität und Wettbewerbsfähigkeit beispielsweise dazu, dass die Dachflächen des geplanten Einkaufszentrums im Rahmen des Beteiligungsprozesses zur Projektionsfläche für verschiedenste Ansprüche an den innerstädtischen Raum werden, die *unter* den Dachflächen nicht einlösbar scheinen, da sie hinter die Erfordernisse des Standortwettbewerbs zurücktreten müssen. So werden beispielsweise Vorstellungen artikuliert, die Dachflächen sollten durch Begrünung das Mikroklima positiv beeinflussen, Naherholungsmöglichkeiten in Form eines begehbaren Dachgartens schaffen, Platz für Wohnungen und eine Kindertagesstätte vorhalten und zur Gewinnung erneuerbarer Energien genutzt werden (Landeshauptstadt Mainz 2012b).[101] Dabei zieht die Engführung des stadtentwicklungspolitischen Diskurses auf die Stärkung der Wettbewerbsfähigkeit zugleich spezifische Regeln des Sprechens und der Produktion ‚wahrer‘ Aussagen im Kontext der Verträglichkeitsfrage nach sich: In Mainz sei es zu einer spürbaren Emotionalisierung der Debatte gekommen (I-GU 2, Abs. 407). Dies sei nicht per se schlecht, denn die Bürger*innen identifizierten sich demnach mit der Stadt, „aber haben dann wahrscheinlich zu wenig Wissen, wie solche Projekte beurteilt werden“ (ebd.). Wenn Städte zunehmend als Wettbewerbseinheiten verstanden werden, so verschiebt dies auch die Deutungshoheit über die Sinnhaftigkeit von Stadtentwicklungsprojekten in Richtung derjenigen Akteure, die die entsprechende Expertise zu den ökonomischen Gesetzmäßigkeiten und Anforderungen des Wettbewerbs für sich beanspruchen können.

(3) In Anlehnung an HEINTZ (2007: 79) können Zahlen als „Wissen in hoch verdichteter und komprimierter Form“, welches von einer „Objektivitätsaura“ umgeben scheint, gelesen werden. Auch in die Kalkulationsweisen, die zur Sicherstellung von ‚Verträglichkeit‘ aufgerufen werden, ist ein spezifisches normatives Wissen über den innerstädtischen Raum eingeschrieben, dem durch das Medium des Kalkulativen etwas Quasi-Natürliches anzuhaften scheint. Durch die kalkulativen Techniken zur Ermittlung von Verkaufsflächenpotenzialen wird die Entwicklung innerstädtischer Einkaufszentren als Aktivierung ungenutzter Potenziale zur Steigerung der Attraktivität und Wettbewerbsfähigkeit der Innenstadt gerahmt. Durch das Benchmarking von Zentralitätskennziffern wird ein Referenzrahmen für die Beurteilung von Stadtentwicklungsprojekten aufgespannt, der Innenstädte diskursiv als Einheiten in einem relationalen Wettbewerbsumfeld konstituiert. Die Frage nach der Sinnhaftigkeit und nach einer adäquaten Dimensi-

[101] Hierbei bilden die Dachfläche gewissermaßen auch eine Projektionsfläche für das Versprechen, dass die Inwertsetzung städtischer Räume für Konsumzwecke konfliktfrei mit Vorstellungen einer ökologischen Modernisierung und nachhaltigen Stadtentwicklung vereint werden könne. Der Nachhaltigkeitsbegriff wird von den Produktions- und Lieferbedingen der angebotenen Waren entkoppelt und richtet sich dann nicht mehr auf den Konsumvorgang als solchen, sondern lediglich auf dessen bauliche Hülle. Ein ‚nachhaltiges‘ Einkaufszentrum ist demnach kein Einkaufszentrum, in dem ‚nachhaltig‘ konsumiert wird, sondern ein Einkaufszentrum, das Zertifikate über die Einhaltung gebäudetechnischer Energieeffizienzstandards vorweisen kann oder zukünftige Nutzungsänderungen und damit die immobilienwirtschaftliche Anschlussverwertung erleichtert (vgl. z.B. L.3.38).

onierung innerstädtischer Einkaufszentren wird rechnerisch an die Stärkung der Attraktivität und Wettbewerbsfähigkeit der Innenstadt gekoppelt – und damit zugleich von internen sozio-politischen Prozessen und ökonomischen Verteilungsfragen entkoppelt (vgl. Kap. 5.2.3). In ähnlicher Weise konzeptualisieren die Kalkulationsweisen zur Verträglichkeitsprüfung Innenstädte als Wettbewerbseinheiten, deren Entwicklung von einem Geflecht externer Wettbewerbsrelationen und raumwirtschaftlichen, statistischen Gesetzmäßigkeiten der Gravitation abhängig ist. Hierdurch wird eine raumbezogene Wissensordnung hervorgebracht, die die Sicherstellung von ‚Verträglichkeit' als raumwirtschaftlich-funktionales Optimierungsproblem zwischen der Magnetwirkung nach außen und der Umverteilungswirkung nach innen erscheinen lässt (Kap. 5.3.1). Dabei ist die Vorannahme der Notwendigkeit einer wettbewerbsorientierten Stadtentwicklungspolitik bereits als normative Setzung in die Kalkulationsweisen eingeschrieben, durch die der innerstädtische Raum lesbar und der politisch-planerischen Steuerung zugänglich gemacht wird.

(4) Die Vorstellung von Innenstädten als Wettbewerbseinheiten, die Sicherstellung von ‚Verträglichkeit' entlang einer raumwirtschaftlich-funktionalen Optimierungslogik und die diskursive Rahmung des Ansiedlungsvorhabens als Chance für die gesamte Innenstadt implizieren die Auflösung von Konflikten und Widersprüchen in der „scheinbaren Harmonie einer lokalen Schicksals- und Standortgemeinschaft" (SCHIPPER 2014: 98). Es scheint, dass eine wettbewerbsorientierte Stadtentwicklungspolitik im Interesse der Allgemeinheit liege und zugleich unumgänglich sei: "Actions taken on behalf of urban competitiveness are presented as actions taken on behalf of the city as a whole, which can only survive by out-competing other cities (Harvey, 1989)" (DAVIDSON & IVESON 2014: 544 f.). Die Gegensätzlichkeit unterschiedlicher Partikularinteressen löst sich scheinbar in einem übergeordneten Gesamtinteresse an der Stärkung der Wettbewerbsfähigkeit der Innenstadt auf. Die kalkulativen Techniken zur Ermittlung eines ‚verträglichen' Verkaufsflächenrahmens übersetzen die Frage nach der Dimensionierung, die im Zentrum der Auseinandersetzungen um das geplante Einkaufszentrum steht, in eine quasi-wissenschaftliche Fragestellung, die von objektiven Gesetzmäßigkeiten abhängt und durch spezialisierte Berechnungsmodelle einer optimalen Lösung zugeführt werden kann, die im Gesamtinteresse der Stadt sei (vgl. Kap. 5.3.1).

Damit sind im Verträglichkeitsdiskurs eine Reihe struktureller Mechanismen angelegt, die in Richtung der Fixierung einer ganz bestimmten raumbezogenen Wissens- und Diskursordnung wirken: Hierbei wird die Logik unternehmerischen Wettbewerbs auf innerstädtische Räume übertragen. Diese erscheinen dann als Wettbewerbseinheiten in einem abstrakten ökonomischen Raum, der durch universelle raumwirtschaftliche Gesetzmäßigkeiten und die Erfordernisse des Wettbewerbs determiniert ist. Steuernde Interventionen in den innerstädtischen Raum haben sich demzufolge danach zu bemessen, ob sie zu einer Optimierung der Wettbewerbsfähigkeit des Standortes beitragen oder nicht. Die Steigerung der Attraktivität und Wettbewerbsfähigkeit durch die Initiierung gezielter ‚Aufwertungsprozesse' mit Hilfe institutioneller Investoren erscheint hierbei als festgeschriebener, alternativloser Handlungsrahmen von Stadtentwicklungspolitik. Das depolitisierende Moment des Verträglichkeitsdiskurses besteht somit darin "(…) to reduce urban politics to the expert management of necessity, in which the need to respond to certain objective realities is said to be beyond the realm of contentious democratic politics" (DAVIDSON & IVESON 2014: 546). Die beschriebenen diskursiven Mechanismen konstruieren das Politische somit als ein konstitutives Außen des Verträglichkeitsdiskurses: Sie bilden die notwendige Voraussetzung dafür, dass Städte als ökonomische Einheiten in einem räumlichen Wettbewerbsfeld verstanden werden können – es „entsteht erst über die Abgrenzung von einem Außen, dem Politischen, die Evidenz eines Bereiches ökonomischer Gesetzmäßigkeiten, Strukturlogiken und Handlungsmuster. Das Außen ist in diesem Sinne also konstitutiv für das Innen, für die ‚Evidenz' und ‚Eigenmächtigkeit' des Ökonomischen" (SCHOLL 2014: 238). Hierauf jedoch die These einer „post-politischen Stadt" (SWYNGEDOUW 2009; 2011)[102] zu gründen würde zugleich den Blick für die Momente des ‚Politischen' verstellen, die auch im Verträglichkeitsdiskurs aufscheinen. Denn gleichzeitig ist in dieser Arbeit auch erkennbar geworden, dass der Verträglichkeitsdiskurs keineswegs in einer vollständigen Fixierung einer wettbewerbsorientierten, unternehmerischen Wissensordnung des innerstädtischen Raums mündet. Vielmehr wird diese insbesondere von einer Logik des Bewahrens, die ihrerseits brüchig scheint, aufgebrochen. Hieraus gehen nicht nur andere Kriterien für eine ‚(innenstadt)verträgliche' Shopping-Center-Entwicklung hervor, vielmehr geht diese Logik mit einer gänzlich anderen Konzeption des innerstädtischen Raums einher, die insbesondere auf Materialitäten und morphologischen Strukturen aufsetzt und diese teilweise auch mit einer ortsgeschichtlichen und identitätsstiftenden Bedeutung auflädt (Kap. 5.3.3).

Was sich hierbei zeigt, kann in Anlehnung an RANCIÈRE (2002) als ein „Unvernehmen" raumbezogener Diskursordnungen verstanden werden. Der Begriff des „Unvernehmens" (*frz. mésentente*) kennzeichnet „einen besonderen Streit, der mit dem Gegenstand des Streits auch das Grundlegende (…) mitverhandelt" (ROSEMANN 2013: 45). Es greift bei weitem zu kurz, die Auseinandersetzungen im Zusammenhang mit der Verträglichkeitsfrage lediglich als einen interessengeleiteten Konflikt zu Sachfragen der Dimensionierung von Verkaufsflächen, der Positionierung von Ein- und Ausgängen, zum Verlauf von Wegebeziehungen oder der Architektur von Gebäuden zu begreifen. Denn in den unterschiedlichen Herangehensweisen an all diese Fragen wird zugleich etwas Anderes implizit verhandelt. Dieses Andere ist die Ordnung des kollektiven Wissens, was innerstädtische Räume ausmacht, welchen Zweckbestimmungen und welchen Gesetzmäßigkeiten sie folgen, wie ihre Entwicklung politisch-planerisch zu steuern ist und welchen Regeln die Verteilung der Deutungshoheit hierüber folgt – "urban political processes reflect the co-existence of contrasting *spatial ontologies* of the city" (ROSSI & VANOLO 2012: 19, Hervorhebung DG).

[102] Vgl. hierzu auch die Kritik bei BEVERIDGE & KOCH (2017).

6 Fazit und Ausblick

Investitionen in die Errichtung von Einkaufszentren haben die Entwicklung innerstädtischer Räume und den stadtentwicklungspolitischen Diskurs zur Revitalisierung der Innenstädte in den letzten Jahrzehnten in erheblichem Maße mitgeprägt (vgl. z.B. BMVBS 2011). Insbesondere seit den 1990er Jahren richten sich die Aktivitäten der Projektentwicklungsgesellschaften zunehmend auf innerstädtische Grundstücke, die im Zuge des wirtschaftlichen Strukturwandels neuen Verwertungszecken zugeführt werden – beispielsweise ehemalige Betriebsgelände von Industrie und Gewerbe, Post und Bahn, aber auch Kauf- und Warenhäuser in bereits bestehenden Einzelhandelslagen (PESCH 2014: 56). Hieran wurden vielerorts Hoffnungen geknüpft auf eine Stärkung des innerstädtischen Einzelhandelshandels, dem eine Leitfunktion für lebendige Innenstädte beigemessen wird (BMVBS 2011: 18). Gleichzeitig sind hierdurch umfassende wissenschaftliche und planerische Debatten, aber auch kommunalpolitische und juristische Auseinandersetzungen angestoßen worden, die sich um die Frage der ‚(Innenstadt)Verträglichkeit' innerstädtischer Einkaufszentren drehen. Die Verträglichkeitsfrage tritt hierbei in zweierlei Gestalt hervor: Zum einen wird sie als Frage nach der raumordnungs- und planungsrechtlichen ‚Verträglichkeit' im engeren Sinne aufgeworfen, welche durch die geltenden rechtlichen Rahmensetzungen an die Frage nach zu erwartenden strukturellen Schädigungen zentraler Versorgungsbereiche durch großflächige Einzelhandelsvorhaben geknüpft ist und in der Praxis vorwiegend an prognostizierten Umsatzumverteilungswirkungen festgemacht wird (vgl. Kap. 2.2.1). Zum anderen wird die Verträglichkeitsfrage in einem weiteren Sinne aber auch unter Gesichtspunkten einer „baukulturellen und stadtstrukturellen Verträglichkeit" (BMVBS 2011: 20) als Integrierbarkeit geplanter Einkaufszentren in gewachsene städtische Strukturen verhandelt. Die politisch-planerische Steuerung solcher Ansiedlungsprozesse stützt sich dabei auf ein breites Spektrum unterschiedlicher Techniken zur Produktion von Wissensbeständen darüber, wie sich ein geplantes Einkaufszentrum zum innerstädtischen Raum verhält – etwa in Bezug auf handelswirtschaftliche, städtebauliche oder verkehrsbezogene Folgewirkungen – und welche Schlussfolgerungen hieraus für die Sicherstellung einer ‚(innenstadt)verträglichen' Shopping-Center-Entwicklung abgeleitet werden können. Dieses Spektrum an Techniken der Wissensproduktion kann – wie in der hier untersuchten Mainzer Fallstudie – u.a. die Einrichtung informeller Expert*innengremien, die Durchführung umfassender Partizipations- und Wettbewerbsverfahren oder die Beauftragung spezialisierter Beratungsunternehmen mit der Erstellung gutachterlicher Expertisen umfassen. Eine besondere Bedeutung kommt hierbei den Einzelhandels- und Verträglichkeitsgutachten zu: Sie dienen zum einen als planungsrechtlicher Legitimationsnachweis entsprechend der oben skizzierten juristischen Rahmung der Verträglichkeitsproblematik, zum anderen sollen sie Entscheidungsgrundlagen zu Fragen der Dimensionierung und des Flächenkonzepts bereitstellen und städtebaulich-funktionale Handlungsempfehlungen ableiten (BECKMANN et al. 2008: 69). Hierbei stützen sie sich insbesondere auf quantifizierende Verfahren gravitationstheoretischer Kaufkraftstrommodellrechnungen (vgl. ausführlich ebd.: 67-108).

Die bisherige geographische Auseinandersetzung mit der Verträglichkeitsfrage ist insbesondere auf das Ziel gerichtet, *ex-ante*-Modellierungen im Rahmen der gutachterlichen Begleitforschung durch empirische *ex-post*-Analysen zu den Auswirkungen innerstädtischer Einkaufszentren zu ergänzen und hieraus möglichst objektive Kriterien für eine ‚(innenstadt)verträgliche' Entwicklung innerstädtischer Einkaufszentren abzuleiten (vgl. überblicksartig BECKMANN & LINNHOFF 2012; WEIDNER & KORZER 2014; GIESECKE et al. 2017). Hierdurch konnte ein vertieftes Verständnis für die wechselseitigen Wirkungszusammenhänge zwischen innerstädtischen Einkaufszentren und dem Standortgefüge des innerstädtischen Einzelhandels erarbeitet werden. Gleichzeitig sind diese Bemühungen um eine Versachlichung und Objektivierung der Verträglichkeitsfrage auch durch spezifische blinde Flecken gekennzeichnet: So setzt die politisch-planerische Sicherstellung der ‚(Innenstadt)Verträglichkeit' innerstädtischer Einkaufszentren zunächst einmal ein normatives Wissen voraus im Hinblick auf die Frage, was den innerstädtischen Raum als solchen überhaupt ausmacht, an welchen Leitvorstellungen und Zweckbestimmungen seine Entwicklung auszurichten ist und wie dies gesteuert werden kann – denn nur ausgehend von einer solchen normativen Wissensordnung über den innerstädtischen Raum lässt sich überhaupt eine Beurteilung vornehmen, ob ein Vorhaben mit einer bestimmten Vorstellung von Innenstadtentwicklung ‚verträglich' ist oder nicht.

Von dieser Grundüberlegung ausgehend hat die vorliegende Dissertation den Versuch einer konzeptionellen Verschiebung der Verträglichkeitsfrage unternommen, um sich mit Hilfe poststrukturalistischer Konzepte von Diskurs (FOUCAULT 1981 [1969], 1991 [1970]) und Gouvernementalität (FOUCAULT 2004a, b) an die Frage nach der ‚(Innenstadt)Verträglichkeit' innerstädtischer Einkaufszentren anzunähern (Kap. 3). Diese Verschiebung bedeutet zunächst, nicht danach zu fragen, wann ein innerstädtisches Einkaufszentrum ‚(innenstadt)verträglich' ist und wann nicht, sondern danach, welche Wissensbestände über den innerstädtischen Raum im Zusammenhang mit geplanten innerstädtischen Einkaufszentren aufgerufen werden, wie der Verträglichkeitsbegriff im politisch-planerischen Diskurs dadurch inhaltlich gefüllt wird und welche Effekte für die Steuerung von Stadtentwicklungsprozessen hiermit einhergehen. Eine diskursanalytische Perspektive geht davon aus, dass gesellschaftliche Wirklichkeit „nicht vom Wesen der Dinge, sondern von einer mehr oder minder geregelten Formation von Aussagen bestimmt" (FÜLLER 2014: 71) wird. Sie richtet den Blick daher auf die wirklichkeitskonstituierenden Effekte diskursiver Formationen, „die systematisch die Gegenstände bilden, von denen sie sprechen" (FOUCAULT 1981 [1969]: 74). Die Debatte um die ‚(Innenstadt)Verträglichkeit' innerstädtischer Einkaufszentren kann als eine solche diskursive Formation gelesen werden, die eine spezifische raumbezogene Wissensordnung etabliert, indem sie ganz bestimmten Regeln des Sprechens über den innerstädtischen Raum folgt. Aus einer diskursanalytischen Herangehensweise geht es um die Rekonstruktion der raumbezogenen Wissensordnung, die notwendige Voraussetzung ist für das Hervortreten des Verträglichkeitsbegriffs als wirkmächtige Kategorie des Denkens und der politisch-planerischen Steuerung von Stadtentwicklungsprozessen. Es geht dabei nicht um die Suche nach vermeintlich objektiven Kriterien für ‚(innenstadt)verträgliche' Einkaufzentren, sondern um die Analyse der diskursiven Mechanismen, durch die die Verträglichkeitsfrage überhaupt als eine objektivierbare Frage erscheinen kann.

Diese perspektivische Verschiebung spiegelt sich auch im Forschungsdesign der Arbeit (Kap. 4) wider, die sich empirisch auf eine qualitative Diskursanalyse anhand eines Fallbeispiels in der Mainzer Innenstadt (Kap. 5.1) stützt. Nachdem bereits seit den 1990er Jahren Überlegungen zur Attraktivierung der Mainzer Ludwigsstraße durch die Ansiedlung eines innerstädtischen Einkaufszentrums im Raum standen, nahmen diese insbesondere im Zeitraum von 2011 bis 2014 im Zuge des Erwerbs des dortigen Karstadt-Warenhauskomplexes durch die ECE Projektmanagement GmbH & Co. Kg konkretere Gestalt an. Die Pläne von ECE zur Errichtung eines innerstädtischen Einkaufszentrums mit mindestens 30.000 m² Verkaufsfläche lösten in Mainz eine kontroverse öffentliche Debatte aus, ob, und wenn ja, wie ein solches Vorhaben ‚(innenstadt)verträglich' gemacht werden kann (Landeshauptstadt Mainz 2012f). Infolge des umfangreich dokumentierten, mehrjährigen Partizipations- und Verhandlungsprozesses konnte ein vielschichtiger Datenkorpus – bestehend u.a. aus der Dokumentation des Beteiligungsverfahrens und den öffentlich zugänglichen Protokollen der Verhandlungen zwischen Stadt und ECE, städtischen Pressemeldungen, den Vorlagen und Protokollen der betroffenen städtischen Gremien und Ausschüsse sowie Stellungnahmen und Strategiepapieren zur Einzelhandels- und Innenstadtentwicklung einschließlich mehrerer Einzelhandels- und Verträglichkeitsgutachten – für eine qualitative Diskursanalyse herangezogen und mittels kodierender Verfahren (in Anlehnung an GLASZE et al. 2009; KUCKARTZ 2014; MAYRING 2015) ausgewertet werden. Abgerundet wurde dieser Korpus durch ergänzende leitfadengestützte Interviews mit beteiligten Akteuren aus der städtischen Politik und Verwaltung, den Interessenvertretungen des Einzelhandels, der Bürgerinitiative Mainzer Ludwigsstraße e.V., den Standesorganisationen der Architekten und den beteiligten gutachterlichen Beratungsunternehmen.

Ausgangspunkt der diskursanalytischen Annäherung an die Verträglichkeitsfrage bildete dabei zunächst die Analyse der spezifischen Problematisierungsweisen, also der diskursiven Mechanismen, durch die die Ansiedlung eines Einkaufszentrums in der Mainzer Innenstadt in einen stadtentwicklungspolitischen Zusammenhang eingeordnet wird. Im Zuge dessen konnten fünf verschiedene Diskursstränge bzw. Problematisierungsmuster identifiziert werden, die an unterschiedliche normative Konzeptionen von Stadtentwicklung gebunden sind (Kap. 5.2). Eine zentrale Rolle innerhalb des Begründungs- und Legitimationszusammenhangs des Projektvorhabens spielt dabei der Verweis auf äußere Sachzwänge und Handlungserfordernisse: Angesichts funktionaler und städtebaulicher Defizite drohe ein Bedeutungsverlust der Innenstadt im interkommunalen Standortwettbewerb, welcher sich zunehmend verschärfe. Demzufolge müsse es in erster Linie darum gehen, die Attraktivität und Wettbewerbsfähigkeit der Innenstadt durch gezielte Aufwertungsimpulse zu steigern, was nur mit Hilfe privater Investitionen gelingen könne. Die Errichtung eines neuen Einzelhandelsmagneten in Form eines innerstädtischen Einkaufszentrums erscheint in dieser Logik dann als notwendige und mehr oder weniger alternativlose Entwicklung:

> „*Mainz braucht ein attraktives Einkaufszentrum in der Innenstadt zur Stärkung der Wettbewerbsfähigkeit des Einkaufsstandortes im regionalen Kontext, zur Verbesserung des Einzelhandelsangebotes für die Bevölkerung in Stadt und Region sowie zur städtebaulichen Aufwertung und Modernisierung des Ludwigsstraßen-Quartiers*“ (Landeshauptstadt Mainz 2012a: 82, Hervorhebung DG).

Dieser sachzwangorientierte Diskursstrang ist semantisch und argumentativ eng verzahnt mit zwei weiteren Problematisierungsmustern: Zum einen wird die Ansiedlung eines innerstädtischen Einkaufszentrums mit Chancen zur Hebung ungenutzter Potenziale zur Attraktivierung der Innenstadt verknüpft. Zum anderen wird sie im Rahmen eines technokratischen Problematisierungsmusters in Bezug gesetzt zur Entwicklung bestimmter quantitativer Indikatoren wie Kaufkraftbindungsquoten, Passantenfrequenzen und insbesondere Zentralitätskennziffern. Diese drei Diskursstränge sind eng aufeinander bezogen, wie am Beispiel der kalkulativen Techniken zur Berechnung von Verkaufsflächenpotenzialen deutlich geworden ist: Semantisch schließen diese Techniken an den potenzialorientierten Diskursstrang an. Gleichzeitig stützt sich die Berechnung von Verkaufsflächenpotenzialen insbesondere auf Zielzentralitäten, die aus Benchmarkings mit Vergleichsstädten abgeleitet werden (I-GU 2, Abs. 282). Hierdurch wird die Frage nach der angemessenen Dimensionierung des geplanten Einkaufszentrums an die Frage gekoppelt, wie die Innenstadt ihre Position innerhalb eines Geflechts externer Wettbewerbsbeziehungen stärken kann. Die normative Annahme, dass die politisch-planerische Steuerung der Entwicklung innerstädtischer Räume vorrangig an den Anforderungen des Wettbewerbs auszurichten sei, ist somit bereits in die grundlegenden Kalkulationsweisen eingeschrieben, durch die der innerstädtische Raum lesbar und damit der politisch-planerischen Steuerung zugänglich gemacht wird. Insofern bilden diese Kalkulationsweisen nicht einfach bestehende Wettbewerbsverhältnisse ab, vielmehr bringen sie innerstädtische Räume diskursiv als Wettbewerbseinheiten hervor:

> „*Modellierungen und Kalkulationen machen nicht einfach etwas sichtbar, das zuvor unsichtbar war – so als existierte eine direkte empirische Referenz der Repräsentation –, sondern sie verweisen auf die Arbeit an der Darstellung, die das, was sie darstellt, hervorbringt*“ (KALTHOFF 2004: 171).

Die beschriebenen Diskursstränge verdichten sich somit zu einer Wissens- und Diskursordnung, die Innenstädte als Standorte, als Einheiten in einem Wettbewerbsfeld konzeptualisiert, indem sie die Logik unternehmerischen Wettbewerbs auf die Entwicklung von Innenstädten überträgt. Diese diskursive Ordnung ist jedoch nicht vollständig in sich geschlossen, sondern wird durch Problematisierungsmuster aufgebrochen, die aus dieser Ordnung herausfallen: Hierbei handelt es sich erstens um politisierende Problematisierungen, die den Planungs- und Ansiedlungsprozess für ein innerstädtisches Einkaufszentrum als Arena widerstreitender Interessen und Nutzungsansprüche an den innerstädtischen Raum ansprechen. Dieser Diskursstrang bricht insbesondere mit der Vorstellung, dass sich gegenläufige Interessen einzelner Akteure in einem übergeordneten Gesamtinteresse an der Stärkung der Attraktivität und Wettbewerbsfähigkeit der

Innenstadt auflösen ließen. Stattdessen wird der Planungsprozess diskursiv als Konflikt gerahmt, bei dem es weniger um Fragen der Wettbewerbsfähigkeit gehe, sondern vielmehr darum, wie die kommunale Planungshoheit und der Einfluss der planungsbetroffenen Bevölkerung auf die Entwicklung des innerstädtischen Raums gegenüber den Kapitalverwertungsinteressen institutioneller Investoren gewahrt werden können (Kap. 5.2.4). Eine Irritation der oben beschriebenen diskursiven Ordnung erfolgt zweitens aber auch durch Problematisierungen, die innerstädtische Einkaufszentren diskursiv als Fremdkörper markieren und mit unterschiedlichen Bedrohungsszenarien der Verödung und Kommerzialisierung assoziieren. Auch hier wird Innenstadtentwicklung nicht primär unter den Vorzeichen der Stärkung von Attraktivität und Wettbewerbsfähigkeit verstanden, sondern vor allem als ein Bewahren gewachsener Strukturen und Qualitäten vor ihrer Entfremdung (Kap. 5.2.5).

Diese Problematisierungsmuster legen jeweils ein sehr unterschiedliches Verständnis davon nahe, was mit der Vorstellung von einem ,(innenstadt)verträglichen' Einkaufszentrum gemeint sein kann. So wird die Frage der ,Verträglichkeit' durch sachzwangorientierte, potenzialorientierte und technokratische Problematisierungsweisen diskursiv an die Frage der Wettbewerbsfähigkeit gebunden. ,Verträglichkeit' bedeutet dann, dass ein Vorhaben zur Stärkung der Attraktivität und Wettbewerbsfähigkeit beiträgt, ohne das vorhandene Standortgefüge strukturell zu schädigen und zu gefährden. Demgegenüber knüpft der bedrohungsorientierte Diskursstrang den Verträglichkeitsbegriff an die Bewahrung des lokal Gewachsenen. Aus einem solchen Verständnis heraus kann sich ,Verträglichkeit' nur aus der Bezugnahme auf ortsspezifische Qualitäten ableiten (und nicht etwa aus universellen raumwirtschaftlichen Zusammenhängen und Gesetzmäßigkeiten). Der politisierende Diskursstrang hingegen legt einerseits ein stärker prozessuales Verständnis von ,Verträglichkeit' im Sinne der Wahrung „öffentlicher" Interessen im Planungsprozess nahe, andererseits führt er aber auch weg von der Frage der ,Verträglichkeit': Denn hierbei steht weniger die Frage im Mittelpunkt, was ,verträglich' ist und was nicht, sondern vielmehr die Frage, was ,gut' ist für die Mainzer Innenstadt und wer hierüber die Deutungshoheit für sich beanspruchen kann. Im Umkehrschluss zeigt diese Betrachtung aber auch, dass die Frage nach der ,(Innenstadt)Verträglichkeit' innerstädtischer Einkaufszentren keine objektivierbare Frage darstellt – denn jede Konzeption von ,Verträglichkeit' ist an eine spezifische normative Wissensordnung über den innerstädtischen Raum gebunden, also an ein normatives Wissen darüber, was den innerstädtischen Raum und eine ,gute' Stadtentwicklungspolitik überhaupt ausmacht.

Durch dieses Spektrum unterschiedlicher Problematisierungsweisen innerstädtischer Einkaufszentren werden die grundlegenden Konturen abgesteckt, innerhalb derer eine politisch-planerische Steuerung der Verträglichkeitsproblematik stattfinden kann. Im zweiten Schritt der empirischen Analyse konnte gezeigt werden, dass sich aus diesem diskursiven Möglichkeitsfeld heraus unterschiedliche Steuerungsmodi zur Sicherstellung einer ,(innenstadt)verträglichen' Shopping-Center-Entwicklung konstituieren. Die Sicherstellung von ,Verträglichkeit' folgt dabei keiner vollständig kohärenten, in sich geschlossenen Logik, sondern ist vielmehr durch die Gleichzeitigkeit verschiedener Steuerungsmodi gekennzeichnet, welche an unterschiedlichen Rationalitätsstrukturen ausgerichtet sind. Eine dominierende Stellung nimmt hierbei der Steuerungsmodus des raumwirtschaftlich-funktionalen Optimierens ein: Die Sicherstellung von ‚Verträglichkeit' folgt dabei der grundlegenden Logik eines ökonomischen Optimierungsproblems, die gewissermaßen verräumlicht wird (Kap. 5.3.1). Hierbei soll die sortimentsspezifische Verkaufsflächendimensionierung des geplanten Einkaufszentrums dahingehend optimiert werden, dass nach außen hin eine möglichst große Magnetwirkung im Einzugsbereich entfaltet wird, gleichzeitig aber nach innen möglichst geringe Verwerfungen durch Umsatzumverteilungseffekte ausgelöst werden. Dieser Steuerungsmodus stützt sich auf eine Wissensordnung, die den innerstädtischen Raum als einen abstrakten ökonomischen Raum begreift und sich insbesondere durch die spezifischen Kalkulationsweisen von Kaufkraftstrommodellrechnungen hindurch konstituiert. Die Innenstadt erscheint hierbei als Wettbewerbseinheit, deren Entwicklung von universellen raumwirtschaftlichen Gesetzmäßigkeiten und äußeren Wettbewerbszwängen determiniert ist. Mit dieser Logik raumwirtschaftlich-funktionalen Optimierens ist ein zweiter Steuerungsmodus eng verflochten, der auf die Anregung und Steuerung von Zirkulationen im innerstädtischen Raum gerichtet ist (Kap. 5.3.2). Gemäß dieser Steuerungslogik soll eine ‚(innenstadt)verträgliche' Shopping-Center-Entwicklung dadurch sichergestellt werden, dass eine stetige Zirkulation von Passant*innen zwischen Innenstadt und Center sowie zwischen den drei innerstädtischen Einzelhandelspolen ermöglicht wird. Während der Steuerungsmodus des raumwirtschaftlich-funktionalen Optimierens überwiegend mit den sortimentsspezifischen Verkaufsflächen als zentraler quantitativer Stellschraube operiert, geht der Steuerungsmodus des Anregens und Steuerns von Zirkulationen mit komplexen Anforderungen an die städtebauliche Gestalt des geplanten Einkaufszentrums einher, welche möglichst offen und durchlässig sein soll. Auch die Begrenzung der Stellplatzkapazitäten des Einkaufszentrums folgt einer solchen Logik der Steuerung von Strömen und Zirkulationen. Dieser Steuerungsmodus stützt sich auf eine Wissensordnung, die den innerstädtischen Raum als relationales Geflecht von Zirkulationen und Frequenzen auffasst und sich insbesondere durch Techniken des Messens und Zählens hindurch konstituiert. Zugleich ist diese Steuerungsweise dem Ansatz des raumwirtschaftlich-funktionalen Optimierens logisch nachgeordnet und aus diesem abgeleitet: Durch die Vernetzung von Stadt und Center sollen innere Verwerfungen abgemildert und somit eine möglichst starke Steigerung der Magnetwirkung nach außen ermöglicht werden. Der dritte Steuerungsmodus begreift die Sicherstellung von ‚Verträglichkeit' als ein behutsames und bewahrendes Integrieren in bestehende Strukturen und stützt sich dabei auf eine Wissensordnung, die den innerstädtischen Raum nicht als abstrakten ökonomischen Raum, sondern als konkrete bauliche Struktur begreift (Kap. 5.3.3). Diese soll in ihrer kleinteiligen Morphologie und ortsspezifischen Materialität durch das Einkaufszentrum im Sinne einer ‚mainzverträglichen' Lösung aufgegriffen, weiterentwickelt und bewahrt werden. Gleichzeitig offenbart der Steuerungsmodus des behutsamen und bewahrenden Integrierens eine zentrale Bruchlinie: Diese verläuft entlang der Frage, was denn überhaupt eine zu erhaltende Struktur ist – und was nicht. Dabei wird die Logik des Bewahrens dort zurückgewiesen, wo sie mit den Erfordernissen einer Angebotsausweitung im Sinne einer raumwirtschaftlich-funktionalen Optimierung kollidiert (so greift die Logik des Bewahrens beispielsweise nicht, wenn es um die Pavillonstruktur an der Ludwigsstraße oder innerstädtisches Wohnen geht).

Im dritten Schritt der empirischen Analyse ist die These einer zunehmenden Demokratisierung bzw. Politisierung von Stadtentwicklungsprozessen durch neue partizipative Governance-Formen und das Erstarken von Bürgerinitiativen und städtischen Protestbewegungen (für einen Überblick dieser Diskussion vgl. GRIBAT & LUTZ 2018) kritisch hinterfragt worden. So zeigt die vorliegende Fallstudie, dass der Verträglichkeitsdiskurs durch Mechanismen geprägt ist, die vielmehr in Richtung einer Depolitisierung von Stadtentwicklung wirken können. Grundlegend für diese Argumentation ist eine begriffliche Unterscheidung, die durch die neuen Theorien des Politischen (vgl. MARCHART 2010) eingeführt worden ist: So kann eine Ausweitung der ‚*Politik*' – verstanden als Sphäre gegenläufiger Interessen und Machtansprüche sowie ihrer institutionellen Verfasstheit (DIKEÇ 2005: 171) – durch die Etablierung neuer Governance-Formen zugleich mit einer Verengung der Sphäre des ‚*Politischen*' im engeren Sinne einhergehen (ROSEMANN 2013). So kreist der Verträglichkeitsdiskurs in erster Linie um die Frage, wie am ‚verträglichsten' eine Steigerung der Attraktivität und Wettbewerbsfähigkeit von Innenstädten erzielt werden kann. Dass die Entwicklung innerstädtischer Quartiere vorrangig an Kriterien der Wettbewerbsfähigkeit auszurichten sei wird hierbei bereits als gegeben vorausgesetzt und aus der Sphäre des politischen Streits ausgeklammert. Innenstadtentwicklung wird hierbei diskursiv gerahmt als eine permanent notwendige Anpassungsleistung an äußere Sachzwänge und Erfordernisse des Standortwettbewerbs. Solche Prozesse der Depolitisierung konstituieren das Politische als ein konstitutives Außen des Verträglichkeitsdiskurses (LACLAU 1990): Sie stellen eine notwendige Voraussetzung dafür dar, dass der Verträglichkeitsdiskurs als ein vorwiegend technisch-ökonomischer Diskurs funktionieren kann.

Welche weiteren Implikationen lassen sich nun abschließend aus der vorliegenden Dissertation ableiten? Zunächst kann *erstens* festgehalten werden, dass es für ein tiefergehendes Verständnis der politisch-planerischen Steuerung von Einzelhandels- und Innenstadtentwicklung im Zusammenhang mit der Verträglichkeitsproblematik zu kurz greift, lediglich Akteure und Institutionen sowie formelle und informelle Steuerungsinstrumente zu betrachten – denn hierdurch bleiben das räumliche Wissen und die Rationalitätsstrukturen, die die politisch-planerische Praxis anleiten, letztlich unbeleuchtet. Diskurs- und gouvernementalitätstheoretische Zugänge zeigen hingegen einen möglichen Weg auf, wie die Verschränkung von Wissensproduktion und politischer Steuerung in den Blick genommen werden kann:

> *"Not only actors and institutions matter, but discourses, ideas, technologies, scientific theories, representations and, in general, knowledge. Since these phenomena are seen as important forces which shape the process of policymaking, the analytics of government views the different fields where these communications originate as important sites of power"* (GOTTWEIS 2004: 256).

Aus einem poststrukturalistischen Blickwinkel wird sichtbar, dass durch (raumbezogene) Diskurse und die hierbei mobilisierten Techniken der Wissensproduktion (wie hier beispielsweise die Ermittlung von Zentralitätskennziffern und Umsatzumverteilungsquoten) nicht einfach nur etwas abgebildet wird, das gänzlich unabhängig davon existieren würde. Stattdessen bringen sie neue Objekte des Denkens hervor, machen Räume auf spezifische Weise lesbar und damit einer politisch-planerischen Steuerung zugänglich: "Knowledge is thus central to these activities of government and *to the very formation of its objects*, for government is a domain of cognition, calculation, experimentation and evaluation" (ROSE & MILLER 1992: 175, Hervorhebung DG). Die politisch-planerische Steuerung der Einzelhandels- und Innenstadtentwicklung im Allgemeinen sowie die Sicherstellung von ‚Verträglichkeit' im Besonderen stellen ein Interventionsfeld städtischen Regierens dar, das sich ganz offensichtlich in hohem Maße auf die Produktion raumbezogenen Wissens stützt. Deshalb ist es wichtig zu untersuchen, welche Techniken hierbei aufgerufen werden, welche Wissens-, Diskurs- und Kalkulationsordnungen über den innerstädtischen Raum dadurch etabliert werden und welche Machtwirkungen hiermit einhergehen. Diese Fragestellungen machen *zweitens* eine Herangehensweise erforderlich, die sich von den etablierten quantitativen Forschungsdesigns einzelhandelsgeographischer Studien (vgl. hierzu BECKMANN & LINNHOFF 2012) löst und sich in stärkerem Maße auch für qualitative Zugänge und eine konzeptionelle Reflexion des Verhältnisses von raumbezogener Wissensproduktion und Stadtentwicklung öffnet. Hierfür können insbesondere die wissenssoziologische Diskursanalyse (vgl. einführend KELLER 2011) und die humangeographische Diskursforschung (vgl. einführend GLASZE & MATTISSEK 2009b) wertvolle Anknüpfungspunkte liefern. Darüber hinaus könnten ethnographische Ansätze zu einem tieferen Verständnis der wirklichkeitskonstituierenden Effekte kalkulativer Techniken der Wissensproduktion beitragen, wie beispielsweise BLÄSER (2017) in ihrer Arbeit zu immobilienwirtschaftlichen Kalkulationsweisen aufgezeigt hat. Dies könnte auch für die geographische Handelsforschung und für die weitere Auseinandersetzung mit der Frage der ‚(Innenstadt)Verträglichkeit' von Einkaufszentren durchaus fruchtbar sein.

Neben der Identifizierung weiterer Forschungsbedarfe enden wissenschaftliche Untersuchungen zur Frage der ‚(Innenstadt)Verträglichkeit' innerstädtischer Einkaufszentren meist mit der Ableitung von Handlungsempfehlungen für die kommunalpolitische Praxis. Diese beziehen sich dann u.a. auf die Dimensionierung von Verkaufsflächen, die Verzahnung mit sonstigen innerstädtischen Einkaufslagen oder formulieren konkrete Kriterien für eine gelungene städtebauliche Integration (vgl. BECKMANN & LINNHOFF 2012). Die vorliegende Arbeit hat einen Perspektivenwechsel auf die Verträglichkeitsfrage vorgenommen. Hierbei wurde davon ausgegangen, dass ‚Verträglichkeit' weniger an objektivierbare Kriterien geknüpft werden kann, sondern vielmehr an eine spezifische Wissensordnung über den innerstädtischen Raum gebunden ist, die die Verträglichkeitsfrage überhaupt erst als eine objektivierbare Frage erscheinen lässt. Muss die Aufgabe der Vorstellung objektiver Verträglichkeitskriterien im Umkehrschluss bedeuten, dass eine solche diskursanalytische Herangehensweise an die Verträglichkeitsfrage keine Anstöße für die kommunalpolitische Praxis liefern kann? Das sicherlich nicht. Jedoch werden diese Anstöße eine andere Form annehmen müssen als etwa Verkaufsflächenobergrenzen oder städtebauliche Empfehlungen. Stattdessen soll unter dem Gesichtspunkt der praktischen Relevanz auf einige mögliche Gedanken hingewiesen werden, die in der vorliegenden Analyse gründen:

(1) Konflikte um die ‚Verträglichkeit' innerstädtischer Einkaufszentren werden sich nicht allein durch Bemühungen lösen lassen, unterschiedliche Partikularinteressen in Einklang zu bringen und einen möglichst breiten Konsens zu einzelnen konfliktbehafteten Sachfragen wie der Verkaufsflächendimensionierung oder der Maßstäblichkeit von Gebäuden herbeizuführen. Vielmehr hat die diskursanalytische Untersuchung gezeigt, dass die Verträglichkeitsfrage wesentlich tiefer geht: Sie rührt nämlich unmittelbar an der Frage nach der Deutungshoheit darüber, was innerstädtische Räume ausmacht, was sie in Zukunft sein sollen und durch welche Interventionen dies erreicht werden kann. Notwendig ist daher die Bereitschaft, diesen grundsätzlichen Dialog auch führen zu wollen und geeignete Formate hierfür zu finden – unabhängig von einzelnen Investitionsvorhaben und den hiermit einhergehenden technischen Fragen. Die Erarbeitung integrierter Konzepte für die Innenstadtentwicklung kann hierfür potenziell einen geeigneten Rahmen darstellen.

(2) In den zentralen Techniken zur Produktion eines Wissens über den innerstädtischen Raum, dass die politisch-planerische Steuerung der Verträglichkeitsproblematik anleiten soll, kommt die städtische Bevölkerung vorwiegend in Form von Konsument*innen und Kaufkraftträger*innen (in Kaufkraftstrommodellrechnungen), als Passant*innen (in Frequenzzählungen und Kartierungen von Passantenströmen) oder gar nicht (in städtebaulichen / baukulturellen Bestandsaufnahmen) vor. Wenn jedoch, wie PESCH (2014: 64) fordert, „jede Investition in den Zentren der Städte (...) an ihrem Mehrwert für das urbane Leben zu messen ist", so wirft dies die Frage auf, wie eine Wissensproduktion zur Frage der ‚Verträglichkeit' innerstädtischer Einkaufszentren aussehen könnte, die der Vielfalt urbanen Lebens gerecht wird ohne diese auf die Ausübung von Konsumpraktiken und das Gehen von A nach B zu reduzieren. Ein möglicher Ansatz hierfür könnte darin liegen, die Deutungshoheit über den innerstädtischen Raum nicht alleine dem ökonomischen, architektonischen und städtebaulichen Expert*innenwissen zu überlassen, sondern die Stadt auch durch diejenigen erklären zu lassen, die gewissermaßen Expert*innen für die Vielfalt urbanen Lebens sind. Damit sind keineswegs nur Stadtgeograph*innen und -soziolog*innen gemeint, sondern vor allem diejenigen, die Teil des urbanen Lebens sind, indem sie in der Stadt wohnen, leben und arbeiten. Hierfür wären Beteiligungsformate notwendig, die sich nicht an einzelnen Projekten und Investitionsvorhaben abarbeiten, sondern die den Bürger*innen Raum geben, den Akteuren aus Politik und Planung das Leben in „ihrer" Stadt bzw. „ihrem" Quartier zu erklären um hieraus Leitlinien für die Einordnung von Investitionsvorhaben und Stadtentwicklungsprojekten abzuleiten.

(3) Wie die bereits zu Beginn dieser Arbeit zitierten Statistiken gezeigt haben, stagniert die Entwicklung einheitlich geplanter Einkaufszentren in Deutschland mittlerweile seit mehreren Jahren verglichen mit der starken Zunahme zwischen 1990 und 2010 (vgl. Kap. 2.1.1). In Anbetracht des wachsenden Online-Handels wirft PESCH (2014: 55) die Frage auf, „ob die Center künftig überhaupt noch als renditeträchtige Großinvestition und Impulsgeber gelten können". Dass mittlerweile offenbar nur noch wenige neue Einkaufszentren entstehen (zumindest in Deutschland) bedeutet jedoch nicht, dass die vorliegende Analyse des Verträglichkeitsdiskurses am Beispiel der Mainzer Innenstadt lediglich als retrospektive Vergangenheitsbetrachtung von Relevanz wäre. Im Gegenteil:

Vieles deutet darauf hin, dass die Frage nach dem ,verträglichen' Zusammenspiel von Stadt und Center auch weiterhin eine wesentliche Rolle für den wissenschaftlichen, planerischen und politischen Diskurs über die Entwicklung innerstädtischer Räume spielen wird. So skizziert PESCH (ebd.: 58 f.) mit Blick auf den wachsenden Online-Handel verschiedene Szenarien, die von der Erosion der wirtschaftlichen Basis innerstädtischer Einkaufszentren an schwächeren Standorten über die Profilierung von Einkaufszentren als Erlebnisorte mit vielfältigen Freizeit- und Eventangeboten bis hin zur Vermischung von Online- und stationärem Handel durch Multichannel-Konzepte reichen, wodurch weniger Fläche benötigt würde und Potenziale für eine stärkere Vernetzung von Einkaufszentren und Stadt freigesetzt werden könnten. Vor dem Hintergrund dieser Überlegungen ist anzunehmen, dass die in dieser Arbeit beschriebenen Mechanismen der Konstituierung innerstädtischer Räume als Wettbewerbseinheiten, die von äußeren Zwängen zur Optimierung der Attraktivität und Wettbewerbsfähigkeit geleitet werden, auch weiterhin eine machtvolle diskursive Praxis darstellen und die Transformation innerstädtischer Räume anleiten werden. Das offenkundige Spannungsverhältnis zwischen dem Narrativ der notwendigen, zunehmend alternativlos erscheinenden Anpassung an äußere Zwänge des Standortwettbewerbs auf der einen Seite und der gleichzeitigen Ausweitung partizipativer Verfahren mit dem Versprechen von ergebnisoffenem Dialog und Mitbestimmung auf der anderen Seite kann dabei durchaus auch Risiken für die lokale Demokratie mit sich bringen, die noch nicht hinreichend reflektiert scheinen.

Literatur

ADRIAN, L. (2001): Verstand ist nicht eindimensional. Zur Rolle des Auftraggebers und der Notwendigkeit kommunalen Qualitätsmanagements. In: HEINRITZ, G. u. F. SCHRÖDER (Hrsg.): Der gekaufte Verstand. Was taugen Gutachter- und Beraterleistungen im Einzelhandel? Dokumentation zur Jahrestagung des Arbeitskreises Geographische Handelsforschung am 12. und 13. Oktober 2000 in München. *Geographische Handelsforschung* 5: 63-70. Passau (LIS).

Allgemeine Zeitung (Hrsg.) (2012): „Wir schaffen das". Baudezernentin Grosse ist optimistisch, mit ECE zu „guter Lösung" zu kommen. Presseartikel vom 15.06.2012.

Allgemeine Zeitung (Hrsg.) (2014): ECE erneuert Bekenntnis zu Mainz. Planungen werden ohne Fläche des „China-Pavillons" fortgeführt. Presseartikel vom 13.11.2014.

Allgemeine Zeitung (Hrsg.) (2015a): ECE-Hängepartie wirkt sich auf Karstadt in Mainz aus. Lebensmittelmarkt schließt Frischetheke. Presseartikel vom 05.03.2015.

Allgemeine Zeitung (Hrsg.) (2015b): Mainz: Deutsche Bank-Immobilie verkauft. Gemünden und Sparkasse Rhein-Nahe erwerben Nachbargebäude von Karstadt. Presseartikel vom 24.09.2015.

Allgemeine Zeitung (Hrsg.) (2016): Wie geht es weiter an der Lu in Mainz? ECE und Gemünden planen Geschäftszeile. Presseartikel vom 22.04.2016.

Allgemeine Zeitung (Hrsg.) (2017): Wie geht es an der Lu in Mainz weiter? Neuer Eigentümer spricht über Pläne für Karstadt & Co. Mainz. Presseartikel vom 05.10.2017.

ALTROCK, U. u. B. GRISCHA (Hrsg.) (2012): Wer entwickelt die Stadt? Geschichte und Gegenwart lokaler Governance. Akteure - Strategien - Strukturen. Bielefeld (transcript).

ANGERMÜLLER, J. (2014): Einleitung. Diskursforschung als Theorie und Analyse. Umrisse eines interdisziplinären und internationalen Feldes. In: ANGERMÜLLER, J., NONHOFF, M., HERSCHINGER, E., MACGILCHRIST, F., REISIGL, M., WEDL, J., WRANA, D. u. A. ZIEM (Hrsg.): Diskursforschung. Ein interdisziplinäres Handbuch. Band 1: Theorien, Methodologien und Kontroversen: 16-36. Bielefeld (transcript).

Architektenkammer Rheinland-Pfalz (Hrsg.) (1992): Stadtraumkonzepte. Mainz - Gutenbergplatz und Ludwigsstrasse im Wandel. Forum Architektur - Veranstaltungsreihe der Architektenkammer Rheinland-Pfalz mit einem ergänzenden Beitrag der Stadt Mainz. Internet: http://www.mainz.de/microsite/lufo/medien/bindata/LuFo_ForumArchitektur_1992.pdf (04.06.2019).

Architektenkammer Rheinland-Pfalz (Hrsg.) (2013a): Zwei und nicht fünf. Architekten sehen in ECE-Diskussion Licht und Schatten. Pressemeldung vom 12.06.2013. Mainz.

Architektenkammer Rheinland-Pfalz (2013b): Mainzer Modell nur Makulatur? Aufweichung der Leitlinien öffnet Investor alle Möglichkeiten. Pressemeldung vom 20.11.2013. Mainz.

Architektenkammer Rheinland-Pfalz, Bund Deutscher Architekten (BDA) Rheinland-Pfalz, Deutscher Werkbund Rheinland-Pfalz e.V. u. Architekten- und Ingenieur-Verein Mainz e.V. (Hrsg.) (2011): LudwigsstraßenForum IV – Stadtgestalt/Öffentlicher Raum. Stellungnahme Architektenkammer, Werkbund, BDA, AIV. Internet: http://www.mainz.de/microsite/lufo/medien/bindata/LuFo_Forum-IV_Statement-Architektenverbaende.pdf (04.06.2019).

BARNES, T.J. u. M. G. HANNAH (2001): The place of numbers. Histories, geographies, and theories of quantification. In: *Environment and Planning D: Society and Space* 19 (4): 379-383.

BARRY, A. (1993): The European Community and European government harmonization, mobility and European Community and European government. In: *Economy and Society* 22 (3): 314-326.

BAURIEDL, S. (2007): Spielräume nachhaltiger Entwicklung. Die Macht stadtentwicklungspolitischer Diskurse. Hochschulschriften zur Nachhaltigkeit 27. München (oekom-Verl).

BBSR (2013): Innenstädtische Einkaufszentren – Positionen und Interpretationen. Internet: http://www.bbsr.bund.de/BBSR/DE/Veroeffentlichungen/AnalysenKompakt/2013/DL_5_2013.pdf?__blob=publicationFile&v=2. (04.06.2019).

BBSR (2015): Shopping-Center – Konzentration auf innerstädtische Lagen. Internet: https://www.bbsr.bund.de/BBSR/DE/Stadtentwicklung/StadtentwicklungDeutschland/staedte-gemeinden/projekte/Shoppingcenter/01-start.html (04.06.2019).

BECKMANN, R. M., LEMBKE, J., SCHLIPPENBACH, U. von u. T. WIEMKEN (2008): Integration innerstädtischer Einkaufszentren. Qualitative Integrationskriterien und Steuerung von Verträglichkeitsgutachten. DSSW-Leitfaden 57. Berlin (DSSW).

BECKMANN, R.M. u. C. LINNHOFF (2012): DSSW-Studie Wirkung von Einkaufszentren in der Innenstadt. Synoptische Aufbereitung vorliegender Studien. Berlin (DSSW).

BELINA, B. u. I. DZUDZEK (2009): Diskursanalyse als Gesellschaftsanalyse. Ideologiekritik und Kritische Diskursanalyse. In: GLASZE, G. u. A. MATTISSEK (Hrsg): Handbuch Diskurs und Raum. Theorien und Methoden für die Humangeographie sowie die sozial- und kulturwissenschaftliche Raumforschung: 129-152. Bielefeld (transcript).

BERGER, P. L. u. T. LUCKMANN (1991[26]): Die gesellschaftliche Konstruktion der Wirklichkeit. Eine Theorie der Wissenssoziologie. Frankfurt am Main (Fischer).

BEST, U. u. D. GEBHARDT (2001): Ghetto-Diskurse. Geographie der Stigmatisierung in Marseille und Berlin. Praxis Kultur- und Sozialgeographie 24. Potsdam (Audiovisuelles Zentrum Univ. Potsdam).

BEUSCHEL, T., MONHEIM, R. u. A. RÜHL (2008): Innenstadt-integrierte Einkaufszentren aus der Sicht der Innenstadtbesucher. Erfahrungen in Bayreuth, Passau und Trier. In: *Berichte des Arbeitskreises Geographische Handelsforschung* 24: 20-25.

BEVERIDGE, R. u. P. KOCH (2017): The post-political trap? Reflections on politics, agency and the city. In: *Urban Studies* 54 (1): 31-43.

BEVERIDGE, R. u. A. RICHTER (2014): Die post-politische Stadt. In: BELINA, B., NAUMANN, M. u. A. STRÜVER (Hrsg.): Handbuch kritische Stadtgeographie: 53-58. Münster (Westfälisches Dampfboot).

BITTERER, N. u. S. HEEG (2015): Die Macht der Zahlen. In*: Zeitschrift für Wirtschaftsgeographie 59 (1):* 34-50.

BIZ Bürgerinitiative Zukunft für Koblenz e.V. (2009): Was will die BIZ Koblenz e.V.? Internet: https://biz-koblenz.de/was-will-die-biz-koblenz-e-v/ (13.11.2018).

BLÄSER, K. (2017): Ermessensraum. Zur kalkulativen Hervorbringung von Investitionsobjekten im Immobiliengeschäft. Sozial- und Kulturgeographie 20. Bielefeld (transcipt).

BMVBS (2010): Reurbanisierung der Innenstadt. BMVBS-Online-Publikation 19/2010. Internet: https://www.bbsr.bund.de/BBSR/DE/Veroeffentlichungen/ministerien/BMVBS/Online/2010/DL_ON192010.pdf?__blob=publicationFile&v=2 (04.06.2019).

BMVBS (2011): Weißbuch Innenstadt. Internet: https://www.staedtebaufoerderung.info/StBauF/SharedDocs/Publikationen/StBauF/WeissbuchInnenstadt.pdf?__blob=publicationFile&v=1 (04.06.2019).

BNP Paribas Real Estate (Hrsg.) (2018): Retailmarkt Deutschland. Property Report 2018. Internet: https://www.realestate.bnpparibas.de/upload/docs/application/pdf/2018-03/2018_bnppre_pr_retail_deutschland_de.pdf?id=p_1698942 (04.06.2019).

BOGNER, A., LITTIG, B. u. W. MENZ (2014): Interviews mit Experten. Eine praxisorientierte Einführung. Lehrbuch. Wiesbaden (Springer VS).

BORCHARD, K. (2012): Strukturveränderungen im Einzelhandel. Zum Wandel der Standortfaktoren. In: KONZE, H. u. M. WOLF (Hrsg). Einzelhandel in Nordrhein-Westfalen planvoll steuern! *Arbeitsberichte der ARL* 2: 15-21. Hannover (ARL).

Boulevard Lu GmbH & Co. KG u. Landeshauptstadt Mainz (Hrsg.) (2019): Projektentwickler stellt Nutzungskonzept für die Ludwigsstraße vor. Pressemitteilung der Boulevard Lu GmbH & Co. KG gemeinsam mit der Stadtverwaltung Mainz vom 29.03.2019. Internet: http://lu-erleben.de/wp-content/uploads/2019/03/Pressemitteilung-der-Boulevard-Lu-GmbH.pdf (04.06.2019).

BRENNER, N. u. N. THEODORE (2008): Cities and the "Geographies of Actually Existing Neoliberalism". In: BRENNER, N. u. N. THEODORE (Hrsg.): Spaces of neoliberalism. Urban restructuring in North America and Western Europe: 2-32. Malden (Blackwell).

BRÖCKLING, U., KRASMANN, S. u. T. LEMKE (Hrsg.) (2000): Gouvernementalität der Gegenwart. Studien zur Ökonomisierung des Sozialen. Frankfurt am Main (Suhrkamp).

BRUNE, W. (2006): Angriff auf die City. Kritische Texte zur Konzeption, Planung und Wirkung von integrierten und nicht integrierten Shopping-Centern in zentralen Lagen. Düsseldorf (Droste).

BRUNO, I. (2009): The "Indefinite Discipline" of Competitiveness Benchmarking as a Neoliberal Technology of Government. In: *Minerva* 47 (3): 261-280.

BUBLITZ, H. (1999): Diskursanalyse als Gesellschafts-,Theorie'. „Diagnostik" historischer Praktiken am Beispiel der ,Kulturkrisen'-Semantik und der Geschlechterordnung um die Jahrhundertwende. In: BUBLITZ, H. (Hrsg.): Das Wuchern der Diskurse. Perspektiven der Diskursanalyse Foucaults: 22-47. Frankfurt, New York (Campus).

BUBLITZ, H., BÜHRMANN, A., HANKE, C. u. A. SEIER (1999): Diskursanalyse - (k)eine Methode? Eine Einleitung. In: BUBLITZ, H. (Hrsg.): Das Wuchern der Diskurse. Perspektiven der Diskursanalyse Foucaults: 10-21. Frankfurt, New York (Campus).

BÜHRMANN, A. (1999): Der Diskurs als Diskursgegenstand im Horizont der kritischen Ontologie der Gegenwart. In: Bublitz, H. (Hrsg.): Das Wuchern der Diskurse. Perspektiven der Diskursanalyse Foucaults: 49-62. Frankfurt, New York: (Campus).

BÜHRMANN, A. u. W. SCHNEIDER (2008): Vom Diskurs zum Dispositiv. Eine Einführung in die Dispositivanalyse. Bielefeld (transcript).

BULKELEY, H. (2006): Urban sustainability. Learning from best practice? In: *Environment and Planning A: Economy and Space* 38 (6): 1029-1044.

bulwiengesa AG (Hrsg.) (2011): Potenzialanalyse für ein innerstädtisches Einkaufszentrum an der Ludwigsstraße in Mainz. Internet: http://www.mainz.de/microsite/lufo/medien/bindata/LuFoII2.2.BulwienGesaPotentialanalyse.pdf (04.06.2019).

bulwiengesa AG (Hrsg.) (2014): Auswirkungsanalyse Innerstädtisches Einkaufsquartier Ludwigsstraße. Internet: http://www.mainz.de/microsite/lufo/medien/bindata/Auswirkungsanalyse_Innerstaedtisches_Einkaufsquartier_Ludwigsstrasse_bulwiengesa.pdf (04.06.2019).

BURCHELL, G., GORDON, C. u. P. MILLER (Hrsg.) (1991): The Foucault effect. Studies in governmentality with two lectures by and an interview with Michael Foucault. London (Harvester Wheatsheaf).

Bürgerinitiative Mainzer Ludwigsstraße (Hrsg.) (2011a): ECE-Projekt „Shopping Mall Ludwigsstraße". Beteiligung der Öffentlichkeit. Stellungnahme. Internet: http://www.mainz.de/microsite/lufo/medien/bindata/LuFo_Forum-IV_Statement-BI-Mainzer-Ludwigsstr.pdf (04.06.2019).

Bürgerinitiative Mainzer Ludwigsstraße e.V. (Hrsg.) (2011b): Satzung der Bürgerinitiative Mainzer Ludwigsstraße. Abrufbar unter: www.bi-lu.de/pdf/satzung.pdf (04.06.2019).

Bürgerinitiative Mainzer Ludwigsstraße e.V. (Hrsg.) (2012): Stellungnahme der BI zum Gutachten von Junker und Kruse. Abrufbar unter: http://www.mainz.de/microsite/lufo/medien/bindata/LuFo_Forum-V_Statement-BI-Mainzer-Ludwigsstr.pdf (04.06.2019).

Bürgerinitiative Mainzer Ludwigsstraße (Hrsg.) (2013): Dokumente der BI zur Dokumentation des 8. Ludwigsstraßenforums der Stadt Mainz. Internet: http://www.mainz.de/microsite/lufo/medien/bindata/LuFo_Forum-VIII_Stellungnahme-Buergerinitiative-Ludwigsstr.pdf (04.06.2019).

Bürgerinitiative Mainzer Ludwigsstraße e.V. (Hrsg.) (2014a): BI Ludwigsstraße veröffentlicht neue Verhandlungsprotokolle. Internet: http://www.bi-lu.de/?seite=bulwiengeza (04.06.2019).

Bürgerinitiative Mainzer Ludwigsstraße e.V. (Hrsg.) (2014b): Info-Mappe. Abrufbar unter: http://www.bi-lu.de/pdf/BI_Infomappe.pdf (25.05.2019).

Bürgerinitiative Mainzer Ludwigsstraße e.V. (Hrsg.) (2014c): o.T. ECE-Akte der Stadt Mainz. Internet: http://www.bi-lu.de/ece/geheim/protokolle/offengelegte-ece-akte-der-stadt-mainz.pdf (04.06.2019).

Bürgerinitiative Mainzer Ludwigsstraße e.V. (Hrsg.) (2015): BI Ludwigsstraße veröffentlicht neue Verhandlungsprotokolle. Protokolle Akte Gesamt. Internet: http://www.bi-lu.de/ece/geheim/Protokolle2/ECE-Akte-02-gesamt.pdf (04.06.2019).

Bürgerinitiative Mainzer Ludwigsstraße e.V. (Hrsg.) (o.J.): Stellungnahme für das Sensor Magazin. Mainz.

BUTZIN, B. (2001): Jenseits der Besserwisserei – neue Formen der Politikberatung. In: HEINRITZ, G. u. F. SCHRÖDER (Hrsg.): Der gekaufte Verstand: Was taugen Gutachter- und Beraterleistungen im Einzelhandel? Dokumentation zur Jahrestagung des Arbeitskreises Geographische Handelsforschung am 12. und 13. Oktober 2000 in München. Geographische Handelsforschung (5): 91-101. Passau (LIS).

CALLON, M. u. F. MUNIESA (2005): Economic markets as calculative collective devices. In: *Organization Studies* 26 (8): 1229-1250.

CHRIST, W. u. F. PESCH (2013): Stadt-Center. Ein neues Handelsformat für die urbane Mitte. Detmold (Rohn).

CRAMPTON, J. W. u. S. ELDEN (2006): Space, politics, calculation. An introduction. Editorial. In: *Social & Cultural Geography* 7 (5): 681-685.

CRAWFORD, M. (1992): The world in a shopping mall. In: SORKIN, M. (Hrsg.): Variations on a theme park: The new American city and the end of public space: 3-30. New York (Hill & Wang).

DAVIDSON, M. u. K. IVESON (2014): Recovering the politics of the city. In: *Progress in Human Geography* 39 (5): S. 543–559.

DEAN, M. (1992): A genealogy of the government of poverty. In: *Economy and Society* 21 (3): 215-251.

DEAN, M. (1996): Putting the technological into government. In: *History of the Human Sciences* 9 (3): 47-68.

DELEUZE, G. (1992): Foucault. Frankfurt am Main (Suhrkamp).

DERRIDA, J. (1990): Die différance. In: ENGELMANN, P. (Hrsg.): Postmoderne und Dekonstruktion: Texte französischer Philosophen der Gegenwart: 76-113. Stuttgart (Reclam).

DESROSIÈRES, A. (2005): Die Politik der großen Zahlen. Eine Geschichte der statistischen Denkweise. Berlin (Springer).

DIAZ-BONE, R. (1999): Probleme und Strategien der Operationalisierung des Diskursmodells im Anschluss an Michel Foucault. In: BUBLITZ, H. (Hrsg.): Das Wuchern der Diskurse: Perspektiven der Diskursanalyse Foucaults: 119-135. Frankfurt, New York (Campus).

DIKEÇ, M. (2005): Space, Politics, and the Political. In: *Environment and Planning D: Society and Space* 23 (2): 171-188.

Dr. Lademann & Partner Gesellschaft für Unternehmens- und Kommunalberatung mbH (Hrsg.) (2012): Ex-post-Analyse der Gera Arcaden unter Berücksichtigung der Entwicklung der Innenstadt von Gera. Internet: https://www.geographie.hu-berlin.de/de/abteilungen/wirtschaftsgeographie/AK-Einzelhandelsforschung/publikationen/aktuelle-studien-zum-einzelhandel/dr-lademann-partner-ex-post-analyse-der-gera-arkaden/dr-lademann-partner_2012_ex-post-analyse-der-gera-arkaden.pdf/view (05.12.2018).

DREYFUS, H. L. u. P. RABINOW (1987): Michel Foucault. Jenseits von Strukturalismus und Hermeneutik. Die weiße Reihe. Frankfurt am Main (Athenäum).

DZUDZEK, I., GLASZE, G., MATTISSEK, A. u. H. SCHIRMEL (2009): Verfahren der lexikometrischen Analyse von Textkorpora. In: GLASZE, G. u. A. MATTISSEK (Hrsg.): Handbuch Diskurs und Raum. Theorien und Methoden für die Humangeographie sowie die sozial- und kulturwissenschaftliche Raumforschung: 233-260. Bielefeld (transcript).

DZUDZEK, I. u. P. LINDNER (2013): Performing the Creative-Economy Script. Contradicting Urban Rationalities at Work. In: *Regional Studies* 49 (3): 388-403.

EBLING, M. (2018): Erneuerung und städtebauliche Umgestaltung der Innenstadt geht voran. Internet: https://www.mainz.de/verwaltung-und-politik/ob-dezernate/ob-kolumnen-2018/ob-kolumne-09-2018.php (04.06.2019).

ECE Projektmanagement GmbH & Co. KG (Hrsg.) (2011): Handelsquartier Ludwigsstraße. LudwigsstraßenForum. Mainz. Internet: https://www.mainz.de/microsite/lufo/medien/bindata/LuFoII3.1.ECEPraesentation_u.pdf (04.06.2019).

ECE Projektmanagement GmbH & Co. KG (2013): Projektentwicklung Mainz Quartier Ludwigsstraße. Erläuterungsbericht von ECE zum funktionalen und städtebaulichen Konzept. Internet: https://bi.mainz.de/getfile.php?id=98197&type=do& (04.06.2019).

ECE Projektmanagement GmbH & Co. KG (Hrsg.) (2017): Rhein-Galerie Ludwigshafen. Internet: https://www.ece.de/brochures/RGLU/Rhein-Galerie_Ludwigshafen_DE.pdf (04.06.2019).

ECE Projektmanagement GmbH & Co. KG (Hrsg.) (2018a): Forum Mittelrhein Koblenz. Quartier für Handel und Kultur. Internet: https://www.ece.de/center-projekte/shopping/forum-mittelrhein-koblenz/ (04.06.2019).

ECE Projektmanagement GmbH & Co. KG (Hrsg.) (2018b): Skyline Plaza Frankfurt. Internet: https://www.ece.de/brochures/SPF/Skyline_Plaza_Frankfurt_DE.pdf (04.06.2019).

ECE Projektmanagement GmbH. & Co. KG (Hrsg.) (o.J.): Partner für die Städte - Informationen für Kommunen. Internet: https://www.ece.de/de/kommunen/ (04.06.2019).

ECKHARDT, Y. (2017): Shopping-Center in deutschen Mittelstädten und ihr Einfluss auf die Zentralitätsentwicklung. Eine Untersuchung unter der Verwendung von Einzelhandelskennzahlen. In: *Standort: Zeitschrift für Angewandte Geographie* 41 (2): 80-87.

EHI Retail Institute GmbH (Hrsg.) (2017): EHI Handelsdaten Aktuell 2017 Internet: https://www.ehi-shop.de/de/handelsthemen/handelsstruktur/handelsdaten-aktuell-2017 (04.06.2019).

EHI Retail Institute GmbH (Hrsg.) (2018): Shopping-Center Report 2018. Köln.

ELDEN, S. (2007): Governmentality, calculation, territory. In: *Environment and Planning D: Society and Space* 25 (3): 562-580.

ELLIS, R. (2012): "A World Class City of Your Own!". Civic Governmentality in Chennai, India. In: *Antipode* 44 (4): 1143-1160.

EPPLE, M. u. K. PETER (2010): Innerstädtische Shopping Center – besser als ihr Ruf! Die Wirkungen von Shopping Centern in Innenstädten unter die Lupe genommen. In: *Berichte des Arbeitskreises Geographische Handelsforschung* 28: 5-13.

FAIRCLOUGH, N. (1992): Discourse and social change. Cambridge (Polity Press).

FALK, B. R. (1973): Die Entwicklung der regionalen Shopping-Center in der Bundesrepublik Deutschland. In: FALK, B. R. (Hrsg.): Shopping-Center-Handbuch: 11-26. München (GWI)

FOUCAULT, M. (1973 [1961]): Wahnsinn und Gesellschaft. Eine Geschichte des Wahns im Zeitalter der Vernunft. Frankfurt am Main (Suhrkamp).

FOUCAULT, M. (1977 [1975]): Überwachen und Strafen. Die Geburt des Gefängnisses. Frankfurt am Main (Suhrkamp).

FOUCAULT, M. (1978): Dispositive der Macht. Über Sexualität, Wissen und Wahrheit. Berlin (Merve).

FOUCAULT, M. (1981 [1969]): Archäologie des Wissens. Frankfurt am Main (Suhrkamp).

FOUCAULT, M. (1987): Das Subjekt und die Macht. Nachwort von Michel Foucault. In: DREYFUß, H.L. und P. RABINOW (Hrsg.): Michel Foucault. Jenseits von Strukturalismus und Hermeneutik: 241-261. Weinheim (Beltz).

FOUCAULT, M. (1988 [1963]): Die Geburt der Klinik. Eine Archäologie des ärztlichen Blicks. Frankfurt am Main (Suhrkamp).

FOUCAULT, M. (1991 [1970]): Die Ordnung des Diskurses. Inauguralvorlesung am Collège de France, 2. Dezember 1970. Frankfurt am Main (Fischer).

FOUCAULT, M. (1991): Questions of method. Interview. In: BURCHELL, G., GORDON, C. u. P. MILLER (Hrsg.): The Foucault effect. Studies in governmentality with two lectures by and an interview with Michael Foucault: 73-86. London (Harvester Wheatsheaf).

FOUCAULT, M. (1996): Diskurs und Wahrheit. Die Problematisierung der Parrhesia. 6 Vorlesungen, gehalten im Herbst 1983 an der Universität von Berkeley/Kalifornien. Berlin (Merve).

FOUCAULT, M. (2000): Die Gouvernementalität. In: BRÖCKLING, U., KRASMANN, S. u. T. LEMKE (Hrsg.): Gouvernementalität der Gegenwart. Studien zur Ökonomisierung des Sozialen: 41-67. Frankfurt am Main (Suhrkamp).

FOUCAULT, M. (2004a): Sicherheit, Territorium, Bevölkerung. Geschichte der Gouvernementalität I. Vorlesung am Collège de France 1977-1978. Frankfurt am Main (Suhrkamp).

FOUCAULT, M. (2004b): Die Geburt der Biopolitik. Geschichte der Gouvernementalität II. Vorlesung am Collège de France 1978-1979. Frankfurt am Main (Suhrkamp).

FOUCAULT, M. (2005): Die Sorge um die Wahrheit. In: Foucault, M. (Hrsg.): Schriften in vier Bänden. Dits et Écrits: 823-836. Frankfurt am Main (Suhrkamp).

FOUGNER, T. (2008): Neoliberal Governance of States. The Role of Competitiveness Indexing and Country Benchmarking. In: *Millennium - Journal of International Studies* 37 (2): 303-326.

Frankfurter Rundschau (Hrsg.) (2014): Kein Shoppen im Opel-Forum. Presseartikel vom 08.04.2014. Internet: http://www.fr.de/rhein-main/alle-gemeinden/darmstadt/ruesselsheim-kein-shoppen-im-opel-forum-a-561345 (04.06.2019).

FÜLLER, H. (2014): Die Stadt im Diskurs. In: Belina, B., Naumann, M. u. A. Strüver (Hrsg.): Handbuch kritische Stadtgeographie: 70-75 Münster (Westfälisches Dampfboot).

FÜLLER, H. u. N. MARQUARDT (2009): Gouvernementalität in der humangeographischen Diskursforschung. In: GLASZE, G. u. A. MATTISSEK (Hrsg.): Handbuch Diskurs und Raum. Theorien und Methoden für die Humangeographie sowie die sozial- und kulturwissenschaftliche Raumforschung: 83-106. Bielefeld (transcript).

FÜLLER, H. u. N. MARQUARDT (2010): Die Sicherstellung von Urbanität. Innerstädtische Restrukturierung und soziale Kontrolle in Downtown Los Angeles. Raumproduktionen 8. Münster (Westfälisches Dampfboot).

FYVE, N.R. (2005): Making Space for "Neocommunitarianism"? The Third Sector, State and Civil Society in the UK. In: *Antipode* 37 (3): 536-557.

GERHARD, U. u. I. UNGER (2009): Zwischen Globalisierung und fränkischer Tradition. Der massenmediale Diskurs um ein innerstädtisches Einkaufszentrum am Beispiel der Stadt Würzburg. In: JÜRGENS, U. (Hrsg.): Innerstädtische Einkaufszentren Perspektiven und Probleme. Kieler Arbeitspapiere zur Landeskunde und Raumordnung 48: 91-106.

GERMES, M. u. G. GLASZE (2010): Die banlieues als Gegenorte der République. In: *Geographia Helvetica* 65 (3): 217-228.

GERTENBACH, L. (2007): Die Kultivierung des Marktes. Foucault und die Gouvernementalität des Neoliberalismus. Berlin (Parodos).

GfK GeoMarketing (Hrsg.) (2010): Vorher-nachher-Untersuchung zu den Düsseldorf Arcaden. Entwicklung der Stadtteilzentren und der Marktposition der Düsseldorf Arcaden. Internet: https://www.geographie.hu-berlin.de/de/abteilungen/wirtschaftsgeographie/AK-Einzelhandelsforschung/publikationen/aktuelle-studien-zum-einzelhandel/gfk-1/gfk-geomarketing_2010_-vorher-nachher-untersuchung-zu-den-duesseldorf-arcaden.pdf/view (05.12.2018).

GfK GeoMarketing (Hrsg.) (2011a): Die Entwicklung der Regensburger Innenstadt zwischen 1999 und 2011. Standort- und Marktanalyse. Internet: https://www.geographie.hu-berlin.de/de/abteilungen/wirtschaftsgeographie/AK-Einzelhandelsforschung/publikationen/aktuelle-studien-zum-einzelhandel/gfk-1/gfk-geomarketing_2011_die-entwicklung-der-regensburger-innenstadt-zwischen-1999-und-2011.pdf/view (05.12.2018).

GfK GeoMarketing (Hrsg.) (2011b): Vorher-nachher-Analyse zu den Köln-Arcaden. Entwicklung des Bezirkszentrums Köln-Kalk und Marktposition der Köln Arcaden. Internet: https://www.geographie.hu-berlin.de/de/abteilungen/wirtschaftsgeographie/AK-Einzelhandelsforschung/publikationen/aktuelle-studien-zum-einzelhandel/gfk-1/gfk-geomarketing_2011_-vorher-nachher-analyse-zu-den-koeln-arcaden.pdf/view (05.12.2018).

GIBSON-GRAHAM, J.K. (2000): Poststructural Interventions. In: SHEPPARD, E. u. T.J. BARNES (Hrsg.): A Companion to Economic Geography: 95-110. Oxford [u.a.] (Blackwell).

GIESECKE, C., HOLL, S., RIEDEL, D. u. M. WAGNER (2017): DSSW-Studie Langzeitwirkungen großflächiger Einzelhandelsbetriebe. Berlin.

GLÄSER, J. u. G. LAUDEL (2009[3]): Experteninterviews und qualitative Inhaltsanalyse als Instrumente rekonstruierender Untersuchungen. Wiesbaden (VS Verlag für Sozialwissenschaften).

GLASERSFELD, E.v. (1987): Wissen, Sprache und Wirklichkeit. Arbeiten zum radikalen Konstruktivismus. Wissenschaftstheorie, Wissenschaft und Philosophie 24. Braunschweig (Vieweg).

GLASZE, G., HUSSEINI, S. u. J. MOSE (2009): Kodierende Verfahren in der Diskursforschung. In: GLASZE, G. u. A. MATTISSEK (Hrsg.): Handbuch Diskurs und Raum. Theorien und Methoden für die Humangeographie sowie die sozial- und kulturwissenschaftliche Raumforschung: 293-314. Bielefeld (transcript).

GLASZE, G. u. A. MATTISSEK (2009a): Diskursforschung in der Humangeographie. Konzeptionelle Grundlagen und empirische Operationalisierungen. In: GLASZE, G. u. A. MATTISSEK (Hrsg.): Handbuch Diskurs und Raum. Theorien und Methoden für die Humangeographie sowie die sozial- und kulturwissenschaftliche Raumforschung: 11-59. Bielefeld (transcript).

GLASZE, G. u. A. MATTISSEK (Hrsg.) (2009b): Handbuch Diskurs und Raum. Theorien und Methoden für die Humangeographie sowie die sozial- und kulturwissenschaftliche Raumforschung. Bielefeld (transcript).

GLASZE, G. u. A. MATTISSEK (2014): Diskursforschung in der Humangeographie. In: ANGERMÜLLER, J., NONHOFF, M., HERSCHINGER, E., MACGILCHRIST, F., REISIGL, M., WEDL, J., WRANA, D. u. A. ZIEM (Hrsg.): Diskursforschung. Ein interdisziplinäres Handbuch, Band 1: Theorien, Methodologien und Kontroversen: 208-223 Bielefeld (transcript).

GLASZE, G. u. R. PÜTZ (2007): Sprachorientierte Forschungsansätze in der Humangeographie nach dem linguistic turn - Einführung in das Schwerpunktheft. In: *Geographische Zeitschrift* 95 (1-2): 1-4.

GLASZE, G., PÜTZ, R., GERMES, M., SCHIRMEL, H. u. A. BRAILICH (2013): "The Same But Not the Same". The Discursive Constitution of Large Housing Estates in Germany, France, and Poland. In: *Urban Geography* 33 (8): 1192-1211.

GOMES DE MATOS, C. (2013): Einleitung. Das Modell Barcelona. Partizipation, Protest und Postpolitik. In: *sub\urban. zeitschrift für kritische Stadtforschung* 1 (2): 121-140.

GORDON, C. (1991): Governmental Rationality. An Introduction. In: BURCHELL, G., GORDON, C. u. P. MILLER (Hrsg.): The Foucault effect. Studies in governmentality with two lectures by and an interview with Michael Foucault: 1-51. London (Harvester Wheatsheaf).

GOSS, J. (1993): The "Magic of the Mall". An Analysis of Form, Function, and Meaning in the Contemporary Retail Built Environment. In: *Annals of the Association of American Geographers* 83 (1): 18-47.

GOTTWEIS, H. (2004): Theoretical strategies of poststructuralist policy analysis. Towards an analytics of government. In: HAJER, M. A. u. H. WAGENAAR (Hrsg.): Deliberative policy analysis: Understanding governance in the network society. Theories of institutional design: 247-265. Cambridge (Cambridge Univ. Press).

GREIPL, E. (1973): Planung von Einkaufszentren. In: FALK, B. R. (Hrsg.): Shopping-Center-Handbuch: 43-70. München (GWI).

GRIBAT, N. u. M. LUTZ (2018): Planung und Partizipation. Zwischen Emanzipation, Kollaboration und Vereinnahmung. In: VOGELPOHL, A., MICHEL, B., LEBUHN, H., HOERNING, J. u. B. BELINA (Hrsg.): Raumproduktionen II: Theoretische Kontroversen und politische Auseinandersetzungen: 81-99. Münster (Westfälisches Dampfboot).

GÜLERYÜZ, J. u. M. PINK (2018): Gastronomisierung von Shopping-Centern: Königsweg oder Irrweg? In: *Berichte des Arbeitskreises Geographische Handelsforschung* 44: 10-12.

HACKING, I. (1991): How should we do the history of statistics? In: BURCHELL, G., GORDON, C. u. P. MILLER (Hrsg.): The Foucault effect. Studies in governmentality with two lectures by and an interview with Michael Foucault: 181-195. London (Harvester Wheatsheaf).

HAHN, B. (2002): 50 Jahre Shopping-Center in den USA. Evolution und Marktanpassung. Geographische Handelsforschung 7. Passau (LIS).

HALL, T. u. P. HUBBARD (1996): The entrepreneurial city. New urban politics, new urban geographies? In: *Progress in Human Geography* 20 (2): 153-174.

Handelsverband Deutschland (Hrsg.) (2018): Handel digital. Online-Monitor 2018. Internet: https://einzelhandel.de/index.php?option=com_attachments&task=download&id=9449 (17.03.2019).

HARVEY, D. (1989): From Managerialism to Entrepreneurialism: The Transformation in Urban Governance in Late Capitalism. In: *Geografiska Annaler. Series B, Human Geography* 71 (1): 3-17.

HASSE, J. u. S. MALECEK (2000): Postmodernismus und Poststrukturalismus in der Geographie. Einleitung zum Themenheft. In: *Geographia Helvetica* 55 (2): 103-107.

HECK, G. (2016): Vortrag auf der Jahreshauptversammlung der Bürgerinitative Mainzer Ludwigsstraße e.V. Mainz.

HEEG, S. u. M. ROSOL (2007): Neoliberale Stadtpolitik im globalen Kontext. Ein Überblick. In: *Prokla Zeitschrift für kritische Sozialwissenschaft* 37 (149): 491-510.

HEINRITZ, G. (2001): Der gekaufte Verstand. Die Bewertung von Gutachter- und Beraterleistungen als wissenschaftliches Problem. In: HEINRITZ, G. u. F. SCHRÖDER (Hrsg.): Der gekaufte Verstand. Was taugen Gutachter- und Beraterleistungen im Einzelhandel? Dokumentation zur Jahrestagung des Arbeitskreises Geographische Handelsforschung am 12. und 13. Oktober 2000 in München. Geographische Handelsforschung 5: 13-24. Passau (LIS).

HEINRITZ, G., POPP, M., LANG, H. u. F. PESCH (2003): Forschungsbericht Innerstädtische Einkaufszentren. Internet: https://www.stmb.bayern.de/assets/stmi/buw/staedtebau/m06_forschung_ekz.pdf (04.06.2019).

HEINTZ, B. (2007): Zahlen, Wissen, Objektivität: Wissenschaftssoziologische Perspektiven. In: MENNICKEN, A. u. H. VOLLMER (Hrsg.): Zahlenwerk. Kalkulation, Organisation und Gesellschaft: 65-85. Wiesbaden (VS Verlag für Sozialwissenschaften).

HELFFERICH, C. (2011[4]): Die Qualität qualitativer Daten. Manual für die Durchführung qualitativer Interviews. Wiesbaden (VS Verlag für Sozialwissenschaften).

HOPF, C. (1978): Die Pseudo-Exploration. Überlegungen zur Technik qualitativer Interviews in der Sozialforschung. In: *Zeitschrift für Soziologie* 7 (2): 97-115.

HOPF, C. (2003): Qualitative Interviews. Ein Überblick. In: FLICK, U., KARDORFF, E. von u. I. STEINKE (Hrsg.): Qualitative Sozialforschung. Ein Handbuch: 349-368. Reinbek bei Hamburg (Rowohlt).

HOPWOOD, A.G. (1976): Editorial. The path ahead. In: *Accounting Organizations and Society* 1 (1): 1-4.

HOPWOOD, A.G. (1987): The Archaeology of Accounting Systems. In: *Accounting Organizations and Society* 12 (3): 207-234.

HUFF, D.L. (1964): Defining and Estimating a Trading Area. In: *Journal of Marketing* 28 (3): 34-38.

HUXLEY, M. (2006): Spatial rationalities. Order, environment, evolution and government. In: *Social & Cultural Geography* 7 (5): 771-787.

IIHD Institut GmbH (Hrsg.) (2018): Situation des innerstädtischen Einzelhandels in Mainz. Expertengutachten im Auftrag der Industrie- und Handelskammer Rheinhessen. Internet: https://www.rheinhessen.ihk24.de/blob/mzihk24/servicemarken/pressemitteilungen/downloads/4173794/d8c2296975d8e6b663c368d206bbeda0/studie_funder-data.pdf (26.04.2019).

ILCAN, S. u. L. PHILLIPS (2003): Making Food Count. Expert Knowledge and Global Technologies of Government. In: *Canadian Review of Sociology and Anthropology* 40 (4): 441-462.

Immobilien Zeitung (Hrsg.) (2015): ECE speckt seine Pläne in Mainz weiter ab. Presseartikel vom 11.05.2015.

JÄGER, S. (1999): Einen Königsweg gibt es nicht. Bemerkungen zur Durchführung von Diskursanalysen. In: BUBLITZ, H. (Hrsg.): Das Wuchern der Diskurse. Perspektiven der Diskursanalyse Foucaults: 136-147. Frankfurt, New York (Campus).

JÄGER, S. (2012[6]): Kritische Diskursanalyse. Eine Einführung. Edition DISS 3. Münster (Unrast).

JENNE, A. (2001): Zwischen Wissenschaft und Eigeninteressen. Die Bewertung von Gutachten aus Sicht eines Warenhauskonzerns. In: HEINRITZ, G. u. F. SCHRÖDER (Hrsg.): Der gekaufte Verstand. Was taugen Gutachter- und Beraterleistungen im Einzelhandel? Dokumentation zur Jahrestagung des Arbeitskreises Geographische Handelsforschung am 12. und 13. Oktober 2000 in München. Geographische Handelsforschung 5: 71-78. Passau (LIS).

JESSOP, B. (2008): Liberalism, Neoliberalism, and Urban Governance. A State-Theoretical Perspective. In: BRENNER, N. u. N. THEODORE (Hrsg.): Spaces of neoliberalism. Urban restructuring in North America and Western Europe: 105-125. Malden (Blackwell).

JUNGE, T. (2008): Gouvernementalität der Wissensgesellschaft. Politik und Subjektivität unter dem Regime des Wissens. Sozialtheorie. Bielefeld (transcript).

JUNKER, R. (2009): Lebendige Innenstädte durch Einkaufscenter. Trends, Einschätzungen und Perspektiven. In: JÜRGENS, U. (Hrsg.): Innerstädtische Einkaufszentren Perspektiven und Probleme. Kieler Arbeitspapiere zur Landeskunde und Raumordnung 48: 5-11.

JUNKER, R. u. G. KÜHN (1999): Innerstädtische Einkaufszentren. Anforderungen und Integration. Düsseldorf.

JUNKER, R., KÜHN, G., NITZ, C. u. H. PUMP-UHLMANN (2008): Wirkungsanalyse großer innerstädtischer Einkaufscenter. Edition Difu - Stadt, Forschung, Praxis 7. Berlin.

JUNKER, R., KÜHN, G. u. H. PUMP-UHLMANN (2011): Zum Umgang mit großen innerstädtischen Einkaufszentren. Arbeitshilfe. Internet: http://edoc.difu.de/edoc.php?id=9D2Z65MS (04.06.2019).

JUNKER, R., PÖPPELMANN, N. u. H. PUMP-UHLMANN (2015): Neueröffnung nach Umbau. Konzepte zum Umbau von Warenhäusern und Einkaufscentern. Internet: https://stadtbaukultur-nrw.de/site/assets/files/2189/stadtbaukultur_neueroeffnung_nach_umbau.pdf (04.06.2019).

Junker und Kruse Stadtforschung Planung (Hrsg.) (2012a): Einkaufsstandort Ludwigsstraße. Einzelhandel und Städtebau. Internet: http://www.mainz.de/microsite/lufo/medien/bindata/LuFo_Forum-V_Gutachten-Langfassung.pdf (04.06.2019).

Junker und Kruse Stadtforschung Planung (2012b): Gutachten Einkaufsstandort Ludwigsstraße. Handel und Städtebau. Präsentation vor dem LudwigsstraßenForum V. LudwigsstraßenForum. Mainz. Abrufbar unter: http://www.mainz.de/microsite/lufo/medien/bindata/LuFo_Forum-V_Gutachten-Praesentation.pdf (letzter Abruf: 19.05.2017).

JÜRGENS, U. (2017): Einkaufszentren in Deutschland. Raumtypen, Mietflächen und Eröffnung. In: *Berichte des Arbeitskreises Geographische Handelsforschung* 41: S. 4-10.

KALTHOFF, H. (2004): Finanzwirtschaftliche Praxis und Wirtschaftstheorie. Skizze einer Soziologie ökonomischen Wissens. In: *Zeitschrift für Soziologie* 33 (2): 154-175.

Katalogkommission für die handels- und absatzwirtschaftliche Forschung beim Bundesministerium für Wirtschaft (Hrsg.) (1970): Katalog E, Begriffsdefinitionen aus der Handels- und Absatzwirtschaft. Veröffentlichungen der Katalogkommission für die handels- und absatzwirtschaftliche Forschung beim Bundesministerium für Wirtschaft 1. Bonn.

KAUFMANN, J.-C. (1999): Das verstehende Interview. édition discours. Klassische und zeitgenössische Texte der französischsprachigen Humanwissenschaften 14. Konstanz (UVK).

KELLER, R. (1997): Diskursanalyse. In: HITZLER, R. u. A. HONER (Hrsg.): Sozialwissenschaftliche Hermeneutik. Eine Einführung: 309-333.Opladen (Leske + Budrich).

KELLER, R. (Hrsg.) (2001): Handbuch sozialwissenschaftliche Diskursanalyse. Theorien und Methoden. Interdisziplinäre Diskursforschung 1. Wiesbaden (VS Verlag für Sozialwissenschaften).

KELLER, R. (2011[4]): Diskursforschung. Eine Einführung für SozialwissenschaftlerInnen. Qualitative Sozialforschung 14. Wiesbaden (VS Verlag für Sozialwissenschaften).

KLAUSER, F., PAASCHE, T. u. O. SÖDERSTRÖM (2014): Michel Foucault and the smart city. Power dynamics inherent in contemporary governing through code. In: *Environment and Planning D: Society and Space* 32 (5): 869-885.

KLÖPPEL, U. (2010): Foucaults Konzept der Problematisierungsweise und die Analyse diskursiver Formationen. In: LANDWEHR, A. (Hrsg.): Diskursiver Wandel: 255-263. Wiesbaden (VS Verlag für Sozialwissenschaften).

KNORR-CETINA, K. (1989): Spielarten des Konstruktivismus. Einige Notizen und Anmerkungen. In: *Soziale Welt* 40 (1/2): 86-96.

KRASMANN, S. (2003): Die Kriminalität der Gesellschaft. Zur Gouvernementalität der Gegenwart. Theorie und Methode. Sozialwissenschaften. Konstanz (UVK).

KRÜGER, T. u. M. WALTHER (2007): Auswirkungen Innerstädtischer Shopping Center. In: WEHRHEIM, J. (Hrsg.): Shopping Malls. Interdisziplinäre Betrachtungen eines neuen Raumtyps. Stadt, Raum und Gesellschaft 24: 191-208. Wiesbaden (Springer).

KRUSE, J. (2014): Qualitative Interviewforschung. Ein integrativer Ansatz. Grundlagentexte Methoden. Weinheim (Beltz).

KUCKARTZ, U. (2014[2]): Qualitative Inhaltsanalyse. Methoden, Praxis, Computerunterstützung. Grundlagentexte Methoden. Weinheim, Basel (Beltz).

KULKE, E. (2014): Zurück in die Mitte – Innerstädtische Einzelhandelslandschaften in Berlin. In: *Standort Zeitschrift für Angewandte Geographie* 38 (2): S. 96-100.

LACLAU, E. (1990): New reflections on the revolution of our time. London, New York (Verso).

LACLAU, E. u. C. MOUFFE (2006[3]): Hegemonie und radikale Demokratie. Zur Dekonstruktion des Marxismus. Passagen Philosophie. Wien (Passagen).

LADEMANN, R. (2011): Innerstädtische Einkaufszentren. Eine absatzwirtschaftliche Wirkungsanalyse. Göttinger Handelswissenschaftliche Schriften e.V 77. Göttingen (GHS).

LAMNEK, S. (1992[2]): Methoden und Techniken. Qualitative Sozialforschung 2. München (Psychologie-Verl.-Union) [u.a.].

Landeshauptstadt Mainz (Hrsg.) (1996): Ideen- und Realisierungswettbewerb Gutenbergplatz/ Ludwigsstrasse. Umgestaltung 1996. Internet: http://www.mainz.de/microsite/lufo/medien/bindata/LuFo_StaedtebaulicherWettbewerb_1996.pdf (04.06.2019).

Landeshauptstadt Mainz (Hrsg.) (1998): ECE-Projekt Gutenbergpassage 1997. Internet: http://www.mainz.de/microsite/lufo/medien/bindata/LuFo_ECE-Projekt_Gutenbergpassage_Oktober1997.pdf (04.06.19).

Landeshauptstadt Mainz (Hrsg.) (2003): Bebauungsplan „Baublöcke südlich der Ludwigsstraße - Ergänzung (A233/1.Ä)". Internet: https://gint.mainz.de/gint1/umn-www/themen/links/a61/pdf/2584_Plan.pdf (08.03.2019).

Landeshauptstadt Mainz (Hrsg.) (2005): Zentrenkonzept Einzelhandel. Internet: http://www.mainz.de/medien/internet/downloads/Zentrenkonzept_Einzelhandel.PDF (04.06.2019).

Landeshauptstadt Mainz (Hrsg.) (2009): Karstadt Warenhaus in Mainz bleibt erhalten. Pressemeldung vom 01.12.2009. Internet: http://www.mainz.de/verwaltung-und-politik/verwaltungsorganisation/pressemeldung.php?showpm=true&pmurl=http://www.mainz.de/newsdesk/publications/Mainz/181010100000049627.php (05.03.2019).

Landeshauptstadt Mainz (Hrsg.) (2011a): Arbeitspapier. Rahmenbedingungen und Städtebauliche Vorgaben zur Entwicklung des Einzelhandelsstandortes „Ludwigsstraße" – sowie Vorschläge zum Projektablauf. Internet: http://www.mainz.de/microsite/lufo/medien/bindata/LuFo_Arbeitspapier_Mai2011.pdf (04.06.2019).

Landeshauptstadt Mainz (Hrsg.) (2011b): LudwigsstraßenForum. Anregungen Auftaktforum am 21. Juni 2011. Internet: http://www.mainz.de/microsite/lufo/medien/bindata/LuFo_Forum-I_Anregungen.pdf (04.06.2019).

Landeshauptstadt Mainz (Hrsg.) (2011c): LudwigsstraßenForum. Anregungen Auftaktforum am 21. Juni 2011 – Teil 2. Internet: http://www.mainz.de/microsite/lufo/medien/bindata/LuFo_Forum-I_Anregungen-nach-21Jun2011.pdf (04.06.2019).

Landeshauptstadt Mainz (Hrsg.) (2011d): LudwigsstraßenForum. Protokoll Auftaktforum am 21. Juni 2011. Internet: http://www.mainz.de/microsite/lufo/medien/bindata/LuFo_Forum-I_Protokoll.pdf (04.06.2019).

Landeshauptstadt Mainz (Hrsg.) (2011e): LudwigsstraßenForum II: Einzelhandel, 1. September 2011. Anregungen. Internet: http://www.mainz.de/microsite/lufo/medien/bindata/LuFo_Forum-II_Anregungen.pdf (04.06.2019).

Landeshauptstadt Mainz (Hrsg.) (2011f): LudwigsstraßenForum III: Verkehr / Parken, 28. Oktober 2011. Protokoll. Internet: http://www.mainz.de/microsite/lufo/medien/bindata/LuFo_Forum-III_Protokoll.pdf (04.06.2019).

Landeshauptstadt Mainz (Hrsg.) (2011g): Einkaufszentrum Ludwigsstrasse. Großprojekt kommt voran. Pressemeldung vom 21.03.2011. Internet: http://www.mainz.de/newsdesk/publications/Mainz/181010100000049775.php?sp-mode=pdf (04.06.2019).

Landeshauptstadt Mainz (Hrsg.) (2011h): LudwigsstraßenForum I – Auftakt. Präsentation. Mainz. Internet: http://www.mainz.de/microsite/lufo/medien/bindata/Praesentation_LuFo1_21-06-11_s.pdf (04.06.2019).

Landeshauptstadt Mainz (Hrsg.) (2011i): „Lufo“-Auftakt: Aus dem Experiment lernen. Pressemeldung vom 22.06.2011. Internet: http://www.mainz.de/newsdesk/publications/Mainz/181010100000050066.php?sp-mode=pdf (04.06.2019).

Landeshauptstadt Mainz (Hrsg.) (2011j): LudwigsstraßenForum II: Einzelhandel, 1. September 2011. Protokoll. Internet: http://www.mainz.de/microsite/lufo/medien/bindata/LuFo_Forum-II_Protokoll.pdf (04.06.2019).

Landeshauptstadt Mainz (Hrsg.) (2011k): LudwigsstraßenForum IV: Stadtgestalt / öffentlicher Raum, 20. Dezember 2011. Präsentation. LudwigsstraßenForum. Mainz. Internet: http://www.mainz.de/microsite/lufo/medien/bindata/LuFo_Forum-IV_Praesentation.pdf (04.06.2019).

Landeshauptstadt Mainz (Hrsg.) (2012a): Abschlussbericht LudwigsstraßenForum. Leitlinien – Empfehlungen. Entwurf. Internet: http://www.mainz.de/microsite/lufo/medien/bindata/LuFo_Forum-VI_Entwurf-Abschlussbericht_s.pdf (04.06.2019).

Landeshauptstadt Mainz (Hrsg.) (2012b): Anlage Abschlussbericht LudwigsstraßenForum. Leitlinien – Empfehlungen. Entwurf. Internet: http://www.mainz.de/microsite/lufo/medien/bindata/LuFo_Forum-VI_Entwurf-Abschlussbericht_Anlage.pdf (04.06.2019).

Landeshauptstadt Mainz (Hrsg.) (2012c): LudwigsstraßenForum V: Gutachten Einzelhandelsstandort Ludwigsstraße: Handel und Städtebau, 07. März 2012. Anregungen. Internet: http://www.mainz.de/microsite/lufo/medien/bindata/LuFo_Forum-V_Anregungen_2.pdf (04.06.2019).

Landeshauptstadt Mainz (Hrsg.) (2012d): LudwigsstraßenForum V: Gutachten Einzelhandelsstandort Ludwigsstraße: Handel und Städtebau, 07. März 2012. Protokoll. Internet: http://www.mainz.de/microsite/lufo/medien/bindata/LuFo_Forum-V_Protokoll.pdf (04.06.2019).

Landeshauptstadt Mainz (Hrsg.) (2012e): LudwigsstraßenForum VI: Abschluss, 15. Juni 2012. Protokoll. Internet: http://www.mainz.de/microsite/lufo/medien/bindata/LuFo_Forum-VI_Protokoll.pdf (04.06.2019).

Landeshauptstadt Mainz (Hrsg.) (2012f): LudwigsstraßenForum VII: Abschlussbericht LudwigsstraßenForum Leitlinien - Empfehlungen, 12. Oktober 2012. Protokoll. Internet: http://www.mainz.de/microsite/lufo/medien/bindata/LuFo_Forum-VII_Protokoll.pdf (04.06.2019).

Landeshauptstadt Mainz (Hrsg.) (2013a): Eckpunktepapier Einkaufsquartier Ludwigsstraße zwischen Stadt Mainz und ECE. Internet: http://www.mainz.de/microsite/lufo/medien/bindata/LuFo_Eckpunktepapier.pdf (04.06.2019).

Landeshauptstadt Mainz (Hrsg.) (2013b): Leitlinien und Empfehlungen. Fortschreibung 10/2013. Internet: http://www.mainz.de/microsite/lufo/medien/bindata/LuFo_Leitlinien_Fortschreibung-Okt13.pdf (04.06.2019).

Landeshauptstadt Mainz (Hrsg.) (2013c): LudwigsstraßenForum VIII: Verhandlungsstand zwischen Landeshauptstadt Mainz und ECE, 22. November 2013. Protokoll. Internet: http://www.mainz.de/microsite/lufo/medien/bindata/LuFo_VIII_5_Protokoll.pdf (04.06.2019).

Landeshauptstadt Mainz (Hrsg.) (2013d): LudwigsstraßenForum VIII: Weitere Stellungnahmen. Internet: http://www.mainz.de/microsite/lufo/medien/bindata/LuFo_Forum-VIII_weitere-Stellungnahmen.pdf (04.06.2019).

Landeshauptstadt Mainz (Hrsg.) (2013e): Einkaufsquartier Ludwigsstraße: Stadtspitze setzt weiter auf konstruktiven Dialog. Pressemeldung vom 11.06.2013. Internet: http://www.mainz.de/newsdesk/publications/Mainz/181010100000068195.php?sp-mode=pdf (04.06.2019).

Landeshauptstadt Mainz (Hrsg.) (2013f): Einkaufsquartier Ludwigsstraße. Planungskonzept zum Eckpunktepapier vorgestellt. Pressemeldung vom 16.10.2013. Internet: http://www.mainz.de/newsdesk/publications/Mainz/181010100000068285.php?sp-mode=pdf (04.06.2019).

Landeshauptstadt Mainz (Hrsg.) (2014): Kommunaler Entschuldungsfonds (KEF-RP). Internet: https://www.mainz.de/vv/produkte/finanzverwaltung/kommunaler-entschuldungsfonds.php (04.06.2019).

Landeshauptstadt Mainz (Hrsg.) (2015a): ECE will Neubau zur Aufwertung des Karstadt-Standortes. Pressemeldung vom 11.05.2015. Internet: http://www.mainz.de/verwaltung-und-politik/verwaltungsorganisation/pressemeldung.php?showpm=true&pmurl=http://www.mainz.de/newsdesk/publications/Mainz/181010100000077632.php (04.06.2019).

Landeshauptstadt Mainz (Hrsg.) (2015b): Integriertes Stadtentwicklungskonzept Innenstadt Mainz. Internet: http://www.mainz.de/microsite/iek/medien/bindata/IEK_1_IEK_Innenstadt_s.pdf (04.06.2019).

Landeshauptstadt Mainz (Hrsg.) (2017): Ludwigsstraße: Neue Dynamik. Mainz. Pressemeldung vom 05.09.2017. Internet: http://www.mainz.de/newsdesk/publications/Mainz/181010100000133177.php?sp-mode=pdf (letzter Abruf: 25.05.2019).

Landeswahlleiter Rheinland-Pfalz (Hrsg.) (2009): Wahlergebnisse 2009: Kreistagswahlen und Stadtratswahlen der kreisfreien Städte. Koblenz, kreisfreie Stadt – Endgültiges Ergebnis. Internet: https://www.wahlen.rlp.de/kw/wahlen/2009/kreistagswahlen/ergebnisse/1110000000.html (04.06.2019).

LANZ, S. (2013): Be Berlin! Governing the City through Freedom. In: *International Journal of Urban and Regional Research* 37 (4): 1305-1324.

LARNER, W. (2001): Governing globalisation. The New Zealand call centre attraction initiative. In: *Environment and Planning A: Economy and Space* 33 (2): 297-312.

LARNER, W. (2005): Neo-liberalizing Spaces and Subjectivities. Reinventing New Zealand Universities. In: *Organization* 12 (6): 843-862.

LAUEN, G. (2011): Stadt und Kontrolle. Der Diskurs um Sicherheit und Sauberkeit in den Innenstädten. Bielefeld (transcript).

LEES, L. (2004): Urban geography. Discourse analysis and urban research. In: *Progress in Human Geography* 28 (1): 101-107.

LEMKE, T. (1997): Eine Kritik der politischen Vernunft. Foucaults Analyse der modernen Gouvernementalität. Berlin (Argument).

LEMKE, T. (2007): Gouvernementalität und Biopolitik. Wiesbaden (VS Verlag für Sozialwissenschaften).

LEMKE, T., KRASMANN, S. u. U. BRÖCKLING (2000): Gouvernementalität, Neoliberalismus und Selbsttechnologien. Eine Einleitung. In: BRÖCKLING, U., KRASMANN, S. u. T. LEMKE (Hrsg.): Gouvernementalität der Gegenwart. Studien zur Ökonomisierung des Sozialen: 7-40. Frankfurt am Main (Suhrkamp).

LINGEN, N. (2014): Einfluss innerstädtischer Shopping Center auf die Zentralität von Mittel- und Großstädten. In: KULKE, E. u. J. RAUH (Hrsg.): Das Shopping Center Phänomen. Aktuelle Entwicklungen und Wirkungen. Geographische Handelsforschung 22: 109-144. Mannheim (MetaGIS).

LINTZ, G. (2017): Foucault statt Fürst? Gedanken zu einem an Bedeutung gewinnenden Paradigma. In: *Raumforschung und Raumordnung* 75 (4): 319-325.

LIPPERT, R. (2009): Signs of the Surveillant Assemblage. Privacy Regulation, Urban CCTV, and Governmentality. In: *Social & Legal Studies* 18 (4): 505-522.

MACKENZIE, D. (2007): Is Economics Performative? Option Theory and the Construction of Derivative Markets. In: MACKENZIE, D., MUNIESA, F. u. L. SIU (Hrsg.): Do economists make markets? On the performativity of economics: 54-86. Princeton (Princeton University Press).

Mainspitze (Hrsg.) (2013): Rüsselsheim: Expertin beurteilt vor dem Hintergrund eines Einkaufszentrums im Altwerk Lage der Innenstadt. Presseartikel vom 31.03.2013.

Mainzer Rheinzeitung (Hrsg.) (2011a): Gibt´s 2013 schon die neue Lu? Presseartikel vom 18.03.2011. Internet: https://www.rhein-zeitung.de/mainzer-rhein-zeitung_artikel,-gibts-2013-schon-die-neue-lu-_arid,220467.html (04.06.2019).

Mainzer Rheinzeitung (Hrsg.) (2011b): Lu: Stadt fragt die Mainzer. Presseartikel vom 10.05.2011.

Mainzer Rheinzeitung (Hrsg.) (2011c): Wollen Mainzer gar keine „Mall“ auf der Lu? Presseartikel vom 21.06.2011.

Mainzer Rheinzeitung (Hrsg.) (2011d): Einkaufszentrum. Mainz rüstet sich für den Dialog mit Investor ECE. Presseartikel vom 12.07.2011. Internet: https://www.rhein-zeitung.de/mainzer-rhein-zeitung_artikel,-einkaufszentrum-mainz-ruestet-sich-fuer-den-dialog-mit-investor-ece-_arid,275705.html (04.06.2019).

Mainzer Rheinzeitung (Hrsg.) (2011e): Stadt Mainz spricht mit Lu-Bürgerinitiative. Presseartikel vom 10.08.2013. Internet: https://www.rhein-zeitung.de/mainzer-rhein-zeitung_artikel,-stadt-mainz-spricht-mit-lubuergerinitiative-_arid,287887.html (04.06.2019).

Mainzer Rheinzeitung (Hrsg.) (2015): Kein Einkaufszentrum mehr in Mainzer Innenstadt geplant. Presseartikel vom 05.08.2015.

MARCHART, O. (2010): Die politische Differenz. Zum Denken des Politischen bei Nancy, Lefort, Badiou, Laclau und Agamben. Berlin (Suhrkamp).

Markt und Standort Beratungsgesellschaft mbH (Hrsg.) (2009): Spandau ARCADEN. Ex-Post Bestanduntersuchung im Berliner Zentrum Spandau Altstadt. Internet: https://www.geographie.hu-berlin.de/de/abteilungen/wirtschaftsgeographie/AK-Einzelhandelsforschung/publikationen/aktuelle-studien-zum-einzelhandel/markt-und-standort-beratungsgesellschaft-mbh/markt-und-standort-beratungsgesellschaft_2009_spandau-arcaden.pdf/view (05.12.2018).

Markt und Standort Beratungsgesellschaft mbH (Hrsg.) (2010): Erlangen Arcaden. Ex-Post Bestanduntersuchung im zentralen Versorgungsbereich Erlangens. Internet: https://www.geographie.hu-berlin.de/de/abteilungen/wirtschaftsgeographie/AK-Einzelhandelsforschung/publikationen/aktuelle-studien-zum-einzelhandel/markt-und-standort-beratungsgesellschaft-mbh/markt-und-standort-beratungsgesellschaft_2010_ex-post-bestandsuntersuchung_erlangen-arcaden.pdf/view (05.12.2018).

Markt und Standort Beratungsgesellschaft mbH (Hrsg.) (2012): Erlangen ARCADEN. Untersuchung der Bestandentwicklung in der Erlanger Innenstadt. Internet: https://www.geographie.hu-berlin.de/de/abteilungen/wirtschaftsgeographie/AK-Einzelhandelsforschung/publikationen/aktuelle-studien-zum-einzelhandel/markt-und-standort-beratungsgesellschaft-mbh/markt-und-standort-beratungsgesellschaft_2012_untersuchungs-der-bestandsentwicklung_erlangen-arcaden.pdf/view (05.12.2018).

MARQUARDT, N. (2014): Michel Foucault – Gouvernementalität und Stadt. In: BELINA, B., NAUMANN, M. u. A. STRÜVER (Hrsg.): Handbuch kritische Stadtgeographie: 20-25.Münster (Westfälisches Dampfboot).

MATTISSEK, A. (2008): Die neoliberale Stadt. Diskursive Repräsentationen im Stadtmarketing deutscher Großstädte. Bielefeld (transcript).

MAYER-DUKART, A. (2010): Handel und Urbanität. Städtebauliche Integration innerstädtischer Einkaufszentren. Schriftenreihe Stadt + Landschaft 02. Detmold (Rohn).

MAYRING, P. (2015[12]): Qualitative Inhaltsanalyse. Grundlagen und Techniken. Weinheim (Beltz).

MB Research GmbH (Hrsg.) (2018): MB-Research Einzelhandelsrelevante Kaufkraft, Einzelhandelsumsatz und Zentralitätskennziffern 2018. Einzelhandelsdaten und Aussagen über örtliche Kaufkraftbindung. Internet: http://www.mb-research.de/_download/MBR-EHK-UKZ-Zentralitaetskennziffern.pdf (04.06.2019).

MENNICKEN, A. u. H. VOLLMER (2007): Einleitung: Fundstellen von Zahlenforschung. In: MENNICKEN, A. u. H. VOLLMER (Hrsg.): Zahlenwerk. Kalkulation, Organisation und Gesellschaft. Organisation und Gesellschaft: 9-17. Wiesbaden (VS Verlag für Sozialwissenschaften).

METZENDORF, R. (2011): Die Ludwigsstraße im Wandel der Zeiten. Von der „Grande Rue Napoléon“ zur „Lu“. In: *Mainz Vierteljahreshefte* 3: 37-45.

MEUSER, M. u. U. NAGEL (1991): ExpertInneninterviews – vielfach erprobt, wenig bedacht. In: GARZ, D. u. K. KRAIMER (Hrsg.): Qualitativ-empirische Sozialforschung. Konzepte, Methoden, Analysen: 441-471. Wiesbaden (VS Verlag für Sozialwissenschaften).

MEYER ZU SCHWABEDISSEN, F. u. J. MIGGELBRINK (2005): Wo der Standort trompetet, geht die Freiheit flöten“. Bilder interurbanen Wettbewerbs am Beispiel der Bewerbung Leipzigs zur „Candidate City“ für die Olympischen Spiele 2012. In: *Social Geography* 1 (1): 15-27.

MILLER, P. (2001): Governing by numbers. Why calculative practices matter. In: *Social Research* 68 (2): 379-396.

MILLER, P. u. C. NAPIER (1993): Genealogies of calculation. In: *Accounting, Organizations and Society* 18 (7/8): 631-647.

MILLER, P. u. N. ROSE (1990): Governing economic life. In: *Economy and Society* 19 (1): 1-31.

MOEBIUS, S. u. A. RECKWITZ (2008): Einleitung. Poststrukturalismus und Sozialwissenschaften. Eine Standortbestimmung. In: MOEBIUS, S. u. A. RECKWITZ (Hrsg.): Poststrukturalistische Sozialwissenschaften: 7-23. Frankfurt am Main (Suhrkamp).

MONHEIM, R. (2007): Der Einzelhandel in der Bayreuther Innenstadt unter dem Einfluss eines integrierten Shopping Centers. In: *Arbeitsmaterialien zur Raumordnung und Raumplanung* 255: 107-131.

MONHEIM, R. (2013): Der Einfluss von integrierten Einkaufszentren auf die Einzugsbereiche von Innenstädten. In: *Berichte des Arbeitskreises Geographische Handelsforschung* 33: 28-34.

MONHEIM, R. (2019): Innenstadtintegrierte Einkaufszentren. Chancen und Risiken für eine nachhaltige Stadtentwicklung. Geographische Handelsforschung 27. Mannheim (MetaGIS).

MONHEIM, R. u. J. HELLER (2016): Die Innenstadt von Leipzig und die Höfe am Brühl im Wandel. Standortvergleich und Monitoring der Entwicklung 2010 - 2014 aus Sicht der Besucher. Internet: https://www.geographie.hu-berlin.de/de/abteilungen/wirtschaftsgeographie/AK-Einzelhandelsforschung/publikationen/aktuelle-studien-zum-einzelhandel/monheim-rolf/monheim-heller_2016_die-innenstadt-von-leipzig-und-die-hoefe-am-bruehl-im-wandel.pdf/view (05.12.2018).

MONHEIM, R. u. S. LUX (1999): Nutzung und Bewertung des Stadtzentrums in Bayreuth unter besonderer Berücksichtigung der Auswirkungen eines neuen innerstädtischen Einkaufszentrums. *Arbeitsmaterialien zur Raumordnung und Raumplanung* 187. Bayreuth.

MÜLLER, J.E. (1973): Finanzierung von Einkaufszentren. In: FALK, B.R. (Hrsg.): Shopping-Center-Handbuch: 107-127. München (GWI).

MULLIS, D. u. S. SCHIPPER (2013): Die postdemokratische Stadt zwischen Politisierung und Kontinuität. Oder ist die Stadt jemals demokratisch gewesen? In: *sub\urban. zeitschrift für kritische Stadtforschung* 1 (2): 79-100.

MÜNKER, S. u. A. ROESLER (20122): Poststrukturalismus. Stuttgart, Weimar (Metzler).

MURDOCH, J. (2004): Putting discourse in its place. Planning, sustainability and the urban capacity study. In: *Area* 36 (1): 50-58.

O'MALLEY, P., WEIR, L. u. C. SHEARING (1997): Governmentality, criticism, politics. In: *Economy and Society* 26 (4): 501-517.

PESCH, F. (2014): Integration und Urbanität. Zukunftsperspektiven innerstädtischer Einkaufszentren. In: *Informationen zur Raumentwicklung* 1: 55-65.

Planungs- und Gestaltungsbeirat der Stadt Mainz (Hrsg.) (2011): Protokoll zur Sitzung vom 26.08.2011. Internet: https://www.mainz.de/medien/internet/downloads/PGB-I_26Aug2011_Protokoll.pdf (04.06.2019).

POPP, M. (2002): Innenstadtnahe Einkaufszentren. Besucherverhalten zwischen neuen und traditionellen Einzelhandelsstandorten. Geographische Handelsforschung 6. Passau (LIS).

PORTER, T. M. (1992): Quantification and the Accounting Ideal in Science. In: *Social Studies of Science* 22 (4): 633-651.

POWER, M. (1997): The audit society. Rituals of verification. Oxford, New York (Oxford University Press).

POWER, M. (2004): Counting, Control and Calculation: Reflections on Measuring and Management. In: *Human Relations* 57 (6): 765-783.

Property Magazine (2012): ECE-Galerie in Leer endgültig abgeschmettert. Presseartikel vom 20.07.2012. Internet: https://www.property-magazine.de/ece-galerie-leer-endgueltig-abgeschmettert-46643.html (04.06.2019).

PUMP-UHLMANN, H. (2007): Shopping-Center und Stadtentwicklung: unter Ausschluss der Öffentlichkeit? In: WEHRHEIM, J. (Hrsg.): Shopping Malls. Interdisziplinäre Betrachtungen eines neuen Raumtyps. Stadt, Raum und Gesellschaft 24: 175-189. Wiesbaden (Springer).

QUADFLIEG, D. (2008): Sprache und Diskurs. Von der Struktur zur différance. In: MOEBIUS, S. u. A. RECKWITZ (Hrsg.): Poststrukturalistische Sozialwissenschaften: 93-107. Frankfurt am Main (Suhrkamp).

RACO, M. (2003): Governmentality, subject-building, and the discourses and practices of devolution in the UK. In: *Transactions of the Institute of British Geographers* 28: 75-95.

RACO, M. u. R. IMRIE (2000): Governmentality and rights and responsibilities in urban policy. In: *Environment and Planning A: Economy and Space* 32 (12): 2187-2204.

RANCIÈRE, J. (2001): Ten Theses on Politics. In: Theory & Event 5 (3). Internet: https://muse.jhu.edu/article/32639 (04.06.2019).

RANCIÈRE, J. (2002): Das Unvernehmen. Politik und Philosophie. Frankfurt am Main (Suhrkamp).

REICHERT, R. (2004): Einführung. In: Pircher, W. u. R. REICHERT (Hrsg.): Governmentality studies. Analysen liberal-demokratischer Gesellschaften im Anschluss an Michel Foucault. Konturen politisch philosophischen Denkens. Band 1: 11-32. Münster (Lit).

ROESLER, K. (1992): Einkaufsstandort Mainz. Einzelhandels-Strukturgutachten im Auftrag der Stadt Mainz. Basel.

RORTY, R. (Hrsg.) (1967): The linguistic turn. Recent essays in philosophical method. Chicago (University of Chicago Press) [u.a.].

ROSE, N. (1988): Calculable minds and manageable individuals. In: *History of the Human Sciences* 1 (2): 179-200.

ROSE, N. (1991): Governing by numbers. Figuring out democracy. In: *Accounting, Organizations and Society* 16 (7): 673-692.

ROSE, N. (1993): Government, authority and expertise in advanced liberalism. In: *Economy and Society* 22 (3): 283-299.

ROSE, N. S. u. P. MILLER (1992): Political Power beyond the State. Problematics of Government. In: *British Journal of Sociology* 43 (2): 173-205.

ROSEMANN, T. (2013): Planning in the face of democracy. Mit Jacques Rancière über Raumplanung und Demokratie nachdenken. In: *sub\urban. zeitschrift für kritische stadtforschung* 1 (2): 41-60.

ROSE-REDWOOD, R. S. (2008): Indexing the great ledger of the community. Urban house numbering, city directories, and the production of spatial legibility. In: *Journal of Historical Geography* 34 (2): 286-310.

ROSOL, M. (2013): Regieren (in) der neoliberalen Stadt. Foucaults Analyse des Neoliberalismus als Beitrag zur Stadtforschung. In: *Geographische Zeitschrift* 101 (3+4): 132-147.

ROSOL, M. (2015): Governing cities through participation—a Foucauldian analysis of CityPlan Vancouver. In: *Urban Geography* 36 (2): 256-276.

ROSSI, U. u. A. VANOLO (2012): Urban political geographies. A global perspective. Los Angeles (Sage).

ROY, A. (2009): Civic Governmentality. The Politics of Inclusion in Beirut and Mumbai. In: *Antipode* 41 (1): 159-179.

RUFFING, R. (20102): Michel Foucault. Paderborn (Fink).

RYDIN, Y. (2007): Indicators as a governmental technology? The lessons of community-based sustainability indicator projects. In: *Environment and Planning D: Society and Space* 25 (4): 610-624.

SALM, V. (2006): Einzelhandelsgeographische Beratungsleistungen. Evaluation ihrer Verwendung in der kommunalen Einzelhandelsentwicklung. Geographische Handelsforschung 12. Passau (L.I.S.).

SAUSSURE, F.d. (19672): Grundfragen der allgemeinen Sprachwissenschaft. Berlin (De Gruyter).

SCHIPPER, S. (2013): Genealogie und Gegenwart der „unternehmerischen“ Stadt. Neoliberales Regieren in Frankfurt am Main 1960-2010. Raumproduktionen 18. Münster (Westfälisches Dampfboot).

SCHIPPER, S. (2014): Die unternehmerische Stadt. In: BELINA, B., NAUMANN, M. u. A. STRÜVER (Hrsg.): Handbuch kritische Stadtgeographie: 97-101. Münster (Westfälisches Dampfboot).

SCHOLL, S. (2014): Das Politische als ›konstitutives Außen‹ des Ökonomischen Grenzziehungen zwischen ›Wirtschaft‹ und ›Politik‹ in historischer Perspektive. In: KLEIN, I. u. S. WINDMÜLLER (Hrsg.): Kultur der Ökonomie. Bielefeld (transcript).

SCHRAGE, D. (1999): Was ist ein Diskurs? Zu Michel Foucaults Versprechen, „mehr“ ans Licht zu bringen. In: BUBLITZ, H. (Hrsg.): Das Wuchern der Diskurse. Perspektiven der Diskursanalyse Foucaults: 63-74. Frankfurt, New York (Campus).

SCHRAMEYER, J. (2009): Projektentwicklung von Shoppingcentern. Vortragskurzfassung. In: *Berichte des Arbeitskreises Geographische Handelsforschung* 25: 18-20.

SCHREIBER, V. (2011): Fraktale Sicherheiten. Eine Kritik der kommunalen Kriminalprävention. Kultur und soziale Praxis. Bielefeld (transcript).

SCHWAB-TRAPP, M. (2001): Diskurs als soziologisches Konzept. Bausteine für eine soziologisch orientierte Diskursanalyse. In: KELLER, R. (Hrsg.): Handbuch sozialwissenschaftliche Diskursanalyse. Theorien und Methoden. Interdisziplinäre Diskursforschung. 1: 261-283. Wiesbaden (VS Verlag für Sozialwissenschaften).

SELLE, K. (2012): Stadtentwicklung aus der „Governance-Perspektive“. Eine veränderte Sicht auf den Beitrag öffentlicher Akteure zur räumlichen Entwicklung – früher und heute. In: ALTROCK, U. u. B. GRISCHA (Hrsg.): Wer entwickelt die Stadt? Geschichte und Gegenwart lokaler Governance. Akteure – Strategien – Strukturen: 27-48. Bielefeld (transcript).

Stadt Frankfurt am Main (2010): Fortschreibung Einzelhandels- und Zentrenstruktur Frankfurt am Main 2010. Baustein 2/10. Internet: https://www.stadtplanungsamt-frankfurt.de/show.php?ID=10727&psid=qkrf360b7uthe6o0t9jj30mo03 (04.06.2019).

Stadt Ludwigshafen am Rhein (Hrsg.) (2011): Einzelhandels- und Zentrenkonzept Ludwigshafen 2011. Internet: http://www.ludwigshafen.de/fileadmin/Websites/Stadt_Ludwigshafen/Nachhaltig/Stadtentwicklung/Zentrenkonzept/PDF/ezh_konzept_2011.pdf (04.06.2019).

STÄHLER, L. u. C. KRAJEWSKI (2014): Innerstädtische Shopping Center in deutschen Mittelstädten. Einsatz und Erfolg kommunaler Steuerungsinstrumente im Ansiedlungsprozess. In: KULKE, E. u. J. RAUH (Hrsg.): Das Shopping Center Phänomen. Aktuelle Entwicklungen und Wirkungen. Geographische Handelsforschung 22: 37-71. Mannheim (MetaGIS).

Statista GmbH (Hrsg.) (2018a): Anzahl der Einkaufszentren in Deutschland in den Jahren von 1965 bis 2017. Internet: https://de.statista.com/statistik/daten/studie/236105/umfrage/anzahl-der-einkaufszentren-in-deutschland/ (04.06.2019).

Statista GmbH (Hrsg.) (2018b): Verteilung der Einkaufszentren in Deutschland nach Standortlagen in den Jahren von 1964 bis 2016. Internet: https://de.statista.com/statistik/daten/studie/261631/umfrage/eroeffnete-shopping-center-in-deutschland-nach-standortlagen/ (04.06.2019).

STRAUSS, A. u. J. CORBIN (1996): Grounded theory. Grundlagen qualitativer Sozialforschung. Weinheim (Beltz).

STRÜVER, A. (2009): Grundlagen und zentrale Begriffe der Foucault´schen Diskurstheorie. In: GLASZE, G. u. A. MATTISSEK (Hrsg.): Handbuch Diskurs und Raum. Theorien und Methoden für die Humangeographie sowie die sozial- und kulturwissenschaftliche Raumforschung: 61-81. Bielefeld (transcript).

Stuttgarter Zeitung (2018): Breuningerland: Böblingen wehrt sich. Presseartikel vom 04.05.2018. Internet: https://www.stuttgarter-zeitung.de/inhalt.sindelfingen-breuningerland-boeblingen-wehrt-sich.43dc017b-a398-45e1-90a7-9816ba108706.html (04.06.2019).

SUMMERVILLE, J. A., ADKINS, B. A. u. G. KENDALL (2008): Community participation, rights, and responsibilities. The governmentality of sustainable development policy in Australia. In: *Environment and Planning C: Government and Policy* 26 (4): 696-711.

SWYNGEDOUW, E. (2009): The Antinomies of the Postpolitical City. In Search of a Democratic Politics of Environmental Production. In: *International Journal of Urban and Regional Research* 33 (3): 601-620.

SWYNGEDOUW, E. (2011): Interrogating post-democratization. Reclaiming egalitarian political spaces. In: *Political Geography* 30 (7): 370-380.

TRAUE, B., PFAHL, L. u. L. SCHÜRMANN (2014): Diskursanalyse. In: BAUR, N. u. J. BLASIUS (Hrsg.): Handbuch Methoden der empirischen Sozialforschung: 493-508. Wiesbaden (Springer).

Unibail-Rodamco-Westfield Germany GmbH (Hrsg.) (2018): Unternehmensprofil. Internet: https://www.unibail-rodamco-westfield.de/unternehmen/unternehmensprofil (04.06.2019).

Urban Land Institute (Hrsg.) (19688): The Community Builders Handbook. Washington (DC).

VANOLO, A. (2014): Smartmentality. The Smart City as Disciplinary Strategy. In: *Urban Studies* 51 (5): 883-898.

VOLLMER, H. (2004): Folgen und Funktionen organisierten Rechnens. In: *Zeitschrift für Soziologie* 33 (6): 450-470.

VORMBUSCH, U. (2007): Die Kalkulation der Gesellschaft. In: MENNICKEN, A. u. H. VOLLMER (Hrsg): Zahlenwerk. Kalkulation, Organisation und Gesellschaft. Organisation und Gesellschaft: 43-63. Wiesbaden (VS Verlag für Sozialwissenschaften).

WARTENPFUHL, B. (1996): Destruktion – Konstruktion – Dekonstruktion. Perspektiven für die feministische Theorieentwicklung. In: FISCHER, U.L., KAMPSHOFF, M., KEIL, S. u. M. SCHMITT (Hrsg.): Kategorie: Geschlecht? Empirische Analysen und feministische Theorien. Geschlecht und Gesellschaft. 6: 191-209. Wiesbaden (VS Verlag für Sozialwissenschaften).

WEHRHEIM, J. (Hrsg.) (2007): Shopping Malls. Interdisziplinäre Betrachtungen eines neuen Raumtyps. Stadt, Raum und Gesellschaft 24. Wiesbaden (Springer).

WEIDNER, S. u. T. KORZER (2014): Auswirkungen innerstädtischer Shopping Center auf tradierte innerstädtische Einzelhandelsstrukturen. Langzeitstudie „Höfe am Brühl" in Leipzig. In: KULKE, E. u. J. RAUH (Hrsg.): Das Shopping Center Phänomen. Aktuelle Entwicklungen und Wirkungen. Geographische Handelsforschung 22: 73-108. Mannheim (MetaGIS).

Werbegemeinschaft Mainz e.V. (2013): Stellungnahme der Werbegemeinschaft Mainz e.V. zum aktuellen Planungsstand des ECE-Projekts. Mainz.

WIEGANDT, C.-C. (2012): Stadtentwicklung in Deutschland. In: *Geographische Rundschau* 64 (7-8): 44-53.

Wirtschaftsförderung der Landeshauptstadt Mainz (Hrsg.) (2018): Einzelhandelsmonitoring der Landeshauptstadt Mainz 2018. Internet: https://www.mainz.de/medien/internet/downloads/EZH-Monitoring_2018.pdf (26.04.2019).

WOLF, M. (2012): Anforderungen an Einzelhandelsgutachten. *Arbeitsberichte der ARL* 2. Hannover.

Verzeichnis kommunalpolitischer Dokumente aus dem Ratsinformationssystem der Stadt Mainz

Beschlussvorlagen und Anträge:

0247/2011/1	Antrag 0247/2011/1 zur Sitzung Stadtrat am 16.02.2011: Stärkung der Mainzer Innenstadt durch die Errichtung eines Einkaufszentrums mit Passage in der Ludwigsstraße (gem. Antrag SPD, Bündnis 90/Die Grünen, FDP). Internet: https://bi.mainz.de/getfile.php?id=53781&type=do& (04.06.2019).
0247/2011/2	Antrag 0247/2011/2 zur Sitzung Stadtrat am 16.02.2011: Ergänzungsantrag zum Antrag der Fraktionen von SPD, Bündnis 90/Die Grünen und FDP "Stärkung der Mainzer Innenstadt durch die Errichtung eines Einkaufszentrums mit Passage in der Ludwigstraße" (CDU). Internet: https://bi.mainz.de/getfile.php?id=53879&type=do& (04.06.2019).
1086/2011/1	Antrag 1086/2011/1 zur Sitzung Stadtrat am 15.06.2011: Neues Einkaufszentrum in der Ludwigsstraße – Karstadt-Komplex: Zukunft gestalten in Mainz (ÖDP/Freie Wähler). Internet: https://bi.mainz.de/getfile.php?id=59739&type=do& (04.06.2019).
1291/2011	Antrag 1291/2011 zur Sitzung Stadtrat am 31.08.2011: Bürgerentscheid über die Mall Ludwigsstraße (DIE LINKE.). Internet: https://bi.mainz.de/getfile.php?id=61254&type=do& (04.06.2019).
0847/2012-Anl. 4	Beschlussvorlage 0847/2012 vom 16.05.2012 für Ausschüsse: Entwicklung des Einzelhandelsstandortes Karstadt/Ludwigsstraße hier: Abschlussbericht Ludwigsstraßenforum, Leitlinien – Empfehlungen. Anlage 4: Stellungnahmen zum Entwurf des Abschlussberichtes – Kopien. Internet: https://bi.mainz.de/getfile.php?id=75332&type=do& (04.06.2019).
1577/2011/2	Antrag 1577/2011/2 zur Sitzung Stadtrat am 28.09.2011: Gemeinsamer Änderungsantrag zum Antrag der CDU 1577/2011 Einkaufszentrum in der Ludwigsstraße (SPD, Bündnis 90/Die Grünen, FDP). Internet: https://bi.mainz.de/getfile.php?id=64689&type=do& (04.06.2019).
1540/2012	Beschlussvorlage 1540/2012 zur Sitzung Stadtrat am 24.10.2012: Entwicklung des Einkaufsstandortes Ludwigsstraße. Hier: Abschlussbericht LudwigsstraßenForum, Leitlinien – Empfehlungen. Internet: https://bi.mainz.de/getfile.php?id=80497&type=do& (04.06.2019).
1540/2012-Anl. 3	Anlage 3 zu Beschlussvorschlag 1540/2012: Synopse - Leitlinien und Empfehlungen. Internet: https://bi.mainz.de/getfile.php?id=80849&type=do& (04.06.2019).

1261/2013	Antrag 1261/2013 zur Sitzung Ortsbeirat Mainz-Altstadt am 28.08.2013: ECE-Konzept nachverhandeln - beschlossene Leitlinien umsetzen (gem. Antrag SPD, Bündnis 90/Die Grünen, CDU, ÖDP). Internet: https://bi.mainz.de/getfile.php?id=94074&type=do& (04.06.2019).
1722/2013	Beschlussvorlage 1722/2013 zur Sitzung Stadtrat am 04.12.2013: Entwicklung des Einkaufsquartiers Ludwigsstraße (Verhandlungsstand, weitere Vorgehensweise) / Bauleitplanverfahren „A 262 / Ä 45 (Aufstellung)“. Internet: https://bi.mainz.de/getfile.php?id=97896&type=do& (04.06.2019).
1789/2013-A	Antwort zur Anfrage Nr. 1789/2013 der Ortsbeiratsfraktion Bündnis 90/Die Grünen Mainz-Altstadt betr. Umgang mit Leitlinien zur Ludwigsstraße. Internet: https://bi.mainz.de/getfile.php?id=98757&type=do& (04.06.2019).
1880/2013	Antrag 1880/2013 zur Sitzung Stadtrat am 04.12.2013: Bürgerentscheid über Flächenverkauf an ECE (DIE LINKE.). Internet: https://bi.mainz.de/getfile.php?id=99103&type=do& (04.06.2019).
1888/2013	Antrag 1888/2013 zur Sitzung Stadtrat am 04.12.2013: Gemeinsamer Änderungsantrag zur Beschlussvorlage „Entwicklung des Einkaufsquartiers Ludwigsstraße (Verhandlungsstand, weitere Vorgehensweise) / Bauleitplanverfahren „A 262 / Ä 45 (Aufstellung)“ (1722/2013) der Verwaltung (CDU, SPD, Bündnis 90/Die Grünen, FDP). Internet: https://bi.mainz.de/getfile.php?id=99184&type=do& (04.06.2019).
1891/2013	Antrag 1891/2013 zur Sitzung Stadtrat am 04.12.2013: Nachverhandlungen mit ECE unter Berücksichtigung der Leitlinien des Stadtrates und des städtebaulichen Rahmenplans (ÖDP). Internet: https://bi.mainz.de/getfile.php?id=99192&type=do& (04.06.2019).
1702/2015	Antrag 1702/2015 zur Sitzung Stadtrat am 30.09.2015: gem. Antrag: Innerstädtischen Einzelhandel stärken - Lokale Entwicklungs- und Aufwertungsprojekte etablieren (SPD, Bündnis 90/Die Grünen, FDP). Internet: https://bi.mainz.de/getfile.php?id=123985&type=do& (04.06.2019).
0479/2017	Antrag 0479/2017 zur Sitzung Stadtrat am 29.03.2017: Bebauungsplan Ludwigsstraße (ÖDP). Internet: https://bi.mainz.de/getfile.php?id=147775&type=do& (04.06.2019).
1185/2017	Beschlussvorlage 1185/2017 zur Sitzung Stadtrat am 27.09.2017: Entwicklung des Einkaufsstandortes Ludwigsstraße. Hier: Beschluss über die Absichtserklärung (LoI) und zur weiteren Vorgehensweise. Internet: https://bi.mainz.de/getfile.php?id=155855&type=do& (04.06.2019).
1185/2017-Anl. 1	Anlage 1 zur Beschlussvorlage 1185/2017: Projektentwicklung Ludwigsstraße. Absichtserklärung. Internet: https://bi.mainz.de/getfile.php?id=155856&type=do& (04.06.2019).

0718/1/2019	Beschlussvorlage 0718/1/2019 zur Sitzung Stadtrat am 17.04.2019: Entwicklung des Einkaufsstandortes Ludwigsstraße. Hier: Kenntnisnahme der überarbeiteten Rahmenplanung, der angepassten Absichtserklärung und Beschluss der weiteren Vorgehensweise. Internet: https://bi.mainz.de/getfile.php?id=189896&type=do& (04.06.2019).

Sitzungsprotokolle:

OBR MZ-A 23.11.2011	Niederschrift über die Sitzung des Ortsbeirates Mainz-Altstadt am 23.11.2011. Internet: https://bi.mainz.de/getfile.php?id=67627&type=do&#search=%22Ortsbeirat%22 (04.06.2019).
Aussch./OBR MZ-A 31.05.2012	Niederschrift über die gemeinsame Sitzung des Haupt- und Personalausschusses, des Wirtschaftsausschusses, des Park- und Verkehrsausschusses, des Bau- und Sanierungsausschusses und des Ortsbeirates Mainz-Altstadt am 31.05.2012. Internet: https://bi.mainz.de/getfile.php?id=79715&type=do& (04.06.2019).
OBR MZ-A 29.01.2014	Niederschrift über die Sitzung des Ortsbeirates Mainz-Altstadt am 29.01.2014. Internet: https://bi.mainz.de/getfile.php?id=101455&type=do& (04.06.2019).
OBR MZ-A 01.07.2015	Niederschrift über die Sitzung des Ortsbeirates Mainz-Altstadt am 01.07.2015. Internet: https://bi.mainz.de/getfile.php?id=121145&type=do& (04.06.2019).

Verzeichnis der Rechtsquellen

Gesetze

BauGB	Baugesetzbuch in der Fassung der Bekanntmachung vom 3. November 2017 (BGBl. I S. 3634).
BauNVO	Baunutzungsverordnung in der Fassung der Bekanntmachung vom 21. November 2017 (BGBl. I S. 3786).
GemO	Gemeindeordnung für das Land Rheinland-Pfalz in der Fassung vom 31. Januar 1994, zuletzt geändert durch Artikel 37 des Gesetzes vom 19.12.2018 (GVBl. S. 448).
LEAPG	Landesgesetz über lokale Entwicklungs- und Aufwertungsprojekte vom 18. August 2015 in der Fassung der Bekanntmachung im Gesetz- und Verordnungsblatt für das Land Rheinland-Pfalz vom 21. August 2015.
ROG	Raumordnungsgesetz vom 22. Dezember 2008 (BGBl. I S. 2986), zuletzt geändert durch Artikel 2 Absatz 15 des Gesetzes vom 20. Juli 2017 (BGBl. I S. 2808).

Urteile

OVG Münster 7 A 2902/93	Oberwaltungsgericht Münster (1997): Urteil 7 A 2902/93 vom 05.11.1997. Internet: http://www.ovg.nrw.de/behoerde/presse/pressemitteilungen/01_archiv/1997/18_971105/index.php (04.06.2019).
VG Arnsberg 4 K 572/04	Verwaltungsgericht Arnsberg (2005): Urteil 4 K 572/04 vom 25.01.2005: Internet: https://openjur.de/u/106791.html (04.06.2019).
BVerwG 4 C 7.07	Bundesverwaltungsgericht (2007): Urteil 4 C 7.07 vom 11.10.2007. Internet: https://www.bverwg.de/111007U4C7.07.0 (04.06.2019).
BVerwG 4 B 4.09	Bundesverwaltungsgericht (2009): Urteil 4 B 4.09 vom 17.02.2009. Internet: https://www.bverwg.de/170209B4B4.09.0 (04.06.2019).
BVerwG 4 B 13.12	Bundesverwaltungsgericht (2012): Urteil 4 B 13.12 vom 12.07.2012. Internet: https://www.bverwg.de/120712B4B13.12.0 (04.06.2019).
OVG NRW 7 A 964/05	Oberverwaltungsgericht Nordrhein-Westfalen (2006): Urteil 7 A 964/05 vom 11.12.2006. Internet: https://www.justiz.nrw.de/nrwe/ovgs/ovg_nrw/j2006/7_A_964_05urteil20061211.html (04.06.2019).

VGH Baden-Württem-berg 5 S 1003/16	Verwaltungsgerichtshof Baden-Württemberg 5. Senat (2017): Urteil 5 S 1003/16 vom 24.10.2017. Internet: http://lrbw.juris.de/cgi-bin/laender_rechtsprechung/document.py?Gericht=bw&nr=23012 (04.06.2019).

Anhang

A-1: Leitfaden der Interviews mit lokalen Akteuren

Prolog
• Begrüßung • Dank für Gesprächsteilnahme • Kurzvorstellung Person, Institut und Forschungsvorhaben • Hinweis auf Datenschutzbestimmungen • Abstimmung bzgl. Aufzeichnung • Überleitung zum inhaltlichen Teil

Block I – Leitfrage (Erzählaufforderung):		
Zum Einstieg möchte ich Sie gerne bitten, einfach mal zu erzählen, wie Sie in (in Ihrer Rolle als …) damals zum ersten mit konkreten Planungen für ein Einkaufszentrum an der Mainzer Ludwigsstraße in Berührung gekommen sind und wie es dann weitergegangen ist.		
Checkliste inhaltliche Aspekte **(Falls nicht erwähnt: Memo für evtl. Nachfrage)**	**Aufrechterhaltungsfragen**	**Konkrete Steuerungs- und Detailfragen**
• Wann / in welcher Form erstmals damit konfrontiert? • Welche Verantwortlichkeit? • Rekurs auf vorhergehende Planungen der 1990er Jahre	• Wie ging es danach weiter? • Wie wurden die Investorenpläne in der Stadt aufgenommen? • Sequenzielle Vertiefung	-

Block II – Leitfrage (Erzählaufforderung):		
Die Planungen von ECE haben ja in Mainz zu einer umfassenden Debatte geführt, mit einer umfassenden Bürgerbeteiligung und diversen Fachgutachten. Mich würde mal Ihre Sicht interessieren, wie Sie diese Debatte erlebt haben.		
Checkliste inhaltliche Aspekte **(Falls nicht erwähnt: Memo für evtl. Nachfrage)**	**Aufrechterhaltungsfragen**	**Konkrete Steuerungs- und Detailfragen**
• Funktionale Ebene (förderlich oder hinderlich für das Projekt?) • Rezeption der Gutachten • Kritische Auseinandersetzung mit Gutachten (Unabhängigkeit, Nachvollziehbarkeit) • Zusammenhang mit IEK Innenstadt • Stellenwert und Verhandelbarkeit der erarbeiteten Leitlinien • Verschiebungen im zeitlichen Verlauf	Wie hat sich die Diskussion dann weiter entwickelt?	• Ggf. Konfrontation mit gutachterliche Prognose zu Umsatzumverteilung in der Innenstadt

Block III – Leitfrage (Erzählaufforderung):		
Können Sie mir ein Beispiel schildern, wo es vielleicht mal einen besonders strittigen Punkt in der Zusammenarbeit mit dem Investor gegeben hat? *(ggf. automatische Überleitung im Gesprächsverlauf möglich)*		
Checkliste inhaltliche Aspekte (Falls nicht erwähnt: Memo für evtl. Nachfrage)	**Aufrechterhaltungsfragen**	**Konkrete Steuerungs- und Detailfragen**
• Verhandlungspositionen • Einheitliche Position der Stadt gegenüber ECE oder auch intern strittig? • Stellenwert des Streitpunktes • Lösungsansätze	• Wie hat sich der Konflikt weiterentwickelt? • Fallen Ihnen noch mehr Situationen ein, die die Zusammenarbeit beschreiben?	*Falls kein Punkt ad hoc genannt werden kann:* • Wo bestand noch Nachbesserungsbedarf?

Block IV – Leitfrage (Erzählaufforderung):		
ECE hat sich ja in der Zwischenzeit von den ursprünglichen Planungen für ein Einkaufszentrum distanziert. Mich würde daher interessieren, welche Perspektiven Sie nach dem Rückzug von ECE für die Mainzer Innenstadt und die Ludwigsstraße sehen?		
Checkliste inhaltliche Aspekte (Falls nicht erwähnt: Memo für evtl. Nachfrage)	**Aufrechterhaltungsfragen**	**Konkrete Steuerungs- und Detailfragen**
• Neue Investorenkonfiguration • Rolle privater Investitionen allgemein • Prioritäten der Innenstadtentwicklung • Stellenwert Tripol-Konzept / IEK	• Was wäre aus Ihrer Sicht noch wichtig? • Wie könnte es jetzt in der aktuellen Konstellation weitergehen?	• Was hätte es aus Ihrer Sicht für die Innenstadt bedeutet, wenn die ursprünglichen Pläne von ECE so umgesetzt worden wären? • Einige sagen ja, dass ein solches Einkaufszentrum Impulse für die Innenstadt bringen kann, andere äußern sich da eher kritisch. In der Wissenschaft gibt es da auch keine einhellige Meinung. Wie würden Sie das mit Blick auf Mainz sehen?

Offener Abschluss
Jetzt haben wir über einige Dinge gesprochen. Gibt es aus Ihrer Sicht etwas, worüber wir nicht gesprochen haben, was Ihnen aber in dem Zusammenhang noch wichtig ist?
Epilog
• Nochmals für die Teilnahme bedanken • Ggf. Kontaktanbahnung zu weiteren Gesprächspartnern; Mitnahme / Vereinbarung zu ergänzenden Materialien • Datenschutzerklärung ausfüllen und Aufzeichnung stoppen

A-2: Modifizierter Leitfaden der Interviews mit Gutachterbüros

Prolog
• Begrüßung • Dank für Gesprächsteilnahme • Kurzvorstellung Institut, Visitenkarte aushändigen • Untersuchungsziel kurz rekapitulieren • Hinweis, welches Wissen bereits vorhanden ist und dass nun v.a. subjektive Einschätzungen der beteiligten Schlüsselakteure für uns von Interesse sind • Hinweis auf Datenschutzbestimmungen • Zustimmung zur Aufzeichnung einholen (und mit aufzeichnen) • Überleiten zum inhaltlichen Teil

Block I – Leitfrage (Erzählaufforderung):		
Zum Einstieg möchte ich Sie gerne bitten, einfach mal zu erzählen, wie Sie damals zum ersten mit konkreten Planungen für ein Einkaufszentrum an der Mainzer Ludwigsstraße in Berührung gekommen sind und wie es dann weitergegangen ist.		
Checkliste inhaltliche Aspekte (Falls nicht erwähnt: Memo für evtl. Nachfrage)	**Aufrechterhaltungsfragen**	**Konkrete Steuerungs- und Detailfragen**
• Ggf. Rekurs auf vorhergehende Planungen der 1990er Jahre	• Wie ging es danach weiter? • Ggf. sequenzielle Vertiefung	-

Block II – Leitfrage (Erzählaufforderung):		
In Mainz haben die Planungen von ECE ja zu einer sehr weitreichenden öffentlichen Debatte geführt, mit einer umfassenden Bürgerbeteiligung und auch mehren Fachgutachten. Mich würde mal Ihre Sicht interessieren, wie Sie rückblickend Ihre Rolle als Gutachter in dieser Debatte erlebt haben.		
Checkliste inhaltliche Aspekte (Falls nicht erwähnt: Memo für evtl. Nachfrage)	**Aufrechterhaltungsfragen**	**Konkrete Steuerungs- und Detailfragen**
Bei Nachfragen am Prozessablauf orientieren: • Erste Gespräche • Aufgabenstellung • Bearbeitung • Vorstellung in städtischen Gremien und den LuFos • Rezeption und Verwertung • Rolle im Leitlinienprozess • Wirkung auf die Debatte	Wie ging es dann weiter?	Ihr Büro ist ja auch in anderen Städten tätig. Gab es aus Ihrer Erfahrung heraus Punkte, in denen sich die Debatte in Mainz vielleicht von anderen Städten unterschieden hat? → *Gründe?* Gutachten empfiehlt flankierende Maßnahmen zur Aufwertung der Innenstadt. Was könnte dies konkret sein?

Block III – Leitfrage (Erzählaufforderung):		
In Mainz wurde ja besonders über die Größe der Verkaufsfläche gestritten. Ich würde gerne mal die Frage vertiefen, wie Sie da als Gutachter methodisch rangehen um dann auch eine gute Empfehlung abgeben zu können.		
Checkliste inhaltliche Aspekte (Falls nicht erwähnt: Memo für evtl. Nachfrage)	**Aufrechterhaltungsfragen**	**Konkrete Steuerungs- und Detailfragen**
• Durchgehen der einzelnen Schritte einer Kaufkraftstrom-Modellrechnung • Quantitative vs. qualitative Indikatoren • Aussagekraft der Umsatzumverteilungsquote	Gibt es sonst noch Aspekte, die da mit reinfließen?	Wie werden die Zielwerte für die Bindungsquoten bei der Ermittlung von Verkaufsflächenpotenzialen abgeleitet?

Block IV – Leitfrage (Erzählaufforderung):		
Jetzt möchte ich gerne noch zu einem Punkt kommen, mit dem Sie als Gutachter vielleicht auch schon mal konfrontiert worden sind: Und zwar wurden bei manchen Gesprächen die ich in Mainz geführt habe auch verschiedene Kritikpunkte an Verträglichkeitsgutachten generell vorgebracht, v.a. was die Berechnungsverfahren betrifft, und zwar einmal im Hinblick auf die verwendeten Methoden, aber auch die Nachvollziehbarkeit. Da würde mich mal Ihre Einschätzung interessieren, wie Sie das sehen.		
Checkliste inhaltliche Aspekte (Falls nicht erwähnt: Memo für evtl. Nachfrage)	**Aufrechterhaltungsfragen**	**Konkrete Steuerungs- und Detailfragen**
• Überschneidung von Einzugsbereichen • Zielzentralitäten • Angebotsdefizitanalyse • Nachvollziehbarkeit • Unabhängigkeit	• Wie gehen Sie damit um?	-

Block V – Leitfrage (Erzählaufforderung):		
Zum Abschluss möchte ich Sie gerne nochmal um eine allgemeine Einschätzung bitten, auch aus Ihren Erfahrungen in anderen Städten, wie sie die Rolle von EKZ für die Innenstadtentwicklung einer Stadt wie Mainz bewerten würden.		
Checkliste inhaltliche Aspekte (Falls nicht erwähnt: Memo für evtl. Nachfrage)	**Aufrechterhaltungsfragen**	**Konkrete Steuerungs- und Detailfragen**
• Voraussetzungen • Bewertungskriterien	• Fallen Ihnen besonders positive / negative Beispiele ein?	Gibt es konkrete Beispiele, wo Sie sagen würden, dass das besonders gut gelungen ist? Welche Rolle spielt dabei die Verhandlungsposition der Stadt und wie würden Sie diese in Mainz bewerten?

Offener Abschluss
Jetzt haben wir über einige Dinge gesprochen. Gibt es aus Ihrer Sicht etwas, worüber wir nicht gesprochen haben, was Ihnen aber in dem Zusammenhang noch wichtig ist?
Epilog
• Nochmals für die Teilnahme bedanken • Ggf. Kontaktanbahnung zu weiteren Gesprächspartnern; Mitnahme / Vereinbarung zu ergänzenden Materialien • Datenschutzerklärung ausfüllen und Aufzeichnung stoppen

A-3: Verwendete Transkriptionsregeln

Die Transkription der aufgezeichneten Interviews erfolgte in Anlehnung an die Empfehlungen bei GLÄSER und LAUDEL (2009: 194) nach folgenden Grundregeln:

- Verschriftlichung in Standardorthographie ohne literarische Umschrift
- Nonverbale Äußerungen (z.B. Lachen, Räuspern) werden nur dann erfasst, wenn sie sich auf den Bedeutungsgehalt der Aussage auswirken
- Kennzeichnung unverständlicher, nicht eindeutig zu rekonstruierender Passagen durch „(*Wort?*)" bzw. „(*Worte?*)"
- Kennzeichnung von kurzen Sprechpausen: (.)
- Kennzeichnung von längeren Sprechpausen (mehr als drei Sekunden) durch Zeitangabe: (5 Sek.)
- Die Transkription der Interviewaufzeichnungen orientiert sich

Zusätzlich wurden in Anlehnung an KUCKARTZ (2014: 136 ff.) folgende Kennzeichnungen vorgenommen:

- Kennzeichnung von Satzabbrüchen durch „-" am Satzende
- Leichte Glättung von Sprache und Interpunktion (Annäherung an das Schriftdeutsch, ohne Fehlerkorrekturen oder inhaltliche / grammatikalische Änderungen)
- Zustimmende bzw. bestätigende Lautäußerungen des Interviewers (z.B. mmh, aha) werden nur dann mittranskribiert, wenn sie den Redefluss der befragten Person unterbrechen
- Störungen werden unter Angabe der Ursache in Klammern notiert (z.B. Telefon klingelt)
- Jeder Sprechbeitrag wird als eigener Absatz transkribiert und mit Zeitmarken versehen

A-4: Bebauungsplan „Baublöcke südlich der Ludwigsstraße – Ergänzung (A233/1. Ä)“, Stand: 2003

Auszug:

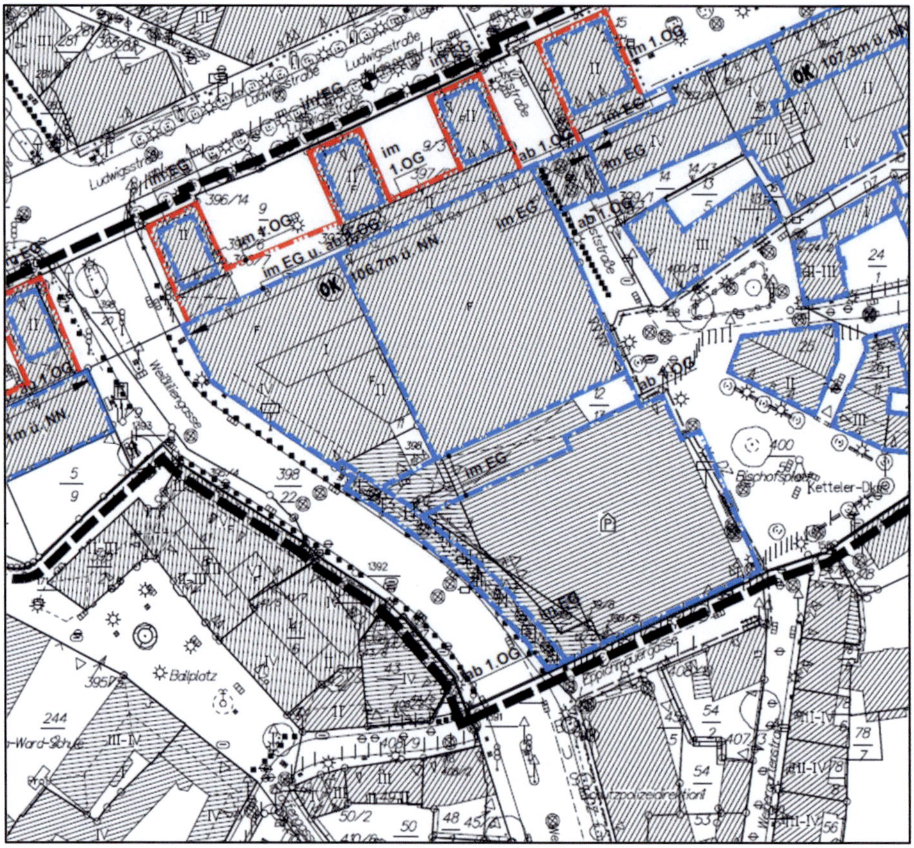

Gesamtansicht:

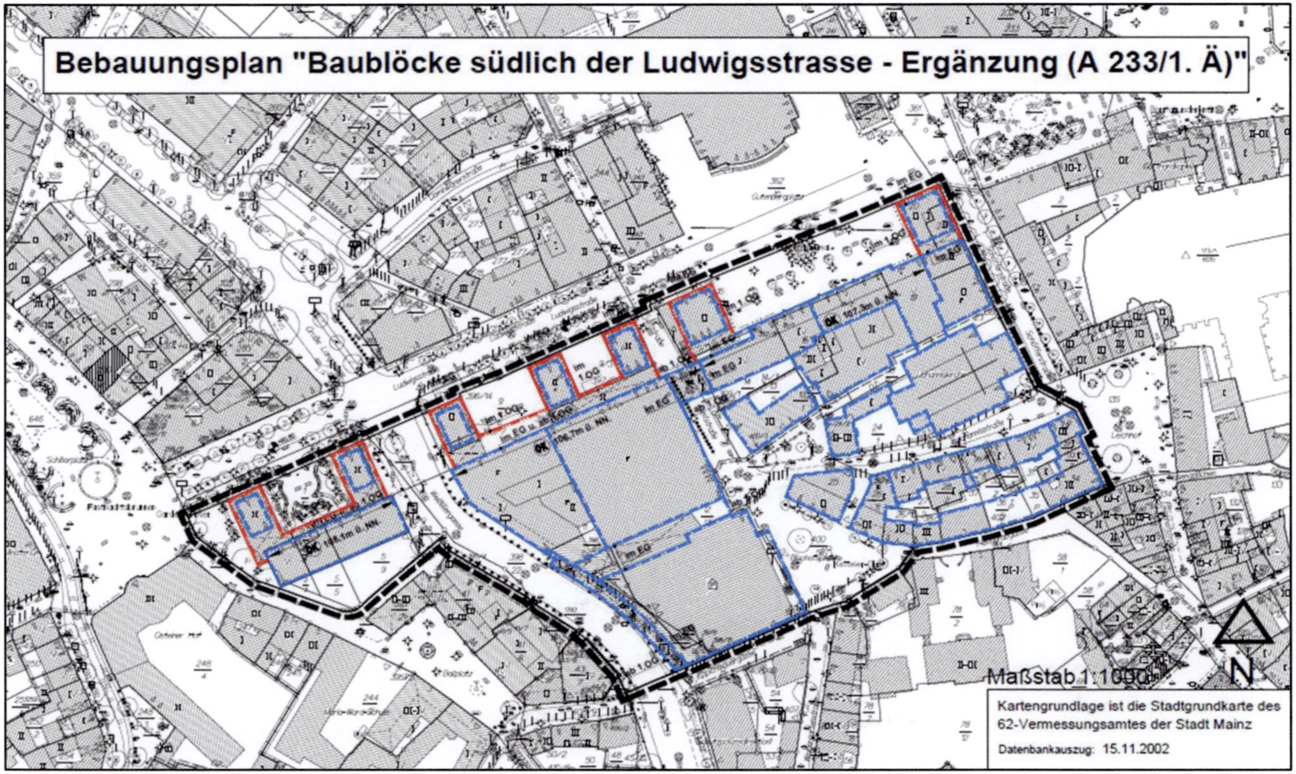

Quelle: Modifiziert nach Landeshauptstadt Mainz 2003. Skalierung nicht maßstabsgerecht.

Legende

Höhe baulicher Anlagen
(§ 9 Abs.1 Nr.1 BauGB, § 16, 18 BauNVO)

OK zwingende Höhe baulicher Anlagen in Meter über NN.

Höhenpunkt, Angaben in Meter üNN

Nachrichtliche Übernahmen
Die Baulinien und Baugrenzen sind in dem rechtskräftigen Bebauungsplan "Baublöcke südlich der Ludwigsstraße (A 233)" festgesetzt. Er ist weiterhin gültig paralell zu dem hier vorliegenden "A 233/1. Ä". Die Baulinien und Baugrenzen sind hier analog übertragen zum besseren Verständnis der hier festgesetzten Traufhöhen.

Baulinie

Baugrenze

Sonstige Festsetzungen

Grenze des räumlichen Geltungsbereiches

Sonstige Darstellungen

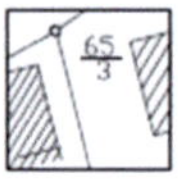

Kataster M. 1 : 1 000

A-5: Eckpunkte gem. Beschlussvorlage 0770/2016/2 (Neugestaltung Ludwigsstraße unter neuen Bedingungen“) zur Sitzung des Mainzer Stadtrats vom 25.05.2016

gem. Änderungsantrag (SPD, B90/GRÜNE, FDP) zu: „Gestaltung Ludwigsstraße“ (CDU)

1. Das Plangebiet umfasst die Karstadt-Liegenschaften sowie das Areal der Deutschen Bank.

2. Der Charakter des Gebietes mit seinen Geschäftshäusern soll durch Einzelhandel, Dienstleistungsgewerbe und Wohnen geprägt sein.

3. Die zukünftige Raumkante entlang der Ludwigsstraße verläuft entlang der heutigen erdgeschossigen Gebäudeflucht der der zu überplanenden Pavillons. Dies weicht vom bislang vorgesehenen Vorziehen der Vorderkante der Pavillons bis zur Ludwigstraße ab. Die Raumkante soll, über die Weißliliengasse, Richtung Schillerplatz fortgesetzt werden.

4. Die Einzelhandelsnutzung im Gebäude östlich der Fuststraße ist nur auf die Räumlichkeiten im Erdgeschoss und ggfs. im ersten Obergeschoss zu gestatten; alle weiteren Geschossetagen sind einer Wohnnutzung vorbehalten.

5. In allen Gebäuden darf das Erdgeschoss (mit Ausnahme für das Bankgewerbe) nicht als Büros genutzt werden.

6. Ladengeschäfte sollen unmittelbar von den Straßen aus zugänglich sein. Die Haupterschließung der Läden für den Kundenverkehr soll über die Ludwigstraße erfolgen.

7. Die Fuststraße bleibt als öffentliche Fläche erhalten und darf fortan nicht mehr überbaut werden.

8. Die Hintere Präsenzgasse zwischen den Geschäftshäusern und dem vorhandenen Parkhaus ist als öffentlicher Fußweg zwischen Bischofsplatz und Weißliliengasse zu öffnen.

9. Der Bischofplatz bleibt in seinem Kernbereich weiterhin frei von Kfz-Verkehr. Eine Öffnung der Fuststraße für den motorisierten Individualverkehr zwischen Fuststraße und Weihergasse ist keine Option. Der Bischofsplatz steht als Anlieferungs-, Ver- und Entsorgungsweg nicht zur Verfügung.

10. Die Andienung der bestehenden und künftigen Geschäftshäuser erfolgt zentral über einen Punkt in der Weißliliengasse. Eine Andienung der bestehenden und künftigen Anlieger vorderseitig der Ludwigsstraße ist nicht vorgesehen.

11. Sofern das bestehende Parkhaus einer baulichen Veränderung unterliegen soll, greift eine Kapazitätsbeschränkung von max. 400 Stellplätzen, um eine Verteilung der Kundenströme über die gesamte Stadt zu ermöglichen.

12. Auf die Ansiedlung eines schon in der Innenstadt vorhandenen Elektromarktes und schon vorhandener Bekleidungskaufhäuser ist zu verzichten, um das Tripolkonzept in der Innenstadt aufrechtzuerhalten.

13. Der Stadtrat präferiert einen Erhalt des Warenhauses Karstadt am Standort. Karstadt ist ein wichtiger Baustein für eine breite Versorgung auch über Mode und Elektronik hinaus. Deshalb appelliert der Stadtrat an den Investor ECE zum Erhalt dieses Versorgers und den Erhalt der Arbeitsplätze mit Karstadt zu verhandeln.

14. Des Weiteren ist im Zuge der Vorhaben der Errichtung von Geschäftshäusern folgendes sicherzustellen:

a. Es ist zur Gestaltung der Fassaden ein Wettbewerb durchzuführen, der auch bestehende Gebäude wie das Parkhaus einschließt, und in den die städtischen Gremien vor der Realisierung der Fassaden eingebunden sind.

b. Ein Verkauf der zwei öffentlichen Flächen zwischen den heutigen Pavillons, die notwendig sind um die Geschäftshäuser entlang der Ludwigsstraße errichten zu können, erfolgt erst an die privaten Investoren, wenn der Satzungsbeschluss gefasst ist und weitere städtebaulich relevante Themen in einem städtebaulichen Vertrag geregelt sind.

c. Die gestaltete Fläche zwischen den Pavillons westlich der Weißliliengasse und in Richtung Schillerplatz bleibt als öffentliche Grünfläche erhalten.

d. Die städtischen Gremien und die Bürgerschaft werden im Verfahren frühzeitig eingebunden und regelmäßig informiert.

A-6: Synopse zu den verkaufsflächenbezogenen Leitlinien

Leitlinie	1.2	1.3	1.4
Entwurfsfassung der Verwaltung	Zur Entfaltung einer positiven Magnetwirkung muss das Zentrum eine gewisse Mindestgröße und Attraktivität aufweisen, andererseits darf der Verkaufsflächenumfang nicht dazu führen, dass die Struktur der Innenstadt dauerhaft geschädigt wird.	Über die Größe der Verkaufsfläche muss unter Abwägung der städtebaulichen Belange, der verkehrlichen und strukturellen Verträglichkeit, der Kompatibilität mit den einschlägigen Vorgaben städtebaulicher Rahmenpläne sowie der wirtschaftlichen und betriebswirtschaftlichen Erfordernisse entschieden werden	Den Orientierungsrahmen geben die von BulwienGesa sowie Junker und Kruse ermittelten Verkaufsflächenpotentiale und als sinnvoll empfohlenen Größenordnungen vor. Sie liegt zwischen dem Umfang der beiden anderen Pole des Tripols und demnach bei 25.000 qm bis 28.000 qm Einzelhandelsverkaufsfläche einschließlich des Flächenbedarfs für Karstadt aber ohne die Flächen für Dienstleistungen und Gastronomie.
Stellungnahmen beteiligter Akteure			
Einzelhandelsverband Mittelrhein-Rheinhessen-Pfalz e.V.			Die Festlegung des Stadtvorstandes auf 25.000 qm bis 28.000 qm ohne Flächen für Dienstleistungen entspricht nicht unseren Vorstellungen. Die Nichteinbeziehung der Flächen für Gastronomie und Dienstleistungen ermöglicht den Betreibern Spielräume, die eine städtebauliche Verträglichkeit in Frage stellen könnten. Unsere Forderung war immer eine Begrenzung der Verkaufsfläche auf 25.000 qm inklusive Gastronomie und Dienstleistungen. [...]
Bürgerinitiative Mainzer Ludwigsstraße e.V. (identisch: Ortsbeiratsfraktionen SPD und Bündnis 90 / Die Grünen; SPD Arbeitskreis Bauen, Stadtentwicklung und Verkehr)	Eine in die Region ausstrahlende Anziehungskraft des Einkaufszentrums lässt sich nur erwarten, wenn es als ein Mainzer Alleinstellungsmerkmal wahrgenommen wird. Da ein solches Einkaufsquartier die vorhandene Einzelhandelsstruktur der Innenstadt nicht schädigen darf, sind bei den Verkaufsflächen und der Anzahl der Geschäfte Obergrenzen zu beachten.		Den Orientierungsrahmen geben die von Bürgerinnen und Bürgern, Ortsbeirat, Initiativen, Parteien, Fachverbänden und Gutachtern im LudwigsstraßenForum diskutierten und als sinnvoll empfohlenen Größenordnungen vor. Der südliche Pol (einschließlich neuem Einkaufsquartier) darf keinen der anderen Pole überragen. Daher darf die Verkaufsfläche im geplanten Quartier 25.000 qm, die Zahl der gewerblichen Einheiten 50 nicht übersteigen; hierin sind Einzelhandel, Gastronomie und sonstige Dienstleistungen enthalten. Zudem finden die im Quartier zu realisierenden Flächen ihre Obergrenze in der städtebaulichen Verträglichkeit

Leitlinie	1.2	1.3	1.4
			der dafür erforderlichen Baukörper. Durch geeignete Regelungen ist ferner auszuschließen, dass Personalräume, Lagerräume und andere vermietbare Flächen nachträglich in Verkaufsflächen umgewandelt werden können.
Stadtratsfraktion CDU			Die Einzelhandelsverkaufsfläche einschließlich des Flächenbedarfs für Karstadt beträgt maximal 25.000 qm. Hinsichtlich der Flächen für Gastronomie ist die jetzige Situation die Orientierungsgröße. Es ist darauf zu achten, dass die bestehenden gastronomischen Einrichtungen in der Innenstadt und in der Altstadt nicht gefährdet werden.
Stadtratsfraktion ÖDP / Freie Wähler			Die Verkaufsfläche im geplanten Quartier soll 20.000 bis maximal 25.000 qm – einschließlich der Flächen für Gastronomie und Dienstleistungen – nicht überschreiten. Dabei ist eine Verträglichkeit der Planung für den Mainzer Einzelhandel entsprechend noch gutachterlich nachzuweisen. Neben den „Einkaufsstandorten gemäß dem Tripolkonzept" müssen auch die „Randlagen" bei den weiteren Analysen und Planungen (z.B. Münsterplatz, Neubrunnenplatz) in diesen Untersuchungen berücksichtigt werden.
Stadtratsfraktion Bündnis 90 / Die Grünen	Eine in die Region ausstrahlende Anziehungskraft des Einkaufszentrums lässt sich nur erwarten, wenn es als ein Mainzer Alleinstellungsmerkmal wahrgenommen wird. Die gewünschte Anziehungskraft des Einkaufsquartiers bedingt darüber hinaus eine Mindestgröße. Seine Obergrenze findet der Verkaufsflächenumfang in der Forderung, die vorhandene Einzelhandelsstruktur der Innenstadt nicht zu schädigen.		Den Orientierungsrahmen geben die von BulwienGesa sowie Junker und Kruse ermittelten Verkaufsflächenpotentiale und als sinnvoll empfohlenen Größenordnungen vor. Sie liegt zwischen dem Umfang der beiden anderen Pole des Tripols und demnach bei 25.000 qm bis 28.000 qm Einzelhandelsverkaufsfläche im Bereich des gesamten Pols Ludwigsstraße einschließlich des Flächenbedarfs für Karstadt aber ohne die Flächen für Dienstleistungen und Gastronomie. Die Realisierbarkeit von Verkaufsflächen dieser Größenordnung hängt von der städtebaulichen Verträglichkeit der dafür erforderlichen Baukörper ab. Begrenzung auf etwa 50 Läden.

Leitlinie	1.2	1.3	1.4
Beschlussfassung im Stadtrat			
24.10.2012	Eine in die Region ausstrahlende Magnetwirkung des Einkaufsquartiers lässt sich nur erwarten, wenn dieses Quartier als ein Mainzer Alleinstellungsmerkmal wahrgenommen wird. Die gewünschte Anziehungskraft des Einkaufsquartiers bedingt darüber hinaus eine Mindestgröße. Seine Obergrenze findet der Verkaufsflächenumfang in der Forderung, die vorhandene Einzelhandelsstruktur der Innenstadt nicht zu schädigen.	*identisch zur Entwurfsfassung:* Über die Größe der Verkaufsfläche muss unter Abwägung der städtebaulichen Belange, der verkehrlichen und strukturellen Verträglichkeit, der Kompatibilität mit den einschlägigen Vorgaben städtebaulicher Rahmenpläne sowie der wirtschaftlichen und betriebswirtschaftlichen Erfordernisse entschieden werden.	Den Orientierungsrahmen geben die von BulwienGesa sowie Junker und Kruse ermittelten Verkaufsflächenpotentiale und als sinnvoll empfohlenen Größenordnungen vor. Sie liegt zwischen dem Umfang der beiden anderen Pole des Tripols und demnach bei 25.000 qm bis 28.000 qm Einzelhandelsverkaufsfläche im Bereich des gesamten Stadtquartiers Ludwigsstraße; eine Erweiterung auf bis zu 28.000 qm Einzelhandelsverkaufsfläche ist denkbar im Hinblick auf eine Einbeziehung des Bereichs zwischen Weißliliengasse und Osteiner Hof; die Flächenangaben verstehen sich einschließlich des Flächenbedarfs für Karstadt aber ohne die Flächen für Dienstleistungen und Gastronomie. Die Realisierbarkeit von Verkaufsflächen dieser Größenordnung hängt von der städtebaulichen Verträglichkeit der dafür erforderlichen Baukörper ab. Die Verträglichkeit für den Mainzer Einzelhandel ist auch unter Berücksichtigung der Randlagen gutachterlich nachzuweisen.
Fortschreibung 04.12.2013	*unverändert*	*unverändert*	Die Verkaufsfläche für das neue Einkaufsquartier innerhalb des durch Ludwigsstraße, Gutenbergplatz, Eppichmauergasse und Weißliliengasse umgrenzten Bereichs wird eine Größe von 26.500 m^2 nicht überschreiten. Die Realisierbarkeit von Verkaufsflächen dieser Größenordnung hängt von der städtebaulichen Verträglichkeit der dafür erforderlichen Baukörper ab. Die Verträglichkeit für den Mainzer Einzelhandel ist auch unter Berücksichtigung der Randlagen gutachterlich nachzuweisen.

Quelle: Eigene Darstellung nach Landeshauptstadt Mainz 2012 a,b; 0847/2012-Anl. 4; 1540/2012; 1722/2013.

Geographische Handelsforschung

Würzburg, ISSN 2196-5811

Herausgegeben von Elmar Kulke, Peter Pez, Robert Pütz, Jürgen Rauh, Markus Wotruba – Schriftleitung: Alexandra Appel

Band 1-17 erschienen bei L.I.S.-Verlag, Passau, Band 18-26 erschienen bei Verlag MetaGIS-Fachbuch, Mannheim

Band 1: PÜTZ, Robert: **Einzelhandel im Transformationsprozess.** Das Spannungsfeld von lokaler Regulierung und Internationalisierung am Beispiel Polen. 1998, 280 S., 35 EUR, ISBN 978-3-936438-48-2

Band 2: HEINRITZ, Günter (Hrsg.): **Die Analyse von Standorten und Einzugsbereichen.** Methodische Grundfragen der geographischen Handelsforschung. 1999, 133 S., ***vergriffen***, ISBN 978-3-932820-12-0

Band 3: SCHRÖDER, Frank: **Einzelhandelslandschaften in Zeiten der Internationalisierung: Birmingham, Mailand, München**. 1999, 196 S., 30 Tab., 19 Abb. 15 Fotos, 3 Ktn., 35,00 EUR, ISBN 978-3-936438-49-9

Band 4: HEINRITZ, Günter und SCHRÖDER, Frank (Hrsg.): **Stadtteilzentren, Ladenzeilen, Ausfallstraßen**. Berichte aus den vernachlässigten Geschäftslagen der Städte. 2000, 132 S., 23 Abb., 1 Foto, 25,00 EUR, ISBN 978-3-936438-50-5

Band 5: HEINRITZ, Günter und SCHRÖDER, Frank (Hrsg.): **Der gekaufte Verstand – Was taugen Gutachter- und Beraterleistungen im Einzelhandel?** 2001, 101 S., 25,00 EUR, ISBN 978-3-936438-51-2

Band 6: POPP, Monika: **Innenstadtnahe Einkaufszentren – Besucher zwischen neuen und traditionellen Einzelhandelsstandorten**. 2002, 162 S., 35,00 EUR, ***vergriffen***, ISBN 978-3-936438-52-9

Band 7: HAHN, Barbara: **50 Jahre Shopping Center in den USA: Evolution und Marktanpassung**. 2002, 192 S., 35,00 EUR, ISBN 978-3-932820-24-3

Band 8: DUCAR, Dirk und RAUH, Jürgen (Hrsg.): **E-Commerce: Perspektiven für Forschung und Praxis**. 2003, 101 S., 25,00 EUR, ISBN 978-3-936438-53-6

Band 9: GOTTERBARM, Cornelia: **US-amerikanische Einzelhandelsunternehmen in Deutschland: Fakten, Trends und Theorien**. 2004, 222 S., 35,00 EUR, ISBN 978-3-936438-54-3

Band 10: SCHELLENBERG, Jörn: **Endverbraucherbezogener E-Commerce**. Auswirkungen auf die Angebots- und Standortstruktur im Handel und Dienstleistungssektor. 2005, 208 S., 35,00 EUR, ***vergriffen***, ISBN 978-3-936438-55-0

Band 11: KULKE, Elmar (Hrsg.): **Dem Konsumenten auf der Spur**. Neue Angebotsstrategien und Nachfragemuster. 2005, 145 S., 25,00 EUR, ISBN 978-3-936438-56-7

Band 12: SALM, Volker: **Einzelhandelsgeographische Beratungsleistungen**: Evaluation ihrer Verwendung in der kommunalen Einzelhandelsentwicklung. 2006, 200 S., 35,00 EUR, ISBN 978-3-936438-57-4

Band 13: KLEIN, Ralf und RAUH, Jürgen (Hrsg.): **Analysemethodik und Modellierung in der geographischen Handelsforschung.** Mit CD-Rom, 2007, 154 S., 25,00 EUR, ISBN 978-3-936438-58-1

Band 14: PÜTZ, Robert (Hrsg.): **Business Improvement Districts – Ein neues Governance-Modell aus Perspektive von Praxis und Stadtforschung.** 2008, 164 S., ***vergriffen***, ISBN 978-3-936438-59-8

Band 15: KULKE, Elmar und PÄTZOLD, Kathrin (Hrsg.): **Internationalisierung des Einzelhandels**. Unternehmensstrategien und Anpassungsmechanismen. 2009, 114 S., 25,00 EUR, ISBN 978-3-936438-60-4

Band 16: ACKER, Kristin: **Die US-Expansion des deutschen Discounters Aldi**. Eine Fallstudie zur Internationalisierung im Einzelhandel. 2010, 268 S., 35,00 EUR, ISBN 978-3-936438-61-1

Band 17: JÜRGENS, Ulrich (Hrsg.): **Discounterwelten**. 2011, 149 S., ISBN 978-3-936438-62-8

Band 18: FRANZ, Martin (Hrsg.): **Lieferketten im Einzelhandel**. 2013, 173 S. mit zahlreichen Abbildungen, Fotos und Tabellen, 25,00 EUR, ISBN 978-3-936438-46-8

Band 19: KLEIN, Kurt (Hrsg.): **Handelsimmobilien**. Theoretische Ansätze, empirische Ergebnisse. 2013, 352 S. mit zahlreichen Abbildungen, Fotos und Tabellen, 35,00 EUR, ISBN 978-3-936438-47-5

Band 20: DICHTL, Tobias: **Eigentümer von Handelsimmobilien als Schlüsselakteure für die Attraktivität der Innenstadt**. Untersucht am Beispiel Würzburg. 2013, 199 S. mit zahlreichen Abbildungen, Fotos und Tabellen, 25,00 EUR, ISBN 978-3-936438-63-5

Band 21: SCHUBERT, Fabian: **Lagequalität, Lagequalität, Lagequalität**. Standortbewertungsmethoden für den Einzelhandel und Lagewertigkeitsveränderungen durch Business Improvement Districts – am Beispiel der Stadt Gießen. 2013, 321 S. mit zahlreichen Abbildungen, Fotos, Tabellen, ***vergriffen***, ISBN 978-3-936438-64-2

Band 22: KULKE, Elmar und RAUH, Jürgen (Hrsg.): **Das Shopping Center Phänomen**. Aktuelle Entwicklungen und Wirkungen. 2014, 165 S. mit zahlreichen Abbildungen, Fotos und Tabellen, 25,00 EUR, ISBN 978-3-936438-70-3

Band 23: WIELAND, Thomas: **Räumliches Einkaufsverhalten und Standortpolitik im Einzelhandel unter Berücksichtigung von Agglomerationseffekten**. 2015, 304 S. mit zahlreichen Abbildungen, Fotos und Tabellen, 35,00 EUR, ISBN 978-3-936438-73-4

Band 24: FRANZ, Martin & GERSCH, Inka (Hrsg.): **Online-Handel ist Wandel**. 2016, 183 S. mit zahlreichen Abbildungen, Fotos und Tabellen, 25,00 EUR, ISBN 978-3-936438-78-9

Band 25: DANNENBERG, Peter; WILLKOMM, Maximilian und ZEHNER, Klaus (Hrsg.): **Einzelhandel in Deutschland**. 2017, 192 S. mit zahlreichen Abbildungen, Fotos und Tabellen, 25,00 EUR, ISBN 978-3-936438-92-5

Band 26: STEIGER, Markus: **Multiagentensysteme zur Simulation von Konsumentenverhalten**. 2017, 243 S. mit zahlreichen Abbildungen und Tabellen, 25,00 EUR, ISBN 978-3-936438-93-2

Band 27: MONHEIM, Rolf: **Innenstadtintegrierte Einkaufszentren**. Chancen und Risiken für eine nachhaltige Stadtentwicklung. 2019, 385 S. mit zahlreichen Abbildungen und Tabellen, 25,00 EUR, ISBN 978-3-947475-14-8

Band 28: NEIBERGER, Cordula; PEZ, Peter (Hrsg.): **Einzelhandel und Stadtverkehr.** Neue Entwicklungstendenzen durch Digitalisierung und Stadtgestaltung. 2019, 168 S. mit zahlreichen Abbildungen und Tabellen, 29,80 EUR, ISBN 978-3-95826-112-9